BIBLIOTECA DE DERECHO TRIBUTARIO

Dr. Jorge Bravo Cucci
Juan Carlos Panez Solórzano
(Directores)

Colección: Dr. Paulo de Barros Carvalho

LUIGI EINAUDI
Ex Presidente de la República Italiana
y ex rector de la Universidad de Turín

MITOS Y PARADOJAS DE LA JUSTICIA TRIBUTARIA

Edición al cuidado de
Carlos Antonio Agurto Gonzáles
Sonia Lidia Quequejana Mamani
Benigno Choque Cuenca

Ediciones Olejnik

Título: Mitos y paradojas de la justicia tributaria.

Traducción de Gabriel Solé Villalonga.

Primera Edición en Ediciones Olejnik: 2021.

Ediciones Olejnik
Huérfanos 611, Santiago-Chile
E-mail: contacto@edicionesolejnik.com
Web site: http://www.edicionesolejnik.com

ISBN: 978-956-407-061-2

Diseño de carátula: Ena Zuñiga

Diagramación: Hayden Méndez. hayden.mendezq@gmail.com

Impreso en Argentina 2021 Printed in Argentina

ÍNDICE

PRÓLOGO

...quienes lean los *Mitos y Paradojas* del profesor Einaudi contemplarán con admiración el arte inimitable que supone reunir en una obra el tejido sutil de la razón creadora con la elegancia imponderable del lenguaje.

M. De Torres
Introducción a la ed. española de los
Principios de la Hacienda Pública,
de L. Einaudi.

Los Mitos y Paradojas es obra en la que puede seguirse el pensamiento financiero del autor en plena madurez, resultado de la elaboración y reelaboración de ideas en su mayor parte ya otras veces expresadas en los *Principios,* en artículos u obras anteriores; los *Miti* pueden servir incluso para obtener, a base de sus capítulos, un esquema casi completo de las líneas más importantes de la teoría del impuesto según el pensamiento de su autor, desde la caracterización del fenómeno financiero y la naturaleza del impuesto hasta las derivaciones más concretas de la actualización de los primeros principios. En cuanto esquema total es más completo quizás que el que nos ofrecen los *Principios,* puesto que en estos falta lo que es alma y nervio de esta otra obra: la teoría del fundamento del impuesto.

A. Ullastres
Reseña crítica de
Mitos y Paradojas de la Justicia tributaria

...lo mejor de la obra de Luigi Einaudi se ha realizado en forma de ensayos más bien que en sus *Principios de Hacienda Pública.*

J. Buchanan
La Scienza delle Finanze:
the Italian tradition in fiscal theory

...en sus valiosos ensayos, Einaudi se revela como un maestro del análisis lógico y de la exposición.

F. BENHAM

Notes on the pure theory of Public Finanze

1. Los juicios que anteceden sobre la obra que el lector tiene hoy en sus manos, editada en castellano y publicada con tan exquisito gusto por Ariel, constituyen el aval en que desearía descansase el crédito de tiempo que exige el atento estudio de un ensayo. Creo que vale la pena abrir ese crédito temporal al gran maestro de la Ciencia Financiera italiana Luigi Einaudi. Quien se haya asomado, siquiera sea de pasada, a alguna de sus páginas es muy difícil que las olvidase o incluso que no fuese desde ese día lector constante de bastantes más. Hasta tal punto seduce la maestría de su prosa, la habilidad de sus razonamientos, la dosificación perfecta de lo que debe decirse en cada capítulo y en cada párrafo. Creo honradamente que este elogio que merecen todos los escritos de Einaudi es especialmente aplicable a sus *Mitos y paradojos de la justicia tributaria.* Más aún: si entre las obras del gran maestro italiano hubiera de elegirse una como representativa de su estilo, como impronta de su desbordante personalidad, creo que esta obra sería los *Mitos y paradojas.* Los juicios que arriba consigno parecen no dejarme solo en esta opinión. Sin embargo, para aquel lector iconoclasta que sienta un sano escepticismo científico ante los argumentos de autoridad aconsejaría un experimento: abandone estas aburridas palabras mías de introducción, salte a la prosa del Prefacio del propio profesor Einaudi y si puede desinterésese de la obra que ha adquirido. Estoy convencido, por haber realizado esta prueba personalmente y con bastantes de mis compañeros y discípulos, que llegará al final y que después conservará de los *Mitos y paradojas* ese recuerdo imborrable que suscitan los ensayos discutibles, imperfectos y humanos escritos en prosa inolvidable que se mete dentro de nuestro recuerdo y que brota diariamente en forma de socorridas y necesarias citas para el debate, la charla o la enseñanza.

2. Porque pienso así me ha resultado inexplicable que los *Mitos y Paradojas* no se hubiesen incluido en las colecciones, cada vez más amplias por fortuna, de las editoras privadas de habla castellana. Muchas veces, cuando se me ha preguntado qué es lo que sería interesante y comercial traducir, recomendé la obra de Einaudi. Invariablemente se me preguntó: ¿Pero es libro de texto? Al responder que probablemente era algo mejor, pero no exactamente un libro de texto, el editor, en busca de esos problemáticos y difíciles lectores de nuestro estrecho mercado de publicaciones, me siguieron preguntando por "verdaderos manuales" que pudiesen ser adoptados como libros oficiales de texto por diversos planes de estudio en distintas Facultades. Este proceder, que dicho sea de pasada ha llevado a traducir tantos *Principios* a nuestro idioma y

tan pocos ensayos fundamentales, tiene su especial sanción en este caso: bien puede decirse que ellos se lo han perdido y que el economista, el empresario o simplemente el ciudadano sensible a los problemas de su tiempo entre los que figura en lugar destacado el deber fiscal y las preocupaciones que le acompañan, habrán de congratularse de este esfuerzo editorial realizado por Ariel, que ha servido con tanta dignidad de continente al eminente contenido de la obra del gran maestro italiano de Ciencia Financiera.

3. Es muy posible que entre las razones que han diferido la edición castellana de los *Mitos y Paradojas* figurase la dificultad de la propia traducción. Como ha afirmado el profesor Stackelberg: "Todo el que ha emprendido la traducción de una obra de carácter científico sabe que esta tarea es de por sí altamente científica. Presupone no solo el conocimiento del idioma extranjero, sino, además, un absoluto dominio de la disciplina de que se trate. Únicamente así puede el traductor, por ejemplo, llegar a entender lo dicho como alusión o interpretar las partes no muy claras del texto original".[1] Esta afirmación tan cierta y en cuyos escollos se han estrellado tantas de las llamadas traducciones al castellano de obras destacadas, tenía especiales resonancias en el caso de la prosa einaudiana de los *Mitos y Paradojas,* pues lo esencial de este ensayo es —como advirtió el profesor Torres— unir el tejido sutil de la razón creadora con la elegancia imponderable del lenguaje en forma tal que resulta imposible separar la belleza de la prosa y su contenido argumental. Pues bien, dudo mucho que pueda mejorarse la labor que ha efectuado en la versión castellana Gabriel Solé Villalonga. He asistido a la realización de este laborioso quehacer que ha llevado mucho tiempo. He discutido con su traductor muchos términos y sus giros. La traducción ha madurado en un proceso lento y costoso, descansando los capítulos algunos meses, volviéndose a leer después, hasta poner fin al trabajo. Quizá toda buena labor traductora requiera este proceso de maduración para que se suscite en el paladar del lector el sabor perdurable que siempre acompaña a la prosa de solera. Hoy, al leer de nuevo —y siempre con novedad— los *Mitos y Paradojas de la justicia tributaria,* puedo asegurar que he disfrutado plenamente la habilidad argumental y la belleza literaria de la prosa de Einaudi. El vino viejo se ha trasegado en los odres nuevos de su versión castellana sin pérdida alguna de sus primitivas virtudes.

4. Todo esto era lo verdaderamente importante que, quizás, habría que decir, ya que alargar mi prosa introductoria no hará otra cosa que interponer un árido y aburrido desierto antes de llegar al oasis de los dos prefacios que el propio Luigi Einaudi puso a sus *Mitos y Paradojas* y que, para solaz del lector, se incluyen en esta versión castellana. Si corro el claro riesgo de extender mi discurso ha de ser en aras de obtener de la traducción que recomendé el máximo fruto. Esta última palabra no está elegida al azar. Porque es el

1 *Principios de Teoría Económica.* Ed. Instituto de Estudios Políticos, Madrid, 1946, pág. XIII.

"fruto" más que la "luz" lo que ha de ser el objetivo preponderante hacia el que el economista o hacendista dirijan sus esfuerzos y labor diarias, por más que el conseguir este quehacer fructífero comporte a veces incursiones difíciles y aparentemente alejadas en el terreno de la lógica y el análisis. La Ciencia de la Hacienda puede contribuir, sin duda, a cosechar este fruto positivo en la sociedad cuyos dirigentes tengan la sensibilidad suficiente para captar sus principios y dosificar su aplicación con la prudencia que requiere la singularidad de cada circunstancia histórica. Sin embargo, ni la Ciencia de la Hacienda —como con tanto acento y con tan catilinaria prosa denuncia Einaudi— ni la Ciencia Económica contienen dogmáticas recetas salvadoras que deban ser inflexiblemente aplicadas en la práctica. Un gran economista de nuestro siglo diría con sabia ponderación que "la Ciencia Económica no proporciona un cuerpo de conclusiones explícitas que puedan aplicarse de modo inmediato a la política. Es un método más que una doctrina, un aparato de la mente, un instrumento del pensamiento, que ayuda a quien lo posee a obtener conclusiones correctas".[2] Planteadas así las cosas, reviste importancia crucial el preguntarse en qué sentido la Ciencia de la Hacienda debe elaborarse para poder inspirar el cotidiano quehacer financiero y, de manera más inmediata, el demandarnos cuál es el sentido según el cual el profesor Einaudi piensa que la Hacienda Pública ha de ser fructífera disciplina científica. Creo que responder a este interrogante justifica alargar mi prólogo, pues —en lo que conozco— no es labor que se haya abordado por la literatura disponible y la contestación condiciona la aplicabilidad de algunas proposiciones defendidas con habilidad deslumbrante por Einaudi, al por qué esclarece algunas de las paradojas que se plantean en este ensayo y su calificativo de mitos de una serie de aspiraciones de amplia tradición en la Ciencia Financiera disponible.

5. No resulta sencillo clasificar, dentro de un sistema de la Ciencia de la Hacienda, a la obra del Profesor Einaudi. Pocos temperamentos como el suyo se resisten a esta antipática tarea de esquematizar las ideas financieras y etiquetarlas. Heredero de una rica tradición científica que él supo valorar y apreciar mejor que nadie, su obra discurre en un amplio espacio temporal sin que a lo largo del mismo el gran maestro italiano se tomase demasiadas molestias en sistematizar y poner de manifiesto su postura metodológica ante los problemas financieros.

En el prólogo a la versión alemana, de los *Principios de Economía Financiera*[3] de Antonio de Viti di Marco, Einaudi expresa su admiración y su parentesco

---

2 J. M. KEYNES, de la introducción a los «Cambridge Economic Handbooks».

3 El prólogo está incluido en la versión castellana de la obra de DE VITI realizada por Pío Ballesteros sobre el texto alemán y editada en castellano por ed. Revista de Derecho Privado, Madrid, 1934, págs. 13-21. Este prólogo se contiene, asimismo, en la versión inglesa de la obra de DE VITI realizada por P. Marget. Digamos, incidentalmente, que el éxito editorial

ideológico con la obra de los tres grandes tratadistas italianos que hicieron lo posible por convertir en ciencia "aquella mezcolanza de preceptos políticos y de digresiones filosóficas, de exégesis fiscales y de inexactas proposiciones económicas que entonces integraban en gran parte la Ciencia de la Hacienda".[4] Estos creadores de la moderna *Scienza delle Finanze* fueron Maffeo Pantaleoni, Ugo Mazzola y De Viti di Marco.

La versión que del fenómeno financiero ofrecieron estos tres tratadistas arrancaba de un movimiento científico-económico: el marginalismo. El problema económico se consideró por este movimiento científico entre límites más reducidos que los que se contemplaron en la etapa de los economistas clásicos. Si la Ciencia Económica ha de definirse como aquello que hacen los economistas, la Ciencia Económica clásica habría de delimitarse por el estudio de las causas que contribuyen y determinan el desarrollo de la riqueza de las naciones, logrado en un mundo de división de trabajo, libertad de mercado, progreso técnico y acumulación de capital. Estas condiciones del desarrollo constituirían el campo de estudio del economista. El marginalismo alteró el planteamiento del problema: los recursos y la técnica habrían de ser un dato, no una variable para el economista, al igual que los gustos y las preferencias individuales. Y en este mundo estático, de preferencias, recursos y técnica, el economista debería discernir el uso más conveniente de los recursos escasos disponibles, optando entre las aplicaciones alternativas admitidas por cada bien económico. El término de referencia final sería el aumento de la utilidad individual. El marginalismo constituyó así una aproximación subjetiva al terreno de la economía, camino —ha afirmado Stark—[5] que no se recorre solo por nuestra Ciencia. Ramas bien diversas del pensamiento siguen en los mismos años —1870 y siguientes— semejante evolución. No puede ignorarse el renacimiento del idealismo filosófico por obra de Cohen, cuyo trabajo fundamental se publica el mismo año que el del marginalista Menger, no es difícil ver tampoco en la filosofía religiosa de Tolstoi el mismo origen en que arraiga el idealismo de Cohen y el individualismo de Menger. El cambio espiritual se refleja también en la historia del arte. Casi inadvertidamente el impresionismo es sustituido por el expresionismo. La poesía de Rimbaud y la pintura de Van Gogh testimonian la afirmación de la existencia de una nueva aproximación al mundo y a las cosas.

La fertilidad lograda al interpretar los hecho económicos desde esta perspectiva, abría la pregunta de si las proposiciones aptas para explicar el fenómeno central del precio en el mercado libre no podían aplicarse, de alguna suerte, a los programas de ingresos-gastos públicos, seleccionándose

---

de la obra de DE VITI en sus versiones diversas ha sido claro, y no es explicable cómo estando completamente agotada la edición española, no se ha vuelto a reimprimir.

4 *Op. cit.*, pág. 15-16.

5 Vid. *La Storia dell'Economia en relazione allo Sviluppo sociale.* Ed. L'Industria, Collana di Moderne Opere Economiche, Milán, 1950, pág. 9.

estos como plan conjunto y que exige considerar los beneficios individuales derivados de los servicios públicos sostenidos por el gasto y el sacrificio ocasionado por el pago de los impuestos —precios en definitiva— abonados por el contribuyente. Al afirmarse la posibilidad de esta contemplación, todo el proceso financiero se consideró como un *cambio voluntario* análogo al practicado en el mercado entre empresarios y consumidores y cuyo curso puede predecirse por las proposiciones económicas del marginalismo.

Fieles a esta extensión analógica de los principios del marginalismo al terreno de la Hacienda Pública, existen variantes de interés entre los tres grandes maestros iniciadores de la *Scienza delle Finanze:* Pantaleoni, Mazzola, De Viti. Puede decirse, incluso, que lo mejor y más importante de su labor estará dedicado a perfilar el sentido en el que orientar la fundamentación científica del fenómeno financiero.[6] Este terminó por presentarse por De Viti —en la formulación probablemente más acabada de las tres— como un cambio que, en el moderno estado democrático, tiende a igualar carga impositiva y utilidad de los servicios públicos. El gran problema de la falta de puente entre valoraciones individuales y precio y gasto fijados coactivamente por el grupo político —el célebre *no-bridge* con el que se enfrenta toda teoría del cambio voluntario— fue salvado con su exuberante ingenio latino por De Viti: si el precio exige conocer la cantidad que cada sujeto consume, el problema es resolver cómo imputar las cantidades consumidas de servicios públicos a cada individuo. Basta suponer el consumo de servicios públicos como general y necesario y en proporción a la renta individual para construir ese puente que permita al fisco repartir la carga impositiva de acuerdo con utilidad y coste individuales.[7]

---

6 La obra más destacada de Pantaleoni, Mazzola y De Viti es en efecto de naturaleza metodológica. Las tres obras más destacadas son: Pantaleoni, *Contributo alla teoria del riparto delle spese pubbliche* (publicado en «Rasegna italiana» y recogido después en «Scritti vari di Economia», Palermo, 1904); Mazzola, *I date scientifici della finanza pubblica,* Roma, 1890; De Viti, *Il carattere teorico dell'economia finanziaria,* Roma, 1888.

7 La síntesis del texto quizás no haga justicia a la riqueza de pensamiento de De Viti. Su elaboración de tipos de organización financiera —Estado monopolista y cooperativo— debe subrayarse como condicionante de interés del estudio de la distribución de la carga tributaria a que se alude en el texto, y que De Viti admite para el estado cooperativo, a cuya organización ideal tiende a plegarse el moderno Estado democrático. Sobre la licitud de las hipótesis de este reparto de la carga fiscal —consumo general y necesario de servicios públicos y consumo proporcional a la renta— se ha discutido mucho, en especial sobre el elemento de arbitrariedad que implica el admitir la relación proporcional entre renta y consumo de servicios públicos. Otro extremo digno de subrayarse es la precipitada y errónea conclusión divulgada en España por las *Lecciones de Hacienda Pública* de José María Navarro, que ha concluido de las hipótesis expuestas en la atribución a De Viti de la defensa del impuesto proporcional sobre la renta (*op. cit.,* 3.ª ed. Madrid, 1952, pág. 82), Esta conclusión imputada a De Viti desdice mucho de la pulcritud científica exigible al interpretar y presentar el pensamiento financiero ajeno y de la excesiva fidelidad con la que se ha seguido la obra de De Viti en otros pasajes de las *Lecciones.* Como puntualiza Musgrave, «incluso aunque De Viti di Marco supone que cada ciudadano utiliza los servicios públicos en la proporción a su renta, concluye que la imposición debe ser progresiva.

6. Este enfoque peculiar de la actividad financiera consumió, según se ha dicho, muchas páginas de los hacendistas italianos dedicadas por entero a su discusión. No había de ser este el proceder de Einaudi. La obra financiera de Einaudi no contiene un estudio sistemático y explícito de su postura metodológica ante los problemas financieros. Esta más bien impregna a un conjunto de sus escritos que van desde sus *Principios* hasta sus múltiples y deliciosos ensayos sobre aspectos concretos de la Ciencia de la Hacienda Pública. Pero, a pesar de la falta de esta formulación sistemática de la fundamentación científica de la actividad financiera, dos conceptos básicos descuellan en sus trabajos como hipótesis a las que se remite al lector para darle una explicación de los hechos de los que se ocupa la Ciencia de la Hacienda, una explicación, al menos útil como aproximación primera. Estos dos conceptos responden al enfoque adecuado del impuesto que solo se logra desde la cota de su "productividad" y el concepto de impuesto *neutral* que se intenta hacer operativo como criterio orientador para el reparto de la carga tributaria.

Es evidente que no puede lograrse una precisión adecuada de la actividad financiera si no se la enfoca como una actividad colaborante en el proceso de división del trabajo y obtención de bienes. Por lo tanto, si se admite esta situación, es obvio que la primera ocupación ha de residir en evitar la errónea y extendida asimilación del impuesto a una destrucción de riqueza, porque si no desterramos esta arbitraria calificación, difícilmente podremos asentar, sobre bases firmes, un examen racional de la actividad del Estado. Con toda precisión expresa este pensamiento Einaudi: "Es falso y grotesco afirmar que el impuesto sea una destrucción de riqueza. El impuesto es el medio con el cual el Estado crea nuevos valores: seguridad, justicia, defensa nacional, cultura, sanidad, unidad de los hombres que habitan en un determinado país. Merced al impuesto el Estado crea el ambiente jurídico y político en el cual los hombres pueden trabajar, organizar, inventar, producir. ¿Qué sería de los hombres si no existiese el Estado? Miserables salvajes errantes sin defensa y sin orden en lucha constante contra sí mismos".[8] Esta consideración de la actividad financiera, advierte el propio Einaudi, no es nueva. Tiene gran antigüedad y abolengo en la Ciencia de la Hacienda y se remonta nada menos que a los pensadores fisiócratas; cita Einaudi, a este respecto, dos párrafos reveladores de Mercier de la Rivière y Dupont de Nemours, en los que se califica incontrastablemente de ventajosa a la actividad del Estado en

---

Este principio se califica como teoría «económica» de la progresión. (*The Theory of Public Finance,* Ed. McGraw-Hill. N. York, 1959, pág. 73). La teoría económica de la progresión se halla expuesta, con toda extensión, en el capítulo XI de los *Principios de Economía Financiera* (ed. cit., págs. 161 y ss.) y se basa en el hecho de que, si se cargasen precios uniformes por el consumo de los servicios públicos, se crearía un «excedente» favorable a las rentas elevadas, dispuestas a pagar mayores precios por la utilidad de su renta. El impuesto progresivo debe evitar la creación de ese excedente.

8 *Osservazione critiche intorno alla teoria dell'amortamento dell'imposta,* incluída en «Saggi sul risparmio e l'imposta». Ed. G. Einaudi, Turín, 1941, págs. 169 y ss.

parecido sentido al que lo hace Einaudi. Es, sin embargo, forzoso confesar que el pensamiento de estos autores ha caído en olvido y que, por lo tanto, se hace precisa una reelaboración y actualización de su pensamiento para evitar, primero, una serie de errores en los que han caído los pensadores financieros de nuestro tiempo, y para afirmar después, sobre bases racionales, la conducta económica del Estado. Esta es la preocupación siguiente de Einaudi. Como antes se ha dicho, la línea en que debe discurrir su pensamiento no puede ser otra que la de intentar "colocar el desarrollo de la actividad financiera en el lugar propio que le corresponde dentro del cuadro de creación y distribución de la riqueza";[9] pues bien, si esto se hace, pronto se observará que el impuesto, sobre el que esencialmente ha de basarse el desarrollo de la vida material del Estado, no es sino "aquella cuota que, precisamente, corresponde a la economía colectiva en virtud de la observancia de las leyes de la distribución más conveniente de la riqueza y de las condiciones necesarias para impulsar la riqueza individual".[10] Naturalmente que estas afirmaciones suponen al Estado como un colaborador positivo en la producción de los bienes. Colaboración que se presta, al igual que la de los demás factores, no revistiendo más peculiaridad que la derivada de la propia personalidad del Estado. Así "el Estado actúa como factor productivo en conformidad a su naturaleza: no como industrial u organizador de la producción, sino como ente político: soldado, magistrado, maestro, defensor de los intereses generales, empresario de aquellas sociedades que no se habrían creado sin su intervención o se habrían administrado mal por los empresarios privados". [11] Desempeñando estas tareas la acción del Estado "colabora al logro de una meta que no es sino la máxima producción de bienes materiales y espirituales".[12]

De este planteamiento se sigue, afirma Einaudi, la arbitrariedad de todos aquellos que han contemplado el proceder de la Hacienda y han concluido negando cualquier justificación racional de la actividad financiera. Pero, también se sigue la arbitrariedad de inferir, de semejante planteamiento, que este se basa sabre una integral imputación al Estado de todos los resultados del proceso de producción. Es esta una argumentación sofística que llevaría a atribuir al Estado todo el producto de cada empresa. La posibilidad de caer en tal error no es exclusiva de la Ciencia de la Hacienda sino que, de forma paralela a como podría emplearse en la Ciencia Financiera, fue utilizada por Marx para estudiar la retribución correspondiente al trabajo y crear así su teoría de la plusvalía. Einaudi afirma que tal argumento es valedero para *todos* los factores productivos y que, cada uno de ellos por igual "derecho", puede atribuirse la paternidad absoluta de la producción total. Y si esto es verdad para cada factor productivo separadamente considerado es erróneo

9 *Osservazione critiche...*, cit., pág. 197.

10 *Ibid.*, pág. 197.

11 *Ibid.*, pág. 199.

12 *Ibid.*, pág. 199

para todos ellos tomados conjuntamente. La concepción del Estado como factor productivo exige el subrayar esta armonía precisa en la combinación de los factores. Con toda claridad señala este extremo Einaudi: "El máximo de productividad para la sociedad en su conjunto es tan solo uno y este se alcanza con una combinación *dada* de los diversos factores productivos, precisamente aquella que la experiencia demuestra la más conveniente. La teoría económica de la Hacienda Pública afirma que en aquella combinación dada entra también el Estado y, por lo tanto, el pago de un impuesto, justamente aquel que aparece como el más conveniente por la experiencia, es condición necesaria para que el Estado intervenga en la medida más oportuna como factor productivo. El Estado no es el único, ni el primero entre los diversos factores de la producción, pero al igual que los restantes factores productivos, algunas veces más y otras menos, debe intervenir para lograr la combinación más económica".[13]

Einaudi se preocupa a continuación, sentada su línea argumental, de pasar revista a las críticas dirigidas hacia esta contemplación económica de la actividad financiera y, en particular, a las basadas en una concepción sociológico-política como determinante del curso de los hechos financieros. Para Einaudi las teorías sociológico-políticas, que pretenden fundamentar científicamente la actividad financiera intentando desarrollar proposiciones que expliquen el por qué determinadas políticas de ingresos y gastos se siguen en el mundo real y predecir las que se adoptarán en el futuro, basándose para esta explicación y predicción en observaciones sociológicas y políticas, han olvidado el núcleo esencial del hecho financiero en nuestro tiempo, para ocuparse única y exclusivamente de aspectos accesorios, aunque muy interesantes, del mismo. Aspectos que no son relevantes en la medida en la que lo creen los autores que profesan estas posiciones científicas. El núcleo sustancial de la actividad financiera, en el mundo moderno, viene dado por los gastos públicos fundamentales, útiles a la colectividad y precisos para permitir el funcionamiento del mecanismo económico. Si los impuestos se detraen atendiendo a su fecundidad económica, las hipótesis extremas de gobiernos tiránicos o incapaces, de impuestos exorbitantes e injustificados no son característicos de la circunstancia financiera presente. Por ello, en opinión de Einaudi, la tesis histórica sobre el curso de la actividad financiera del Estado no contradice sino que confirma el esquema teórico por él propuesto. La idea dominante que crea los Estados y los hace sobrevivir y prosperar no es otra que la de que estos resultan un medio indispensable para apoyar el curso del proceso económico colectivo, para elevar su fecundidad material y política, en suma. El optimismo de Einaudi es total a este respecto y no concede a las teorías políticas más que un estrecho reducto: "el campo de los inconscientes en la actividad financiera —afirma— tiende a restringirse más y más en virtud de la adopción de decisiones responsablemente adoptadas

13 *Ibid.*, pág. 198.

por los individuos de la sociedad a través de sus representantes al objeto de alcanzar el máximo de utilidad con un juicioso empleo de las sumas pagadas a título de impuestos".[14] Solo para estos extremos patológicos valen las explicaciones sociológico-positivas.

La concepción de Einaudi aparecía muy próxima a la de von Stein aunque formulada con plena personalidad y no llevada hasta las consecuencias extremas que quiso obtener de este enfoque el gran hacendista germano. Sin embargo, este parentesco habría de llevar a muchos a confundir el sentido de hipótesis pura que pretendía tan solo dar una primera explicación de los fenómenos financieros bajo la que Einaudi había formulado su tesis de la productividad. No es extraño que para destacar su posición Einaudi volviese, años más tarde,[15] a aclararla con toda extensión para evitar algunos errores de bulto que se habían inferido de su peculiar fundamentación científica de la actividad financiera. El primero y más importante fue el de establecer una asimilación entre el Estado y los restantes factores productivos atribuyéndole el cobro de los impuestos en base al fomento de la producción derivado de su concurso. Llegaríamos así a calcular el impuesto como un equivalente a la productividad estatal. Tal afirmación carece de sentido. En segundo lugar, la teoría de la productividad del Estado puede llevar a atribuirle, como norma fundamental de su conducta, el fin de hacer máxima la producción de la riqueza. Naturalmente este no es nunca el principio informador de la acción del Estado; será en todo caso como consecuencia de su intervención un fruto cosechado por la sociedad, pero esta identificación del Estado con un productor individual carece totalmente de sentido. El Estado tiene fines propios sustanciales y diversos del productivo mencionado. Estas aclaraciones ratificaban la posición de Einaudi de pensar en la productividad del Estado como criterio realista para comprender la presencia de la organización pública en la vida económica moderna y como fundamento cierto para arraigar en este enfoque una construcción racional de su actividad conveniente.

Pero el propio carácter de la fundamentación enunciada bien pronto convence de la posibilidad de basar en la misma una distribución efectiva de la presión fiscal. A este objeto, Einaudi ha de elaborar un nuevo concepto: el de impuesto "neutral". El concepto de impuesto neutral se acuña por Einaudi en la idea de sustituir al comúnmente empleado de impuesto "general" y "uniforme", concepto carente de cualquier precisión, en cuanto intenta hacérsele operativo. La primera característica que Einaudi exige de un impuesto "neutral" es la de "ejercer" igual presión sobre las distintas dosis de rentas existentes en el territorio considerado; el impuesto "neutral no configura la distribución de personas y capitales respecto de consumos distintos, actuales o futuros de

14 *Ibid.*, pág. 208.

15 *Intorno alla teoria de la produttività dell'imposta,* incluída en «Saggi sul risparmio e l'imposta», ya cit., págs. 275 y ss.

suerte diferente a la que tendrían lugar en el caso de no existir el impuesto".[16] El impuesto "neutral" parte de admitir una situación de equilibrio económico preexistente a la que debe en lo posible respetar. Este concepto, a pesar de no ser de fácil precisión y medición efectiva en la realidad financiera, tiene, sin embargo, una operatividad indudable porque según Einaudi, debe admitirse la existencia de una relación entre las fuerzas económicas y la distribución de los impuestos. Si el Estado no tiene en cuenta la situación relativa de esas fuerzas económicas que determinan el equilibrio, reaccionarán estas contra la distribución realizada de los impuestos en el sentido de tender al restablecimiento de la situación de equilibrio a pesar de la oposición del Estado. Ignorar, por tanto, la existencia de un impuesto "neutral" condicionado a una situación de equilibrio es condenar, probablemente, la duración del impuesto pues este no podrá sobrevivir. El impuesto "neutral", por lo tanto, ha de considerarse como un gravamen subordinado al equilibrio económico de la sociedad. Einaudi advierte que a dicho impuesto puede llamársele: *"justo,* si nos parece adecuado tomar el calificativo de la terminología jurídica. *Neutral,* si queremos subrayar especialmente la idea de que el legislador, al crearlo, ha renunciado a lograr con el impuesto fines económicos, morales, políticos o sociales; pretendiendo, tan solo, obtener una indemnización justa por la aportación del Estado, a la consecución de la renta nacional. Típico u *óptimo* si queremos poner de manifiesto el hecho de que el impuesto es de tal naturaleza que con un mínimo de fricciones y de la forma más directa posible, consigue el rendimiento necesario para elevar al máximo el bienestar económico de la sociedad".[17] Entre estas características esenciales ha insistido Einaudi en resaltar su propiedad de no perturbar el equilibrio económico existente, el de amoldarse a él produciendo al mismo tiempo un rendimiento máximo para el Estado. De otro lado, Einaudi ha exigido también del impuesto óptimo dos características desarrolladas en dos ensayos distintos: la de excluir de su base a los ahorros realizados por los particulares[18] y la de recaer, en todo caso, sobre la renta media.[19]

7. Es evidente que el ensayo de Einaudi está construido sobre la base de una amplia experiencia científica en la fundamentación de la actividad financiera. Apoyándose en ella han intentado evitarse los errores tradicionales de las teorías de la Hacienda Pública basadas en el marginalismo, procurando deducir de la línea argumental de la teoría del cambio voluntario un criterio aprovechable, con arreglo al cual, poder considerar las distintas

---

16 *Contributo a la ricerca della ottima imposta,* publicado en «Annali di Economia», vol. V (1929), pág. 62.

17 *Contributo...* cit, pág. 71.

18 *Contributo...,* cit. pág. 135. *Vid.* Así mismo *In torno al concepto de reddito imponibile e di un sistema de imposte sul reditto consumato,* incluido en «Saggi sul risparmio», *op. cit,* págs. 1 y ss.

19 Vid. *El mito de los excedentes,* incluido en la presente obra, capítulo III.

políticas alternativas de gastos e ingresos públicos. Puede, por lo tanto, considerarse a la exposición de Einaudi como un peculiar desarrollo de la teoría del cambio voluntario, porque, según afirma Musgrave,[20] aunque el desarrollo del principio del cambio voluntario financiero no concluyese en la mayor parte de los marginalistas financieros, en un criterio valorativo de política fiscal, sino que fue defendido como explicación científico-positiva, es lo cierto que la aproximación de los diversos autores, que profesando las ideas marginalistas intentaron hacerlas operativas en el campo financiero, armoniza, perfectamente, con la última implicación que Einaudi ha obtenido de ellas.

Pero es preciso afirmar que la obtención y el sentido en el que haya de entenderse el criterio de valoración, a raíz de su especial defensa de la teoría del cambio voluntario no se encuentran en la obra de Einaudi claramente expresados. Ha sido labor de F. C. Benham[21] el puntualizar cómo de la teoría del cambio voluntario einaudiana puede arrancarse ese criterio valorativo de política fiscal que no se halla totalmente claro y explícito en la obra del gran hacendista italiano. Es importante para llegar a comprender la clarificación realizada por Benham de la obra de Einaudi, bosquejar el sentido en el cual opera el sistema financiero dentro del equilibrio económico general. Cualquier sistema financiero puede ser analizado por el economista, aunque pretenda determinadas finalidades siempre y cuando que se cumplan tres condiciones: 1.ª Que el fin perseguido pueda establecerse clara y tajantemente. 2.ª Que el fin mencionado sea el único o el preponderantemente deseado por los individuos que persiguen un curso determinado de la acción fiscal. 3.ª Que los medios o sistemas aducidos para conseguir el fin no produzcan otros efectos.

Este cuadro de racionalidad, en el que debe moverse toda norma de referencia al valorar las políticas relativas a la actividad financiera, se aplica por Benham[22] a la obra de Einuadi para intentar hallar aquella nota del impuesto *óptimo* (o las notas) que puedan pasar a formar parte del criterio valorativo de la política fiscal. En su opinión, Einaudi no utiliza consistentemente su propia definición de las características de un óptimo impuesto.[23] Más bien tiene siempre presente una sola característica del impuesto óptimo: la de su *neutralidad.* Benham afirma que la nota de neutralidad no hace más que traducir al campo de la política financiera el deseo de valorar siempre en primer término los resultados alcanzados por la libre decisión individual. En efecto, "un sistema neutral de imposición y gasto público es aquel que opera

20 Vid. *The voluntary exchange theory of public economy,* publicado en «The Quarterly Journal of Economics», vol. LII (1939), pág. 228.

21 *Notes on the Pure Theory of Public Finance,* publicado en «Economica», New Series, vol I (1934), págs. 436 y ss.

22 El subtítulo del articulo no es otro que «Suggested by the ottima imposta of professor Einaudi».

23 «Sugiero que Einaudi —afirma Benham— no usa su propia definición... La finalidad que Einaudi tiene constantemente presente es la de neutralidad». *Op. cit.* pág. 449.

sobre la base de los juicios individuales y las preferencias de los ciudadanos cualesquiera que estos puedan ser. Todas las dificultades de precisar los fines, de sopesarlos, de considerar todas sus consecuencias se evitan por el simple proceso de aceptar las decisiones realizadas por los particulares. Desde luego que la afirmación de que este fin es más deseable que cualquier otro es un juicio de valor. Sin embargo, la afirmación de que este fin es el único libre de las dificultades discutidas es una afirmación de hecho. Hay buenas razones para aceptarlo para nuestro análisis".[24]

En efecto, afirmar que debe partirse del respeto a las preferencias individuales es un objetivo que puede ser explícitamente definido, es claro y terminante. De otro lado, goza de generalidad, se acepta implícitamente por todos aquellos que prefieren un gobierno democrático a otras formas políticas. En segundo término, el objetivo enunciado ofrece una norma con respecto a la cual pueden apreciarse las desviaciones correspondientes de la realidad fiscal. En consecuencia, cuando se hable de una diversidad entre la norma financiera y la práctica fiscal uno puede entender a aquello a lo que se refiere. En tercer lugar, la neutralidad es una regla que armoniza con el cuerpo general de la Ciencia Económica y con la aplicación particular realizada, de los principios de esta a la Hacienda Pública, por los teóricos del cambio voluntario. Benham[25] supone, en efecto, que Einaudi se halla de acuerdo con su línea argumental y no intenta obtener de tal posición científica más que la implicación de la neutralidad financiera. Indudablemente, la nota de neutralidad se deduce de una interpretación de la teoría del cambio voluntario, porque si el cambio financiero se adecuase a las exigencias de un cambio libre, semejante al de la adquisición de los bienes privados, evidentemente, la economía pública sería siempre "neutral" ya que no produciría perturbaciones extrañas al sistema de cambio.[26]

Admitiendo tal implicación es preciso preguntarse: 1.º ¿Tal aproximación teórica responde de alguna suerte al proceso real de determinación de los ingresos y gastos públicos? 2.º O, en el supuesto de que la misma no pretenda ser sino un criterio de política económica, ¿es un criterio útil? Intentemos contestar separadamente a estas dos preguntas.

Ad 1.º) Las discrepancias con respecto a lo que podría ser primera pretensión de la teoría de Einaudi en oposición a lo sugerido por Benham,[27] formular proposiciones con valor predictivo de los hechos financieros, han sido expuestas, en mi opinión, mejor que por ningún otro hacendista, por

---

24 *Op. cit.* pág 450.

25 *Op. cit.* pág. 449.

26 «La economía pública es neutral cuando no produce perturbaciones en el sistema de cambio privado... y esta condición se deduce del argumento general de la teoría del cambio voluntario.» R. A. MUSGRAVE: *The voluntary...*, cit. pág. 228.

27 Esto es, no considerando a la teoría einaudiana, según Benham pretende, como teoría normativa.

Mauro Fasiani.[28] "La aproximación de Einaudi —afirma Fasiani— se halla muy lejos de la realidad. La forma de calcular en la práctica la productividad de la riqueza invertida en fines públicos es una cuestión llena de secretos. Es imposible indicar el límite hasta el cual el coste de los servicios públicos queda compensado por el incremento medio de la renta y cuándo la actividad financiera no se equilibra con los frutos conseguidos por su desarrollo en la actividad económica". A esta objeción contestó Einaudi en el número consagrado al homenaje a Gobbi, por el "Giornale degli Economisti e Rivista di Statistica".[29] Distingue Einaudi entre validez de una proposición y contrastación estadística de la misma. "Una teoría que atribuya al trabajo parte del proceso de producción no podrá determinar estadísticamente el porcentaje que del aumento de la renta de los particulares sea consecuencia de su trabajo".[30] Por ello, la proposición no deja de ser cierta: el trabajo es un apoyo indudable a la producción. Pero el que la estadística no pueda contrastar esta proposición como tampoco puede contrastar la proposición de la indudable productividad del Estado no demuestra su validez o no. La veracidad de una proposición científica deriva, para Einaudi, de un razonamiento bien construido, corroborado, si es posible, por observaciones históricas y estadísticas. Esta contestación parece de nuevo calificar la intención de Einaudi de fundamentar la Ciencia de la Hacienda: se trata, sin duda, de un ensayo valorativo que maneja el criterio de la neutralidad como ideal fiscal. No se pretende una explicación a un nivel sociológico-positivo, y siendo esta la aspiración de Fasiani, de ahí su inconformidad con la construcción de Einaudi. Porque es al desarrollo efectivo de la actividad financiera al que debe atender una teoría sociológico-positiva que intente explicar esta. Y si nos basamos en los criterios a los cuales aquélla sujeta su curso, según Einaudi, es evidente que el concepto de elevación de la renta, a la que debe responder el impuesto neutral, padece de ciertas imprecisiones por sí mismo al tratar de dar fundamento explicativo al curso real de los hechos fiscales. Estas imprecisiones las ha contemplado Fasiani desde la perspectiva política, centro de gravitación al que propende su pensamiento, porque es en él donde ha de tener resonancia la imprecisión del criterio para contrastar la productividad del Estado. Según Einaudi, la actividad financiera colabora en la actividad productiva. Del desarrollo de las actividades del Estado, plegadas a la regla de la neutralidad, arrancará una elevación en el producto total. Bien. Pero la adopción de decisiones financieras no siempre se llevará a cabo en la sociedad aceptando esta productividad como hecho indiscutible, sino que se examinará críticamente por los diversos grupos sociales. Y es aquí —como teoría positiva— donde la teoría de Einaudi manifiesta su carácter impreciso. ¿Dónde está, en efecto, la base racional para zanjar las discusiones

28 M. Fasiani: *Der gegenwärtige Stand der reinen theorie der Finanzwissenschaft in Italien,* publicado en «Zeitschrift für Nationalökonomie», vols. III y IV (1932-33), III parte, pág. 387.

29 *In torno alla teoria...,* op. cit.

30 *In torno alla teoria...,* cit., pág. 276.

de los diversos grupos? Porque es claro que, si la medida financiera que ha de adoptarse perjudica a unos y favorece a otros, no será aceptada sin resistencia y oposición por los perjudicados. Y como el resultado de la lucha ha de decidirse por el poder político de los diversos grupos, es preciso que la adscripción de este se haya realizado en la sociedad, de tal suerte que corresponda exactamente con el interés de aquel grupo económico que apoya la medida "neutral" de la que ha de seguirse un mayor desarrollo de la producción total. Pero nada garantiza de esta correspondencia necesaria, pero azarosa. Si esto es así, es evidente que en cuanto esta no concurra la actividad financiera seguirá por cauce distinto del desarrollo de la producción, volatilizándose el valor predictivo de la teoría propuesta por Einaudi. Esta exige un dominio del mecanismo político por el cálculo económico que no tiene por qué darse, ciertamente, en el mundo real.

Ad 2.º) Cabe ensayar, ante esta situación, otra alternativa. Colocar la teoría de Einaudi en el lugar propuesto por Benham[31]; esto es, admitir el carácter *valorativo* de la construcción. Como afirma Benham: "Sin duda, no existe ni ha existido nunca sistema financiero alguno completamente neutral. Pero esta no es una razón para ignorar este concepto... Con él tenemos un modelo ideal. Las perturbaciones provocadas por el sistema de Hacienda Pública serán ocasionadas, por definición, por las desviaciones de la neutralidad. Si la naturaleza y efectos de estas desviaciones pueden probarse, políticos y ciudadanos serán capaces de decidir racionalmente si las consideran deseables... Sin ayuda de este análisis no podrían comprobarse ni la extensión ni los efectos de estas desviaciones. Este es el sentido en el que *ottima imposta* ilumina la realidad".[32] Esta consideración científica de la actividad financiera que, de acuerdo con Musgrave,[33] podemos llamar una *teoría normativa* de la Hacienda Pública, supondría el concretar el quehacer científico en construir un plan de comportamiento óptimo de la Hacienda Pública respecto de unas condiciones inicialmente definidas. En este caso, la condición de la neutralidad impositiva. El modelo normativo elaborado no tendría como finalidad el ser realista en el sentido de predecir aquello que ocurre en el mundo real; intentaría, más bien, predecir como las cosas se desarrollarían si los fines elegidos como óptimos se pretendiesen y lograsen realmente. Admitiendo esta interpretación ¿resulta útil el criterio de neutralidad?

En principio, la utilidad derivada del mismo no deja de ser paradójica. Es evidente que el principio de neutralidad es una inferencia de la teoría del cambio voluntario. El que esta proposición no se haya obtenido claramente hasta la interpretación dada por Benham al pensamiento de Einaudi no indica que no estuviese implícita en las primeras formulaciones de esta. Pero, en segundo lugar, es igualmente cierto que los principales problemas que el

31 Como teoría normativa de la actividad financiera.

32 *Vid.* BENHAM, *op. cit.*, pág. 451.

33 *The Theory of public finance*, cit., pág. 4.

sector público de la vida económica plantea hoy a la investigación científica —traslación y efectos económicos de los impuestos, efectos económicos indirectos de toda medida fiscal, las funciones compensatorias de la Hacienda del Estado— no prueban más que la teoría del cambio voluntario carece de vigencia efectiva, porque si todos los impuestos fueran pagados libremente por los contribuyentes no habría procesos de traslación, ni efectos económicos, ni sería necesaria acción compensatoria alguna. La verdad de esta afirmación se evidencia en cuanto se piensa que el propio concepto de traslación exige, como afirma Musgrave: "La pre-ocurrencia de una intervención *extraña,* esto es no voluntaria, en respuesta a la cual se trasfiere la carga. Si todos los impuestos fueran aportaciones voluntarias no habría traslación alguna, y en tanto en cuanto esto ocurre es que hay realmente una desviación de la neutralidad y una violación de la condición de óptimo".[34] Igual puede afirmarse de los efectos indirectos de las medidas fiscales, pues tanto ingresos como gastos públicos serían elementos internos de la situación de equilibrio económico y no perturbaciones que alteran las decisiones primarias de los contribuyentes. La conclusión de estas dos premisas no puede ser más que una: suministrar la evidencia indirecta de que la teoría del cambio voluntario no explica el curso de la realidad financiera. Evidencia que corrobora la acusación de irrealidad ya consignada de dicha teoría y que se justifica antes por la naturaleza obligatoria del proceso financiero.

Dejando a un lado esta cuestión podemos preguntarnos, si a pesar de todo, el principio de neutralidad puede aceptarse como criterio valorativo de la línea de acción más conveniente de la Hacienda Pública. Del análisis realizado por Benham,[35] se desprende que el criterio de neutralidad puede definirse sin ambigüedades. Es, de los aducidos por Einaudi, el único que cumple con esta característica. Pero esto no quiere decir que sea aceptable, ya que pudiera ser inaplicable a la solución de los problemas vigentes en el sector de la economía pública. Así ocurre en efecto.

La neutralidad postularía en el caso de la traslación aquel impuesto o conjunto de impuestos que se opusieran a la misma. Es decir, los que lograsen la coincidencia entre el sujeto legal y real del impuesto. Pero es el caso que la teoría disponible no basta para dar contestación categórica a este problema y, por otra parte, existen consideraciones de conveniencia política y administrativa de algunas figuras tributarias trasladables o simplemente razones de conveniencia de los efectos derivados del impuesto que pueden inclinar, en determinados casos, a aconsejar impuestos que sean trasladables y, por lo tanto, no neutrales.

---

34 Cfs. *The voluntary exchange...,* cit., pág. 229.

35 «Un sistema impositivo neutral y una política de gasto público neutral, es aquel que permite llevar a cabo los juicios voluntarios y las preferencias libres de los ciudadanos, cualesquiera que estas puedan ser», *op. cit.,* pág 450.

La regla de neutralidad también exigiría la disminución al mínimo de los efectos indirectos de las medidas fiscales. Es bien claro que esto es imposible ya que la propuesta carece de significado. Toda actividad financiera, cualquiera que sea su índole produce siempre un conjunto determinado de efectos y la única alternativa de elección práctica es la de optar por unas u otras consecuencias. Hay, por otra parte, que subrayar el gran relieve e interés que en el tiempo presente ha llegado a adquirir la selección *cualitativa* de los distintos efectos de las medidas fiscales, esta selección se hace precisamente a costa del postulado de la neutralidad.

Finalmente, toda la acción compensatoria de la política fiscal moderna perdería su sentido de seguirse la norma de la neutralidad.[36]

En conclusión, interpretada como *norma valorativa* la teoría del cambio voluntario, a través del concepto de neutralidad de ella inferido se comprueba que es inaplicable para la solución de los problemas básicos con los que se enfrenta la economía pública contemporánea. El principio de neutralidad ha arrancado de suponer, implícitamente, un estado de óptimo, tanto en la producción como en la distribución de la renta, y la consecuencia no ha podido ser otra que la de inhabilitar al principio de neutralidad financiera para orientar, de forma conveniente y realista, los procesos de ingresos y gastos públicos.

Sin embargo, esta interpretación de la teoría de Einaudi, basada sin duda en la línea argumental de su exposición, posee el mérito de haber pretendido elaborar una Teoría de la Hacienda arrancando de un *nivel óptimo*. Sus principales errores provienen de las imprecisiones que rodean a la definición del óptimo y que limitan la validez y utilidad de los principios de la teoría fiscal así construida.

8. Tal interpretación del pensamiento de Einaudi permite apuntar hacia lo que constituye la debilidad de sus argumentos expuestos con tanta habilidad como belleza. Einaudi vivió tan entregado a la causa y a los juicios de valor del liberalismo económico que le parecía superfluo hacer explícitas estas creencias. De aquí que sus construcciones y razonamientos estén reclamando, constantemente, el principio normativo del servicio a un mundo liberal de valores para que toda la cadena de proposiciones pueda sostenerse con arreglo a principios de buena lógica. Como el lector podrá comprobar, en sus *Mitos y Paradojas* afirmaciones teóricas y normativas tienden a coincidir constantemente. Sin embargo, ningún principio teórico puede convertirse en normativo sino mediante la inserción de un elemento teleológico que, en el caso de los escritos de Einaudi, es siempre el mismo: el servicio de la Hacienda Pública a los principios de una economía liberal que se presupone ya existente y en situación de óptimo funcionamiento. Las grandes concepciones

36 *Vid.* la ratificación de este extremo en MUSGRAVE, *The voluntary theory,* cit., pág. 229.

einaudianas —gravar las rentas medias y no las efectivas, dejar exentos de gravamen a los beneficios extraordinarios, procurar evitar el impuesto sobre la renta ingresada y actuar más bien sobre la renta gastada— encuentran su plena justificación cuando se opera sobre el trasfondo ideológico de creer en la potencia expansiva del espíritu de iniciativa privada y la capacidad de este para conseguir una situación de óptimo. La Hacienda en tales casos ha de ser *neutral* en el sentido de no dañar los frutos logrados por el espíritu de libre iniciativa individual, sino de ayudar a potenciar el esfuerzo de cada uno de los sujetos que intervienen en la actividad económica y, en particular, del empresario innovador del que depende el progreso y el desarrollo de un pueblo.

Este servicio de las instituciones fiscales al mundo de valores liberales explica, probablemente, también otra característica permanente de los escritos de Luigi Einaudi: el apasionamiento que los preside. Convencido de la dignidad de su causa, deja correr su razón a impulsos de su inimitable prosa, aproximándose muchas veces, cuando no incurriendo de lleno, en lo que quizás podría calificarse —siguiendo el propio lenguaje de Einaudi— de "doctrinarismo liberal". Como ha afirmado el Profesor Ullastres, "El ser apasionados en la labor investigadora no solo no es rechazable, sino noble y fructífero, porque ello le proporciona un impulso notabilísimo, siempre y cuando no se pase de ser objetivamente apasionado. Y así lo es Einaudi; solo que a veces paréceme que este apasionamiento le hace llegar demasiado lejos. No me refiero al empleo de un fino humorismo, sal de sus escritos, ni a la implacabilidad de forma con que refuerza la de fondo, recurso retórico desarmado por el de intención hiriente. Es sencillamente que encariñado con el descubrimiento de un principio o de una solución se ve arrastrado bien por la fascinación de lo formal (su gran sentido de lo literario, un juego de ingenio, la atracción de la paradoja), bien por el deseo de redondear el descubrimiento científico cubriendo algún punto flaco; viéndose así casi puesto en el trance de levantar frente al mito derrocado otro mito y de sustituir con una paradoja a otra puesta en la picota".[37] No sería difícil demostrar que tras esta fascinación de lo formal, tras de los éxtasis ante un nuevo descubrimiento está siempre, dando hondura valorativa al apasionamiento del investigador, la creencia en un mundo de valores liberales que Einaudi vivió con tanta intensidad científica y políticamente.

Por todo ello, los *Mitos y Paradojas de la justicia tributaria."* han de considerarse como la más brillante defensa hecha por liberal alguno de los fundamentos sobre los que debe descansar la organización de una Hacienda que no pretenda frenar el esfuerzo creador de la iniciativa privada, sino que la potencie y la coloque como centro de su atención y proceder cotidiano. Por otra

37 Reseña crítica de la segunda edición italiana de *Mitos y Paradojas de la Justicia Tributaria,* publicada en el núm. 2 del Suplemento de «Información económica» de la Revista de Estudios Políticos, 1943.

parte, la fe en la capacidad creadora del empresario individual de Einaudi es extraordinaria. Sus escritos alcanzan el clima de máxima belleza argumental y literaria justamente cuando aparece la figura del esfuerzo empresarial, de la habilidad y capacidad innovadora de este. Esta fe no ha sido plenamente compartida por algunos otros economistas ante hechos de la historia de los últimos años que les parecían demostrar limitaciones muy claras de las posibilidades de alcanzar esa organización óptima que Einaudi *supone* en sus escritos mediante la simple instauración de la economía de mercado, sin la ayuda y contribución decisiva del instrumento fiscal que aparece "después" en Einaudi con el fin de ser neutral ante lo logrado ya por el sistema de competencia. La hacienda beligerante actual frente a la neutralidad einaudiana halla su legitimidad en este carácter mixto de la economía de Occidente –mercado y economía estatal como piezas necesarias– arma beligerante que se maneja para enmendar los graves fallos del mercado respecto de los fines básicos que presiden la organización de la convivencia social y política.

Pese a todo, los escritos de Einaudi conservan el valor de un grito romántico dado en la historia del pensamiento financiero que no solo comporta para la situación actual la belleza de un gesto inimitable, sino que apunta en la dirección en la que está trabajando la fundamentación metodológica más seria de la Ciencia de la Hacienda en el momento presente, si bien la herencia de Einaudi se ha recibido por la actual generación de tratadistas de la Hacienda Pública reconociendo sus aportaciones, pero tratando de precisar la situación de óptimo económico de la cual Einaudi partía guiado por su inquebrantable optimismo y su fe innata en los principios liberales que definían un óptimo ideal, quizás hoy algo alejado de lo que la mayoría de los hacendistas y economistas estarían dispuestos a admitir y los ciudadanos responsables de una democracia moderna dispuestos a conceder para basar su convivencia sobre una paz social estable.

ENRIQUE FUENTES QUINTANA
*Catedrático de Hacienda
de la Universidad de Madrid*

PREFACIO A LA 3.ª EDICIÓN ITALIANA (1959)

Releyéndome después de tantos años, confieso que me he divertido. No me ha parecido leer páginas de aquellos escritos, aburridos en el fondo, que forman la salsa de los tratados en torno al impuesto; y ya que, como es natural, me quise explicar la falta de bostezos, he creído encontrar la respuesta justa: el libro es un tratado del impuesto, pero no se jacta de ello y quizá no lo es. En nuestras disciplinas, ¿qué es un tratado? Digo en las nuestras porque estoy persuadido de que en muchas otras disciplinas y principalmente en las matemáticas, físicas, naturales, técnicas y jurídicas, es necesario que el estudiante tenga un modo de conocer el estado de la ciencia en un determinado momento y que el profesor proporcione a los oyentes un modo de aprender incluso las nociones en las que la brevedad del tiempo no ha permitido profundizar en la escuela. ¿Qué significado tiene el tratado, el manual, el compendio, en nuestras disciplinas y, principalmente, en las humanísticas —y entre estas coloco orgullosamente a las económicas—, como no sea el completamente vulgar y a veces despreciable de ayuda nemotécnica para la formación de la saliva con que se pegan ciertas nociones en la memoria de los jóvenes únicamente para el día de los exámenes? A este propósito tienen gran éxito los compendios de los compendios, las sinopsis, los cuadros con llaves y subllaves, gracias a los cuales el joven consigue meterse en la cabeza "toda la asignatura" para la mañana única de los exámenes.

¡Gran enemiga de los buenos estudios es la superstición de la asignatura! Empezando desde el Instituto, discentes y docentes nos vemos obsesionados por ella; y es una obsesión que poco a poco disminuye la agilidad mental y la disposición a la simpatía de los profesores hacia los alumnos y que les reduce, sin darse cuenta, después de diez años, a monótonos repetidores de nociones tantas veces expuestas, que inadvertidamente pierden un poco cada día lo que en ellas había de vivo dejando únicamente la hoja seca y árida al tacto y al intelecto. De los Principii *de Pantaleoni, donde cada palabra es un concepto, un estímulo, una iluminación, se pasa a los* Sunti *de Cossa, donde todo es perfecto, donde las palabras están pesadas con la balanza del orfebre, pero son insípidas, y si falla la memoria es imposible recordarlas. A la distancia de algunas décadas, desvanecida la generación de que habían nacido, ¿quién se acuerda de los tratados, salvo de los pocos que nacieron porque el autor tenía necesidad de crear su obra maestra? Y ciertamente estos pocos no habían dado fin a la "asignatura",*

La superstición de la "asignatura" envenena la vida académica mucho más allá de la escuela y agrava el daño de esta. Cuántas veces, en las discusiones para la elección de los concursantes a cátedras universitarias, no hemos oído o leído estupefactos: el candidato está bien preparado, es constructivo, expone ideas nada comunes; pero se ha ocupado únicamente de un capítulo, de una parte de la asignatura convocada a oposición; o ha dado pruebas de valía científica en un terreno fronterizo, que no es el propio de nuestra disciplina; nuestros mejores deseos para cuando escriba algo que demuestre que domina los campos principales de la disciplina; mientras tanto, que pase el hombre corriente que ha escrito un poco de todo. En la mayoría de los casos, el argumento es un mero pretexto para poner fuera de combate a quien no pertenece al grupo dominante de los jueces de la oposición; y, afortunadamente, no triunfa siempre: porque frente al hombre de valía, la realización de la investigación en toda la asignatura se deja de lado y prevalece el otro principio de semel abbas, semper abbas; quien ha demostrado poseer la garra del león en un campo aunque sea pequeño, incluso en tierra nullius, sigue siendo león aunque por lo que sea no haya demostrado que ha metido su garra por todas partes.

¡Cuántas palabras para decir que estos Mitos y Paradojas son, a mi parecer, un tratado, y aun algo mejor que un tratado del impuesto! Algo mejor, porque es menos aburrido, menos sistemático, bastante menos acabado; y porque deja en la sombra a la mayor parte de los argumentos desarrollados habitualmente en la disciplina tributaria. Pero, en compensación, se discuten algunos de los problemas esenciales; se trata de poner en claro cómo la mayoría de los principios aceptados sin discusión no son enteramente "indiscutibles"; aún más, no son ni siquiera el principio de verdaderos principios, son ideas cualesquiera que han adquirido derecho de ciudadanía entre estudiosos, legisladores y público, por simple prescripción ab immemorabile. Todos creen saber qué es la renta y se erigen en acusadores de los que no señalan la verdadera renta, la única, la renta inmarcesible; pero, por el contrario, nadie sabe qué es verdaderamente la renta, porque las rentas "verdaderas" son tantas cuantos son los fines para los que se forma el balance de la empresa y cuantas son las hipótesis, todas legítimas, legitimísimas, sobre cuya base se pueden hacer las valoraciones de cada una de las partidas, activas y pasivas, del balance.

¿Qué es la doble imposición? En la mayoría de los casos en que se habla de duplicación esta no existe, a no ser para la inocencia de quien habla de ella; y los pocos casos verdaderos de doble imposición son refinados y complicados y, en general, negados por los expertos.

¿Por qué se grita "¡Abajo!" a los impuestos sobre el consumo y se alaban los impuestos sobre la renta? Porque se tienen en cuenta los caracteres secundarios de la institución, sus modalidades de aplicación y no su sustancia.

¿Por qué "justicia" es, para muchos, propia exclusivamente de la progresividad, especialmente cuando es confiscadora? Porque se hacen hipótesis indemostrables sobre la posibilidad de comparar, sumar y restar las sensaciones de dos o más hombres y se plantean hipótesis arbitrarias y uniformes sobre el decrecimiento de la utilidad de las dosis sucesivas de riqueza poseídas por dos o más hombres.

¿Qué es un excedente, un aumento de valor capital más allá del valor considerado originario? Es la proyección en el momento presente de las cantidades crecientes de renta que fluirán de una fuente determinada; cantidades que están destinadas a verse afectadas por los impuestos normales. En cambio, la gente apresurada imagina que ha *descubierto un novísimo objeto imponible, y ¡vengan impuestos sobre los excedentes!, que son una duplicación de los que ya se pagan y se pagarán sobre las rentas.*

¿Para qué definir como "exenciones" lo que no son, en cambio, más que meras declaraciones de inexistencia de renta que, al no existir, no puede ser gravada? El hombre "fiscal" que ha atrapado la presa y ve que esta se le escapa, prefiere atribuir a su ánimo misericordioso la franquicia del impuesto concedida, no queriendo reconocer nunca que suya era la culpa de gravar injustamente.

Y así sucesivamente. En materia tributaria, el análisis crítico debe comenzar por las palabras usuales, a partir de la primera entre todas: la misma palabra impuesto. *Es menester quitarle de encima la tacha de algo que "pesa", que "grava", que "quita". El impuesto, cuando es propio de un Estado organizado para el servicio de los asociados, no pesa, no grava, no quita nada; antes bien aumenta la renta, acrecienta la cantidad de cosas buenas que tienen o reciben los ciudadanos, aumenta la renta nacional total. El impuesto pesa, grava, quita, se convierte en impuesto, si los gobiernos son tiránicos y opresivos; si, respetando las formas legales, todo ha caído en manos del tirano o de una oligarquía, aunque el tirano y la oligarquía profesen gobernar en nombre de los más y estos "más" sean, para escarnio, llamados trabajadores o proletarios y declarados dueños de las riquezas existentes en el país.*

¡Cuánto mal se suele decir de la deuda pública! También ella parece algo que grave, que pese, que aplaste a las generaciones presentes y futuras por culpas cometidas por los hombres del pasado, quienes se destruyeron mutuamente y llevaron el país a la ruina por su manía de revoluciones y de guerras; y, en cambio, la deuda pública es a menudo un fantasma cuya carga no es sentida por nadie, es una nube de pedazos de papel, que circulan sin tregua y que dan lugar a asientos sin fin y sin otro resultado que no sea el de ocupar a los amanuenses destinados a escribir algo sobre el "gran" libro de la deuda pública.

¿Acaso la crítica de las palabras sin sentido o utilizadas erróneamente o engañadoras, no es, pues, la introducción necesaria de los tratados sobre materia tributaria? ¿Acaso la sonrisa irónica no es opuesta a la solemnidad de las páginas en las que se siguen empleando palabras y conceptos que quizá son sombras que nunca existieron, luces vivas de mundos muertos hace milenios?

Por ello en estas "Obras" mías[1] *no incluiré un tratado o principios de Hacienda pública que escribí sin embargo hace muchos años y, en cambio, coloco esto que constituye los "prolegómenos" del tratado ideal que querría haber escrito. Puesto que las obras maestras, entre los "principios", aparecen acaso una vez en cada siglo, mi tratado no es ciertamente, ni siquiera para sus tiempos, el ideal anhelado. En calidad de prolegómenos, los "mitos y paradojas" sirven en cambio para esperar que ocupen un lugar honorable y sean capaces de divertir, además de a mí, a otros lectores.*

La presente edición es prácticamente la reimpresión de la segunda edición de 1940, la cual a su vez se basaba, con la adición de los dos últimos capítulos, en la primera de 1938. Una sola no adición, sino amplificación, alargó un tanto el § 176, que, al

---

1 Véase la «Nota bibliográfica de la 3.ª ed. italiana», incluida al final de este volumen. *(N. del T.)*

leerlo de nuevo, pareció un tanto descarnado a un autor que se obstina en creer, quizá contra la verdad, que el lector prefiere verse explicado con pelos y señales el anverso y el reverso de todo argumento. No es una adición, sino el mero restablecimiento del texto genuino, con la indicación de la fuente, la cita del pasaje esencial de Jeremy Bentham en materia de progresividad (§ 168). En la edición anterior la cita se había hecho simplemente de memoria.

¿No había en verdad nada más que añadir o que cambiar después de tantos años? No me refiero a una relación de otros equívocos verbales y de otras palabras vacías, a errores garrafales. En esta materia no me parece que hayan aparecido grandes novedades en el horizonte tributario. Se ha seguido hablando de reformas tributarias; los justicieros habituales han añadido al arsenal de armas inútiles que ya posee la administración algunos artículos vejatorios, entre los cuales se ha hecho famoso el que lleva el número 17; pero se trata de pequeñeces. El llorado Vanoni perfeccionó el sistema introduciendo y haciendo aplicar un modelo de declaración que obliga al contribuyente a realizar anualmente el examen de sus propios ingresos y gastos, con resultados que deberían ser ventajosos incluso para él. Pero, en resumidas cuentas, los antiguos mitos y las paradojas tradicionales siguen siendo venerados en el templo dedicado a los consuetudinarios ritos de la verdad y de la justicia tributaria. Las dobles imposiciones falsas se han multiplicado por la agregación de algunos recargos adicionales en favor de instituciones viejas y nuevas, a las que se atribuía y se sigue atribuyendo potestad tributaria. Cada vez se percibe menos el significado de las cifras consignadas en los presupuestos y en las rendiciones de cuentas del Estado, ya que nadie puede valorar los impuestos pagados a las entidades de aseguración y previsión social, a las entidades económicas provistas de la facultad legal de vender mercancías y servicios a precios de monopolio, a las entidades dotadas del privilegio de ejercer la industria de los juegos de azar o de la lotería en pro de presuntos fines públicos. Ninguna de las duplicaciones de impuesto denunciadas en las páginas, so capa de aprehender rentas de sociedades anónimas que la imaginación ardiente de los justicieros ha considerado, equivocadamente, como "nuevas" o susceptibles de pagar un impuesto, amén del normal.

El impuesto Giolitti sobre los terrenos edificables, abolido por su incapacidad para suministrar un producto apreciable al erario, ha sido exhumado nuevamente por quien, con inocencia beatífica, supone que puede conseguir encontrar en el aumento de valor de los terrenos edificables un valor que no se había descubierto ni gravado nunca; este es un burdo error de doble visión repetidamente denunciado y demostrado aquí (en los §§ 55, 56, 57, 67, 68) y en otro lugar (passim *en los* Saggi sul risparmio e Imposta). *La inocencia no queda justificada por la ocasión, que fue la mala voluntad de la administración municipal romana para cumplir con su deber de preparar un buen plan regulador. Trastornando las responsabilidades, los demagogos no se atreven a reconocer que la especulación "antisocial" – que hace aumentar el valor de las zonas edificables, hace construir casas inmundas, colmenas de habitantes desgraciados, destruye parques y jardines necesarios a la vida ciudadana, hace crecer, en lugar de las antiguas construcciones nobles adecuadas a la estatura del hombre, edificios de diez pisos, ruidosos y mugrientos antes de hacerse viejos— es fruto exclusivo de la incapacidad de los administradores públicos locales y de los inspectores estatales para imponer normas adecuadas acerca de la altura de las casas, la anchura de las calles, la distribución de los barrios ciudadanos, la regulación de la red de calles en torno al centro histórico de las ciudades, conservando intacto su aspecto tradicional.*

Incapaces de cumplir con su deber, los demagogos resucitan el fallido instrumento del impuesto sobre los terrenos edificables, creado por odio (así era la terminología de los tiempos en que se usaban las palabras adecuadas) a una clase especial de contribuyentes gravables, con cualquier fin, al igual que cualquier otro contribuyente.

El impuesto reprimirá, sí, un tipo de especulación: aquella fecunda, ventajosa para el interés público, que retrasa la edificación al momento de la madurez económica del terreno. El impuesto presuntamente nuevo provoca la edificación de las zonas antes de tiempo, cubre de cemento los jardines supervivientes en el centro de las ciudades, crea —con la destrucción aparente de valores, o sea con su transferencia de un propietario dado a los que se aprovechan del latrocinio público para levantar rascacielos y monstruosidades urbanas— la posibilidad para los especuladores de reconstruir, en beneficio propio, valores que son insuprimibles, porque son queridos por una demanda de viviendas derivada del crecimiento y del enriquecimiento de la población y que se ven agigantados por las erróneas direcciones dadas a la edificación por administradores imprevisores. El legislador cree que ha declarado la guerra a los especuladores, y el resultado de su obra es únicamente la sustitución del especulador forzado a secundar el esfuerzo de administradores sagaces en favor de la ciudad soleada, hermosa, bien distribuida, respetuosa con su pasado y deseosa de emularlo en el porvenir, por algunos traficantes desvergonzados, dispuestos a sacar buen partido de la mala conducta de administradores incapaces, acaso involuntariamente, de dirigir la ciudad hacia un porvenir que no desdiga del pasado. Es vano predicar contra el mal, como intenté hacer repetidamente en los Saggi sul risparmio e Imposta *(vol. primero de esta serie)*[2] *y en los presentes* Mitos y paradojas. *Permítaseme, sin embargo, decir a justicieros y a demagogos, a doctrinarios y a técnicos, que el ya escaso respeto demostrado en el texto hacia ellos ha disminuido desgraciadamente en los veinte años transcurridos desde la publicación de mi libro.*

Ya que no en el campo infecundo de la inventiva fiscal, ¿no han ofrecido en tantos años los estudiosos teóricos del impuesto nueva materia de meditación en torno a los sumos problemas tributarios? La respuesta es afirmativa, y hay razón para esperar ulteriores avances en la investigación científica. Se han efectuado tentativas considerables precisamente en el campo que sirve de fundamento a la actividad tributaria. Varios economistas de valía han afrontado el problema del no-bridge, *de la no comparación de las satisfacciones experimentadas por personas diversas. El estímulo no ha procedido del deseo de dar un significado a lo que en el texto he denominado tabla benthamiana de la distribución igualitaria del impuesto entre dos o más contribuyentes* (§ *219), sino del deseo de mirar más a fondo en lo que hoy es considerado por muchos como el primer problema de la teoría y de la política*

---

2 Dicha serie es la primera de la nueva selección de las Obras de Einaudi a que se refiere la «Nota bibliográfica de la 3.ª edición italiana» incluida en este volumen. *(N. del T.)*

económica: la economía del bienestar. Los hombres, los políticos, los reformadores han "hecho" ante todo política de bienestar; han tratado de aumentar la riqueza o, mejor dicho, el bienestar de los hombres, de la mayoría de los hombres. Han limado las desigualdades sociales; han instaurado un sistema de seguros sociales para los accidentes, las enfermedades, la invalidez, la vejez, el paro; han construido viviendas populares, han destruido covachas indignas de la convivencia humana; han hecho menos frecuentes las crisis; aún más: en el último cuarto de siglo las han abolido prácticamente con una prudente política monetaria y fiscal. El paro ha desaparecido en los modernos países civilizados. ¿No es grande el triunfo? ¿No es legítima la presunción de haber aumentado la cantidad de esa entidad misteriosa, no fácilmente definible, que se llama "bienestar" y que no se compone únicamente de la "riqueza" mensurable y adicionable, traducible mentalmente en dinero? El "bienestar" es distinto, es algo más que la riqueza; es un compuesto de riqueza, de satisfacción, de buenas relaciones sociales, de gobierno ordenado, de familias sólidas, aunque sean pequeñas, de falta de envidia y de odio entre capas sociales distintas, en cuyo lugar se asienta la emulación que eleva a los mediocres y no rebaja moralmente a los grandes.

Pero en el fondo del ánimo de los políticos actuantes ha quedado siempre un interrogante: ¿qué hemos hecho? ¿se puede tratar de saber si, y en qué medida, hemos aumentado realmente el bienestar de muchos, de los más, de todos? Si con impuestos de tipos fortísimos en los altos escalones de renta, hemos disminuido la riqueza de unos pocos, ¿en cuánto se ha visto reducido el bienestar de estos pocos y qué relación guarda la reducción con el aumento de bienestar de la mayoría? La pregunta da testimonio de una conciencia elevada por parte de la clase política que, tras haber actuado en beneficio, a su parecer, de la colectividad, siente el deber de plantearse la cuestión: ¿cuánto bien y cuánto mal he hecho? ¿supera el primero, y en cuánto, al segundo? Preguntas ansiosas, a las que no se da respuesta mientras esté por medio el obstáculo del no-bridge, *la carencia de un puente estimativo de comunicación entre las satisfacciones, entre los placeres y los sufrimientos de cada hombre y los de cualquier otro hombre.*

Estudiosos insignes y refinadísimos se han dedicado a construir el puente; y aunque su obra no ha alcanzado ni está a punto de alcanzar la meta, no ha sido vana. Federico Caffè ha recogido en beneficio de los lectores italianos (Turín 1956, Edizioni Scientifiche Einaudi) una magnífica antología de Saggi sulla moderna economia del benessere *en la que hombres insignes como A. C. Pigou, N. Kaldor, T. Scitowsky, A. Bergson, H. Hotelling, I. R. Hicks, I. M. Little, K. I. Arrow, P. A. Samuelson intentan llegar a la solución del problema, acaso el más difícil y más grave de hoy, de las comparaciones interpersonales.*

Aunque la solución no esté a la vista, aunque el vigoroso asalto contra el concepto de la utilidad como base de la ciencia económica realizado por Robbins (An essay on the nature and significance of economic science, *1932) parece conservar intacto su valor, aunque en el prefacio a su preciosa antología Caffè considera "difícil no compartir la opinión de M. W. Reder según la cual «el estadio actual de la economía del bienestar es completamente insatisfactorio»"; estoy de acuerdo con el autor de la antología en condenar el excesivo escepticismo que hace propender a algunos a considerar los ensayos consagrados al estudio del problema casi como ejercicios académicos. Quizá, el mayor obstáculo al avance hacia el descubrimiento de nuevas verdades en este campo es la virtuosidad elegante de los investigadores, que se entretienen en cavar a fondo en problemas que en un cierto momento, por la sutileza de los excavadores, parecen demasiado difuminados. Quien lee el volumen, que por ahora no es solo el más amplio, sino también el más meditado,* A critique of welfare economics *(1950) de Little, no puede dejar de formular el deseo de que nuevos estudiosos, que sepan resistir a la tentación de los ejercicios académicos refinados, con intercambios sin fin de "composiciones"* (papers) *entre profesores, auxiliares y aspirantes a auxiliares, con inclusión de ejercicios matemáticos de jóvenes de valor extraños a cualquier interés económico propiamente dicho, afronten el problema del* no-bridge *con la ayuda de la lógica normal y con el propósito de prestar una contribución a la solución de problemas económicos propiamente dichos sobre los cuales hayan meditado largo tiempo; no se puede dejar de formular el deseo de que nos digan una palabra, si no definitiva, la cual no podrá llegar nunca debido a la naturaleza misma de los problemas económicos o sociales en general, por lo menos clara y luminosa.*

Por ahora, la conclusión que saco del estado actual de los estudios sobre el problema del no-bridge *es la de una prudencia práctica.* Ne quid nimis.

Este libro habría sido escrito en vano si no aportase una contribución para lanzar escarnio y vilipendio sobre la jactancia de los doctrinarios y para aconsejar prudencia a los teóricos en materia de impuestos. Desprecio para los justicieros que exaltan a Inglaterra únicamente porque se han persuadido vagamente de que ha llegado a la cima de la justicia cuando ha gravado con el 98 o con el 99% los escalones altísimos de renta y de este modo se han destruido pronto estos escalones, por su inutilidad para los perceptores; y consejos de prudencia a los teóricos que se afanan debidamente en torno a la determinación de una escala de tipos impositivos apta al mismo tiempo para reducir las alturas máximas de las rentas y mantener fuerte el estímulo al trabajo y al ahorro. Sobre todo, los teóricos serios, los no obsesionados por el espíritu de una justicia fundada en premisas doctrinales arbitrarias, deben escuchar el consejo de prudencia pensando que el impuesto no es un mero hecho económico. El rigor del análisis económico y el respeto de la lógica interna propia de toda institución tributaria son la premisa, el punto de partida; pero la conclusión sobre el pro y el contra de las novedades ofrecidas a diario en el mercado de las reformas tributarias no puede deducirse únicamente del cálculo monetario. El bienestar de un cuerpo político no está hecho únicamente de bienes materiales. Las naciones, los reinos, los imperios, crecen o decaen por razones principalmente morales y espirituales. También el impuesto es un factor de estabilidad o de decadencia) y el momento en que de fomento de estabilidad se convierte en provocador de decadencia, es decisivo para el porvenir del Estado. La ruina del imperio romano de Occidente apareció inevitable, no cuando faltaron las distribuciones de trigo en la capital del mundo y cuando no llegaron ya a los circos bestias y gladiadores y cristianos en número suficiente para divertir a la plebe, sino mucho antes cuando en los municipios de las provincias los hombres temblaban al ser llamados para asumir la responsabilidad, en calidad de decuriones, del pago de los impuestos al Estado y trataban afanosamente de entregarse a menesteres viles e infamantes, con tal de sustraerse a la obligación del tributo solidario con los demás ciudadanos, acabando por pedir amparo desesperadamente a los bárbaros.

Todavía estamos lejos del punto crítico y hay que esperar que la aspiración ansiosa de los estudiosos por la creación de un bienestar de los pueblos cada vez mayor no se limite a un bienestar material, que podría significar y provocar envidia, odio y decadencia, sino que sea también y sobre todo un bienestar moral y espiritual, significando emulación de los individuos, solidez de las familias y ordenamiento sólido de capas y órdenes sociales, ya que estos son los sentimientos de que nacen los grandes Estados.

INTRODUCCIÓN

Durante mucho tiempo he dudado acerca del título más apropiado que habría debido dar a este ensayo. No habría sido del todo malo un título que dijese: *En defensa del Estado contra los doctrinarios,* porque en verdad la cofradía de los doctrinarios se está convirtiendo en todo el mundo conocido en el peligro "número uno" para la Hacienda pública. Los administradores públicos que, como ministros de Hacienda o directores de los grandes servicios fiscales, dirigen la Hacienda de los Estados contemporáneos, deben defender rabiosamente los sistemas vigentes, que funcionan, bien o mal, y que rinden miles de millones, contra la manía reformadora de los doctrinarios que, buscando la justicia y no contentos con la justicia simple y tosca, que es la única posible prácticamente, quieren la justicia perfecta, que es complicada y destruye diez para recaudar uno.

Los doctrinarios son esa gente que continuamente examinan las leyes vigentes en los países extranjeros para señalar al gobierno de su propio país los nuevos impuestos, no conocidos en la patria, y que, considerando superado lo nacional y antiguo, tienen siempre a flor de labios lo ultramontano y lo moderno. Respeto sumamente la legislación comparada, a condición de que quien se haga paladín de ella conozca la ley nacional, sepa las vicisitudes y las razones de su formación y sienta curiosidad por la norma extranjera, sobre todo y en general, únicamente para llegar a saber por qué esa norma es adecuada al país en que nació y, en cambio, exigiría modificaciones profundas si se quisiera introducirla en el propio. El doctrinario es aquel que apenas descubre una institución que le parece buena, regulada en las leyes rusas o neozelandesas o peruanas, brama inmediatamente: "¿Nos atreveremos a quedar atrás en la vía del progreso fiscal en relación con pueblos venidos al mundo mucho tiempo después que nosotros?" El doctrinario lee en un libro cualquiera, o se imagina, una escala nueva de tipos del impuesto sobre la renta, que le parece más bella y más racional que la vigente, mejor apoyada por una extensa demostración en símbolos algebraicos, y pretende que inmediatamente la haga suya el ministro de Hacienda.

Los doctrinarios son una de las siete plagas de Egipto y, en cuestión de perniciosidad pública, solo aparecen detrás de otra pestilencia conocida en nuestra lengua con el nombre de "peritos" y más conocida en el lenguaje internacional ginebrino con el nombre de "expertos". Doctrinarios y peritos son aliados estrechísimos, porque les aflige el mismo vicio mental, que es la convicción de creerse llamados por Dios para resolver "problemas": el problema del impuesto sobre la renta o el del impuesto sobre las rentas o incrementos o ganancias ocasionales (conocidos en el acostumbrado y bárbaro lenguaje moderno con el nombre de ganancias de coyuntura o incrementos o rentas no ganados), el problema del oro, el de las materias primas, el de la salida de los vinos franceses o de la seda italiana, o del algodón y los cerdos norteamericanos. Para cualquier problema que sea, doctrinarios y peritos tienen siempre dispuesto un remedio infalible que es, necesariamente, un parche sobre una pierna de madera; porque no existen "problemas", sino un solo problema de aspectos cambiantes y numerosos, ninguno de los cuales puede cambiarse sin que cambien todos los demás aspectos del mundo económico y social en un sentido que, si acaso es previsible para el razonamiento, es ofensivo para la "sapiencia" del doctrinario y para la "pericia" del experto. El doctrinario, tras acariciar en el pensamiento su hermoso impuesto nuevo, que "debe" afectar a tal y a tanto objeto imponible que ha escapado hasta ahora al deber tributario, que lo debe afectar a tanto por ciento, bien graduado desde tanto con el índice uno hasta cuanto con el índice diez, y "debe" producir quinientos millones, se indigna al ver que el nuevo juguete no rinde más que cien millones o que, en caso de rendir lo previsto, otro impuesto antiguo produce seiscientos millones menos. ¿Acaso no son exactos e irrefutables los datos y cálculos? Puede que así sea. Pero el hombre docto se había olvidado simplemente de que el hombre contribuyente es tal que, si puede pagar 100 en total, no se le puede inducir a pagar 120 con el pretexto de que los 20 añadidos deberían ser cedidos mediante un impuesto de nombre novísimo.

Sin embargo, no me he decidido a hablar mal de los doctrinarios en el título para no hacer suponer que quería hablar mal de los profesores universitarios. Si en nuestra cofradía se ha colado a veces algún doctrinario, es necesario reivindicar por lo menos un mérito nuestro: el de ser accesibles a la duda. Aunque estuviésemos en algún momento de nuestra vida seguros de nosotros mismos, aunque por algún momento hayamos formulado un proyecto nuestro, grande o pequeño, de reforma tributaria, siempre hemos acabado por dudar. Las lecciones no se dan impunemente y no se escriben en vano libros y artículos. Llega el momento en el cual la que antes nos había parecido verdad indiscutible, clara, intuitiva, asume un perfil difuminado. La interrogación que se lee en la mirada del estudiante no convencido, la dificultad imprevista de trasladar al papel el pensamiento que habíamos expuesto antes con plena confianza, siembran en nuestro espíritu el germen de la duda. El volver a pensar en torno a los teoremas que ayer nos parecían ciertos nos enseña modestia y nos persuade de que no hay que dar consejos a ministros y directores generales, o sea a gente que, aunque ayer no supiese nada de las cosas para cuyo gobierno ha sido llamada, hoy se ve obligada a tener en cuenta la tradición recibida del pasado, codificada en las normas legales, convertida en acción viva en la práctica administrativa cotidiana, y a tener en cuenta, al mismo tiempo, las exigencias concretas de la realidad, que los estudiosos no pueden descubrir ni inventar por sí mismos. Convertidos a la modestia, los profesores saben que tienen un solo privilegio en relación con los administradores de la cosa pública: el desinterés intelectual, que les pone en condiciones de aplicar el instrumento de la lógica, que ellos quizás han refinado con el uso, a la crítica de los ordenamientos existentes y de los que se ofrecen para substituirlos, para alcanzar uno u otro fin.

Puesto que con el transcurso de los años me pareció que el uso de ese instrumento me llevaba a atribuir un valor singular, cada vez mayor, a las instituciones fundamentales del sistema tributario italiano, también pensé por un momento en dar al libro el título: *En defensa y loor de la tradición italiana.* Y, en efecto, recuerdo en el capítulo décimo las palabras memorables que Carlo Cattaneo, economista y patriota, escribió en la época del *Risorgimento* en loor de los principios tributarios que expusieron unos cuantos grandes economistas italianos a mediados del siglo XVIII y que todavía hoy considero superiores a los principios humildemente recibidos, de un modo equivocado, por una doctrina acicalada con presuntas vestiduras científicas. Acabé por no aceptar este título, sea porque solo he consagrado a esa alabanza las escasas páginas de un capítulo, sea porque no pretendo enrolarme en la multitud de los que, en los países más diversos, se ejercitan en el afán inelegante de reivindicar marcas nacionales, como si la verdad conociese límites territoriales y no fuese el fruto de la colaboración de los espíritus libres de todo tiempo y lugar. Además, el título me pareció inaceptable porque habría hecho suponer que el libro quería presentar, cometiendo el mismo pecado de problemismo y proyectismo reprochado a los doctrinarios, alguna solución concreta a problemas especiales, mientras que en verdad pretende demostrar el vacío, la falta de lógica y el equívoco que anidan en principios aceptados, en frases corrientes, en demostraciones o afirmaciones transmitidas de un libro a otro por inercia mental, por obsequiosidad irrazonada a sentimientos, a mitos, a sombras pálidas de cosas que nunca existieron o que hoy están muertas.

La llamada Hacienda moderna, la Hacienda, para entendernos, del impuesto general y progresivo sobre la renta total o global o conjunta, la Hacienda del impuesto sucesorio también progresivo en razón de la fortuna del difunto o de los herederos o de la cuantía de la cuota hereditaria, la Hacienda ante la cual los doctrinarios de todo el mundo querrían que se inclinasen todas las instituciones tributarias, incluso las que repugnan a ello, se basa, recordémoslo, en el principio de la máxima felicidad del mayor número posible de los hombres que componen la colectividad. Si no apela a ese principio queda sin cabeza. Hay un balbuceo, hay palabras inconexas, se oyen inspiraciones de afecto. Pero falta el razonamiento. De la cabeza no se va a la cola. Aún más, no hay cabeza ni cola.

Ahora bien, hay una verdad segura; y es que hoy es imposible asignar al principio utilitario, en cuestión de impuestos, un significado cualquiera (véase el capítulo sexto). Un grupo de doctos trata de descubrirlo desde hace años. Me admiran esos esfuerzos y los declaro dignos de hombres verdaderamente doctos. Pero no admiro nada en absoluto a los doctrinarios que se apresuran, antes de que el significado sea descubierto, a lanzar al aire a diestro y siniestro las banderas del sumo principio utilitario, a deducir mandatos precisos para organizar el sistema tributario así o asá y a insolentarse con todos los que no se apresuran a tirar por la borda los impuestos antiguos para adoptar los novísimos, fundados en palabras que hasta ahora son la nada absoluta.

Cuando sepamos qué quiere decir el sumo principio utilitario, razonaremos y deduciremos. Por ahora, creo lícito insolentarme a mi vez con sus adeptos los doctrinarios. No son pocas las insolencias que hay en el libro contra los doctrinarios, divididos en las dos categorías de justicieros (utilitaristas conscientes o no) y de aritméticos. Y son voluntarias y reiteradas. No he encontrado un medio mejor para leerles la cartilla a los papagayos, que repiten las consabidas frases hechas sin cuidarse de analizar su significado y aun sin preguntarse a sí mismos si las palabras que pronuncian ritualmente tienen un sentido cualquiera. Con el objeto de ponerme en estado de gracia antidoctrinaria, cerré, mientras escribía y aun algún tiempo antes de ponerme a escribir, todos los libros de ciencia de la Hacienda, prohibiéndome consultarlos para citas y referencias, excepto cuando pretendiese recordar algún nombre a título de honor. Por ello, el doctrinario atacado por mí no es ninguno en especial; es un ser compuesto fabricado por mí imitando al hombre culpable de todas las que a mí me parecen perversiones intelectuales en el campo de la Hacienda. No pertenece a Italia más que a Francia, Inglaterra o Alemania. Es ciudadano del mundo, que a veces ha leído demasiado y mal, y a veces no ha leído nada y expone las ideas que se le han ocurrido para regenerar a la humanidad fiscal; es un compuesto de profesor, hombre de la calle, reformador y demagogo; es aquel que no encuentra paz si no hace descender a la justicia sobre nuestra miserable tierra, afligida por tantos impuestos anticuados, viejos y desiguales; es el yunque, inocente en su ingenua aspiración al perfeccionamiento universal, sobre el cual es agradable golpear con el martillo de la crítica.

La confección del fantoche doctrinario objeto de las premeditadas insolencias del libro no es en verdad empresa difícil. Basta mirar en el fondo de nuestra conciencia. ¿Quién no ha sentido alguna vez un impulso irresistible de romperle la cabeza al adversario para tener la razón expeditamente en una disputa? Los frenos mentales que ha educado en todo estudioso la costumbre de discutir apagan inmediatamente la llamarada intolerante. ¿Quién no se ha sentido doctrinario en algún momento de su vida? ¿Quién no ha formulado un hermoso proyecto para resolver este o el otro problema urgente?[1]. Nuevamente, el freno de la crítica, perfeccionado lentamente, aconseja dudar,

1 Doctrinario, a título de ejemplo, podía calificarse al autor del presente volumen cuando escribía, entre 1900 y 1901, artículos recogidos en un opúsculo bajo el título *Per la giustizia tributaria* (Turín, 1901). El contenido —impuesto sobre la renta concebido como instrumento para abolir unos aranceles proteccionistas asfixiantes y para dar elasticidad al presupuesto— cabe, hoy como ayer, en el cuadro de la buena Hacienda. El título escrito en la portada no lleva consigo definición que no sea doctrinaria.

reflexionar sobre las repercusiones del remedio propuesto; y el proyecto se desvanece o adopta otra forma.

A veces, la tentación que nos empuja al doctrinarismo es fortísima. A menudo la elección, en la realidad de la vida, no es entre el bien y el mal, sino entre el mal mayor y el mal menor. Cuando el estudioso ha superado la primera repugnancia hacia el mal menor, resbala irremisiblemente por la pendiente del doctrinarismo puro. El estudioso que se persuade de que, si un artificio dado, malo en sí mismo, no llega a puerto, se idearán y llevarán a efecto otros artificios peores, acaba por acometer con celo la construcción de una institución que, en lo más hondo de su conciencia, no puede aprobar.

Hay que reconocer que, pese a la absolución humana de la mayoría, nos encontramos aquí ante un caso de *trahison des cleres*. Trabajar sobre premisas ajenas, para alejar el mal mayor, puede ser —es, incluso— justo para el hombre político; es ilícito para el clérigo de la ciencia[2]. El hombre político tiene la responsabilidad de actuar, que es siempre una elección entre diversas soluciones, una resultante de muchos factores. El clérigo tiene la responsabilidad de pensar y debe, únicamente, pensar la verdad. Al hombre político corresponde llevar a efecto o no las conclusiones del razonamiento. El clérigo absolverá al político aunque este, habida cuenta de las contingencias de hecho y de la oposición entre fuerzas antagónicas, no haya llevado a cabo la verdad en todo. Pero, como clérigo, debe dedicarse exclusivamente a su oficio, que es el de pensar rectamente, dentro de los límites de sus fuerzas intelectuales, y exponer los resultados genuinos de su meditación.

Al clérigo —y por clérigo entiendo el que ha asumido, sin que nadie le obligase, la misión de adoctrinar a los demás con la palabra o con los escritos— no le es lícito exponer la verdad condicionada, subordinada a un punto de vista dado. No le es lícito hablar de impuesto patrimonial extraordinario partiendo de la premisa de que su institución debe considerarse un postulado de la investigación porque el gobierno del momento, por ejemplo el de 1920-21, lo haya declarado necesario. Para el clérigo no existe ninguna premisa necesaria, ni esta ni la opuesta del ministro italiano de 1924, que en la cámara del Senado declaró que ese impuesto era "estupidísimo". La abolición de los títulos al portador, propuesta en Italia en 1920 o la obligación del cuaderno de cupones *(carnet des coupons)* puesta en práctica antes en Francia, ambas para evitar la evasión de los títulos al portador, no son premisas necesarias para el clérigo de la ciencia. El "punto de vista", que también se llama "oportunidad o necesidad política del momento", no existe para el clérigo. No porque no sea factor importantísimo de los acontecimientos y, por lo tanto, dignísimo de estudio, sino porque formulado de este modo no se sabe qué es exactamente.

2 La palabra «clérigo», referida a los clérigos de la ciencia, puede resultar extraña a los oídos españoles. Sin embargo, en otros idiomas (francés, *clerc;* inglés, *clerk;* italiano, *chierico*) esta palabra conserva un sentido laico que en español se ha perdido. Por ello hemos optado, en algunos casos, por traducirla como «sacerdote de la ciencia». (*N. del T.)*

O estamos en condiciones de dar un contenido preciso al punto de vista, a la razón política, a la conformidad con el régimen vigente en un país, o sea, somos capaces de enumerar con palabras precisas los fines que se quieren lograr con un impuesto dado, por ejemplo, el patrimonial extraordinario, y de describir la estructura que se le quiere dar, y el clérigo podrá estudiar en primer lugar si ese fin o esos fines se pueden alcanzar y si, en caso de que sean posibles, son deseables y para qué personas, grupos de personas y capas sociales son deseables; a continuación, indagar si el instrumento elegido (impuesto) se puede crear y si, una vez forjado de los diversos modos posibles, es un medio adecuado o el más adecuado para alcanzar el fin o los fines queridos; y, finalmente, investigar qué resultados coincidentes o contradictorios con el fin propuesto es probable que se deriven de su puesta en práctica. O no estamos en condiciones de definir y precisar de este modo medios y fines, y nos limitamos a afirmar que la conciencia popular, las corrientes políticas y los ideales dominantes, los tiempos nuevos o modernos, el sistema político vigente quieren ese medio y esos fines; y, ante el acto de la fe, el clérigo se inclina y se retira. Tiene algo que decir ante el tribunal de la razón; debe callarse ante el mandato impuesto por la fe.

El político no tiene interés en solicitar la colaboración de los clérigos a no ser dentro de los límites lógicos propios de su oficio de estudiosos. No le sirven los repetidores, si bien le ayudan mucho los críticos que, sin juzgarlas, ponen en claro, definen y reducen al núcleo esencial las premisas que los políticos implantan para su propia acción y razonan lógicamente en torno a las ilaciones que pueden deducirse y a los resultados que pueden derivarse. Al político que actúa le conviene la colaboración del estudioso que constata las diversas vías que se pueden seguir para alcanzar un fin (por ejemplo, impuesto *a,* o impuesto *b* o *c,* etc.) y que examina su diverso contenido y trata de prever sus diferentes resultados. Esta colaboración sirve al político que tiene ante sus ojos diferentes fines y que desea conocer los resultados probables de los distintos medios que se le ofrecen a este propósito. No le sirve, en cambio, la colaboración ofrecida por el doctrinario, que moteja al impuesto *a* de liberal, o reaccionario, o democrático, o socialista, o corporativo, y lo condena o exalta sin más según el mote que le ha aplicado. Esto es pura confusión de lenguas. El impuesto *a* es el impuesto *a* y nada más. Producirá efectos no en función del adjetivo o del mote con que se complazcan en calificarlo, sino exclusivamente en razón de cuál sea el objeto del impuesto (renta de tierras o de edificios, o renta total definida así y así, o unidad de peso de azúcar o de trigo, o número de unidades de cigarrillos y otras cosas semejantes), de quienes sean los contribuyentes sujetos al impuesto (personas físicas o personas jurídicas, o las dos a un tiempo, o comerciantes importadores o industriales fabricantes), de cuál sea la medida y la escala de su cuantía (tarifa o tipo constante o variable, y modo de variación), de cuales sean los métodos de determinación de la base (por declaración, con juramento, por valoración de oficio individual o por clases, etc.). Si se conocen estas y otras circunstancias precisas se puede examinar críticamente el impuesto ofrecido al hombre político. Si no, el clérigo no tiene nada que decir, y puede abandonar el campo tranquilamente a la jactancia airosa y suficiente del doctrinario.

La diferencia entre el doctrinario y el estudioso puro y simple es conocidísima en las ciencias constituidas desde hace tiempo, las cuales han conseguido exponer teoremas y postulados seguros; es suficientemente conocida en la ciencia económica, que cuenta ya con cerca de dos siglos de existencia; todavía es discutida en la ciencia de la Hacienda, que sin embargo se remonta, como colección de noticias y de reglas, bastante más atrás en el tiempo que su hermana mayor. En nuestra ciencia todavía no se ha sabido salir fuera del campo de las reglas, de los consejos, de los servicios prestados a los gobernantes. Sigue siendo hoy en día el terreno de caza preferido por el doctrinario, que es fecundísimo y felicísimo en dar a luz proyectos, consejos y reglas. Mientras siga cultivando la ciencia de la Hacienda quien está persuadido de que las premisas del razonamiento son normas que el investigador debe aceptar del político sin discusión, la ciencia no puede elaborarse y el político no puede obtener de ella nada constructivo. Los consejos útiles y las reglas fecundas pueden darse exclusivamente por el estudioso que no se propone dar consejo alguno ni sugerir regla alguna. La ciencia no tiene ni puede tener fines prácticos. En cuanto intenta proponérselos, se esteriliza. El estudioso es un aventurero que va en busca de la verdad. La premisa, el punto de vista, el ideal, son para él meros instrumentos de trabajo de carácter provisional. Si, utilizando uno de esos instrumentos, logra obtener consecuencias importantes, sigue utilizándolo. Si no, lo tira y recurre a otro instrumento, para probar su calidad y fecundidad. Ningún principio tributario es sagrado e inviolable ante el tribunal de la razón. Todos están llamados a dar razón de sí mismos y, si resultan deficientes, son devueltos a la nada de donde proceden.

Tres cuartas partes del ensayo están destinadas a medir y encontrar insuficientes ciertos presuntos principios solemnes de justicia tributaria. En general, esos principios son simples sofismas. Es frecuentísimo el sofisma de la confusión entre medio y fin.

Se quiere gravar a un grupo de contribuyentes con un impuesto sobre la renta de tipo variable y creciente desde el mínimo del 1% hasta el máximo del 10%. Este es el fin a alcanzar.

Los medios adoptados para lograr el fin pueden ser diversos. El primero, que se llama de impuesto progresivo sobre la renta global del contribuyente, convoca a los contribuyentes mismos y les invita a declarar, primero en los sumandos individuales y luego en el total, sus rentas respectivas. Bien pronto se descubre o se cree descubrir que algunos o muchos contribuyentes no declaran todos los sumandos y que, de un modo especial, silencian la renta derivada de los títulos al portador. El doctrinario justiciero se indigna y, con amenaza de severas sanciones, discurre normas todavía más severas: obligación de juramento, fichero nacional, investigaciones policiales, prohibición a los bancos y a las cajas de ahorro de pagar los cupones de intereses y dividendos a quien no se presente provisto de un cuaderno que hay que presentar en las oficinas de Hacienda.

Hay un segundo medio, que ciertos observadores o estudiosos no afectados por la satiriasis tributaria se obstinan en considerar menos molesto para el contribuyente y más rentable para el Estado. ¿Hay quien cree ventajoso tener los títulos en la forma al portador? Que los conserve y vaya con Dios, absuelto de toda obligación de declararlos a los efectos del impuesto complementario progresivo sobre la renta global, etc. Pero el Estado, las provincias, los municipios, las sociedades y cualquier otra entidad que haya emitido títulos al portador, debe retener, en el momento del pago de los intereses y dividendos, un impuesto subrogatorio del mencionado sobre la renta total, etc., en medida igual al máximo de los tipos: 10%. Aún más, para contrarrestar el perjuicio eventual que el erario podría sufrir a causa de los poquísimos colocados en los grados más elevados, que deberían pagar, a título de ejemplo, el 10%, si declarasen toda la renta y, en cambio, al declarar solo una parte, caen, incluso para la parte de renta no procedente de los títulos al portador, en clases sometidas al tipo inferior del 8% y acaso consiguen no pagar o no hacer pagar a sus hijos o herederos ciertos impuestos menores, también personales, como el impuesto sobre los solteros y el de sucesiones, los cupones deben ser gravados mediante una retención del 15%.

No cabe duda de que el segundo sistema es ventajoso para todos: para el erario, que recauda con toda certeza sobre todos los títulos al portador, sin la más mínima posibilidad de fraude, el 15%, o sea más del máximo que recaudaría de algunos contribuyentes muy poco numerosos; y para los contribuyentes, que, en compensación del tributo absuelto, más conspicuo e injusto de un modo abstracto, tienen la ventaja de poseer el título en la forma al portador, preferida por la facilidad de venta, de conseguir dinero con dobles y anticipos y por la ventaja de no tener que dejar saber a la mujer, a los hijos, a los parientes o a los curiosos los asuntos personales. ¡Eso jamás!, se horroriza el justiciero tributario. El objeto de un buen ordenamiento tributario no es hacer pagar los impuestos con el máximo rendimiento para el Estado y con la molestia mínima para el contribuyente. Un impuesto no es "moderno", no siente los tiempos nuevos de la moda universal, si no está ideado de manera que haga rellenar al contribuyente formularios extensos, que le haga correr en todo momento el riesgo de tener que pagar alguna multa, que le haga desgraciada la vida con pequeñas molestias y con la privación de las comodidades que él se ha buscado tras larga experiencia y que no perjudican a nadie. Entre exigir 15 sin molestias, por medio de una simple retención, sin entrar en los secretos de la vida de nadie, y exigir 5, y acaso menos, a cambio de molestias indecibles, la elección no es dudosa. El justiciero doctrinario prefiere los 5. El objeto del impuesto no es procurar fondos al erario, sino causar molestias al contribuyente. Si este ofrece 15 con tal de que le dejen en paz, hay gato encerrado. ¿Por qué no quiere que conozcamos sus asuntos, todos sus asuntos? Seguramente, razona el justiciero frente populista francés, ese hombre pertenece a las 200 familias que ayer se cobijaban en el Banco de Francia y hoy conspiran para el descrédito del Estado y para la ruina del franco.

Ante semejantes energúmenos de la justicia tributaria, los legisladores y los estudiosos tienen a veces la debilidad de efectuar alguna genuflexión ritual. Aun manteniéndose firme en el 10 o en el 15 seguro, el gobernante siente a veces la necesidad de decir: "La teoría querría... la justicia exigiría... que todos los contribuyentes se viesen obligados so pena de multas gravísimas —algún obsesionado socialista o comunista está dispuesto a llegar hasta la cárcel y el fusilamiento— a pagar el 5% debido después de una declaración auténtica, incluyendo la renta de los títulos al portador. Por sencillez, dadas las necesidades del erario, nos contentamos con hacer pagar el 15% sin declaración, interceptando el impuesto en el origen, antes de que la renta llegue al contribuyente. Pedimos humildemente perdón por un delito tan grande que, en cuanto los tiempos sean más tranquilos, trataremos de subsanar".

¿Es necesario decir claramente que la ciencia, la teoría, la justicia, no exigen nada de lo que pretenden los doctrinarios? Los gobernantes pueden mofarse tranquilamente de semejantes ciencia, teoría y justicia llenas de aire. Ninguna ciencia, ninguna teoría y ninguna justicia ordenan que se realicen actos sin sentido. Al infierno los doctrinarios que se enamoran de un impuesto lo complican, lo perfeccionan, lo pulen, lo cincelan y acaban por persuadirse de que es ciencia esa cierta cosa que sirve para crear chucherías fragilísimas en lugar de servir para simplificar los instrumentos concretos de imposición. Al infierno los doctrinarios que erigen o que aceptan de los contables una definición de renta que tiene un significado meramente aritmético y sobre esta base, cuyo contenido sustancial no se conoce (véase el capítulo séptimo), señalan al desprecio público a los defraudadores de impuestos, cuando bastaría cambiar la definición de renta para que los supuestos defraudadores se convirtiesen en ciudadanos muy cumplidores de las leyes. El verdadero interrogante planteado al hombre político es: ¿con qué objeto se han creado las definiciones? ¿Apuntan a la multiplicación del número de defraudadores, a crear ocasiones y estímulos de obrar mal, o bien a eliminar roces, llevando a los hombres a pagar voluntariamente aquello que deben pagar? Puesto que el legislador es árbitro en la elección de la definición que más le plazca, puesto que ninguna ley humana o divina le ordena seguir una en lugar de otra, puesto que ante el tribunal de la razón una definición equivale a otra y la definición aritmética (cfr. el capítulo séptimo) tiene un valor meramente aritmético, nulo a fines tributarios, y la definición inventada por ciertos italianos del siglo XVIII (véase el capítulo décimo) o la elaborada por los ingleses durante el siglo XIX fueron creadas completamente a propósito para fines tributarios, parece lícito concluir que el legislador puede elegir, diciendo que nones a los doctrinarios, la segunda o la tercera definición más bien que la primera, sin que la señora "ciencia" pueda encontrar nada que decir.

La señora "Ciencia" de la Hacienda tiene un solo deber: el de buscar la explicación lógica de las instituciones tributarias. Cuando el historiador ha indagado los orígenes de un impuesto y ha precisado las fuerzas políticas, fiscales y sociales que llevaron a su establecimiento, entran en escena dos personajes: el jurista y el economista. El jurista reconstruye la norma vigente; interpreta su mandato a la luz de los principios generales del derecho y de la voluntad del legislador. Interpreta esta voluntad fundándose en parte en las razones aducidas por el legislador; pero si estas razones contrastan con el claro significado propio de la específica norma escrita y de las demás normas con las cuales debe estar coordinada en el sistema total, la interpreta según las reglas de la hermenéutica jurídica, partiendo de la premisa de que esa norma vive en un sistema armónico y coherente en la medida de lo posible. El jurista interpreta, no critica al legislador. El jurista parte de la premisa de que la única causa del impuesto es la ley. El ciudadano está obligado a pagar impuestos no porque el Estado haya prestado o no determinados servicios, sino porque ese es el mandato de la ley. El ciudadano no puede arrogarse el derecho de negarse al pago del impuesto porque, a su parecer, el Estado en lugar de servicios le ha prestado deficiencias. Debe pagar sin chistar. Cuando la ley existe, hace falta poco para comprender que el contribuyente no necesita buscar nada más; paga porque esa es la orden del legislador.

El economista, en cambio, no encuentra límites a su curiosidad. Su oficio "específico" es el de indagar el porqué de la ley. Por otra parte, ni siquiera el jurista limita su oficio al de intérprete. Interpretando, mueve al legislador a modificar las normas vigentes, cuando están formuladas imperfectamente o cuando se oponen a otras normas, también vigentes, que parecen preeminentes. La preeminencia queda determinada a veces por la circunstancia de que el legislador ha formulado normas "nuevas" en oposición con las "antiguas", de tal modo que ambas no pueden actuar al mismo tiempo. Poniendo en claro el conflicto, el jurista obliga al legislador a manifestar mejor su voluntad, ya revocando la norma nueva, si esta fue debida a circunstancias contingentes, ya modificándola para adaptarla al sistema antiguo, ya modificando a este paulatinamente para renovarlo. También en el Derecho tributario, el jurista, interpretando, crea o estimula a crear un nuevo Derecho. Sin embargo, el economista no está sujeto a los vínculos propios del jurista. La mente, la voluntad del legislador, no tiene valor para él si no es racional, es decir, si el instrumento creado por la norma legislativa no es adecuado para lograr el fin querido; si el instrumento creado para dar 100 al Estado le causa al contribuyente un perjuicio de 150; si el instrumento creado para gravar a Fulano recae en realidad sobre Mengano. Las motivaciones, las explicaciones y las normas mismas no son textos a interpretar; son meros hechos que se deben explicar, cuya conexión con otros hechos y con los efectos producidos hay que buscar. A los ojos del economista no basta decir con aire compungido: así lo quiere la norma legal. Si esa voluntad es racional, las normas escritas como consecuencia de esa manifestación de voluntad deben ser analizables y las definiciones, las premisas y los mandatos que están contenidos en esas normas deben poderse reducir a proposiciones rigurosas.

El rigor de la proposición no siempre surge nítido de las páginas de los economistas, especialmente de los que se dedican al estudio de la Hacienda pública, porque estos, tanto los antiguos como los modernos, se dejan arrastrar más de una vez por la pasión de exponer teorías bajo forma de consejos. La tentación que empuja a decir: el impuesto *debe ser* ideado así o asá, es a menudo demasiado fuerte para que todos sepan resistir a ella. Aconsejo un poco de caridad cristiana cuando tropezamos con pseudoconsejos. Es verdad que la ciencia no tiene por misión formular preceptos de conducta ni decir lo que se debe hacer. Explica los hechos, razona a partir de premisas, conecta los efectos a las causas, deduce los efectos probables de las premisas aceptadas, observa las interdependencias de los fenómenos, y deja luego que los hombres, los estadistas, actúen según su saber; se precia de constatar que si actúan de un modo dado nace un efecto dado y que si actúan de otro modo nace un efecto diverso. El doctrinario, según dije antes, se distingue del estudioso precisamente porque siempre está ocupado en formular proyectos y en dar consejos, mientras que el estudioso prefiere la investigación de los efectos de las acciones humanas. Sin embargo, la jactancia con que se repite esta verdad divulgadísima me es profundamente antipática. Desgraciadamente, fue Pareto, que era un gran sabio, el que empezó a tratar con afectación a los economistas llamados literarios, que habían traducido imperfectamente al lenguaje vulgar los teoremas que otros, entre los que se contaban Walras y él mismo, volvieron a exponer rigurosamente y perfeccionaron; o que, en su razonamiento, utilizaban la terminología normativa en lugar de la especulativa. Aun admirando a los que, casi separados del mundo, saben conservar la terminología rigurosa o especulativa desde el principio hasta el fin de sus ensayos o libros, considero injusto y aun indecente el desprecio fácil con que algunos de ellos miran a los pobres diablos —¡a veces estos pobres diablos se llaman Galiani o Smith o Ricardo o Ferrara!— que no sabían matemáticas o que, apasionándose por las cosas terrenales —hombres entre hombres— pasaban del lenguaje puro especulativo al normativo y daban consejos, ofrecían recetas de buena conducta a los hombres y trazaban programas de acción. ¡Abajo la jactancia! Lo que importa no es la vestidura con que se expresa una verdad, sino la verdad misma. A menudo basta cambiar un modo, un tiempo o un adjetivo y la proposición se convierte de normativa en especulativa. Léanse las proposiciones siguientes:

	Normativas	*Especulativas*
Tesis A:	El legislador debe fomentar los contratos a plazo porque aseguran a los productores precios constantes.	Los contratos a plazo sobre las mercancías tienen como efecto una mayor constancia de los precios en el tiempo.
Tesis B:	El legislador debe encarcelar a los especuladores a plazo como enemigos de los productores.	Los contratos a plazo sobre las mercancías tienen como efecto la baja de los precios.

La disputa verdaderamente fecunda desde el punto de vista científico no es entre formulación especulativa y normativa. Cualquier estudiante que haya estado sometido a un aprendizaje incluso medianamente riguroso es capaz de ganarse una buena calificación desarrollando, como ejercicio escolar, el tema de la versión de una formulación a otra. La segunda es intuitivamente preferible a la primera, porque ayuda a pensar bien. Pero todo esto no debe hacemos olvidar que la verdadera y sustancial disidencia, la que interesa científicamente, no es entre lo normativo y lo especulativo, que son puras formas, sino entre las dos tesis A y B. ¿Cuál de las dos tesis es verdadera, o sea, apta para explicar la conexión entre los contratos a plazo y los precios de las mercancías? ¿O es verdadera una tercera tesis C, que, si no recuerdo mal, corroboró el amigo Bresciani-Turroni, hace años, con pruebas estadísticas sapientemente recogidas e interpretadas, y que decía que por ahora no está demostrada la conexión existente entre los contratos a plazo y los precios de las mercancías o, por lo menos, no demostrada la relación entre las variaciones de un hecho y las del otro? Este es el terreno fecundo de la disputa, no el otro, el de las frases que utilizamos para formular la verdad demostrada. Cada vez utilizaremos la terminología más conveniente según el objetivo que nos propongamos: si queremos, por ejemplo, golpear sobre la cabezota de un profesor obstinado en la defensa de la tesis B, por hipótesis demostrada falsa, utilizaremos el ropaje especulativo; si nos toca combatir a un demagogo ansioso de mandar a la cárcel a sus enemigos, utilizaremos el ropaje normativo. En ambos casos estaremos en el terreno científico; siempre que antes hayamos demostrado la verdad de la tesis A, se entiende. Si alguien efectúa, utilizando la forma normativa, la demostración rigurosa de la verdad de la proposición A, *le* haremos muchas reverencias, y trataremos de pirata presuntuoso a quien, llegado más tarde, se limita a traducir encubiertamente al lenguaje especulativo la demostración ya conocida, y que, para conseguir dolosamente fama de descubridor entre los simples, comenzó por lanzar vituperios contra quien, habiendo llegado antes a formular la verdad, fue reo del delito capital de escribir en lenguaje normativo.

Importa, cualquiera que sea el lenguaje, que la investigación aclare el significado de las palabras utilizadas y de las definiciones dadas, que deduzca rigurosamente de las premisas impuestas las ilaciones en que aquéllas son fecundas, que demuestre qué efectos se derivan de determinadas causas. Lo que odia el investigador movido por el puro culto de la ciencia es lo indistinto, lo confuso, lo emotivo, lo imponderable, que también son objeto dignísimo de estudio, pero se debe saber qué es lo indistinto, lo confuso, lo imponderable. Notable entre las palabras de este tipo es la pareja "capacidad contributiva", que ocupa un destacado lugar en los tratados de Hacienda. Este par de palabras se escapa entre los dedos, se escurre inaprehensible y vuelve a aparecer a cada momento, inesperado y persecutorio. El significado varía según los tiempos, los lugares, los escritores y las diversas páginas de un mismo libro. Con ese par de palabras se explica todo; se hace entrar o salir del concepto de renta o de capital todo lo que se quiere. El economista, que no sería tal de no ser analizador, odia por ello a estas y a muchas otras palabras desprovistas de sentido; y las abandona de buena gana al psicólogo, al político y al historiador. Desde ahora mismo pido perdón por los pecados que, involuntariamente, arrastrado por la usanza de muchos, cometa en la continuación de este libro utilizando inadvertidamente palabras que parecen cuerpo y son vana sombra.

1

EL MITO DEL CONTRIBUYENTE QUE PAGA HASTA EL ÚLTIMO CÉNTIMO

1. Don Quijote luchaba contra molinos de viento. Quien realmente no paga impuestos grita más que nadie porque está convencido de pagar más que nadie. Los presupuestos de los Estados modernos están llenos hasta la saciedad de mitos, detrás de los cuales no se esconde más que el vacío.

Entre los mitos tributarios contemporáneos uno de los más destacados es el del impuesto pagado hasta el último céntimo por el funcionario público. He reflexionado largamente acerca del pro y del contra del impuesto sobre la renta del funcionario, y he llegado a la conclusión de que el pro está falto de peso. Vale la pena, por su nitidez, empezar por esta sombra fecunda en rencores.

2. Ninguna renta, dice el principio de la igualdad —único principio reconocido en materia de impuestos, por el absurdo mismo de admitir la desigualdad—, debe estar exenta de imposición. Por tanto, el sueldo del funcionario, como renta que es, debe pagar el impuesto al igual que cualquier otra renta de la misma especie. Ofendería a la justicia y crearía una clase privilegiada quien eximiese al funcionario del impuesto que todos pagan. ¿Por qué tal privilegio? Si todas las otras rentas similares pagan el 8%, pague también el funcionario el mismo 8%. Interesa que el funcionario no se sienta extraño a la vida del Estado, interesa que, al pagar el tributo, sepa por experiencia que, para él, el Estado no solo significa la ventaja de la paga, que no es simplemente una vaca para ordeñar, sino el ente colectivo a cuyo mantenimiento hay que contribuir con sacrificio propio. Aunque el impuesto fuese para él pura fórmula, interesa que el funcionario sepa cada fin de mes que tendría derecho a recibir una paga de 100 liras si el impuesto no se la rebajase a 92. Esta cifra y esta sustracción son, para él y para los demás, el símbolo de su participación en la vida colectiva. Este es el peso que gravita sobre la balanza del *sí,* un peso cuyo valor moral es ciertamente altísimo.

3. Pero valor puramente moral, porque el valor económico de este impuesto para el erario público es nulo o, aún más, aunque sea en magnitud despreciable, negativo. Se trata de una simple contrapartida, cuya función es exclusivamente la de multiplicar los asientos en los libros de contabilidad

pública. En lugar de contabilizar y pagar los sueldos a razón de 92 liras líquidas, hay que contabilizar 100, hacer constar una retención en concepto de impuestos de 8 y, después de los asientos correspondientes repetidos millones de veces, pagar 92. El rodeo de los asientos no engaña a nadie. Ningún funcionario, en ningún momento de su carrera, ni al principio, ni en sus ascensos, ni en su jubilación, presta la menor atención a la cifra bruta del sueldo; todos se preocupan únicamente del líquido. Como máximo, la notación del impuesto pagado perturba a causa de las fracciones de lira a que da origen.

4. Algunos afirman que el valor económico del impuesto sobre el funcionario es, sin embargo, efectivo en cuanto que se refiere al porvenir. Es indiferente recibir 100 *menos* 8, igual a 92, o bien 92, pero no es indiferente saber que el 8% del impuesto puede aumentar a 10 o disminuir a 6. El Estado puede tener razón en querer reservarse el derecho de hacer participar a los funcionarios en el aumento de cargas o en la ventaja de la disminución de los gastos públicos en función de la Renta nacional. Cuando todos los demás contribuyentes deben someterse a un sacrificio mayor, ¿por qué no han de hacerlo también los funcionarios?

5. Con el fin de valorar con exactitud el peso económico de la contingencia de aumento o disminución del impuesto en el futuro, debe advertirse que ese peso se consideró a menudo menguante en el caso análogo de la Deuda pública. También en este caso se planteó la cuestión: ¿5 bruto *menos* 1 de impuesto, igual a 4 de interés neto por cada 100 liras nominales de capital de la Deuda estatal, o bien 4 exento de cualesquiera impuestos presentes y futuros? En Italia y, en la mayor parte de los casos, en Francia, se inclinaron por el 4 exento de tributación, sobre todo, nótese, porque la inmunidad garantiza al suscritor contra el riesgo de aumento futuro del impuesto. Si el suscritor está dispuesto a pagar 100 liras por *un* 4% perpetuo, exento de cualquier impuesto, no es igualmente propenso a pagar una suma igual por un 5% bruto, sometido a imposición. Hoy el impuesto es del 20% de la renta y deduce 1 lira de la renta, dejando un resto igual al obtenido en el otro caso. Pero el ahorrador, que tiene la sartén por el mango porque su ahorro tiene todavía forma líquida de dinero, duda que el 20% permanezca constante. Quien duda no piensa que el tipo pueda disminuir al 18%; teme, y está persuadido de que debe temer a causa de la experiencia pasada, que el impuesto aumente al 22%. Quien teme, exagera el peligro temido. El riesgo de aumento que, según la probabilidad histórica, debería estar limitado en aquel país y en aquel momento a un 2%, se ve aumentado por la imaginación hasta un 4%. Se descuenta, en lugar del 20 actual y del 22 posible, un 24% imaginario; y se capitaliza, supóngase que al 4%, en 95 liras la renta de 5 *menos* 1'20 de impuesto imaginario, o sea, 3'80 netas previstas. El Estado, que hoy tiene la opción de vender a 100 un 4% neto, o a 95 un 5 bruto que, deducida 1 lira de impuesto actual importa una carga efectiva de 4 liras, se decide por el 4 neto. El mayor valor capital de 5 liras recaudado en un principio le indemniza

ampliamente de la renuncia hipotética al derecho de aumentar el impuesto en un caso de necesidad futura e incierta que quizá no se verifique nunca. Por otra parte, el Estado no asume de hecho compromisos eternos. Vencen las deudas temporales y los prestamos perpetuos se convierten en la primera ocasión favorable y legalmente utilizable. En el momento de la novación, el Estado, al fijar las condiciones del empréstito, tiene en cuenta las distintas cargas impositivas, mayores o menores, y fija el tipo de interés de tal modo que obtenga nuevamente ventajas de la oferta de un título neto en vez de un título bruto. En cuanto a la Deuda pública, la ventaja económica "para el erario público" es, pues, el criterio dominante de la decisión. El Estado no se detiene a reflexionar si, desde un punto de vista moral o político, conviene dar la impresión de que también los tenedores de los títulos de la Deuda pública pagan el tributo. El Estado sabe que ésa es una impresión contable, la cual no tiene relación alguna con la realidad; y pasa por encima de la impresión, preocupado únicamente por obtener su "propia" ventaja.

El "gran tesorero" o ministro de Hacienda no gime bajo la pesadilla de los miles de millones de liras de los títulos de Deuda pública exentos de tributación. Al contrario de aquel gran duque de Toscana, que, según las fábulas, decía: "Sí, el gran ducado es mío, pero la tierra es de los curas, frailes y monjas, que no pagan impuestos", el tesorero del Estado moderno se ha hecho pagar por adelantado el precio de la inmunidad concedida; y se hará pagar oportunamente nuevas cantidades a cuenta de tal precio cada vez que se renueve el contrato de préstamo, llegado el vencimiento. ¿Acaso existe un mandamiento divino que obligue a exigir el tributo anualmente en lugar de una suma diez veces mayor cada diez años?

6. ¿Por qué no debe aplicarse el mismo razonamiento a los sueldos de los funcionarios públicos? ¿No podría darse opción entre pagar 100 brutas menos 8 de impuesto igual a 92 líquidas o pagar 90 libres de cualesquiera impuestos presentes y futuros? ¿Acaso no preferiría la gran mayoría de los funcionarios un 90 asegurado contra cualquier variación de impuestos a un 92 incierto? Además, tampoco el Estado estaría ligado a pagar las 90 perpetuamente. Al cambiar notablemente las cargas tributarias el Estado podría, aun dejando firmes las condiciones pactadas para los funcionarios antiguos, fijar para los "nuevos" un sueldo neto de 88 o de 92 liras. Puesto que el destino de los funcionarios es morir, aun antes en el empleo que, en la vida, la variación, aunque se refiriese únicamente a los "nuevos", acabaría por extenderse a todos poco a poco. ¿Por qué no habría de proporcionar la inmunidad del impuesto, en el caso de los funcionarios, la misma ventaja para el erario público que es característica de la Deuda pública? La inmunidad actuaría sobre la imaginación con potencia mayor que la de su valor real. ¿Acaso no sabemos de sobras la virtud que poseyó en el pasado la perspectiva de la pensión, cuando se trataba de un raro privilegio, para procurarle al Estado servidores fieles, laboriosos, capaces y satisfechos con una paga inferior a las ganancias posibles en las actividades privadas? Hoy el espejismo de la

pensión actúa menos, porque se está haciendo universal gracias a las leyes sociales de previsión para la invalidez y la vejez. La inmunidad del impuesto sería un sustitutivo óptimo de aquel espejismo y sería fecunda para el Estado por un ahorro, nada despreciable, de gastos.

7. Sería fecunda, además, por una ventaja moral no susceptible, como cualquier otro hecho moral, de medida cuantitativa, pero cuya importancia no es pequeña; y es la supresión del estímulo a la envidia. El punto en que se grava el sueldo del funcionario es el patrón de la justicia tributaria. Puesto que se les grava el 100% y ni siquiera un céntimo de su renta escapa a la tributación, cualquier otro contribuyente es defraudador si no se le grava el mismo 100%, medido con el mismo criterio con que se miden los sueldos.

No importa observar que solo una parte de las rentas nace y entra, al igual que la paga del funcionario, en la economía de los contribuyentes en forma de cifra fija, determinada en cantidad cierta legalmente debida, mientras que la gran masa de las rentas nace y se percibe en cantidades variables e inciertas, poco conocidas por el contribuyente mismo; y, por lo tanto, los criterios de medida deben ser razonablemente distintos.

No importa, porque los funcionarios siempre tienen dispuestos razonamientos para demostrar que sus rentas son más claras, o sea más fácilmente comprobables que otras cualesquiera. Si se trata de rentas que también son ciertas, como los intereses de los capitales dados en préstamo, se apresuran a advertir que los intereses determinados de los préstamos hipotecarios o de otra manera conocidos (obligaciones, etc.) son una cantidad despreciable en relación con los intereses de los préstamos quirografarios o cambiarios no registrados, que escapan a toda comprobación. Por eso hay que echarse encima de quien paga para hacerle sufrir el castigo de las culpas del defraudador. No sirve constatar que, hoy, los empleados privados no pueden ocultar las gratificaciones, pagas extraordinarias e indemnizaciones, y que es prácticamente imposible el acuerdo ilícito en perjuicio del Fisco entre los patronos y los empleados. Por las oficinas públicas circula la leyenda de que el empleado privado no paga y esta leyenda se ha convertido en dogma inquebrantable.

Si se trata de las rentas inciertas y variables de los industriales y comerciantes, hoy gravadas en Italia con el 14% por el Estado únicamente, y con el 20% en total, más o menos, por el Estado, las entidades locales y las otras entidades que tienen derecho de imposición, o las de los profesionales, gravadas con el 12% por el Estado y con el 16% en conjunto, por lo menos, la envidia produce resultados bastante peores. Puesto que, como se dijo antes, el único principio impositivo universalmente admitido y justo es el principio de la igualdad, los tres tipos de imposición del 8% para los funcionarios públicos, del 16% para los profesionales y del 20% para los industriales están conformes evidentemente con ese principio solo cuando se admite que, en caso de que se grave a los industriales su renta total, los profesionales deben ser gravados en los cuatro quintos de su renta y los funcionarios públicos en los dos quintos.

Una relación de imponibilidad de 100 a 80 entre las rentas industriales y las profesionales parece bastante correcta. Ambas son inciertas y variables, ambas dependen de la vida y de la capacidad de trabajo del contribuyente. Pero la renta del industrial sobrevive a su vida productiva, aunque sea una supervivencia reducida y destinada a extinguirse bien pronto si no se la anima con nuevo trabajo de otro contribuyente. Pero el hijo, la viuda o el heredero del industrial pueden, liquidando la empresa, obtener un capital capaz de producir una renta, más escasa claro está, a veces mucho más escasa, pero perpetua. Mientras que la renta del profesional muere con él y, salvo en casos excepcionales, la cesión de las instalaciones casi no tiene importancia. Estas son las razones, persuasivas para el buen sentido y para la opinión media, por las cuales se concluye que, *si* se quieren gravar las cien liras totales de la renta del industrial, es correcto gravar solo 80 liras de las 100 de la renta del profesional, o bien, lo que es lo mismo, *si* se gravan con el 20% las 100 liras del primero es necesario gravar solamente con el 16% las 100 liras del segundo.

8. ¿Son igualmente persuasivas las razones según las cuales, si es correcto gravar con el 16% la renta del profesional se debe, en atención al principio de la igualdad, gravar con el 8% el sueldo del funcionario público? Limitamos la comparación a estas dos categorías porque, admitida la corrección de la relación de 100 a 80 entre industriales y profesionales, si se admite como correcta la proposición de 2 a 1 entre la capacidad de pago de las rentas profesionales y las de los funcionarios, resultará demostrada la corrección de la relación establecida entre funcionarios e industriales.

Decir que las ganancias del profesional deben ser gravadas con el 16% y el sueldo del funcionario público con el 8% equivale a decir, según el principio de la igualdad, que exige que dos rentas iguales deben ser gravadas igualmente, que *si* la renta del profesional se grava con el 16% de su importe total, la renta del funcionario debe ser gravada igualmente con el 16% sobre la mitad de su importe. ¿Responde esta norma al precepto del buen sentido aplicado a la observación de los hechos reales? No lo parece, siempre que se parta de la premisa, lógicamente necesaria, de que únicamente se comparan rentas iguales. Es decir, se comparan entre sí dos rentas de 500 o dos rentas de 1.000 o dos de 3.000 liras al mes; no una renta de 500 de funcionario con otra de 3.000 profesional. Comparar 500 con 3.000 significa discutir no de la *especie* de la renta, sino de su *cuantía*. Y de esto se puede discutir cualquiera que sea la especie de la renta, pero no tiene importancia para el problema que examinamos aquí. Si las rentas profesionales son en general más importantes se verán afectadas con un tipo impositivo más elevado por el medio elegido (en Italia, el complementario) para gravar en mayor medida a las rentas elevadas que a las pequeñas. Pero no por ello es lícito confundir lo *mayor* con lo *distinto*.

9. En caso de sumas iguales, ¿cómo se distinguen, pues, una y otra renta?

Renta del funcionario	*Renta profesional*
Se devenga legalmente desde el principio del intervalo considerado.	Es esperada.
Es una cantidad cierta.	Es una cantidad incierta.
Es una cantidad fija.	Es una cantidad variable.
Se devenga durante los permisos de vacaciones periódicas.	No es acumulable, más que en parte, durante los permisos descritos enfrente.
Da lugar a pagos totales durante las enfermedades breves o parciales y durante períodos más largos de expectativa por razones de salud.	No da lugar a ningún pago en tiempo de enfermedad o de ausencia por razones de salud.
Da lugar a un derecho de pensión.	No existe derecho a pensión.
La pensión es transferible parcialmente a viuda e hijos.	Al no existir pensión, no existe transferibilidad.

La renta del funcionario, a igualdad de importe, vale más que la del profesional. *Si* el funcionario puede gastar razonablemente sus liras completas, el profesional que hiciese otro tanto se comportaría imprudentemente. Sus 100 liras solo son disfrutables en parte. Es imposible decir con certeza cuál es esta parte. Aproximadamente, se podría decir que el profesional que se limita a gastar la mitad está a cubierto y que el que gasta más de tres cuartos de su renta es imprudente. El resto no es renta, es una reserva para necesidades futuras, semejante al 6% que el funcionario público entrega en Italia al fondo de pensiones y sobre el cual, con justicia, no recae gravamen. Por ello, una vez más, la lógica exigiría que, si el funcionario es gravado sobre 100, el profesional deba ser gravado solamente sobre 60 poco más o menos; o bien que *si* al funcionario le corresponde un impuesto del 8%, al profesional se le aplique el 5%. Se entiende el 8 y 5% respectivamente, "en total" al Estado, provincia, municipio y otras entidades fiscales, puesto que funcionarios y profesionales disfrutan por igual, en cuanto tales, de los servicios de todas las entidades centrales, locales y de otras clases. En lugar del 5%, los profesionales pagan aproximadamente el 16%, *o* sea más del triple.

10. Si se pregunta la razón de la discrepancia entre el razonamiento y la realidad, se oyen respuestas vagas e inciertas. Puesto que no se puede argumentar por el simple hecho de que unos son funcionarios y otros profesionales, ya que lo mismo daría argüir que unos son simpáticos y otros antipáticos, o que unos son morenos, mientras que los otros son rubios, se murmura vagamente que el mayor peso comparativo —más del triple— que recae sobre los profesionales es la defensa del erario contra la

evasión fiscal. Se dice que los profesionales ocultan gran parte de su renta; y, por ello, si bien bastaría hacerles pagar un 5% en caso de que pagasen sobre 100, se hace necesario, en cambio, que paguen el 16%, porque se las ingenian para pagar solamente sobre 30 liras de cada 100 de su verdadera renta. En verdad, la argumentación no se expone de un modo tan abierto; sería demasiado indecente. Los que la murmuran no se atreven a afirmar que el legislador realiza un acto de justicia (16 en lugar de 5) con el fin de obviar las consecuencias de una evasión (declaración por los contribuyentes profesionales de 30 en lugar de 100). Si existe evasión, el Estado no puede rebajarse hasta casi legitimarla diciendo: "Sé que me defraudáis; tomo nota de la defraudación y la anulo gravándoos con una carga triple de la justa". El legislador que usase un lenguaje tan rudimentario invitaría sin duda a la defraudación incluso a los contribuyentes honrados. Y, en realidad, nunca han hablado así los legisladores.

11. Los defensores del tipo triple del correcto cambian por tanto de posición y afirman que, con respecto al profesional, los funcionarios de Hacienda tienen en cuenta el hecho de las características precarias, inciertas y perecederas de la renta del profesional y la valoran por debajo de la realidad. No se trata de evasión, sino de equidad. Se sabe que el profesional tiene una renta incierta, variable, que cesa durante las vacaciones y las enfermedades, que mengua y desaparece en la vejez y que no da lugar a pensiones transferibles. Por ello, los funcionarios son equitativos y disminuyen la renta imponible por debajo de 100. Pero, ¿quién se atrevería a afirmar que la rebajan de 100 a 30 aproximadamente, es decir, lo que sería necesario para que el tipo legal del 16% se convirtiese de hecho en el 5% como debería ser según el principio de la igualdad? Circulan burdas exageraciones en torno a la ocultación o, como dicen otros, a la apreciación benévola de las rentas profesionales. Salvo casos excepcionales que no pueden erigirse en norma de juicio, las dos cantidades de la renta efectiva y de la renta determinada a efectos fiscales han llegado, poco a poco, a un acercamiento considerable; y nadie podría maravillarse de que en años de depresión las cifras fiscales hayan quedado más de una vez "por encima" de las cifras verdaderas. Junto a la media docena de profesionales famosos de las grandes ciudades, con respecto a los cuales puede otorgarse realmente cierta benignidad de trato, para la gran mayoría vale el viejo proverbio: Dinero y santidad, la mitad de la mitad. Excepto en las charlas de café, donde los desocupados confeccionan las listas de las pingües rentas de los demás, el promedio de las rentas conocidas de los profesionales no está muy por debajo del promedio de las rentas efectivas.

12. El punto esencial es que toda benevolencia real en la determinación de las rentas es inadmisible aunque sea efectivamente muy reducida en relación con la imaginación. El legislador puede adoptar dos métodos para gravar equitativamente al funcionario y al profesional si está convencido de que, por las características inferiores de su renta, el profesional debe pagar un impuesto igual a los cinco octavos del que paga el funcionario:

Primer método: base imponible igual y tipo diferente:

	Funcionario	Profesional
Renta efectiva	100	100
Base imponible	100	100
Tipo impositivo %	8	5
Impuesto pagado, liras	8	5

Segundo método: base imponible reducida y tipo igual:

Renta efectiva	100	100
Base imponible	100	62,50
Tipo impositivo %	8	8
Impuesto pagado, liras	8	5

El primer método fue adoptado por el legislador italiano de 1923, el segundo por el de 1864. Ambos son correctos y producen efectos iguales a condición de que sean alternativos. Elegido un método por el legislador, debe ser aplicado estrictamente; y no elevar el tipo impositivo de los profesionales, desde el 5% que se debería exigir en razón de la igualdad de gravamen, al 16%, por el motivo o pretexto de que la base imponible, en lugar de ser 100, es de hecho 30. ¿En qué texto legal se funda una estimación presunta tan inferior a la verdad? Ciertamente, no es exacto afirmar que la estimación sea de 30; es más probable que oscile, según los casos y los años, entre 30 y 120 con un centro de gravedad estimable empíricamente en, quizás, 80; de modo que, si estas intuiciones son verdaderas, el profesional paga del 12 al 14% de su renta efectiva en lugar del 5 que le correspondería. Desigualdad menos grave que la del 16 al 5, pero fortísima en todo caso.

13. Hay solamente una salida para esta desigualdad: quitar de en medio la molesta piedra de toque, o sea el impuesto de los funcionarios. Improductivo y aun costoso para el erario, el impuesto sobre la renta de los funcionarios públicos excita la ira y la envidia de estos, que siguen repitiendo fastidiosamente: nosotros pagamos sobre las 100 enteras (lo que no es verdad, puesto que pagan sobre 93, poco más o menos, que son 100 menos las contribuciones para pensiones y subsidios) y los demás pagan sobre 80, sobre 70, sobre 60, etc. No existe ni un funcionario público que no esté convencido en su fuero interno de que "los demás", todos los demás, industriales, agricultores, profesionales, empleados y obreros defraudan a mansalva y no pagan más que sobre una fracción ínfima de su renta. ¡Ah!, si todos pagaran no habría necesidad de pagar tanto. ¡Ah!, si todos pagaran, ¡a cuántos gastos se podría hacer frente! ¡Ah!, si todos pagaran —como pagamos nosotros,

se sobreentiende—, los ministros de Hacienda no se verían atormentados por el espectro del déficit... Lo grotesco de todo esto es que todos pagan, en realidad o en apariencia, bastante; y, si no pagara nadie, no se comprendería de dónde proceden en Italia los 25.000 millones largos de impuestos vertidos religiosamente todos los años en las cajas estatales y locales, procedentes de una Renta nacional total que solo algún estadístico dotado de una gran benevolencia estimativa se atreve a elevar hasta los 120.000 millones. Entre los fantasmas de que se componen "en parte" esos 25.000 millones, y sin los cuales esos 25.000 millones no podrían ser satisfechos realmente, el más impalpable de todos es el fantasma del impuesto sobre los funcionarios, mero rodeo contable bajo el cual no se oculta sustancia alguna.

¿Recelan quizás algunos de la insolencia del funcionario exento de tributación? Se dice que en algún país extranjero la soberbia propia de los pocos que, tardos de intelecto e investidos de una partícula mínima del poder de coacción, tiranizan al público detrás de una ventanilla oficial, se ha visto aumentada por la inmunidad tributaria. Me parece que no hay por qué temer por tal motivo un incremento de soberbia. La mayoría de los funcionarios saben muy bien que su oficio consiste en prestar servicios y no en causar molestias al público; y, en cuanto a los pocos necios, podrá más la preocupación de perder la inmunidad, que constituye un privilegio, que no el deseo de alardear de ella, lo cual podría ofender y provocar la abolición de dicho privilegio.

14. Yo no sé si el impuesto agobia a alguien, funcionario o no. La idea de que el impuesto sea algo que agobie a alguien es un engaño sutilísimo en el que se ven prendidos los hombres y que les empuja a atacarse mutuamente con rabia. En espera de analizar (en el capítulo octavo) los hilos con que está tejido el engaño de todos, desatemos uno de sus nudos más enmarañados aboliendo el impuesto de los funcionarios y devolviendo a estos la serenidad. Una vez reducidos los sueldos de 100 brutas a 90 netas[1], los funcionarios, al mirar en torno suyo, se persuadirían fácilmente de que sus remuneraciones son superiores a la media de las remuneraciones privadas[2] para trabajos de igual mérito y no perseverarían en la obstinación de presunciones universales e imaginarias de evasión por parte de los contribuyentes. Quien estuviera, real o supuestamente, en condiciones privilegiadas, aun en el caso de que el privilegio fuese deseado por el interés del Estado, carecería de fuerza moral para gritar contra los no privilegiados. El que estuviere exento de imposición carecería de competencia para acusar de evasión a los demás. De este modo,

1 O a 84 u 83 para eliminar el otro fantasma, que no interesa a nuestro problema, de la retención por el Tesoro para el servicio de las pensiones y subsidios de jubilación o muerte. También este es un fantasma contable que aumenta, sin objeto, las cifras de nuestros presupuestos.

2 ¿Por qué ningún estadístico ha intentado hacer un cálculo, aun aproximado, del modo en que se distribuye la Renta nacional total (por hipótesis, 120.000 millones de liras) entre los italianos que obtienen sus ingresos de los presupuestos públicos y aquellos que los

podría observarse mejor la igualdad o equiparación entre los que pagan, sin interferencias emotivas perturbadoras por parte de quien, no pagando, se imagina hoy extravagantemente que es el único que paga.

15. El fantasma del impuesto sobre los sueldos de los funcionarios interesa quizá más que los otros porque enturbia el intelecto y el ánimo de hombres vivos, agitándolos en contra de otros hombres vivos. En otros casos, la evidencia del fantasma es tan clara que los hombres al encontrarse con él deberían, como máximo, hacerle un guiño en señal de buena suerte, sonriendo. Y, sin embargo, el fantasma, si es un fantasma fiscal, tiene la virtud de exasperar siempre, sobre todo si no tiene razón. De vez en cuando, los propietarios de tierras, de casas o de valores mobiliarios montan en cólera por razón del peso de los impuestos que les gravan. Puede suceder que el impuesto les abrume de verdad; pero no es raro el caso en que no se trata más que de un mero recuerdo de cosas que fueron y que hoy ya no afectan a los hombres vivos. Fulano heredó una finca rústica cuando rentaba 5000 liras líquidas, gravadas con 1000 liras de impuesto. En su mente y en la apreciación del mercado, la renta neta no fue nunca distinta de 4000 liras netas y, al tipo de interés del 5%, el capital correspondiente no fue nunca distinto de 80.000 liras. Cuando de campesino pasó a ciudadano y se decidió a vender la tierra percibiendo el precio de 80.000 liras, Fulano no pensó en los impuestos. El y, en torno suyo, el mercado, compuesto por intermediarios intrigantes y por aspirantes a compradores, contrataron el valor capital en 80.000 liras sobre la base de la renta neta de 4000 liras anuales. ¿Le dolía que su padre le hubiese dejado una finca afectada por un gravamen impositivo de 1000 liras anuales? Ciertamente sí; pero no más de lo que le dolía que la finca, de conformidad con los sabios designios de la providencia divina, no tuviese la costumbre de ararse, sembrarse, cuidarse, segarse o vendimiarse por sí sola, de tal modo que había que ceder al aparcero la mitad del producto. El pesar por estas y otras desventuras que reducían la renta de la finca de 12.000 brutas a 4000 netas se veía un tanto mitigado por el transcurso del tiempo y por la prolongada costumbre de las generaciones que habían habituado a los hombres a considerar el caso como correspondiente al orden natural de las cosas. Es posible que, si durante el tiempo de su posesión, a causa del aumento de los impuestos desde 500 a 1000 liras y al incremento de los gastos de cultivo desde 6000 a 7000 liras, la renta neta se hubiese reducido de 5500 a las 4000 liras de hoy, hubiera sentido un dolor más vivo por la pérdida reciente de las últimas 1500 liras. En todo caso, lo sucedido no podía apoyarse

---

obtienen de los privados? Cierto que el cálculo sería espantosamente complicado, pero también muy instructivo. Una muestra examinada, hace ya años, por Maffeo Pantaleoni (*La curva dei redditi degli impiegati dello stato*, en «L'economista», Florencia, 18 de enero de 1914) corroboraría la impresión de quien escribe de que es superior el cociente medio correspondiente a los que viven de los presupuestos públicos al cociente que corresponde a los que obtienen sus ingresos de fuentes privadas. La impresión u opinión corriente es notoriamente diversa; pero no sería la primera vez que la opinión pública no está conforme con la realidad.

en una negación: no los incrementos del impuesto y no las "conquistas" de los colonos. ¿Para qué detenerse en los pesares nostálgicos del "*Si* no existiera el impuesto, *si* los colonos no se hubiesen ensoberbecido, *si* no hubiésemos tenido la plaga de mildiú o de filoxera, si esto y si lo otro, yo tendría 8000 o 10.000 o 20.000 liras de renta, en lugar de 4000?" De hecho son 4000 anuales y nada más, iguales a un valor capital actual de 80.000 liras. ¿El individuo en cuestión, que se ha ido del campo a la ciudad con sus 80.000 liras para invertir, sigue pagando o sintiendo el efecto de las 250 liras de impuestos que pagaba su abuelo, de las 250 más que pagó su padre y de las 500 que se añadieron durante su vida campesina? Sí o no; pero no más de lo que pueda sentir y contar a sus hijos sobre los recuerdos de tantas otras cosas hermosas que alegraban a los antiguos en comparación con tantas cosas feas que angustian a los desventurados vivientes. ¿Sigue pagando o sintiendo el pago de las 20.000 liras de capital que tendría de más si sobre la tierra vendida no hubiese pesado el estrato sedimentado de las 1000 liras anuales de impuesto?

16. El erario público recauda, pues, las 1000 liras; pero es dudoso que nadie en absoluto sienta el dolor del pago. Para el campesino que se va a la ciudad, el impuesto se ha convertido en una sombra, en un fantasma, en un pesar nostálgico, en una ocasión de historias que se contarían, si en la ciudad siguiesen existiendo inviernos y hogares, en las frías veladas al amor de la lumbre del hogar, a los hijos ansiosos de saber cómo estaba hecho el mundo del campo en que vivían sus antepasados. Al agricultor que le ha sucedido en la posesión de la finca, las 1000 liras de impuesto que pagará todos los años le producen un mero afán de ostentación. Ha pagado 80.000 liras por la finca en relación con las 4000 liras de renta neta presunta. Si no hubiese existido el impuesto, habría pegado 20.000 liras más, en relación con las 1000 liras de mayor renta; del mismo modo que habría pagado otras 100.000 o 200.000 liras más si, en lugar de adquirir la finca en esta triste tierra en que viven aparceros y otros motivos de gasto, la hubiese hecho suya en Jauja, donde la leche corre por los cauces de los ríos, las fuentes dan vino y de los árboles cuelgan salchichas fritas. En el reino de Jauja, por otra parte, probablemente nadie pagaría nada por tener tierra. El comprador no tiene razón para quejarse de los impuestos más que de cualquier otro azote de Dios a los cuales está acostumbrado y ha tenido bien en cuenta al contratar el precio de compra. Quizá con el tiempo, puesto que el campesino es irremediablemente quejumbroso y en ocasiones pierde la memoria, suceda que llegue a olvidarse de haber contratado la finca al precio de 80.000 liras con los ojos bien abiertos y después de considerarlo todo, y vuelva a comenzar a dolerse de las 1000 liras del impuesto. Al principio no se atreverá a manifestar el disgusto, ya que sabe que todo el pueblo conoce el precio pagado por él y le preguntarían: "¿Acaso no te bastan las 4000 liras sobre el capital de 80.000 gastado por ti? ¿Al pretender las 1000 liras debidas al Estado, no pides lo ajeno?". Con el paso del tiempo, tras acompañar a la última morada a los amigos no desmemoriados, las quejas tomarán cuerpo y, cuando muera, los hijos se persuadirán, gracias al recuerdo de sus quejas, de

que ellos y no otros pagan las 1000 liras del impuesto, las cuales, en verdad, son bienes del Estado, aunque no sea más que porque los propietarios actuales no han pagado su precio.

17. Desde el punto de vista del que se ha establecido en la ciudad, el aguijón del pensamiento le lleva a considerar que, si no hubieran existido esos impuestos y hubiese podido establecerse en la ciudad con 100.000 liras en el bolsillo en lugar de con 80.000, habría podido adquirir un piso por valor de 100.000 en lugar de otro de 80.000 y le habría satisfecho pagar 100.000 liras por la misma razón por la cual habría podido vender la finca en esas 100.000 liras, o sea por la ausencia del impuesto de 1000 liras al año que hoy le reduce la renta neta del piso de 5000 a 4000 liras. ¡Cuántos y cuántos síes! Todos estos íes y síes demuestran que las 1000 liras del impuesto sobre la tierra vendida o sobre la casa adquirida son liras de una especie muy singular. El que se ha establecido en la ciudad, si hubiese preferido alojarse en casa ajena, habría tenido que pagar un alquiler de 6000 liras al año, ya que a esos precios están los pisos del tipo que prefiere. Si compra, debe renunciar a la renta de 4000 liras que habría podido obtener del empleo de la suma poseída, pagar 1000 liras de impuestos al Fisco y 1000 liras en concepto de gastos de administración del inmueble poseído en copropiedad. ¿Acaso el pago del impuesto de 1000 liras le causa algún dolor? No, ciertamente, a causa de una renta menor de su capital; porque no podía haberle dado otro empleo que le rindiese más de las 4000 liras. Tampoco a causa de un coste demasiado alto del piso; porque el valor corriente del alquiler en el mercado es de 6000 liras y él no paga más que eso. Se puede lamentar del impuesto en abstracto; pudiendo suceder que, si no existiesen impuestos en el mundo, los pisos de ese tipo quizás estarían en el mercado a 5000 en lugar de a 6000 liras al año; pero estarían a 4000 si, además, no existiesen gastos de copropiedad y a 3200 si, por añadidura, el tipo de interés fuese del 4 en lugar del 5%. De modo que, una vez más, el impuesto para nuestro hombre, campesino establecido en la ciudad, se reduce a una queja genérica por no haber venido al mundo en la época del paraíso terrenal. Del estado de protesta sorda, el impuesto vuelve a adquirir cuerpo poco a poco a medida que, al envejecer, nuestro hombre va perdiendo la memoria del estado de plena satisfacción en que vivió cuando invirtió las 80.000 liras en un piso que rendía una renta de alquiler de 6000 y una renta neta de 4000 liras. La pérdida de la memoria económica es acelerada tal vez por el sobrevenir de tiempos nuevos en los cuales habría podido invertir su dinero, si lo hubiese tenido disponible, al 6 o al 7%; y, puesto que los hombres no gustan de analizar los hechos desagradables, nuestro hombre, por inercia mental, encontró cómodo echar la culpa al impuesto de la disminución de la renta de 5000 a 4000 liras. La leyenda o confusión mental pasa a los hijos y estos se persuaden con facilidad de que sufren solo porque no tienen derecho a retener las 1000 liras que el autor de sus días no adquirió nunca, porque nunca pagó su precio. ¿Puede llamarse impuesto, o carga, o gravamen sustancial a una persuasión hecha de recuerdos imaginarios y de confusiones de cálculo?

18. Tomemos nota del hecho; existe un vasto campo en el cual el impuesto es sombra, fantasma irritante para quien lo paga en apariencia, sabe que lo paga sin perjuicio y, en todo caso, se irrita por no apropiárselo mientras pasa por sus manos. Curioso dolor el de no poder apropiarse los bienes ajenos, de tal especie, que vierte inesperada luz sobre el pesar que los hombres afirman sentir cuando pagan impuestos venerandos como los impuestos sobre las tierras o sobre las casas, o modernos como los impuestos sobre los intereses y dividendos de los títulos públicos y privados ¿Quién paga el impuesto cuando no se conoce hombre vivo que se vea perjudicado por ello y cuando parece bastante más difícil un cálculo hedonimétrico para hombres muertos que los que se realizan, con tan escaso éxito, en torno a los hombres vivos?

2

EL MITO DE LA DOBLE IMPOSICIÓN

19. La doble imposición: he aquí, tras la de los fantasmas, otra comparsa obsesionante propia de la escena financiera. Tan obsesionante, que la mayoría la ven donde no existe en realidad.

20. ¿Acaso existe doble imposición por el hecho de ser llamados a pagar el erario, primero, el impuesto sobre la propiedad territorial y, luego, el complementario sobre la renta, y además los impuestos sobre los bienes de consumo adquiridos con la misma renta? No, en ningún caso, porque el legislador tiene pleno derecho a recaudar 100 liras de una sola vez, o bien, a fragmentar su pago en tres o en n cuotas, llamando, a una, impuesto sobre la renta de los terrenos; a otra, impuesto complementario sobre la renta, y a la tercera, o al conjunto de las terceras, impuestos sobre los diversos bienes de consumo: tabaco, sal, pan, gas, luz, café, bebidas alcohólicas, vehículos, etc., adquiridos por el contribuyente. Aquí no existe doble imposición, sino un mero fraccionamiento entre diversos títulos de cobranza de una carga impositiva única, fraccionamiento querido en razón de la comodidad de la Hacienda pública y para hacer fácil la inclinación a pagar del contribuyente. Quien se inquietaría si se le pidiesen 100 solo porque es propietario de una finca rústica, se contenta mejor cuando por dicha razón solo se le piden 30 liras, mientras que se le piden otras 20 porque tiene cierta renta total para gastar y 50 porque ha gastado en abastecerse de tales y tales bienes. En cuanto a estos últimos, tiene incluso la ilusión de que, si hubiese querido, habría podido abstenerse del consumo y, por tanto, del impuesto.

21. Del mismo modo, no existe doble imposición por el hecho de pagar por el mismo título, por ejemplo, de posesión de terrenos, impuestos al Estado, a la provincia, al municipio, a la comunidad de regantes o de caminos vecinales, a la organización sindical, a la entidad de seguros para los siniestros agrícolas, etc. ¿Acaso existe una doble provisión, con la misma renta, a los servicios recibidos del panadero, del carnicero, del sastre, del zapatero, del casero y así sucesivamente? Por la misma razón, no existe una doble provisión de pago con esa renta única —con la que se adquieren, por decenas o por centenas, los deseados bienes privados— de los distintos servicios de las diversas clases de entes públicos que tienen derecho de imposición. El Estado tiene a su cargo las grandes vías de comunicación; la provincia, las de interés provincial; el

municipio, las que se extienden por el territorio de su término; la comunidad, los pequeños caminos vecinales. ¿Por qué no habría de pagarse impuesto a las cuatro entidades?

22. Algunos se lamentan de la doble imposición internacional. Pero, razonando en pura lógica, ¿por qué Fulano, que posee bienes en Argentina y consume su renta en Italia, no habría de pagar impuestos en ambos países? ¿Acaso no le presta servicios el Estado argentino en tanto que propietario de bienes y también el Estado italiano en tanto que residente?

23. La locución "doble imposición" se emplea aquí impropiamente. En verdad, los contribuyentes no se lamentan del "doble", sino del "demasiado". A veces sienten que pagan más de lo que las entidades que les gravan les conceden como individuos y como miembros de la colectividad, y, por falta de análisis, protestan contra los muchos que les despojan. Podría ser una sola la entidad fiscal, y los lamentos serían válidos si el tributo fuese excesivo. No importa que las 100 liras estén fraccionadas en tres o cuatro o más cuotas diferentes; lo que importa es que las 100 liras resulten moderadas o excesivas. El verdadero problema es de evaluación comparativa de los gastos e ingresos públicos correspondientes a cada una de las entidades fiscales y de su conjunto, y no de cómputo del número de los diversos requerimientos hechos a la bolsa del contribuyente. El cómputo de los requerimientos tiene considerable importancia; no racional, sino empírica. Es más fácil excederse cuando, en vez de pedir al contribuyente una suma dada, 100, de una sola vez, se le piden, por diversos títulos, por entidades diversas y en momentos diferentes, varias cantidades menores, 10, 20, 15, etc. Suele ocurrir que el total exceda fácilmente de las 100 y se haga excesivo.

24. La búsqueda de la verdadera doble imposición es bastante más sutil y es un trabajo lógico fundado en la aceptación de determinadas premisas. La doble imposición existe o no según la premisa aceptada.

25. Supongamos que el impuesto debe ser pagado por la "cosa", por todas las "cosas" que producen renta, sin consideración de la persona del propietario de la cosa, o sea del perceptor de la renta. Sea una finca rústica, que produce una renta neta de 5000 liras, sujeta a un impuesto del 20%, o sea a un gravamen de 1000 liras. Sea un capital de 50.000 liras dado en préstamo al 4%, con hipoteca sobre la finca rústica anterior y que produce una renta de 2000 liras sobre las que recae, al 20%, un impuesto de 400 liras. Puesto que, según la premisa aceptada, el impuesto se paga por la cosa, no existe en este caso doble imposición. ¿Produce o no produce la finca rústica 5000 liras netas? ¿Acaso no nace de la "cosa" finca el fruto anual de 5000 liras? ¿No es ese nacimiento un hecho objetivo, visible incluso con los ojos del cuerpo? Sí, y por ello se debe el impuesto de 1000 liras. ¿No es también el préstamo una "cosa" que produce un fruto civil de 2000 liras netas al año? ¿Puede dudarse que esa renta de interés no surja de esa causa productora "préstamo"? No. Por tanto, al 20%, el impuesto de 400 también es debido, fuera de toda duda.

26. Supongamos ahora que el impuesto se debe por la persona del propietario de la cosa: por Fulano, propietario de la finca rústica, y por Mengano, propietario del capital dado a préstamo a Fulano. Cambiada la premisa, cambian las consecuencias. La tierra paga impuestos por lo que rinde, 5000 liras; Fulano paga por lo que tiene, que son 5000 obtenidas de la tierra menos 2000 de intereses debidos a su acreedor capitalista. Sería absurdo que se le requiriese a pagar por estas 2000 liras, que se le escapan entre los dedos sin producirle ningún gozo. Al 20%, el impuesto correspondiente a las 3000 liras suyas es de 600 liras. El prestamista recibe y disfruta 2000 liras de intereses y sobre estas, al 20%, es obvio que debe pagar 400 liras.

27. La diferencia entre los dos sistemas —a uno de los cuales se le suele llamar en los tratados de Hacienda pública "real" y al otro "personal"— puede ser resumida del modo siguiente:

A
Sistema real

	Renta neta	Tipo impositivo	Rendimiento del impuesto
Finca rústica	5000	20%	1000
Préstamo hipotecario	2000	20%	400
	[7000]		1400

Sistema personal

	Renta neta	B Con tipo impositivo invariable %	B Rendimiento del impuesto	C Con rendimiento invariable %	C Rendimiento del impuesto
Fulano, propietario de la finca rústica	3000	20	600	28	840
Mengano, prestamista	2000	20	400	28	560
	5000		1000		1400

D
Sistema real modificado con la eliminación de la ficción de una renta de préstamo «nueva»

	Renta neta	Tipo impositivo	Rendimiento del impuesto
Renta que queda al propietario	3000	28%	840
Renta transferida al prestamista, gravada por el correspondiente impuesto	2000	28%	560
Renta total de la finca	5000		1400

Manteniendo constante el tipo impositivo del 20%, el rendimiento del impuesto se reduce, en el sistema personal, a 1000 liras. Si se pretende conservar el rendimiento de 1400 liras, se debe aumentar el tipo impositivo al 28%. Si, para mayor claridad, se confrontan los dos sistemas A y C de rendimiento igual, se ve que la diferencia consiste en una distribución distinta del peso del impuesto. A igualdad de 1400 liras de rendimiento para el erario, ¿es preferible atribuir 1000 a la finca y 400 al préstamo, o bien 840 al propietario agrícola y 560 al acreedor capitalista?

28. La razón de la decisión se encuentra mirando de frente a la realidad. Un "sistema", tanto si se llama real como si se llama personal, es una definición, una hipótesis, un instrumento de análisis de la realidad. Las definiciones, las hipótesis y los instrumentos son preciosos para la busca de la verdad; pero no deben imponerse a nuestra mente de tal modo que nos hagan llegar a conclusiones absurdas.

¿Por qué la conclusión a que llega el sistema "personal" nos parece, casi por evidencia, preferible? Porque no choca contra la observación simple de la realidad. Sabemos que Fulano recibe en verdad 5000 liras de renta, pero 2000 de estas tiene que entregarlas en seguida, de tal modo que se queda con 3000. Gravarle sobre 5000 porque el objeto gravado es la finca rústica, significa hacer pasar la "definición", el "sistema", por encima de la realidad, del hecho objetivo tal como es. Repugna gravar en primer lugar 5000 de renta territorial y luego 2000 de renta del préstamo, porque ello lleva casi a suponer que existe una renta total de 7000 liras, cuando sabemos que tal renta no existe, que esa operación de suma, 5000 más 2000, es absurda, porque uno de los sumandos, 2000, es *parte* del otro, se saca del otro.

Es forzoso reconocer que, *si* se quiere adoptar, por alguna razón óptima que no es necesario examinar aquí, el sistema "real", es importante conseguir que el "sistema" adoptado no lleve al error, a la incongruencia lógica sustancial. Analizando, se descubre que es lógico que la "cosa" préstamo tenga, para ciertos fines, una fisonomía propia, una figura jurídica autónoma; pero que la autonomía necesaria "para estos fines" no tiene la virtud de cambiar la "realidad". La autonomía de la "cosa" préstamo sirve para hacer pasar 2000, de las 5000 liras netas producidas por la finca rústica, de la posesión y disfrute de Fulano a la posesión y disfrute de Mengano; pero no sirve para crear, junto a la renta territorial de 5000 liras, una nueva renta "adicional" de 2000 derivadas del préstamo. La creación, necesaria, de la figura jurídica de la "cosa" préstamo sirve para distribuir la renta total efectiva de 5000 en dos partes: 3000 que corresponden al propietario y 2000 al acreedor; pero no sirve para la multiplicación de los panes y de los peces. La renta era de 5000 antes, y sigue siendo de 5000 después del préstamo. La suma 5000 + 2000=7000 no se puede escribir, porque es ilícita.[1] El resultado de la operación demuestra su falta de lógica. ¿Con qué argumentación, aparte del *sic volo, sic jubeo,* se puede

1 Por este motivo en la tabla anterior esta cifra se puso en *cursiva* y entre corchetes.

explicar en el sistema real una división del total presupuesto estatal de 1400 liras en las dos cuotas: 1000 que recaen sobre el que tiene 3000 y 400 sobre el que tiene 2000 liras? La virtud de la fórmula *la forme prime le fond* encuentra un límite en el atropello del sentido común. No podemos hacer de la "realidad" del impuesto un fetiche para poner en los altares. Es un instrumento útil dentro de sus propios límites.

Si se quiere conservar el sistema real —y yo abogo por su conservación— nada impide (sistema D) hacer pagar el impuesto de 1400 liras, por entero, a la finca rústica; dando derecho al propietario de la finca a repetir contra el acreedor del préstamo por la cuota (560 liras) correspondiente al préstamo, en proporción a la importancia respectiva con que la renta del prestamista y la renta que le queda al propietario vienen a componer la única renta total de 5000 liras. Esta cifra —5000 liras— es la realidad inquebrantable que debe tener en cuenta cualquier sistema, cualesquiera que sean sus definiciones y su lógica formal. La lógica formal definitoria debe plegarse ante la realidad.

29. Llegados a este punto, podemos explicarnos en qué consiste verdadera y únicamente la doble imposición. La doble imposición no surge cuando se paga dos veces por una misma renta, o a dos entidades distintas. En este caso, quizás exista un exceso de imposición. La doble imposición surge cuando *le mort saisit le vif*, cuando *la forme prime le fond*, cuando la lógica formal se superpone a la lógica sustancial, cuando el legislador se deja arrastrar por la lógica aparente de una definición, de un sistema, de un instrumento, hasta imaginar la existencia de algo que no existe en la realidad o que, de existir, tiene dimensiones menores que las imaginadas. El exceso puede estar impuesto por la necesidad y ser querido a conciencia, razonadamente. La doble imposición es hija del error. También el error puede ser deseado; pero es querido en tanto que no se descubre que es error. El legislador puede imaginar que las 2000 liras de renta del préstamo son una cantidad que se puede sumar a las 5000 de renta de la finca rústica, para obtener una base imponible total de 7000; pero nunca puede hacer que las 7000 liras existan de verdad. Mientras el legislador dice: "Quiero cobrar 1400, en lugar de 1000 liras, sobre las 5000 liras de renta total existente", dice algo que cae bajo su competencia. Actuando de este modo, eleva el tipo impositivo del gravamen del 20 al 28%. Pero no está en su mano decir: "Quiero cobrar 1400 liras y mantener el tipo impositivo del 20%"; porque no puede hacer que el 20% de 5000 liras sean 1400, ni que las 5000 se conviertan en 7000. Si quiere mantener el tipo del 20%, el rendimiento total del impuesto de 1400 liras y configurar una renta total de 7000 liras, el resultado obtenido será únicamente el de tomar 1000 liras de las 3000 que le quedan al propietario de la finca rústica (tipo impositivo real: 33 ⅓ %) y 400 liras de las 2000 que han pasado al acreedor (tipo real: 20%).

Quizás en lugar de doble imposición se podría hablar de incongruencia o falta de lógica en la imposición; pero el empleo de la locución "doble imposición" también es apropiado, porque sirve para hacer ver que la base del error está en un juego visual por el cual la misma renta, la misma cosa, tras mudar de aspecto, comparece ante los ojos del legislador dos o más veces, haciéndole considerar a un fantasma jurídico como una realidad sustancial.

30. Cuando el legislador ve doble, el contribuyente trata de crear niebla a su alrededor ¿Por qué razón la categoría A del impuesto sobre los rendimientos de la riqueza mobiliaria[2] es la menos productiva entre las categorías en que se divide esa columna maestra de nuestro ordenamiento tributario? Se han multiplicado las exenciones en favor de los intereses procedentes de títulos de créditos inmobiliario y agrario, de bastantes obligaciones emitidas por sociedades industriales, de préstamos concedidos a entidades diferentes y con finalidades variadísimas. Formalmente, los motivos de la exención son especiales en cada caso; sustancialmente, se reconoce de hecho lo que no se quiere admitir en derecho, o sea, que es vano, nulo y dañino pretender gravar bajo la forma propia de intereses de préstamo lo que ya está gravado bajo otra forma, incluido en alguna otra renta, a la que no se concede la correspondiente detracción. Si la doble imposición no existe o si no es fácil descubrirla, como sucede con los títulos de la Deuda pública estatal y local, se exime porque (cfr. supra § 5) el gravamen sería ocasión para la Hacienda pública de un daño más grave o de un beneficio menor que la exención.

La exención es un procedimiento mediante el cual se eliminan las dobles imposiciones y los fantasmas tributarios. Si no hay exención, el contribuyente se esconde: prefiere el préstamo cambiario, el préstamo quirografario no inscrito en el Registro de la Propiedad. Existe formalmente la evasión fiscal; pero, ¿no convendría para eliminarla que antes el legislador eliminase la doble imposición, que los contribuyentes sienten incluso cuando no saben dar razón clara de la misma? ¿Por qué título paga una pequeña suma (pequeña en relación con la gran masa de intereses exentos o no gravados) de intereses que caen dentro de las redes de la imposición? Incluso a quien no quiera intentar un análisis de la traslación del impuesto sobre los intereses de los capitales, parece evidente que el impuesto limitado a la menor parte de los intereses existentes es algo cuyo parentesco con un impuesto que verdaderamente afecte e incida sobre los perceptores de los intereses es bastante vago. ¿Afecta a estos o más bien penaliza a los deudores? ¿En qué medida el tipo de interés de los capitales nuevos se resiente de la imposición que se efectúa únicamente por casualidad o por desgracia? ¿Son los deudores, generalmente desafortunados incapaces de recurrir a entregas de capitales exentos de impuestos, las personas más aptas para soportar una carga tributaria diferencial? ¿Vale la

2 Puesto que no es necesario que las personas cultas conozcan el significado de las letras del alfabeto en la jerga fiscal, conviene señalar, aunque se trate de cosa conocidísima, que la letra *A* comprende las rentas puras de capital (intereses de préstamos, públicos y privados), la *B*, las rentas mixtas de capital y trabajo (rentas industriales y comerciales obtenidas por sociedades y por individuos), la C^1, las rentas inciertas y variables de trabajo (honorarios y retribuciones de los que ejercen profesiones liberales), la C^2, las rentas de trabajo de cifra fija (salarios, sueldos y pensiones de los empleados privados), la *D*, las mismas rentas de trabajo de los funcionarios públicos.

pena resolver cuestiones tan sutiles para volver a dar savia vital a aquello que ya se ha convertido en una rama seca del árbol tributario? ¿Acaso no merece la categoría A la misma suerte que le hemos deseado a la categoría D de los funcionarios públicos, o sea, cortar de un golpe la rama seca?

31. A veces, la doble imposición es grosera y visible a todos; a veces es sutil y escondida. Quizá la doble imposición más grosera es la reaparición de la misma renta, primero bajo especie de renta de la sociedad comercial (categoría B del impuesto italiano sobre la riqueza mobiliaria) y luego de renta de los accionistas de la misma sociedad.

Naturalmente, no es doble imposición el gravar la renta de la sociedad con el impuesto de riqueza mobiliaria y, luego, la renta de los accionistas con el impuesto complementario sobre la renta. En este caso se trata de dos impuestos distintos y cada uno de ellos grava una sola vez la misma renta, el primero por un concepto y el segundo por otro.

Igualmente, no es doble imposición gravar en primer lugar el beneficio de la sociedad y luego, de nuevo, aquella parte del beneficio que se distribuya a las acciones al portador. Porque este segundo no es verdadero impuesto, sino procedimiento imaginado con el fin de persuadir a los accionistas a que inscriban sus acciones nominativamente; lo cual puede ser juzgado por el legislador como ventajoso para la Hacienda por la más fácil averiguación de las rentas y de los patrimonios para los fines, en Italia, de los dos impuestos personales denominados complementario sobre la renta y de sucesiones. El fin querido por el legislador se alcanzaría cuando se inscribiesen nominativamente todos los títulos y ya no existiesen títulos al portador sobre los que pudiese recaer el segundo impuesto.[3]

Tampoco existe doble imposición en la tributación, en primer lugar, del beneficio de la sociedad y luego, a su vez, de la parte correspondiente distribuida a los accionistas por encima de un cierto nivel de dividendo definido como "normal" (Italia y Alemania), o bien de la parte destinada a Reservas (Estados Unidos). En el primer caso, el legislador quiere convencer a los administradores para que aumenten las Reservas; en el segundo, para que las mantengan bajas. No es necesario discutir aquí el porqué de unas ideologías económicas tan opuestas; basta constatar que, si los administradores siguen el consejo del legislador, dejando en el primer caso todo el beneficio excedente del normal en Reservas, o bien, en el caso opuesto, distribuyéndolo todo, sin destinar nada a Reservas, no pagan el segundo impuesto.

El impuesto sobre las rentas de los títulos al portador, si se eximen los títulos nominativos, el de los dividendos excedentes, si se eximen los beneficios destinados a Reservas y el de los beneficios dejados para Reservas, si se

3 En el texto se habla de una institución —impuesto sobre la renta de los títulos al portador— que tenía por objeto persuadir a los poseedores de acciones a inscribirlas nominativamente, en cuyo caso no se devengaba el impuesto. Era un sistema óptimo, hoy desaparecido, para la abolición de las acciones al portador. *(Nota de 1958.)*

eximen los beneficios distribuidos, no son impuestos propiamente dichos, del tipo ordinario, dedicados a suministrar ingresos al erario público; son impuestos-multa o impuestos-premio, que quieren incitar a los hombres a hacer o no hacer algo, sin preocupación por cualquier beneficio para el erario e incluso con la finalidad declarada o tácita de no rendir nada al fisco.

La doble imposición existiría —y existe en algún país— en caso de que el mismo impuesto gravase, en primer lugar, el millón de beneficio de la sociedad y, luego, el mismo millón dividido en fracciones de 50 liras distribuidas a los portadores de cada una de las 20.000 acciones de la sociedad, argumentando únicamente sobre la base de que la sociedad comercial es una persona distinta de las personas de los socios, y que, por tanto, primero la persona sociedad recibe la renta y, luego, le da el uso que más le agrada, entre los que se cuenta a veces la distribución a otras personas llamadas accionistas, provistas por tanto, también ellas, de una renta imponible. La torpeza de la argumentación sería demasiado grave, ya que está claro que la creación de una persona llamada "sociedad comercial" puede ser legítima para ciertos fines, pero no tiene en sí la virtud de transformar en dos millones la renta que, créense tantas personas como se quiera, no es más que de un millón. Se puede gravar un millón dos veces, pero no se puede pretender, con un golpe de varita mágica, que cada millón se convierta en dos. Por ello, el argumento demasiado torpe de la suficiencia de la creación de una o dos o más personas para legitimar una, o dos, o más imposiciones suplementarias, se sustituye habitualmente por otro: que el producir millones de renta es una cuestión, no sé si más cómoda o más refinada, pero ciertamente sujeta en mayor medida a imposición cuando se trata de ciertas personas jurídicas denominadas sociedades comerciales que cuando pe trata de personas particulares. Obsérvese que no se dice, ni se quiere ni puede decir, que la sociedad produzca millones con más facilidad que un particular, a igualdad de esfuerzos o de capitales o de otro índice aceptado como norma, puesto que el argumento complicaría el problema de un modo extraño. El legislador puede haber admitido ya, por motivos buenos o malos, que, si un millón debe ser gravado con el 20%, dos millones deben ser gravados con el 40%. Lo ha admitido, eventualmente, para todos los contribuyentes, particulares o sociedades comerciales. Aquí se añade, además, y es el único punto por examinar, que si dos contribuyentes, industrial individual y sociedad comercial, han obtenido sendos beneficios de un millón, el millón del industrial individual debe ser gravado como uno y, en cambio, el millón de la sociedad debe ser gravado como dos. El pretexto adoptado —el millón único pasa a través de dos personas distintas, sociedad y accionista— se admite generalmente como un error de doble visión; pero se afirma que, por debajo del espejismo de la duplicación, existe una verdad: el millón se gana con mayor facilidad por la sociedad que por el individuo.

32. No se sabe cómo puede demostrarse esa verdad imaginaria. La observación del buen sentido parece llevar a la conclusión opuesta: un industrial privado, no molestado por los consejos de administración, por

los dictámenes de colegas, por la necesidad y publicidad de los balances y rendición de cuentas, se encuentra, a igualdad de medios, en condiciones de ganar más que una sociedad. Si las sociedades ganan más, es porque son más grandes; porque reúnen un mayor conjunto de medios; porque, siendo mayores, dominan mejor el mercado y consiguen aproximarse más fácilmente a posiciones de monopolio. Esto afecta a la comparación entre dos millones y un millón, no entre uno y otro millón, y el legislador ya ha tomado medidas, bien o mal, gravando más a los dos millones que a uno solo, y gravando a dos más que a uno no puede establecer diferencias entre el gran empresario particular y la gran sociedad, si los dos ganan dos en lugar de uno. Si, con igual capital o medios en general, alguien gana dos en lugar de uno, este hecho podrá[4] autorizar a algún legislador a gravar en mayor medida a la ganancia excedente, pero no se comprende por qué, en caso de que exista una ganancia mayor, esta deba ser gravada solo en el caso de la sociedad y no en el caso del individuo.

Que haya países en el mundo, ostrogodos o americanos, donde ocurran hechos abominables semejantes y donde los leguleyos habituales hayan inventado una justificación cualquiera, no tiene importancia. No basta decir que la sociedad está sujeta en sí misma, por su índole declarada de sociedad, a impuestos mayores que los correspondientes a los individuos que obtienen beneficios de igual cuantía. No basta decir que la sociedad anónima ha adquirido en el mundo moderno, de capitalismo alto o bajo, pujante o decadente, tal importancia que la hace especialmente apta para pagar impuestos. Todo esto no son más que habladurías, quizá "políticas", si con este adjetivo queremos significar conceptos que se desconocen o que no nos atrevemos a manifestar abiertamente. Nosotros, los hombres de pluma, tenemos el deber intelectual de levantar el velo y preguntar: ¿qué hay debajo del embrollo? Algunas veces, mera envidia del tendero hacia la gran empresa social. Otras, astucia de hacendista que querría gravar a todos con el 40% y, no atreviéndose, inflige un segundo 20% a los que pueden ser denunciados ante la gente como encarnación del capitalismo, como sanguijuela del pueblo. Cuando se le quiere quitar a alguien el doble de lo normal, es fácil obtener el aplauso de los no afectados, inventando etiquetas infamantes para los despojados.

Si se quiere eliminar del impuesto sobre los dividendos la tacha de doble imposición, es necesario que el legislador diga francamente: me desagradan las sociedades anónimas y, en cambio, me gustan las empresas individuales. Por eso gravo el beneficio de las primeras el doble que el de las segundas. El exceso del impuesto en el primer caso se convierte en impuesto-multa contra las sociedades anónimas y premio en favor de las empresas individuales.

---

4 Se dice «podrá» por razones de hipótesis, ya que aquí no se quiere ni discutir ni admitir, sino solo apuntar por rigor de distinción lógica de conceptos distintos.

Pero afirmar o dejar creer que la renta 100 es susceptible de impuesto doble (más alto) solo porque es producto de una sociedad anónima en lugar de serlo de un empresario individual, es cometer un delito de doble imposición. La doble imposición está relacionada con la mentira (uno es igual a dos) o con la hipocresía (veo el dos bajo la especie del uno). A nosotros no nos es lícito ser, a conciencia, ni embusteros ni hipócritas.

Por muchas vueltas que se le dé, el gravamen de la renta de la sociedad y, además, de los accionistas es una doble imposición grosera *si* simultáneamente el industrial individual, al frente de una empresa provista de los mismos medios y que produce un beneficio igual, no es gravado más que una sola vez. La doble imposición existe, no porque el legislador no pueda gravar, si así lo cree, dos veces, sino porque no grava dos veces a todos los que se encuentran en la misma situación, en virtud de la cual uno de tantos es gravado dos veces.

33. A veces, la doble imposición no tiene orígenes tan estúpidos. Una especie sutil es la de la doble imposición que nace de la distinción entre capital y renta. Fulano, comerciante, pone en marcha una empresa con 100.000 liras. Al principio la renta es negativa, de tal modo que durante algunos años ese comerciante vive consumiendo parte del fondo inicial de 100.000 liras; y también esta parte, lógicamente desde su punto de vista, está comprendida en el capital de la empresa. ¿Cómo podría constituirse y perdurar esta si el fundador no pudiese vivir? Más tarde, nace la renta y crece paulatinamente: de 3000 pasa a 5000, a 6000 a 10.000, a 20.000 liras. El impuesto (categoría B del sistema italiano de riqueza mobiliaria) afecta anualmente a las 3000 y luego a las 5000 y así sucesivamente hasta las 20.000 liras; y las reduce en un 20%. Simultáneamente, el comerciante en cuestión capitaliza la renta y, en los inventarios de fin de año, calcula cuál sería el valor capital de la empresa si se decidiese a venderla. En este caso utiliza un tipo de interés más alto, por hipótesis, que el 5%, que es, en aquel tiempo y lugar, el utilizado para capitalizar rentas puras de capital. Pero en su caso la renta es realmente fruto del capital y al mismo tiempo del trabajo. No le convendría utilizar capital y trabajo si el beneficio fuese únicamente el obtenible del simple empleo del capital. Supongamos, por ello, que el tipo de interés utilizado para la capitalización de la renta sea el 10%, igual al multiplicador 10 o, como se decía en otros tiempos, al *dinero* 10. El cálculo realizado en los períodos sucesivos da los siguientes resultados:

Intervalos de tiempo	Renta neta durante el intervalo de tiempo correspondiente	Impuesto del 20% sobre la renta	Renta neta deducido el impuesto	Valor capital de la empresa al tipo de capitalización 10, calculado al final de cada intervalo de tiempo sobre la base de la renta neta	
				deducido el impuesto (col. *d*)	sin deducir el impuesto (col. *b*)
a	*b*	*c*	*d*	*e*	*f*
I	cero	—	—	—	—
II	3.000	600	2.400	24.000	30.000
III	5.000	1.000	4.000	40.000	50.000
IV	10.000	2.000	8.000	80.000	100.000
V	12.500	2.500	10.000	100.000	125.000
VI	15.000	3.000	12.000	120.000	150.000
VII	20.000	4.000	16.000	160.000	200.000
VIII	25.000	5.000	20.000	200.000	250.000
IX	20.000	4.000	16.000	160.000	200.000
X	15.000	3.000	12.000	120.000	150.000
XI	30.000	6.000	24.000	240.000	300.000
XII	40.000	8.000	32.000	320.000	400.000

Los períodos considerados pueden no ser consecutivos, y constituyen intervalos que aquí se supone implícitamente equivalentes a un año. El valor de los capitales se calcula al final de cada intervalo, partiendo de la hipótesis de que el contribuyente imagina, como suelen hacer los hombres, que la última renta conseguida está llamada a durar perpetuamente. El cálculo de capitalización se funda en la utilización del tipo *diez*, que comprende, además del interés del capital y de la remuneración del empresario, la oportuna cuota de riesgo.

El empresario en cuestión tratará de no vender la empresa antes del período V, porque no quiere liquidar con pérdidas; y espera, dada la marcha creciente de los negocios, poder obtener una ganancia en caso de espera. Pese a crisis temporales, la empresa prospera. En el período XII, el empresario, todavía en pleno vigor de fuerzas físicas e intelectuales, pero ya avanzado en edad, prefiere no correr el riesgo de la vejez y de la decadencia, y vende. Siendo 32.000 liras la renta de la empresa, deducido el impuesto, el empresario puede enajenarla al precio de 320.000 liras. En relación con las 100.000 gastadas, el empresario en cuestión consigue una ganancia de 220.000 liras.

¿Son las 220.000 liras un lucro imponible al igual que la serie (columna *b)* de las rentas crecientes, con algún pasajero salto atrás, desde 3000 a 40.000 conseguidas por el empresario en los períodos sucesivos del I al XII?

34. La respuesta, como tantas en Hacienda, depende de la premisa adoptada por el legislador.

Puede ocurrir que este se preocupe exclusivamente de averiguar lo que sale de la empresa en cada intervalo sucesivo de tiempo y entra en la economía del contribuyente en añadidura al reembolso del capital inicial colocado en la empresa.

Si esta es la premisa, es indudable que el empresario en cuestión, desde el momento inicial al momento final, percibió rentas netas periódicas de 3000, 5000, etc., hasta la última de 40.000 liras; y, en fin, percibió nuevamente 320.000 liras, de las que una vez deducidas las 100.000 invertidas inicialmente, resulta una ganancia de 220.000 liras netas. Por ello está claro que, dada la premisa adoptada, el impuesto debe afectar en primer lugar, en cada intervalo de tiempo, a las rentas periódicas de 3000, 5000... hasta 40.000 y, finalmente, al término de la empresa en cuestión, a las 220.000 liras de ganancia neta.

La mayor parte de los tratadistas no duda que esta sea la única premisa posible. Por cuanto he podido comprender, el fundamento de la creencia, a los ojos de esos tratadistas inexpugnable, es únicamente el mismo que sirve de fundamento a la aceptación de las verdades axiomáticas, o sea, la evidencia intuitiva. La creencia parece tan obvia y universalmente admitida que negarla parece cosa absurda y contraria al orden natural del mundo.

35. Sin embargo, existe alguna diferencia entre el axioma tributario y los que se aceptan comúnmente como axiomas en otros dominios. La verdad de que la recta es la línea más corta entre dos puntos es un verdadero axioma, porque realmente los hombres no sabrían, fuese cual fuese el modo en que razonasen, concebir la verdad de lo contrario. En cambio, la premisa de que el Estado debe gravar con impuestos a todas las sumas netas que entran en la economía del contribuyente en añadidura al reembolso del capital invertido, es una pura afirmación no demostrada ni demostrable. No basta decir que dicha norma es justa o que se reputa justa por los legisladores de todos o muchos tiempos o países. Se hace así un acto de fe en la palabra escrita, en la voz pública, en la palabra del legislador. No se demuestra nada. Yo no afirmo que esa premisa sea errónea; porque todas las premisas de razonamiento son lícitas, si luego se razona correctamente. Afirmo que esa premisa no es la única lícita.

36. Alguien podría, en verdad, partir de la premisa de que el impuesto, querido por el legislador en la medida del 20% de lo que ingresa en la economía del contribuyente más allá del reembolso del capital invertido, no debe producir al contribuyente un daño superior al 20%. Nótese que la medida del 20% no tiene nada de sagrada. Podría ser del 10 o del 30, según el presupuesto público calculado por el legislador. La premisa dice únicamente que, cualquiera que sea la medida de sacrificio fijada por el legislador, el

sacrificio no debe ser luego, en virtud de algún dispositivo o acontecimiento misterioso, mayor o menor. Parece ser, con apoyo en los tratadistas que sustentan la opinión corriente, que también esta es una premisa lícita. Parece incluso axiomático admitir que, si el legislador quiere blanco, no quiera negro; que si quiere 20, no quiera 30.

37. Ahora bien, es cierto que la solución corriente viola esta premisa. No se discute del impuesto (col. *c*) que grava las rentas obtenidas en los sucesivos intervalos de tiempo (col. *b*). Este se cobra indiscutiblemente, en la medida del 20% querida por el legislador. Pero, ¿y el impuesto de 44.000 liras cobrado sobre la ganancia final de 220.000 liras, diferencia entre la venta en 320.000 y el capital invertido de 100.000? Aritméticamente, 44.000 liras son el 20% de 220.000. Sin embargo, ¿no sufre nuestro empresario, a causa del impuesto, un daño bastante mayor?

Miremos a la última fila de las dos últimas columnas. La venta se hace, de hecho, en 320.000 liras porque el mercado capitaliza al 10% ("dinero" o multiplicador 10) la renta de 32.000 liras, de la que ya se ha eliminado el impuesto anual. Pero si no existiese el impuesto anual del 20%, el empresario no solo obtendría una renta de 40.000 en lugar de 32.000 liras, sino que podría enajenar la empresa al precio de 400.000 liras (col. *f*) en lugar de 320.000 liras (col. *e*). Por lo tanto, el impuesto, llamado del 20% y deseado por el legislador en la medida del 20%, origina en verdad al empresario, con respecto a la ganancia eventual de la venta, un daño bastante mayor.

De esta manera:

Valor capital de la empresa, al final del intervalo de tiempo XII, que se habría obtenido en caso de no existir el impuesto del 20% sobre las rentas anuales.

Valor capital obtenido efectivamente en el mismo momento, existiendo el impuesto citado.

Valor capital de la empresa, al final del intervalo de tiempo XII, que se habría obtenido en caso de no existir el impuesto del 20% sobre las rentas anuales.	400.000	liras
Valor capital obtenido efectivamente en el mismo momento, existiendo el impuesto citado.	320.000	»
Perjuicio sufrido por el contribuyente a causa del impuesto.	80.000	»
Impuesto del 20% pagado sobre la diferencia, 220.000, entre el precio de venta, 320.000, y el capital invertido de 100.000.	44.000	»
Total del perjuicio del contribuyente.	124.000	liras

Cualesquiera que sean los términos a los que se quiera referir el perjuicio de 124.000 liras sufrido por el contribuyente, bien sean las 220.000 ganadas efectivamente o las 300.000 (400.000 de precio de venta en caso de ausencia de impuestos, menos las 100.000 invertidas), el porcentaje del gravamen no es el 20% querido por el legislador, sino otro: el 56,36% si la comparación se hace con respecto a las 220.000, o el 41,33% si se hace con respecto a las 300.000. ¿Por qué el 56,36%, o el 41,33%, o cualquier otra proporción, en lugar del 20% exigido por el legislador?

38. El porqué no existe, ya que no existen porqués aptos para explicar hechos incongruentes. Pero la explicación de la incongruencia es obvia. Los que admiten la premisa corriente caen en el error de creer que renta y capital son no solo entidades formalmente "distintas", lo que es una premisa lícita para discurrir claramente, sino también diversas y "adicionables" entre sí, lo que es una afirmación arbitraria y grotesca. ¿Por qué existiría, al final del período XII, un capital de 400.000 liras si no hubiese impuesto y por qué, establecido el impuesto, existe en cambio un capital de 320.000 liras? La respuesta es conocida: en ausencia del impuesto, a los ojos del propietario y del eventual adquirente de la empresa se perfilaría una serie infinita de rentas anuales de 40.000, y en cambio, establecido el impuesto, la serie no es más que de 32.000 al año. Las dos cosas, capital y renta, no son solo cada una función de la otra, sino que son dos caras de la misma cosa, son la misma cosa mirada desde dos puntos de vista distintos. Si nos fijamos en las 40.000 o en las 32.000 liras anuales futuras, decimos que vemos "renta"; si reducimos esas visiones del futuro y las concentramos, por así decirlo, en el momento presente, decimos que vemos "capital". Pero vemos siempre la misma cosa. El impuesto de 8000 liras anuales que grava las 40.000 y las reduce a 32.000 liras anuales, afecta en el mismo instante al capital; reduciendo la renta de 40.000 a 32.000, reduce el capital de 400.000 a 320.000. El impuesto que grava un nombre de la cosa, grava *ipso facto* el otro nombre de la misma cosa. Un impuesto del 20% sobre la renta es también un impuesto del 20% sobre el capital; y viceversa, un impuesto sobre el capital es al mismo tiempo un impuesto sobre la renta. Imaginar que se puede establecer un impuesto sobre la renta o sobre el capital sin que sea (decimos *sea* y no *repercuta)* al mismo tiempo un impuesto sobre el capital o sobre la renta es una ilusión infantil.

39. Respeto grandemente a los que consideran que las 320.000 liras de capital son una entidad diversa de las 40.000 liras de renta; pero sería conveniente que aclarasen en qué consiste esa diversidad afirmada y de qué modo esa eventual diversidad basta para explicar las dos imposiciones separadas y adicionales. Mientras tanto, sigue siendo verdad que capital y renta son dos entidades o conceptos provistos de las curiosas propiedades siguientes: si una desaparece o varía, la otra desaparece o varía en el mismo sentido;[5] una de ellas no puede

5 Es obvio que la proposición afirmada no se hace errónea solo porque, cambiando cualquier otra circunstancia –por ejemplo, el tipo de capitalización–, corresponda a la va-

ser disfrutada sin renunciar al disfrute de la otra. Si se quiere disfrutar de la renta, no se puede disfrutar, también y además, del capital; si se quiere disfrutar del capital, no se puede disfrutar al mismo tiempo de la renta —una de ellas no puede ser disminuida por el impuesto sin que automáticamente no se disminuya la otra del mismo modo—.

Ante estas constataciones de hecho no ha sido posible a los que mantienen que se debe, después de la reducción de 400.000 a 320.000, gravar aun aquello que hay en las 320.000 de adición con respecto a las 100.000 invertidas, seguir repitiendo axiomáticamente: "Dios ha mandado que se debe gravar todo lo que en cada momento sucesivo entra en la economía del contribuyente"; porque incluso los papagayos, que no se hayan vuelto obtusos por la predicación secular de las mismas palabras sin sentido, tienen la vaga impresión de que es necesario darse cuenta de los mandatos divinos en la lisa materia hacendística. Las órdenes de Dios o del legislador penetran en el corazón de los hombres con la persuasión de la evidencia o de la razón. ¿Cómo esperar, sin embargo, razonamientos de las cotorras que desde hace treinta años me echan en cara, cada vez que saco a la luz la cuestión de la verdadera doble imposición, la ofensa a Dios, que ordenó que la base sola, única, inmarcesible y perpetua del impuesto, es todo cuanto en cada intervalo sucesivo de tiempo entra en la economía del contribuyente en añadidura al capital inicialmente invertido? Me apetecería cortar el cuero cabelludo a estos repetidores para ver cómo está hecho un cerebro incapaz de comprender que cualquier premisa, definición, proposición (¿cómo decirlo?) es arbitraria, provisional, válida únicamente dentro de los límites de su utilidad para razonar con ella y para deducir consecuencias. ¿Es o no es verdad que de una definición nacen cargas tributarias distintas para rentas que el legislador ha querido tratar del mismo modo? ¿Es o no es verdad que con la otra definición no nacen tales desigualdades? ¿Es o no verdad que la polémica no es entre definiciones —que sería una polémica estupidísima—, sino entre si se quiere o no ese resultado de diversidad de gravamen?

40. Alguno de los que ven el absurdo de atrincherarse tras una definición, toma el toro por los cuernos y dice; "Sí, el gravamen de los incrementos de capital (col. *e)* da lugar a una carga mayor (56,36 o bien 41,33%, o bien cualquier otro tanto por ciento) sufrida por el contribuyente en relación con el 20% que el legislador decidió genéricamente. Pero el error no está en la carga mayor, sino en no decir abiertamente que precisamente eso es lo querido o lo que debería ser querido por el legislador".

Esta es una tesis lógica. El legislador tiene potestad plena para gravar a una renta con el 20% y a otra con el 40 o con el 60 o incluso con el 100%. Añadamos

riación de una cosa en un sentido una variación en el mismo sentido, pero con intensidad diversa, o incluso en sentido diverso, de la otra. Sería necesario poder demostrar que la variación de la otra circunstancia está ligada lógicamente, y de qué modo, a la causa de variación de la renta o del capital —impuesto— que se considera en este caso concreto.

únicamente que los legisladores prudentes suelen dar razones de semejante diverso proceder. En el caso presente, para explicar la mayor imposición, desgraciadamente oculta y que justamente se quiere hacer patente, se aduce una propiedad que tendrían los incrementos (de capital) en relación con las rentas y que sería la mayor capacidad de los "incrementos" para soportar impuestos en relación con las "rentas". He puesto las palabras "de capital" entre paréntesis para indicar que el acento debe recaer sobre el concepto "incremento", que sería el género, más que sobre el "de capital", que sería un simple calificativo del género. Es decir, que en los incrementos existiría una determinada propiedad, una especie de magnetismo que les empujaría, casi atraídos por una fuerza irresistible, a abrazar con mayor afecto el impuesto, de tal suerte que el peso de un 40% sobre el incremento equivaldría, a título de ejemplo, a duras penas a una carga del 20% sobre la renta.

41. En qué consista la propiedad magnética filo-tributaria del puro incremento es, por otra parte, un tanto misterioso, cuando se compara, como es debido, el puro incremento de capital (exceso por encima de lo invertido) con la pura renta.

No puede tratarse de una mayor facilidad, o menor mérito, en ganar incrementos de capitales que rentas. Capital y renta son dos hermanos siameses, dos caras del mismo hecho. Si es fácil que el capital pase de 100.000 a 400.000, esto es así solo porque, y mientras que, es igualmente fácil que la renta pase de 10.000 a 40.000. No se puede afirmar que sea necesario, a título de una presunta facilidad mayor en su ganancia, gravar más de lo normal el incremento de capital de 100.000 a 400.000, sin afirmar al mismo tiempo la racionalidad de gravar también en la misma medida mayor de lo normal el incremento de renta de 10.000 a 40.000. ¿Cómo demostrar que, si las rentas y sus incrementos (col. *b)* son gravables con el 20% (col. c), los incrementos de capital correspondientes (col. *e* o *f*), no más fáciles o más difíciles de obtener que los incrementos de renta, deben ser gravados con un tipo impositivo 2 o 3 veces mayor? Nadie, que yo sepa, ha dado una respuesta, decorosamente presentable y comprensible, a este interrogante.

42. Por la misma razón, no puede tratarse —sino que es solo otro modo de expresar el mismo concepto— de una mayor imprevisibilidad del incremento, como si este fuese un bólido llovido del cielo, algo que el Estado puede ocupar sin perjuicio porque el contribuyente no se lo esperaba y, no contando con ello, no siente un vivo dolor ante su privación a título de impuesto.

Una vez más, el incremento de capital es la consecuencia del incremento de renta. El primero es imprevisto solo si, y en la misma medida, no es previsto el segundo. Si el contribuyente prevé el incremento de renta de 10.000 a 40.000, prevé *ipso facto* el incremento de capital de 100.000 a 400.000. Por lo tanto, si se juzga que el "previsto" o "previsible" es un factor diferencial para los impuestos, el impuesto debe ser mayor que el normal 20% tanto para el incremento de renta, como para el incremento de capital.

43. Por más vueltas que se le dé, la sujeción a gravamen de las ganancias o incrementos es algo en más en relación con la imposición normal y no se ve razón para que afecte a los incrementos de capital únicamente. Si ese algo de más es razonable, lo es para las dos cosas: renta y capital; y también en este caso el algo de más debe aplicarse solamente sobre uno *o* sobre otro, no sobre los dos, o, si se quiere distribuirlo un tanto sobre uno y un tanto sobre otro, es necesario que la suma de las dos cargas sea igual a ese "algo" predeterminado.

Supongamos que es cierto que, si la renta-base o renta-normal, por hipótesis 20.000 liras, está sujeta a un impuesto del 20%, los excedentes sobre la base o sobre lo normal deben ser gravados con el 40%. He aquí, sin más, afectadas del mismo modo con el 20 y con el 40% las proyecciones actuales de las rentas futuras a que se da el nombre de capital.

					Valor capital correspondiente al 10% a la renta neta		
	Renta neta antes del impuesto	Tipo impositivo	Cuantía del impuesto	Renta neta deducido el impuesto	Antes del impuesto	Después del impuesto	Pérdida de valor capital consiguiente al impuesto sobre la renta
Renta base	20.000	20%	4.000	16.000	200.000	160.000	40.000
Excedente	20.000	40%	8.000	12.000	200.000	120.000	80.000
Renta total	40.000		12.000	28.000	400.000	280.000	120.000

El impuesto del 20% sobre las primeras 20.000 liras de renta y el del 40% sobre las 20.000 siguientes, que se suponen o imaginan más fáciles o más imprevistas en su obtención que las primeras, más maná o más bólido llovidos del cielo en el que se confeccionarían las rentas, produce al mismo tiempo y automáticamente dos efectos inescindibles: reducción de las rentas normales de 20.000 a 16.000 y de las rentas excedentes o incrementos de renta de 20.000 a 12.000, y reducción de los capitales correspondientes de 200.000 a 160.000 y 120.000 respectivamente. El contribuyente, al pagar 4.000 y 8.000 liras anuales de impuesto sobre dos cantidades idénticas de renta, distintas por la única circunstancia de llegar una antes y la otra después, sufre por ello, sin necesidad de ningún otro pago, la pérdida simultánea de 40.000 y 80.000 liras sobre los dos correspondientes valores de capital idénticos. ¿Cómo podría ser de otro modo si el valor de los capitales no es más que la capitalización en el momento actual de las rentas futuras?

No es necesario en absoluto gravar, por añadidura, al contribuyente las 120.000 liras de incremento neto de capital, correspondiente al excedente neto de 12.000 liras sobre la renta base, para hacerle entrar en la cabeza la idea de que los incrementos de capital merecen ser gravados más que los capitales. Esta idea ya ha penetrado, desgraciadamente para él, en su bolsillo. La idea que se le inculcaría ahora sería otra diversa: que después de haber sufrido ya, a causa de su habilidad para acaparar el maná en el desierto o de su incapacidad para prever el futuro, un 40% en vez de un 20% de imposición, merece pagar otro 20 o 40% adicional sobre lo que queda de incremento de capital. El contribuyente bajará la cabeza, sabiendo que, si preguntase la razón de la desgracia que tiene que soportar, la respuesta podría ser: *quia nominor leo.* Respuesta perentoria en el mundo real, pero no en el de las discusiones teóricas.

3

EL MITO DE LOS EXCEDENTES

44. En cuestión de discusión lógica el único problema es: ¿hay razón para gravar más a los excedentes de renta que a las rentas base? Discutiendo el problema planteado de este modo, discutiremos también sin más el otro problema: ¿hay razón para gravar más al excedente de capital que al capital base? Si gravando la renta se grava el capital, queda excluido que una imposición sea conceptualmente diversa de la otra y que se pueda discutir de una imposición como algo que puede existir en ausencia de la otra. Creer seriamente que se puede conseguir, gravando el capital o sus incrementos, afectar a algo que no se haya alcanzado o no pueda alcanzarse con la imposición sobre la renta o sobre los incrementos de renta, es pura ilusión de doble visión. El legislador que quiera retirar un 20% de la renta tiene varios caminos abiertos ante sí:

- Gravar a la renta únicamente con el 20%. Reduciendo la renta de 5 a 4, habrá gravado al mismo tiempo el capital en la misma medida, reduciéndolo, cuando el tipo de interés sea el 5%, o sea, el multiplicador o "dinero" sea 20, de 100 a 80;
- Gravar únicamente al capital con el 20%. Reduciéndolo de 100 a 80, quedará reducida al mismo tiempo la renta de 5 a 4;
- Gravar a la renta con el 10% y, además, al capital con el 11,11%. La primera imposición reduce la renta de 5 a 4,50; y, por lo tanto, el capital de 100 a 90. La segunda reduce el capital de 90 a 80 y, por lo tanto, la renta de 4,50 a 4;
- Combinar de otros modos diversos el impuesto sobre la renta con el impuesto sobre el capital, de modo que el impuesto total reduzca siempre una y otro en el 20%.

Pero el legislador no puede decir: "Quiero gravar a la renta y al capital con el 20%, de modo que los contribuyentes pierdan todo el 20% y solo el 20% en el conjunto de una y otro; y, por ello, gravo separadamente a la renta con el 20% y al capital con el 20%". Diciendo esto dice algo insensato, algo que conduce a un resultado no deseado. El impuesto sobre la renta reduce esta de 5 a 4 y, por tanto, el capital de 100 a 80. El impuesto adicional del 20% sobre el capital, que ya es valorado por el mercado en 80, lo reduce a 64 y, como consecuencia, reduce la renta a 3,20. El legislador quería reducir la renta y el capital de 5 y 100 a 4 y 80 respectivamente, y, en cambio, los reduce torpemente a 3,20 y a 64. Puesto que teóricamente conviene excluir en el legislador la aptitud para la mentira y la hipocresía (véase más arriba § 32), es forzoso concluir que la doble imposición es exactamente lo mismo que la torpeza de imposición.

45. Si no se quiere aceptar la torpeza, es necesario partir del presupuesto de que la tributación de la renta significa tributación del capital, y viceversa. Una y otra son lo mismo.

La elección entre las dos imposiciones o la atemperación de una y otra no es un problema de principios, sino de método, de oportunidad, de precedentes históricos.

46. Razonando en general, considero preferible el impuesto sobre las rentas (ya sean rentas base, o normales, o incrementos de rentas, o rentas no ganadas o de coyuntura) al impuesto sobre los correspondientes capitales (capitales base, incrementos de capital, enriquecimientos, etc.). Cualquiera que sea el nombre o la especie, la dignidad o la indignidad, la necesidad o inutilidad, el mérito o demérito de la renta, esta presenta, por lo que se refiere a la aptitud para soportar impuestos, ciertas ventajas notables en relación con los correspondientes capitales igualmente dignos o indignos, necesarios o inútiles, merecidos o robados.

47. La renta es un hecho primario, concreto, mensurable, determinable; el capital es fruto de un cálculo, proyección que hace el mercado, o el actuario, del futuro en el presente. Al constatar los hechos es inevitable un mínimo de error; pero es inútil acrecentar por pura *libido tributaria* las ocasiones de error. La tributación del capital tiene ciertas prerrogativas con respecto a la realización del principio de la exclusión impositiva del ahorro, que ya fueron expuestas por mí en otra ocasión.[1] Pero esa realización supone en los órganos administrativos de la Hacienda la, aptitud para seguir las variaciones en el valor de las tierras, de las casas, de las acciones y obligaciones, y para hacer variar el tipo del impuesto patrimonial en el mismo sentido que las variaciones del tipo de interés. Pero, bien mirada, esta hipótesis parece alejada de la realidad y por ello la ventaja del método —que sería la de hacer variar la cuantía del impuesto de un modo automático en relación con la mayor o menor contribución del capital puro a la formación de la renta y la de eliminar, también automáticamente, la tributación de las cuotas de riesgo— parece también de difícil logro.

48. La renta puede ser analizada, fraccionada a placer. El legislador que se sienta picado por la tarántula de la diferenciación, puede multiplicar hasta el

1 En el ensayo *Intorno al concetto di reddito imponibile e di un sistema d'imposte sul reddito consumato*, en «Memorie della Reale Accademia delle Scienze di Torino», serie II, tomo LXIII (cap. IX, prueba segunda); reeditado como ensayo primero en el volumen *Saggi sul risparmio e l'imposta*, en estas «Obras», serie I, vol. I.

infinito las clases de renta: de trabajo o de capital o mixtas; mixtas con diversas dosis de sus componentes: pequeñas o grandes, normales o extraordinarias.

Cuanto más se diferencia, tanto más fácil es cometer errores y caer en la arbitrariedad. Sin embargo, los errores son cognoscibles y, quizás, eliminables. No es una esperanza absurda, al gravar las rentas, la de lograr tener en cuenta, dentro de ciertos límites, las posibilidades de traslación del impuesto desde el contribuyente afectado legalmente al contribuyente sobre el que incide de hecho, y ajustar correlativamente la imposición.

49. La imposición sobre los capitales plantea otros problemas sutiles, prácticamente insolubles. ¿Qué relaciones existen en realidad entre rentas y valor de los capitales? Hasta ahora nadie ha conseguido encontrar una explicación satisfactoria, que no sea un juego de palabras, del impuesto sobre las transmisiones a título oneroso, típico entre los impuestos sobre el capital. ¿Dónde está la ganancia de las dos partes, siendo así que la premisa lógica de la transmisión es la igualdad de valor entre bien cedido y precio pagado? La ganancia es psicológica, procede de una individual valoración interior. ¿Cómo se miden las ganancias psicológicas? ¿Es de buen sentido gravarlas? ¿Es de buen sentido gravar las esperanzas de la imaginación? ¿Se quiere gravar el capital a saltos, en vez de hacerlo regularmente cada año? ¿Qué probabilidad existe de que los saltos se verifiquen, en los casos concretos, con regularidad tolerable? ¿No nacen desigualdades estridentes de contribuyente a contribuyente? Esta es una crítica eficacísima también contra los impuestos sucesorios, otra rama ilustre de la imposición sobre el capital.[2]

50. El impuesto sobre las rentas sigue a la base imponible a medida que esta se genera. El contribuyente paga el impuesto sobre el producto de las tierras o de las casas o de las industrias o de las profesiones, con la misma moneda que obtiene de la venta de esos productos y en la misma unidad de tiempo. No existen divergencias entre el metro con que se miden las rentas y el metro con que se miden los impuestos. En realidad, ese metro no es una longitud absoluta, sino un porcentaje. Si el tipo impositivo es el 10% de la renta, y la desvalorización de la moneda aumenta precios y rentas, se paga el 10% de 11.000 en vez del 10% de 10.000 liras; si la revalorización de la moneda rebaja precios y rentas, se paga el 10% de 9000 en vez del 10% de 10.000. Ciertamente puede haber un retraso en la adecuación de las valoraciones fiscales a la realidad de 11.000 a 9000 liras; pero es un retraso momentáneo, inevitable en cualquier sistema tributario. Durante un año, quizá durante dos, el contribuyente paga todavía sobre 10.000 cuando la renta ya ha subido a 11.000 liras. No existe desigualdad entre los contribuyentes, sino, para todos, disminución de la carga tributaria.

51. El defecto es más grave en los impuestos sobre el capital. Aparte de la influencia de las variaciones monetarias, el rendimiento de los impuestos

2 Véase la crítica que del impuesto sucesorio ha realizado eficazmente Mauro Fasiani en *Problemi tributari inglesi*, en «Annali di economia», Universidad Bocconi, Milán, vol. X, n. 2, § 10.

está sujeto a otras influencias. Supuesta una renta invariable de 5000 liras, el impuesto sobre la renta la afecta en medida constante. Pero si el tipo de interés baja del 5 al 4% o sube del 5 al 6%, vemos que el valor capital de la renta invariable aumenta de 100.000 a 125.000 o disminuye a 83.333 liras. Salvo que nos perdamos entre los ejemplos, ¿existe alguna razón para que el impuesto, al 1%, cambie, permaneciendo constante la renta de 5000 liras, de 1000 a 1250 o a 833,33 liras, solo porque el impuesto se calculó en relación con el capital? Si el impuesto afecta a los incrementos o excedentes de renta, recaerá sobre el exceso eventual 1000, por encima de las 5000 liras consideradas normales, cuando la renta haya aumentado a 6000. El concepto será discutido a continuación, pero hay en él lo que los juristas llaman el *fumus boni juris*. Las 1000 liras de más, con metro monetario invariable, son algo tangible, sustancial. Pero si, con la renta invariable de 5000, el valor capital, por causa del descenso en el tipo de interés del 5 al 4%, sube de 100.000 a 125.000 liras, ¿qué son esas 25.000 liras sino humo? El contribuyente sensato no se atreve a gastarlas para no destruir lo que tenía. Normalmente ese incremento que, de ordinario y precisamente por eso, tiene dimensiones menores, es el signo anunciador de la reducción futura de la renta de 5000 a 4000, por la abundancia de ahorro nuevo satisfecho con un rendimiento menor. ¿Qué significado tiene la imposición sobre algo que no está destinado a durar y que es precursor de futuros disgustos por disminución de la renta?

52. Más frecuentemente que en el caso de los impuestos sobre las rentas, los impuestos sobre el capital presuponen una comparación entre valores determinados en épocas diversas. Impuestos de mejoría, impuestos sobre los incrementos de valor de terrenos edificables, impuestos sobre el exceso del patrimonio poseído en una fecha en relación con el que se poseía en una fecha anterior, impuestos sobre el exceso del patrimonio abandonado en trance de muerte en relación con el heredado por ese mismo difunto; todo ello implica comparaciones de valor en tiempos diversos. Nueve veces de cada diez se trata de comparaciones entre cantidades heterogéneas. El millón de unidades monetarias de 1939 no es algo distinto de las 100.000 unidades de 1914; aún más, el millón de hoy tiene un poder adquisitivo menor que las 100.000 de otro tiempo; y, sin embargo, parecen cosas distintas y cierto legislador propuso ensañarse con la diferencia como si fuese un verdadero incremento. Obsequiosos, los juristas de los tribunales supremos sentenciaron que un dólar es siempre un dólar; de modo que sale ganando quien ha pasado de los pocos dólares largos a los muchos cortos.

53. La imposición sobre los capitales tiene un campo más restringido que sobre las rentas, puesto que deja afuera todas las rentas a las que no corresponde ningún capital valorado como tal por el mercado, principalmente, las rentas de trabajo, que en todos los países son la cuota mayor de la renta nacional y, al no ser negociable el hombre, no serían gravables si se gravase únicamente el capital. El método de imposición sobre las rentas, si no prohíbe al legislador que se desahogue a sus anchas en la imposición de las diversas clases

de renta, tiene el mérito de alimentar algo menos la ingenua ilusión a que sucumbe cuando, tras haber imaginado un nuevo nombre de impuesto, cree haber descubierto una nueva materia imponible. La gravedad expropiadora del impuesto sucesorio italiano entre 1918 y 1922 y la actual del impuesto sucesorio británico, se deben en gran medida a la ilusión de que en la porción o en la masa hereditarias hay una materia imponible existente por sí misma y que, por tanto, se puede subir mucho en la posición sin peligro; cuando, en realidad, la fuente del impuesto es única, o sea, el flujo corriente y continuo de la renta, aunque de formas cambiantes. Conviene, para la claridad y la honestidad tributaria, emplear un solo metro como medida del tributo; de modo que todos y cada uno puedan hacer la suma de la carga sufrida. Es nociva la multiplicación de los nombres de los impuestos sobre la renta; pero aún es más nociva la multiplicación ulterior de nombres de impuestos sobre la renta y sobre el capital, dotando a cada uno de estos nombres con características propias y con criterios de medida, hasta el punto de que se haga fastidiosa para el contribuyente la adición de los diversos impuestos y más fácil para el legislador el aumento de la carga tributaria manteniendo el aire distraído e inocente de quien conserva moderados los tipos impositivos para cada uno de los nombres de los impuestos.

54. La renuncia al método de imposición de los capitales es, en comparación, un pecado venialísimo. No existiendo casi capital al que no corresponda una renta, cuando se gravan las rentas no hay casi capitales que escapen a la imposición. Parece que, únicamente, los capitales desprovistos de renta monetaria pueden gozar de inmunidad. ¿Vale la pena crear una costosa máquina de impuestos solo para gravar las colecciones de cuadros, de objetos de arte, de libros, los lugares de recreo, los parques, los castillos y las villas y otros bienes de consumo duradero semejantes, que no producen renta monetaria y que llevan consigo gastos de conservación de importe no inferior al valor de la satisfacción ordinaria que obtiene de su posesión la comunidad de los hombres? La técnica tributaria ha inventado, para gravar tales cosas, el óptimo expediente de la ficción de una renta igual a la ofrecida por el mejor uso alternativo que puede hacerse, ordinariamente, del terreno o del edificio sustraído de este modo a la utilización económica. Gravar algo más querría decir gravar aquellos que se denominan valores de afección, "imponderables" hechos de recuerdos, de sentimientos, de mandatos dejados por los antecesores. Solo la razón razonante igualitaria puede considerar que conviene crear un instrumento más costoso que la recaudación probable con la finalidad de destruir estúpidamente los valores espirituales que sobreviven, con ventaja definitiva para la colectividad, en los hábitos patrimoniales de una pequeña aristocracia de tradicionalistas y de hombres cultos. En realidad, no se suele hablar limpiamente de gravar tales capitales desprovistos de renta, e incluso la mayoría de los legisladores se apresuran a eximir del impuesto, o valorar con especial benignidad, las colecciones de arte, las bibliotecas y los

monumentos históricos, cuando la suerte quiere que caigan bajo el martillo del impuesto.

55. La pretendida necesidad de gravar a los capitales desprovistos de renta se adopta, con bullicio fastidioso, en relación con otras cosas. El caso más notable, quizás el único prácticamente notable, es el de los terrenos edificables. Pocos casos, económicamente bastante menos importantes, pueden asimilarse en parte a este más visible. ¿Cómo gravar, se pregunta, el terreno edificable que de año en año aumenta de valor, si no se gravan los capitales? La zona no da renta, salvo la mínima renta propia del terreno utilizado para fines agrícolas. En los límites de la ciudad, el terreno agrícola pasa gradualmente de un valor de 2 liras por metro cuadrado (20.000 liras por hectárea, máximo valor, por hipótesis, del terreno agrícola y ya gravado en cuanto tal) a 5, a 10, a 100, a 1000 liras por metro cuadrado. En liras desvalorizadas, las cifras suben a 10.000, a 100.000, a 1.000.000, pero, para no molestar a la vista, no sigo escribiendo, y el razonamiento prosigue igualmente. A medida que la edificación extiende sus tentáculos por el campo, la zona ve disminuir su capacidad de renta agrícola. Cuando el valor alcanza las 100 liras, la zona ya no forma parte de una finca cultivable; es un terreno desnudo, cerrado entre edificios y talleres, prácticamente reducido a campo de juego para los niños de la vecindad. Para cultivarlo, sería necesario rodearlo de vallas o de altas redes metálicas y el costo superaría a la renta probable. Pero se dice que no por ello cesa de producir renta el terreno. La renta consiste en el aumento de valor de 2 a 5, a 10, a 100, a 1000 liras por metro cuadrado. Se conserva el terreno para obtener ese rendimiento especial que se llama incremento de valor del terreno. Si no se grava este, una ganancia, existente con toda certeza, escaparía al impuesto.

56. Generalmente, estamos ante un caso de doble visión. ¿Por qué pasa la zona edificable del valor 2 al valor 1000 por metro cuadrado? Porque el propietario ve perfilarse en el futuro una renta anual obtenible de la utilización del terreno por medio de la construcción. Si no se previese una renta urbana, dentro de 10, 20 o 30 años, el terreno no sería edificable y tendría el puro valor agrícola. Si suponemos que el paso del grado agrícola al grado urbano tiene lugar con velocidad gradualmente reducida y que el tipo de interés corriente para utilizaciones análogas del ahorro es del 5%, conviene evidentemente conservar la zona en su estado improductivo mientras que, siguiendo en tal estado, el valor de la zona crezca cada año por lo menos el 5% en relación con el valor adquirido a finales del año anterior. El momento en que el incremento de valor se hace, y se prevé que seguirá siendo, menor del 5% por año, es el de la perfecta madurez de la zona. Hasta ese momento el empleo de capital bajo forma de solar era preferible a cualquier otro empleo, porque rendía por lo menos el 5%. Desde ese momento en adelante es preferible la edificación, porque el solar, transformado con la adición del edificio, rinde por hipótesis el 5%, mientras que en caso de conservarlo como solar rendiría únicamente,

a título de ejemplo, el 4,75%. Sería antieconómico construir tanto antes como después.

Si suponemos que el terreno pasa del valor 2 al valor 1000, esto quiere decir, por ejemplo, que el capital ha sido colocado al interés compuesto medio del 10% durante 33 años aproximadamente. El tipo de incremento, altísimo en los primeros años, se ha atenuado gradualmente hasta alcanzar en el año 33°, año de indiferencia, el 5%. Previéndose para el año 34° un tipo de incremento menor del 5%, se decide la edificación. Supongamos, para evitar complicaciones superfluas de cálculo, que la edificación se decide y se realiza en un momento; de tal modo que la casa construida, al coste de 4000 liras por metro cuadrado (casa céntrica, de 10 pisos, para utilización mixta de vivienda, oficinas y tiendas), produzca renta en primero de enero del año 34°.

La casa produce dos rentas, por metro cuadrado:

a) El 5% sobre las 4000 liras de coste de construcción de la casa: 200 liras. Si un impuesto del 20% grava esta renta, y si el tipo de interés corriente es el 5%, está claro que el constructor, que en el momento decisivo posee el capital en forma líquida, no se decidirá a invertirlo en la construcción si los alquileres no aumentan de 200 a 250 liras, de modo que, restando da las 250 las 50 liras del tributo del 20%, queden 200 liras netas para el constructor por cada 4000 liras invertidas;

b) El 5% sobre las 1000 liras de valor del terreno: 50 liras. Si un impuesto del 20% grava esta renta, y si el tipo de interés corriente es el 5%, el propietario del terreno se halla desprovisto de remedio y debe resignarse a ver reducida su renta de 50 a 40, y, por tanto, también su valor capital de 1000 a 800. ¿Le convendría quizás, a modo de reacción, mantener desnudo el terreno, que es la única alternativa que se le ofrece? Parece que no; puesto que 40 liras anuales de renta por metro cuadrado son siempre una cantidad mayor que *cero,* renta del terreno desnudo.

La reducción, a principios del año 34°, de la renta neta del terreno de 50 a 40 y del valor capital de 1000 a 800, surtirá efecto hacia atrás: porque el propietario de la zona no puede valorar igualmente, en el momento *cero,* lo que después de 33 años vale únicamente 800 y lo que, en cambio, vale 1000.

El valor actual (en el momento *cero)* de un metro cuadrado de terreno edificable, que a fines del año 33° valdría 1000 si no existiese el impuesto y vale 800 a causa de un impuesto del 20%, es calculable racionalmente solo si se supone que el mercado prevé exactamente los dos valores futuros, 1000 y 800, y los descuenta al tipo corriente del 5%. En este caso, los valores actuales son 62,50, en ausencia del impuesto, y 50 en caso de que exista este. El valor 2 es el valor agrícola, pero la competencia entre especuladores previsores hace que el precio salte de 2 a 62,50 o a 50, de tal modo que, a los nuevos precios, la inversión en terrenos edificables rinda el tipo suficiente del 5%.

57. No es necesario, por tanto, gravar el incremento de valor de 2 a 1000 para reducir en el 20% la ganancia del especulador en terrenos edificables. El

impuesto del 20% a cobrar a partir del año 34° sobre la renta anual de 50 liras del terreno es suficiente al efecto.

	En ausencia de impuesto		Con el impuesto del 20%	
	Renta	Valor capital	Renta	Valor capital
Momento cero	–	62,50	–	50
Principio del año 34°		1000,–	40	800

El impuesto anual del 20% sobre la renta perpetua de 50 liras al año, a partir del año 34° reduce al mismo tiempo el valor capital futuro de 1000 a 800 y, por repercusión, el presente de 62,50 a 50. Si se añadiese a ese impuesto otro, asimismo del 20%, sobre el aumento de valor de 50 a 800, se reduciría "ulteriormente" la ganancia de 800 – 50 = 750, a 600. Es decir, que la pérdida del contribuyente no sería la deseada por el legislador, que es del 20%, de 1000 a 800, sino, por el efecto de la visión doble, la de 1000 a 800, en primer lugar, y luego a 600, o sea del 40%. El legislador puede estatuir cualquier cosa, pero el presupuesto de su acción es un razonamiento, no el *quia nominor leo.* Cuál sea el razonamiento en virtud del cual un 20 debe convertirse en un 40% o en cualquier otra proporción distinta de la querida expresamente por el legislador, sigue siendo un misterio.

58. De este modo las dobles visiones de las imposiciones de los incrementos de capital nos vuelven a llevar al interrogante verdaderamente fundamental ya planteado: ¿existe razón para gravar los excedentes de renta en mayor medida que las rentas-base?

Una vez más, antes de afrontar el problema esencial, nos vemos obligados a darle vueltas para verlo claramente fuera de los espejismos que, ya no la doble visión, sino la *fata morgana* hace surgir ante los ojos del caminante en el desierto.

59. Ante todo, existen los excedentes "aparentes" de renta. Son típicos los provocados por la desvalorización. Si el metro monetario se reduce en la mitad o en los dos tercios, lo que era 100 con el metro largo de 100 centésimas se convierte en 200 si el metro se acorta a 50 centésimas, en 300 si a 33,33 centésimas. Así se crean excedentes, por encima del 100 definido normal, de 100 o 200 "avocables", según la palabra inventada en Italia en 1920, al erario. Una Hacienda racional, que tenga intención de gravar las ganancias obtenidas realmente, no puede fundarse en variaciones nominalistas.

Para gravar los excedentes "aparentes" de renta es necesario hacer otro razonamiento: con el metro monetario de longitud 100 centésimas, las rentas de los grupos de contribuyentes *A, B,* y C, eran 1000, 1000 y 1000, en total 3000 unidades. Después de la reducción a 50, las rentas, expresadas en la nueva unidad de medida, no aumentaron todas a 2000, sino que, por su diversa naturaleza, una fija y las otras variables en distinto grado, se convirtieron en 1000, 2000, y 3000, en total 6000 unidades. La renta total de los tres grupos se duplicó, pero el total se distribuyó variadamente entre los tres grupos: el grupo A permaneció invariable, el B duplicó su renta y el C la triplicó. El grupo A, perceptor de rentas de precios en cifra fija, permaneció sin variar; el grupo B, cuyos precios de venta se duplicaron, pasó a 2000; el grupo C, cuyos precios aumentaron más de la media, alcanzó las 3000. Puesto que B y C "ganan" 1000 y 2000 por encima de la renta base 1000, hay que gravarles. La razón exige que, mirando a la realidad, se reconozca que, medidas con el antiguo metro, las nuevas rentas equivalen a 500, 1000 y 1500. Por lo tanto, A perdió 500, B permaneció en el mismo punto y solo C ganó efectivamente 500; y, por ello, solo estas 500 unidades de C, en el caso de ser gravables por otras razones como renta extraordinaria (véase más abajo), deberían ser gravadas.

Quien quiera gravar las 1000 unidades nuevas de B y las 2000 también nuevas de C, porque exceden de las 1000 antiguas, debe partir de otra premisa: puesto que A, al permanecer con una renta constante de 1000, perdió en realidad 500 de las 1000 unidades antiguas, debe considerarse "ganancia" para todo contribuyente lo que cada uno de ellos "conservó" más allá del mínimo que le ha quedado al grupo de contribuyentes más perjudicado. Puesto que *A, B y C* poseían cada uno 1000 unidades antiguas y poseen ahora 1000, 2000 y 3000 unidades nuevas, equivalentes a 500, 1000 y 1500 unidades antiguas, debe ser considerado como ganancia lo que cada uno conservó por encima de las 500 unidades antiguas conservadas por el más desafortunado. Al no haberlas perdido B, se supone que ha "ganado" 500 antiguas (1000 nuevas); C, se supone que ha ganado 1000 antiguas (2000 nuevas), no porque las haya ganado todas, sino porque logró "no perder" 500 y lucrarse, verdaderamente, con otras 500.

El razonamiento es un testimonio elegantísimo de la fecundidad de la lógica igualitaria. ¿Por qué habría que considerar como ganancia únicamente las "no pérdidas" debidas a variaciones monetarias? ¡Son muy numerosas las razones por las cuales los hombres son desafortunados en sus experiencias económicas! Ganancia es todo excedente de renta o de patrimonio que los contribuyentes conservan en relación con el empresario que sin culpa suya —¿y quién, reconociendo ser culpable, no atribuirá su propia desventura a la suerte, a la competencia exterior, a la crisis mundial, etc.?— perdió todo el capital invertido, con el profesional que no consiguió encontrar clientes, con el trabajador permanentemente desocupado.

En el límite de la locura tributaria raciocinante, se vuelve a afirmar el buen sentido. Todo lo que supera a las pérdidas, es excedente de renta. Por lo tanto, ya no existe renta. Todo es excedente. El problema de la imposición de los excedentes de renta se esfuma por falta de objeto. Al ser todo excedente, no se puede distinguir entre las distintas altitudes de renta. Lo que viene a decir, una vez más, que toda la renta debe ser tratada del mismo modo, como si toda ella fuese renta normal y nada fuese excedente.

60. Hay, en segundo lugar, excedentes "necesarios". El concepto de "excedente" está rodeado de una ambigüedad invencible; pero una característica parece ciertamente suya: que no se requiera el excedente de renta por encima de lo normal para la continuación del esfuerzo humano, del acto de ahorro, de la producción. Si se juzga necesario un salario de 10 liras al día para un determinado tipo de trabajo para inducir a un obrero a que trabaje, 10 liras son lo normal y únicamente el exceso por encima de 10 liras es un excedente de renta. Si un beneficio (interés sobre el capital invertido más compensación para el empresario) del 8% es considerado normal, o sea necesario para inducir a los capitalistas y a los empresarios a la inversión industrial —acepto para menor arbitrariedad la definición del legislador italiano del tiempo de la guerra—, la renta gravable es solo la que supera el 8%. Y así sucesivamente. El lenguaje utilizado es horripilante incluso para los oídos mediocremente refinados del economista; pero si este es el lenguaje corriente en la Hacienda la culpa no es mía. ¿Qué es lo necesario? Parece obvio que un salario o un interés o un beneficio pueden ser considerados necesarios si satisfacen la condición de incitar al trabajo, al ahorro, a la actividad empresarial a aquel número de trabajadores, de ahorradores o de empresarios que es necesario para responder a las demandas de los consumidores existentes dados los precios corrientes.

Puede ocurrir que el 5% sea el tipo de interés corriente suficiente para provocar la formación de ahorro que requiere el mercado. Pero también puede ocurrir que un rendimiento de 1 millón por cada 10 liras invertidas sea insuficiente para provocar la deseada inversión en billetes de 10 liras, si la inversión tiene por nombre billetes de lotería. Si el lotero quiere vender billetes por una suma de 10 millones de liras, puede suceder que sea necesario prometer un primer premio de 2 millones, dos segundos premios de 1 millón y diez premios de consolación de 100.000 liras cada uno. El lotero gana, sin contar los gastos de publicidad y de gestión, 5 millones de liras. El premio de 2 millones es una ganancia proporcionalmente altísima para el ganador en relación con el capital invertido de 10 liras. Sin embargo, la experiencia puede haber demostrado que, si se ofrecen premios menores, no conviene explotar la empresa de la lotería. ¿La ganancia de 2 millones de liras no es acaso tan "necesaria" como el salario de 10 liras diarias al jornalero?

61. De este tipo son muchas industrias y profesiones. El hallazgo de un filón de oro maravilloso, que rinde el 1000 por 1 en un año, es condición necesaria para el ejercicio de esa industria loca que se denomina aurífera, loca porque, con excepción de un caso único en la historia del mundo, es, habida cuenta del tiempo, fatiga y riesgos corridos por el conjunto de los aventureros empujados a la búsqueda del oro, por término medio, deficitaria.

El caso único en la historia del mundo es el de las minas del Transwaal, donde fue posible crear una industria sólida de yacimientos auríferos extendidos sobre una vasta superficie y explotados hasta profundidades considerables. El profesor S. H. Frankel, de la Universidad de Witwatersland, ha demostrado, por medio de estudios cuidadosísimos (cfr. *Return to capital invested in the Witwatersland Gold Mining Industry 1877-1932*, en *The Economic Journal*, marzo de 1935), que la renta media neta de las minas de oro del Transwaal, desde 1887 a 1932, fue del 10,5%, suponiendo que los descubridores de las minas, los que, tras descubrirlas, las pusieron en marcha llevándolas hasta el punto de ser entregadas en madurez a las sociedades explotadoras, hubiesen sido despedidos como todo agradecimiento, sin un céntimo de compensación. Si, en cambio, suponemos que se concedió a los iniciadores una compensación proporcionada, según las valoraciones corrientes del mercado, a los méritos de su labor, el rendimiento neto disminuye a 3,8 o a 4,9 *7o*, según las diversas hipótesis del cálculo.

Se dice que el caso del Transwaal es "único", porque, en todas partes excepto en esa, el oro se encontró y se encuentra en aluviones o en pequeños filones ocasionales.[3] No se trata de una industria, sino de una aventura; corriendo tras la cual mueren de miseria miles de buscadores o se matan mutuamente, en la que poquísimos se enriquecen y centenas de millares, desesperanzados, se dedican a la agricultura, a la ganadería o al comercio. Poblar los terrenos vacíos, y no el oro, es la verdadera gran renta producida por las minas de oro. La quimera del oro empujó a los desesperados y aventureros de Europa hasta Australia y California. No encontraron el oro; pero poblaron esas regiones e hicieron surgir nuevos Estados.

El razonamiento es cierto en muchos otros dominios de la vida, menos extraños que la búsqueda del oro. En tanto que no cambie el móvil de las acciones humanas más de lo que hoy lentísimamente ocurre, es necesario que algún abogado de fama, médico, cirujano, escritor, pintor, arquitecto o artista célebre obtenga compensaciones altísimas, si se pretende que el mercado pueda elegir entre un número suficientemente grande de aspirantes a unas profesiones incapaces de ofrecer algo más que remuneraciones demasiado modestas, por término medio, a quien las ejerce. La gran compensación de los pocos afortunados es un espejismo necesario para provocar un aflujo suficiente de jóvenes valiosos hacia tareas demasiado aleatorias para que llamen la atención de la gente amante de la vida tranquila y modesta.

62. ¿Deriva el excedente de la posesión de patentes, de protecciones aduaneras, de leyes de limitación de nuevas plantas industriales o de locales de negocios o de servicios públicos? En ese caso, el legislador quiso esas patentes, esas protecciones y esas limitaciones, no con la finalidad de enriquecer a los privilegiados, sino para ventaja pública. Es decir, consideró "necesarias" esas instituciones con el fin de fomentar las invenciones industriales, el florecer

3 Hoy se afirma la existencia de un segundo caso, en los Urales rusos. Qué ocurre realmente en Rusia, no lo sabemos; ya que se ignoran las bases de los cálculos de costes y de conveniencia de esos singulares tipos de empresarios que son los comunistas.

de nuevas industrias o de industrias urgentes para la defensa nacional, o con el fin de evitar crisis debidas a una competencia considerada irracional. El legislador no puede querer, al mismo tiempo, la causa y negar los posibles efectos, que serían los excedentes de renta, queridos también para obtener y apresurar el logro del fin. Se puede dudar de que el medio elegido sea el adecuado para obtener el efecto; pero si el legislador no dudó y no duda y quiere obtener el efecto con ese medio, debe resignarse ante la característica inseparable del excedente de renta; no puede hacerse la ilusión de gravar este y obtener, no obstante, los resultados deseados.

63. ¿Deriva el excedente de la explotación por parte de individuos particulares de circunstancias queridas por el Estado por razones no económicas, por ejemplo, una guerra? Hagamos abstracción del caso más general en la realidad: los beneficios extraordinarios de guerra debidos a variaciones del metro monetario, cuya imposición era, como ya dijimos antes, irracional. Para la parte restante, que es un excedente efectivo, ¿cuál es el camino a seguir? ¿Evitar que los beneficios extraordinarios de guerra nazcan, o gravarlos una vez nacidos? La tendencia predominante en la postguerra es preparar en la paz métodos de movilización industrial que resten a los empresarios posibilidades de ganar beneficios extraordinarios ocasionados por la guerra. De este modo, se obtiene un resultado moral altísimo durante la guerra y se trunca de raíz todo estímulo de los industriales para provocar una guerra con la innoble finalidad del enriquecimiento privado, ya que la guerra debe estar determinada exclusivamente por razones nacionales supremas. La elección entre gravar y reprimir no es dudosa: el Estado que grava se hace casi cómplice de ganancias inmorales; mientras que el Estado que reprime reivindica exclusivamente para sí la dirección de la guerra.

64. Fuera de estos casos, en que la imposición de los excedentes de renta recae sobre fantasmas, o sobre cantidades necesarias para la producción, o sobre lucros ingravables porque se consideran inmorales o dignos de supresión, queda el campo multicolor de las rentas llamadas de monopolio y de cuasimonopolio, de las rentas y cuasirrentas. Inclinémonos reverentemente ante los grandes nombres de Gossen y Walras, pero reconozcamos que fueron víctimas de una ilusión. El hacendista que se dejase atraer por un terreno florido tan engañoso vería hundirse a la Hacienda pública en el remolino inexorable de la nada.

65. ¿Qué es el excedente, la super-renta, el beneficio de monopolio? ¿Cuál es el metro adecuado para medir la normalidad con que se debe confrontar la realidad, para saber si esta la supera y en cuánto la supera? La determinación de una cierta cantidad, llamada renta, que tenga un cierto parentesco o semejanza con hechos reales es una empresa difícil; pero, ¡cuánto más difícil es definir y determinar la "diferencia" entre un hecho concreto o casi concreto, real o semejante a la realidad, como es la cantidad de renta neta ingresada en la economía del contribuyente en un intervalo dado de tiempo, el año fiscal,

y una abstracción, o sea, la cantidad de renta que en determinada hipótesis teórica "habría debido" ingresar en la misma economía!

Obsérvese que lo "normal" de que se habla aquí es algo distinto de lo "normal" que será objeto del capítulo X. En este, el concepto de "normal" se identifica con el de "medio" u "ordinario", o sea, con aquella renta que se obtiene, por término medio, en un tiempo dado, en una región agrícola dada, en un tipo dado de explotación y según los métodos agrarios corrientes del agricultor ordinario que no se separa ni para bien ni para mal del tipo predominante en la región. La renta normal, entendida de este modo, es un hecho corrientemente observado y determinable. Tiene un contenido concreto, no descansa en distinciones entre compensación y beneficio. Desde este punto de vista, son igualmente normales la renta 100 del terreno malo, la de 150 del terreno mediocre y la de 300 del terreno óptimo. El agricultor corriente puede cultivar con métodos corrientes las tres clases de terreno.

El concepto de "normal" de que parten los que quieren gravar los excedentes es muy distinto. Es un concepto abstracto, definido sobre la base de la hipótesis teórica de la competencia perfecta. Sus características son conocidas: —Los bienes existentes en el mercado deben estar repartidos entre muchos poseedores, de modo que la cantidad poseída por cada uno de ellos sea pequeña con respecto a la cantidad total;

- La acción de un poseedor de bienes no debe influir apreciablemente sobre la acción de otros, y todos y cada uno deben estar dispuestos a ofrecer, dentro de los límites de su conveniencia, la máxima cantidad posible del bien poseído para no ser eliminados del mercado por parte de la concurrencia;
- Las unidades del bien poseído deben ser iguales e intercambiables entre sí;
- Las unidades de los bienes deben tener dimensiones tales que la suma de una unidad no produzca una variación apreciable en el mercado;
- No deben existir obstáculos a la movilidad de los factores productivos y de los bienes producidos;
- No deben existir obstáculos a la multiplicación de las unidades de bienes a coste constante;
- No deben existir obstáculos a la libertad de contratación y de nueva contratación de todos y cada uno de los contratantes con cualquier otro de ellos.

Esto es lo mismo que decir que la competencia libre o perfecta es un arquetipo ideal elaborado por los economistas con finalidades de análisis. Análisis fecundo, pero incapaz de iluminar a los pobres diablos que se llaman funcionarios de Hacienda o contribuyentes, los cuales, en la hipótesis más favorable conocen los hechos ocurridos en su humilde vestidura efectiva, que es una vestidura emborronada, irracional, alejadísima de la simplicidad abstracta. ¿Cuál es el bien que, si seguimos aumentando la producción, no tropieza, en un momento dado, con el obstáculo de la imposibilidad para el empresario de procurarse nuevas dosis de alguno de los factores productivos a coste constante? En ese momento, la limitación del factor se deja sentir y la nueva unidad, en lugar del coste de competencia x, solo puede obtenerse al coste x y. He aquí que, por la ley de la indiferencia, el precio de todas las unidades precedentes del mismo factor, que han costado x, se aparta hacia x + y, y he aquí cómo nace la renta diferencial y. En el mundo real, la limitación, el obstáculo, el fraccionamiento en unidades no demasiado pequeñas, la imposibilidad de moverse sin roces, son la regla. El mundo real es un mundo de monopolios o monopoloides. No existe quizá ninguna renta a la que se pueda considerar como muestra de la normalidad, lógicamente y por ello abstractamente entendida, de renta de competencia. Esta es una *fictio logica*; las rentas reales son siempre rentas monopolísticas, activas o pasivas (estas son conocidas más corrientemente con el nombre de pérdidas), por debajo o por encima de la línea imaginaria trazada sobre la base de la hipótesis de la competencia. ¿Cómo tomar por base de un sistema impositivo un concepto del que no se tiene, y del que probablemente nunca se tendrá, ninguna experiencia concreta?

66. Los creadores de la imposición de los excedentes han dirigido, por ello, su mirada a dos rentas de monopolio elegidas por sus dimensiones especialmente aparentes: la llamada renta de la tierra y las ganancias de los grandes consorcios u organizaciones monopolistas.

Los fisiócratas y los reformadores que siguiendo a Henry George se obstinan en denunciar en el monopolio de la tierra el único obstáculo grave para la desaparición de la miseria, han dirigido sus miradas hacia la tierra, hacia sus cualidades naturales e indestructibles. Pero pese a la potente ayuda de Gossen y de Walras, la voz de los defensores de la entrega de la renta territorial al Estado se ha hecho cada vez más débil. Hoy nadie cree que puedan obtenerse de esa fuente no ya los miles de millones, sino ni siquiera las centenas de millones necesarias para hacer vivir a un Estado moderno. Los jardines del mundo —en Italia alabamos los prados lombardos, los rosales de Liguria y los naranjos y limoneros de la Cuenca de Oro— son una laboriosa creación del hombre, no un don de la naturaleza. La naturaleza dio al hombre pantanos, bosques, rocas y arena, y el hombre los transformó, a través de siglos de trabajo, en jardines. Si hoy se quisiera ir en busca de una renta en los terrenos más hermosos de Italia, se descubriría con toda probabilidad que la renta neta es inferior al rendimiento que, al tipo de interés corriente, se obtendría de los capitales que racionalmente deberían utilizarse hoy para transformar ese terreno desde la condición originaria de pantano o roca al estado actual de maravilla de la técnica agrícola. La realidad es la subrenta y no la renta, explicable solo por el amor apasionado del hombre hacia la tierra, por la devoción hacia la finca de los antepasados, por el predominio de sentimientos que están fuera de la economía. ¿Añadiremos a las rentas económicas, las rentas sentimentales, los recuerdos del pasado, el respeto de los antepasados y la esperanza de los nietos, para crear un excedente de renta imponible? Detengámonos, porque hemos llegado al límite de la pura locura impositiva.

67. El caso, adoptado como ejemplo típico de gratuidad, de las rentas inmobiliarias urbanas no se salva de la niebla que rodea al concepto de renta extraordinaria. Teniendo sobre la conciencia algún pecado de juventud,[4] bien pronto confesado implícitamente y analizado,[5] no tiro piedras contra nadie. La narración tantas veces leída del fundador de la dinastía de los Vanderbilt que compra por algunas cubas de licor la rocosa isla de Manhattan y, tras echarse a dormir, después de unos cuantos años él o sus hijos se ven dueños del suelo sobre el que se ha edificado la ciudad de Nueva York y, sin hacer nada, se han convertido en multimillonarios, es sugestiva pero es fantástica. Fueron muchos los que descubrieron las virtudes del terreno sobre el cual surgió más tarde Nueva York y fueron verdaderos pioneros.

También hoy, ante nuestros ojos, se afanan en todas las ciudades de Italia los aventureros o pioneros de la industria de la construcción. Si esta no se ve estorbada por limitaciones y vinculaciones en los tipos de alquiler, y por derechos de permanencia de los inquilinos, es una industria que se contenta con remuneraciones poco distintas, y, en general, inferiores a las que se pueden esperar de títulos públicos completamente seguros. Se contenta porque tiene esperanzas en el incremento de la renta de posición y, por lo tanto, en el valor capital del terreno edificado. ¿Es pues gratuito ese 1 o 2% con que acaso aumenta anualmente, por término medio, el valor capital del terreno? ¿no es, por lo menos en parte, la integración necesaria de la compensación, de otro modo demasiado modesta, de una industria pobre en sí misma? Todos recuerdan los casos de las zonas favorecidas por la moda, por la suerte o por las condiciones favorables explotadas oportunamente; pero se olvidan de los desengaños de los que construyeron en otras zonas, a lo largo de calles que parecían propicias y, luego, no resultaron de hecho tanto como se creía.

68. El impuesto es un instrumento grosero para alcanzar en este caso típico su verdadero fin que consiste en dar al César lo que el César creó. Cae con furia diferenciada sobre los resultados positivos de las iniciativas de los pioneros afortunados, olvidándose que la falta de éxito es compañera y condición de la fortuna. El ente público puede, si así lo cree, hacerse constructor en sustitución de las personas privadas, y con muchas mayores probabilidades de éxito. En su potestad está la formación de los planes reguladores y la distribución de las zonas edificables que rodean a las ciudades en zonas de viviendas señoriales u obreras, y en zonas industriales y comerciales; y, también, la limitación de las alturas y de los espacios libres para calles y jardines. El ente público puede

4 *La municipalisation du sol dans les grandes villes,* en «Devenir Social» de enero-febrero 1898.

5 *L'imposta sulle aree edilizie,* en «La riforma sociale», 1900, p. 757, y *Questioni intorno all'imposta sulle aree edilizie, ibid.,* 1900, página 890.

expropiar a precios corrientes los terrenos útiles para el desarrollo urbanístico de la ciudad, sin ofender al derecho de propiedad de nadie; y puede, ideando un plan de ciudad hermosa en lugar de los acostumbrados amontonamientos desordenados de casas que llevan a un conjunto de viviendas mezcladas a troche y moche, crear valores nuevos, que serían suyos porque por él han sido creados. El impuesto sobre las llamadas rentas urbanas es una coartada creada por la pereza de los administradores públicos, desprovistos de la imaginación necesaria para crear aquellas rentas, que querrían arrebatar envidiosamente y sin esfuerzo a quienes han sabido intuirlas y fomentarlas.

69. ¿Beneficios monopolísticos de las empresas de los llamados servicios públicos, de los grandes consorcios, trusts, sindicatos, centros comerciales, almacenes en cadena y otros gigantes semejantes? Conceptos vagos que, analizados, revelan su inconsistencia. Si es cierto que los gigantes obtienen ganancias gigantescas, ¿cuál es la causa? Hoy está pasado de moda recordar verdades elementales. En otro tiempo cuando la gente no se conformaba con palabras vagas: el mundo que marcha hacia los gigantes, hacia las concentraciones, el capitalismo devorado por el supercapitalismo, la muerte de la competencia asesinada por los acuerdos y por los consorcios, los economistas todavía tenían la costumbre de analizar las causas de la gigantomanía, del consorcialismo, del monopolismo, del supercapitalismo; y, casi siempre, al llegar al final de sus investigaciones, sospechaban fuertemente que no es el azar, que, según la novísima filosofía de la historia, parece arrastrar a las masas humanas a superar ideales ya fenecidos, el que explica el predominio —cuando predominan— de los gigantes monopolistas, sino algo más simple. En el fondo del gigante veían casi siempre alguna sagacidad humana: una tarifa aduanera en la frontera, un privilegio legal en las concesiones, una prohibición, legal o de hecho, de aparición de la competencia, una subvención gubernativa, un premio concedido a unos y negado a otros. Hoy, a los antiguos factores gigantómacos y monopolóficos han venido a añadirse los aranceles variables sin vínculo a tarifas acordadas, los contingentes, las limitaciones legales al nacimiento de nuevas empresas, la seguridad de salvación ofrecida a los grandes y negada a los pequeños, la dependencia de todas las empresas privadas de todos los países del mundo de la autorización, del permiso, de la licencia del poder político central. Solo los grandes, solo los que, por haber alcanzado una cierta dimensión, pueden soportar el coste de una organización instalada en Washington, en Londres, en París, en Berlín, en Roma o en Ottawa, solo estos superan los obstáculos interpuestos por los contingentes, por los aranceles, por las limitaciones, por las licencias, por las primas y por las subvenciones de ayuda y solo estos sacan algún beneficio. La gran y gigantesca plutocracia triunfa en perjuicio de los empresarios pequeños y medios, pero su triunfo es un triunfo debido al artificio. Quítense los contingentes, los aranceles, las primas, las licencias y las subvenciones y el edificio de los colosos del monopolismo y del consorcialismo se hundirá.

Si se le deja solo, el gigante económico tiene los pies de barro. No existe ningún azar misterioso, ninguna superación histórica que lo haga vivir. Por su propia fuerza solo viven los gigantes tras de los cuales hay un hombre o un grupo de hombres. Duran una generación, a veces dos, y luego se debilitan. Mientras duran, ganan más que sus competidores porque saben trabajar a costes más bajos. Existen los genios de la organización, los cuales ganan millones y centenas de millones. Ganan con ventaja para los demás, son pocos y pasan como meteoros. El genio organizador no se transmite a los hijos, a los yernos o a los empleados convertidos en socios. ¿Es útil, repito, mientras no se modifique el móvil de la actuación económica, quitar con el impuesto diferenciado la ganancia de excepción que estos pocos obtienen temporalmente? No; puesto que realmente ese lucro se obtiene vendiendo a un precio más bajo, y no más alto, que el de sus competidores. Si se quiere captar ese lucro con ventaja para la colectividad no es necesario utilizar el impuesto, instrumento estúpidamente represivo, sino la emulación, los honores, la alabanza. Es conveniente crear la atmósfera en la cual el rico se juzgue deshonrado y se vea considerado con desprecio por la opinión pública si no consagra, en su vida y en su muerte, una parte relevante de sus rentas a fines de utilidad pública: fundar y dotar escuelas, hospitales, parques y estadios. En los siglos más esplendorosos de la Atenas de Pericles y de la Roma republicana e imperial, el ciudadano que deseaba honores, o fama, o amor, utilizaba parte de su fortuna en beneficio público. ¿Acaso no debemos a la munificencia privada muchos de los mayores monumentos heredados de la antigüedad?

Estas son las excepciones. La regla es el gigante que trabaja a costes elevados y que vive del latrocinio público. Gana bastante explotando artificios provocados por él. Pero tampoco en este caso es el impuesto el instrumento adecuado para eliminar el excedente de renta. No haría más que soldar mejor las cadenas al pie de la gente indefensa que el gigante ha reducido a su esclavitud. Haría al Estado cómplice del latrocinio. Si es cierto que existen las privilegiadas rentas monopolísticas, el medio adecuado para destruirlas es la eliminación de los privilegios, de los vínculos, de los artificios, queridos o tolerados por el legislador, que son el origen de dichas rentas. Si esas ganancias son consideradas un mal por el legislador, la abolición de las normas que han favorecido el nacimiento del mal o la promulgación de normas por cuya ausencia surge el mal, será siempre más fácil y más eficaz que la represión mediante impuestos del mal ya realizado. El gigante privilegiado posee mil medios para poner a salvo una parte del botín.

70. Más complejo es el problema de los monopolios que nacen de lo que, a falta de una nomenclatura mejor, llamaremos "naturaleza de las cosas": ferrocarriles, tranvías, empresas de alumbrado público, de agua potable, de producción de energía eléctrica y otros servicios públicos semejantes. El problema es más complejo porque el grado y la existencia misma del monopolio es a menudo discutible: piénsese en el desplome del monopolio

de los ferrocarriles ante la aparición del automóvil y en los esfuerzos que se están haciendo en todos los países, más allá de lo que exige la igualdad de trato entre ferrocarril y transporte por carretera con respecto al uso de las vías férreas, para apuntalar con artificios legislativos el tambaleante monopolio ferroviario. Pero aun siendo cierto que existe un monopolio o monopoloide, el problema que se trata de resolver no es el de hacer participar al Estado en sus beneficios, sino el de promulgar normas adecuadas para eliminar los beneficios monopolísticos, instaurando un régimen de precios públicos que se acerque lo más posible a lo que sería, de poder existir, un régimen de precios de competencia perfecta. El problema es de ardua solución y, a lo sumo, se puede esperar alcanzar una aproximación más o menos grosera. Pero no tiene sentido complicar los papeles haciendo participar al Estado en las ganancias monopolísticas y eliminando, de este modo, el estímulo al único esfuerzo que vale la pena de intentar como tutela del consumidor.

71. Hechas estas eliminaciones, nadie puede imaginar que la tributación de los "excedentes" pueda alimentar de un modo autónomo la Hacienda de un Estado moderno. Migajas, que es importante tener en cuenta porque el Estado no puede abandonar nada de lo que es suyo; pero, en todo caso, migajas.

Si el concepto de excedente debe tomar forma corpórea, yo no sabría imaginarlo más que bajo dos formas: el excedente por encima de lo previsto y el excedente por encima de un mínimo. Del primero se puede decir que es impalpable, del segundo que es indefinible.

72. Todo lo que es previsto, cesa *ipso facto* de ser un excedente. Los planes de Gossen y de Walras de imposición sobre las rentas territoriales, se fundaban en el concepto de que existiese una fuerza ineluctable que tendiese a aumentar las rentas de la tierra desde su nivel actual x a niveles cada vez más altos $x + y$, y luego, $x + y + z$, etc. Los hombres conocen el nivel presente x y prevén la adición y. El Estado no puede apropiarse este. El que posee esas rentas hoy, las ha pagado a un precio pleno. No se encuentra en una situación que difiera en lo más mínimo de la de quien ha adquirido en el mercado, en lugar de rentas excedentes, rentas normalísimas, corrientísimas, minimísimas. En cuanto el hombre conoce o prevé una renta, sea mínima o sea un excedente, esa renta se convierte en un mínimo. Es negociada y pasa en el mercado de mano en mano, de modo que el adquirente obtiene de su posesión, en relación con el capital gastado, nada más que el rendimiento normal del mercado. Un cierto individuo ha pagado 1000 liras por metro cuadrado tanto del terreno que le rinde 50 liras al año, como de la construcción elevada sobre ese mismo terreno que le rinde igualmente 50 liras anuales. Para él, las dos rentas son igualmente costosas. Gravar a una y no gravar a otra, o más a una que a otra, chocaría con el buen sentido y con el sentido de justicia.

El plan de Walras está totalmente fundado sobre la tercera cantidad z, o sea sobre lo imprevisto. El Estado expropia las tierras a un precio igual a la capitalización al tipo corriente de interés de las rentas presentes x y de las rentas futuras previstas y. Si la renta permaneciese al nivel $x + y$, el Estado perdería. Quedarían a su cargo los gastos de gestión, en exceso sobre los mismos gastos de los particulares, del patrimonio adquirido. Pero existe la *z* no prevista, que el Estado no ha pagado. Cuando aparece la *z*, el Estado adquiere poco a poco una renta libre, la cual cubre en primer lugar los gastos propios de gestión y, luego, consiente la amortización del capital utilizado en la adquisición de las rentas *x* e *y*. Cuando se ha realizado la amortización, toda la renta $x + y$ se hace libre y puede ser destinada a proveer a los gastos públicos propiamente dichos. Entonces comienza la era del milenio tributario, durante la cual nadie paga impuestos, porque proveyó a todo el golpe de genio, que ha hecho pasar al erario las rentas futuras *(z)* imprevistas.

73. Algunos, preocupados por la gran máquina que debería crearse para expropiar y administrar todo el dominio territorial (agrícola y urbano) nacional, sustituirían a la expropiación con compensación por los factores *x* e *y*, por la "avocación" al Estado, por medio del impuesto, del elemento *z* únicamente.

¿Es de veras menos complicado este método? Lo imprevisto no es la diferencia entre lo actual y lo futuro, sino entre la renta total futura y aquella cantidad que en los años sucesivos por venir será igual a la suma de los siguientes elementos:

a) La renta (*x*) actualmente existente, antes del impuesto, traducida en el equivalente de poder adquisitivo de los años sucesivos por venir. Si la renta actual es 50 liras, y si esta es su cuantía y no el excedente, y, por lo tanto, no está sujeta al impuesto de que nos ocupamos aquí, no basta restar en el futuro 50 liras, sino que es necesario restar una cierta cantidad que en los años sucesivos sea el equivalente de las satisfacciones que hoy pueden procurarse los hombres con 50 liras. Basta enunciar la exigencia para que se vea la imposibilidad concreta de su traducción lógica en términos monetarios. ¿Qué es un equivalente, cuando los hombres que deberían comparar monedas, poderes adquisitivos y satisfacciones son distintos y, con el transcurso de los años, se hacen cada vez más distintos?

b) La renta futura *(y)* actualmente prevista y ya capitalizada en el precio actual. Además de los problemas insolubles planteados antes, debería resolverse el de saber si el precio actual 1000 se refiere a las 50 liras de renta actual únicamente o también a algo más. Es decir: ¿qué tipo de interés se utilizó para capitalizar las rentas actuales? ¿Alto o bajo, para tener en cuenta riesgos o esperanzas presuntas? ¿Qué quiere decir "alto" y "bajo", y cuál es el tipo de interés arquetípico al que hay que comparar los tipos efectivos?

c) La renta de las inversiones realizadas en la tierra después del momento inicial: mejoras agrícolas y construcciones inmobiliarias. ¿Quién piensa, sin escalofríos, en la contabilidad que sería necesario implantar para tener en cuenta las inversiones y las correspondientes depreciaciones o amortizaciones?

Puro abracadabra, solaz intelectual de proyectistas financieros, con el cual el hombre de Estado sensato y preocupado de llevar dinero y no palabras al erario no puede desear tener nada en común. Sería mejor la aventura de la expropiación y la consiguiente gestión estatal de toda la tierra del país, antes que unos impuestos que instaurarían el arbitrio más desenfrenado cuando, por cansancio de los ejecutores, no se convirtiese en una burla. La aventura terminaría bien pronto, como han terminado aventuras de este tipo, en un acto de fuerza de los propietarios expropiados que vuelven a ser propietarios sujetos únicamente al pago de un canon, que con el tiempo se ha hecho rescatable a modo de un canon enfitéutico. Es mejor el acto de fuerza que el riesgo de la arbitrariedad tributaria.

74. Nos queda el excedente por encima del mínimo. Ya dije que no se sabe qué es el mínimo; o sea que no se puede saber cuándo, a una cantidad cualquiera, grande o pequeña, le falta el atributo de lo necesario, que es adjetivo sinónimo de mínimo.

El concepto de un mínimo ingravable, por encima del cual comenzaría el excedente, no es sin embargo solamente indefinible y, por lo tanto, inservible. Hay algo más. Los conceptos indefinibles, cuando se convierten en instrumentos de gobierno económico, crean ruinas y destrucciones.

75. El legislador, cuando ha tenido que definir durante la guerra el mínimo, se ha visto obligado a buscar una fórmula simple, clara. El impuesto no puede ser recaudado con fórmulas nebulosas y complicadas. Hay que encontrar una línea neta de distinción entre lo que le queda al contribuyente y lo que corresponde al Estado.

Los legisladores, con unanimidad conmovedora, decidieron que el superbeneficio imponible fuese el excedente por encima de un porcentaje, supongamos el 8%, del capital invertido.

Algunos añadieron que, si la empresa existía antes de la guerra, debía ser considerado como ordinario o como mínimo ingravable lo ya ganado antes. La adición, que llevó consigo a veces complicaciones diabólicas, puede ser dejada de lado en el análisis de un sistema permanente de imposición sobre los excedentes, porque ninguna empresa es perpetua. Todo lo viejo está destinado a desaparecer, si día a día no se renueva.

Al cabo de *x* años todo el capital invertido es nuevo y puede ser tratado con el mismo rasero por el impuesto.

76. Dejamos de lado las complicaciones asimismo diabólicas de la definición de capital invertido, aunque son capaces de mandar a pique cualquier sistema impositivo concreto, porque conviene ir cuanto antes al fondo del problema y pensar solo en este.[6]

El fondo del problema consiste en que definir como excedente lo que pasa del 8% del capital invertido es, no solo ir contra una ley económica fundamental, sino también contra una ley cósmica fundamental. Significa que es falso que los hombres deben obtener el máximo resultado con un esfuerzo

6 Sobre los problemas concretos originados por la aplicación del impuesto sobre los beneficios extraordinarios de guerra, hablé extensamente en el cap. IV (pp. 129-230) de uno de

dado o realizar el mínimo esfuerzo para obtener un resultado dado, y que es verdad, en cambio, que los hombres deben actuar de modo que realicen el máximo esfuerzo para obtener el resultado querido u obtener el resultado mínimo con un esfuerzo dado.

El impuesto que exime al que solo gana el 8% y afecta al que gana más, llevándosele parte o todo el excedente, le dice al hombre: "Haces mal en organizar tu empresa con sapiencia técnica, con habilidad comercial, con experiencia de los hombres, obteniendo un beneficio máximo del capital que has invertido. Has obrado mal en obtener 10, 16 o 20 de tus 100 liras. Lo que importa, en cambio, es que no obtengas más de 8, y si no puedes, porque tu genio organizador, tu capacidad comercial y técnica, te hacen ganar a pesar tuyo 10, 16, 20, debes esforzarte y creo que te interesa esforzarte en aumentar el capital invertido de 100 a 125 a 200 o a 250, con el fin de que el 10, el 16 y el 20 ganados que, comparados con 100, darían lugar a porcentajes del 10, del 16 o del 20%, *o* sea a excedentes imponibles del 2, del 8 y del 12%, comparados en cambio con 125, 200 o 250, no superen el 8% que es el mínimo exento".

77. Parece una broma; pero, en todo el mundo, los legisladores que de repente fueron ineptos para el razonamiento pretendieron cambiar durante la última guerra las leyes del cosmos y predicaron, con el ejemplo del mandato tributario, la doctrina del esfuerzo máximo, de la inversión por la inversión, del despilfarro de capitales. Quizá sea difícil encontrar en los anales tributarios un ejemplo de norma tan entusiásticamente aprobada y tan locamente destructiva. El final de la guerra marcó, por suerte, la decadencia del impuesto, pero no el final de los daños por él producidos. A esa época corresponded las dilapidaciones de la renta-excedente en pagas y salarios que se les subieron a la cabeza a directivos y obreros, creando en los primeros la psicología del abordaje a las rápidas fortunas y en los segundos el descontento propio de quien ve crecer inesperadamente sus propias ganancias y que, en tanto antes se contentaba con poco, ahora compara envidiosamente su propio más con el mayor más ajeno. ¿Por qué no dilapidar aquel excedente que de otro modo habría sido detraído por el impuesto? A esa época se remontan las inversiones de las ganancias de guerra en instalaciones superfluas, en duplicados industriales, en ampliaciones, que tuvieron buena parte en la larga crisis que se produjo más tarde. ¿Por qué no invertir en duplicados, en instalaciones nuevas, cuando de tal modo se disminuía la proporción de la renta con respecto al capital invertido y se sustraía renta al fisco?

Los resultados, económica y socialmente espantosos, del impuesto sobre los beneficios extraordinarios de guerra, explican las tendencias actuales, a que nos referimos antes, que apuntan a suprimir, y no a gravar, los beneficios de guerra, y demuestran cómo no pueden violarse impunemente las leyes fundamentales de la actuación humana. Al mandato divino: "Ganarás el pan

---

mis libros: *La guerra e il sistema tributario italiano,* que forma parte de la serie italiana de la «Storia economica e sociale della guerra mondiale», Laterza, Bari, 1927

con el sudor de tu frente", no se le puede añadir: "Debes trabajar expresamente de modo que sea abundante el sudor de tu frente y que el pan que ganes sea escaso y malo".

Dios, que es bueno, no puede haber dado al hombre una orden tan inútilmente mala.

El legislador, que debe traducir en normas obligatorias la palabra de Dios, no puede tomar como guía un principio que es una ofensa a la invencible tendencia de los hombres hacia su perfeccionamiento. No puede decir: si eres borrego, y según la costumbre de los borregos haces lo que hacen los demás, no te gravaré. Si tienes ambiciones y tratas de alzarte por encima del vulgo y no lo consigues, no te gravaré. Pero si te alzas y vuelas, haré todo lo que me sea posible para alcanzarte a golpe de impuestos y para hacerte volver a caer en la miseria común.

4

¿EXISTEN VERDADERAS EXENCIONES DE IMPUESTOS?

78. La experiencia tributaria está llena de trabalenguas. Después de la doble imposición, quizá la palabra más equívoca sea la de *exención*. ¿Acaso no se ha escrito en un texto legislativo que el aumento de valor de las acciones estaba exento del impuesto sobre la renta? ¿Lo que no fue nunca renta acaso puede estar sujeto lógicamente a un impuesto que ha tomado a la renta como objeto concreto?

Una sociedad emite una primera serie de 10.000 acciones de 1000 liras cada una para allegar el capital inicial de 10 millones de liras necesario para la empresa. Por mérito o por suerte —aunque el cerebro de quien no tiene mérito no crea la suerte, ni sus ojos la vean— los asuntos sociales prosperan, de modo que el dividendo distribuido entre los accionistas crece de cero en los primeros años, a 30, a 50, a 120 liras. En este momento, una serie de previsiones bien fundadas persuaden a los administradores y a los accionistas de que el dividendo de 120 liras puede considerarse consolidado, de tal modo que se capitaliza a un tipo de interés, el 6%, un tanto más alto que el 4 o 5% utilizado para inversiones seguras, y un tanto más bajo del que se utiliza para inversiones industriales. La previsión fundada de constancia de la renta futura y la esperanza de un posible aumento aconsejan ese tipo de capitalización y el mercado lo hace suyo. A 2000 liras cada una, la valoración de las 10.000 acciones se convierte en 20 millones de liras, que en parte aparecen contabilizados en el pasivo de los libros sociales en los 10 millones de liras de capital nominal desembolsado y en los 4 millones de liras de reserva contabilizada,[1] y en parte no contabilizados, pero que podrían dar lugar a una partida de 6 millones denominada "valor de la clientela social".

79. En este momento, el hombre de la calle puede decir: la Hacienda, que ya ha gravado los dividendos distribuidos y los 4 millones de reserva expresa

1 Se supone que no existe reserva oculta además de la contabilizada explícitamente. La hipótesis no cambia nada en el razonamiento porque, de existir una reserva oculta, tendría la misma naturaleza lógica que la partida «valor de la clientela».

a medida que se iban obteniendo,[2] y que no puede gravar a los 10 millones desembolsados, porque estos son el capital, debe gravar los 6 millones del "valor de la clientela social", porque estos constituyen un verdadero incremento patrimonial que cada uno de los socios puede embolsarse vendiendo la acción al precio de 2000 liras, de las cuales 1000 son capital ingravable y 400 reserva ya gravada. Puede ser un tanto complicado determinar la ganancia; pero es una dificultad práctica, no de principio.

Sabemos que el razonamiento del hombre de la calle es erróneo, porque la tributación de los incrementos patrimoniales da lugar a una doble imposición inexplicable lógicamente (cfr. supra §§ 33 y s.). La Hacienda no intenta, en efecto, gravar los incrementos de valor de las acciones antiguas a partir del valor 1400, ingravable o ya gravado, al valor 2000; pero se decide por la peor de las alternativas: aguardar a que la sociedad considere oportuno aumentar el capital de 10 a 20 millones de liras, emitiendo 10.000 nuevas acciones para el público. En este caso, la sociedad no puede vender al público, o sea a terceros, las 10.000 acciones nuevas al precio de 1000 liras. Las acciones nuevas, al no ser en nada diferentes de las antiguas, concederían iguales derechos sobre el patrimonio social, compuesto de 10 millones de capital antiguo, 4 millones de reservas, 6 millones del valor de la clientela y 10 millones de capital nuevo, lo que hace un total de 30 millones, que dividido entre las 20.000 acciones darían un cociente de 1500 liras. Los antiguos accionistas, que poseían un patrimonio igual a 2000 liras por acción, lo verían reducido a 1500; los nuevos, desembolsando 1000 liras, se convertirían *ipso facto* en dueños de una cuota social de 1500 liras. No puede imaginarse que los accionistas antiguos se resignen a regalar al prójimo la mitad de las reservas y del fondo de comercio acumulados por la renuncia y el mérito propio. Si los nuevos accionistas quieren entrar a formar parte de una sociedad, cuyas cuotas de capital valen 2000 liras, deben pagar 2000 liras, de las cuales 1000 a título de capital y 1000 a título de sobreprecio en concepto de compensación, con una aportación igual, por el valor de las reservas y del fondo de comercio que constituyen aportación de los antiguos.

En este momento la Hacienda italiana exclamó: ¡"Las 1000 liras de sobreprecio son una renta, y por lo tanto deben ser gravadas!" ¿Renta de quién? No de los antiguos accionistas que, como mucho, consiguen por medio de tal sagacidad de compensación, conservar intacto el patrimonio de 2000 liras que ya poseían. No de los nuevos, que desembolsando 2000 liras reciben

2 La imposición de estos 4 millones dejados en reserva constituye una doble imposición. Mientras permanecen en la caja de la sociedad no son renta de nadie. Los accionistas, verdaderos dueños de la empresa, pueden optar entre conservar esos millones en la reserva social y disfrutar únicamente de sus rendimientos, y repartirse los millones y renunciar a los rendimientos. No pueden tener y disfrutar, al mismo tiempo, la reserva y sus rendimientos. Sin embargo, los legisladores de todos los países gravan unánimemente las reservas y los rendimientos de las reservas. El gran problema es un caso concreto del problema general de imposición del ahorro y de los rendimientos de este (cfr. §§ 82 y ss.).

una acción que da derecho a una cuota de igual valor del patrimonio social total: 10 millones de capital antiguo + 4 millones de reservas + 6 millones de fondo de comercio + 10 millones de capital nuevo 10 millones de prima, que sumados dan 40 millones, los cuales divididos entre 20.000 acciones dan lugar a un cociente de 2000 liras. No de la sociedad, que, desde el punto de vista patrimonial, no es nada más que un instrumento jurídico-técnico-económico para administrar las aportaciones de los socios.

80. La Hacienda se persuadió de que bajo la prima de emisión no existía renta cuando vio que los accionistas antiguos, que se habían dado cuenta del peligro de pérdida —a causa del impuesto equivocado— de una parte, de sus propias participaciones de dinero, de ahorro y de mérito, se decidieron a no consentir que los terceros suscribiesen las nuevas acciones; queriendo aumentar el capital de 10.000 a 20.000 acciones, se las repartieron exclusivamente entre sí al precio de 1000 sin prima. De este modo perdían 500 liras de las acciones antiguas, que bajaban de 2000 a 1500, pero ganaban 500 liras en las nuevas, que aumentaban inmediatamente de las 1000 desembolsadas a 1500. Como antes, ni ganaban ni perdían; pero, al no nacer la prima, faltaba el objeto de la imposición. En este punto, la Hacienda se decidió a declarar *exentas* de impuesto las primas de las acciones de nueva emisión.

Los comentaristas repiten que el legislador eximió, no porque reconociese haber imaginado una renta inexistente de hecho, sino porque, por contingencias momentáneas, deseó "favorecer" a las sociedades, "alentar" el desarrollo de la empresa y otras cosas semejantes. Palabras desprovistas de sentido, que explican la repugnancia de los juristas de hoy a hacer caso de las motivaciones "escritas" en los preámbulos o en los trabajos preparatorios de las leyes. Aunque los juristas ven una explicación más sutil a su repugnancia, yo digo, con palabras vulgares, que si no se hace caso de preámbulos y motivaciones es porque los legisladores ignoran no pocas veces el porqué racional de sus acciones, o porque tienen interés en no comprometerse enunciando principios. Por ello, caso por caso, eligen un pretexto. En el caso presente, el pretexto[3] fue el deseo de conceder favores y aliento a las sociedades, pero el motivo racional era la inexistencia de objeto imponible.

81. La palabra exención tiene los brazos largos como la misericordia de Dios. Se llama exención a la concedida a los intereses de los títulos de la Deuda pública y se llamaría exención a la que se concediese, según las opiniones expuestas anteriormente (cfr. supra §§ 13 s.), a las pagas de los funcionarios públicos; aunque ambas exenciones se pueden explicar únicamente con la previsión de pagar intereses y sueldos netos menores de los que en otro caso recargarían al erario. Se llama exención incluso a la que se concede a las sumas destinadas a reserva matemática de las empresas de seguros de vida, aunque a nadie pueda ocurrírsele considerar como beneficio de la empresa lo

3 Insisto en esta vulgar técnica interpretativa, de un modo más maligno, más abajo en los §§ 100-1.

que no es beneficio de la empresa, sino una suma guardada para hacer frente al pago futuro de las cantidades debidas a los asegurados en caso de muerte o de supervivencia.

Se llama exención a la concedida a los rendimientos de las sociedades de socorro mutuo, aunque está claro que las cuotas desembolsadas por los socios de esas sociedades, como de cualquier otra asociación cultural, recreativa o de ayuda, son asignaciones de capitales; y aunque es igualmente claro que el rendimiento de esas cuotas, destinadas eventualmente para hacer frente a acontecimientos desfavorables en la vida de los socios, solo se convierte en renta cuando adopta la forma de pensiones o subsidios a los socios, en cuyo caso es plenamente gravable. De tal modo que la exención quiere decir simplemente voluntad de no gravar dos veces la misma renta, una vez cuando es producida por la sociedad y una segunda vez cuando se distribuye a los socios necesitados, enfermos o viejos o a sus familiares para subvenir a los gastos de entierro.

Se llama exención a la concedida a las casas de labor, excluidas de la imposición tanto sobre los edificios como sobre las fincas rústicas; como si la casa de labor no fuese nada más que un instrumento o coeficiente de producción de la finca rústica, y como si produjese un rendimiento autónomo, separado del de la finca. El incremento que la casa da a la producción agrícola se tiene ya en cuenta necesariamente en las estimaciones de la propiedad territorial rústica, puesto que cada parcela catastral se considera provista de carreteras, de plantaciones, de canales de desagüe y de riego y de construcciones según los usos y costumbres locales. En las zonas agrarias desprovistas de casas rústicas, los gastos de producción resultan necesariamente más elevados debido a los mayores gastos de transporte de los hombres, de los animales de labor, de las semillas, de los abonos, de los productos agrícolas de y al mercado, lo que no se produce en las zonas donde son frecuentes las casas rústicas y donde existen en cada finca rústica, por pequeña que sea. De este modo y no de otro, la casa rústica aumenta el rendimiento de la finca. Gravarla sería una verdadera duplicación; y es impropio atribuir el atributo de exención a lo que es mera exclusión por falta de objeto imponible. Impropio y peligroso en este y en todos los casos análogos; porque consiente que sobreviva o surja la idea de que se trata de verdadera exención y, por lo tanto, de favor y privilegio y, por lo tanto, una vez más, de institución tolerada, nociva en sí y destinada a desaparecer en la primera ocasión propicia.

82. Un problema más complejo, cuya resolución está emparentada con la que se dé al problema más general de la llamada exención del ahorro, es el de si es o no verdadera exención la que se concede en Italia a las casas nuevas durante 25 años. Una vez más nos encontramos ante el interrogante: ¿quién elige, ante el tribunal de la razón, las premisas del razonamiento, cuando no poseen la evidencia intuitiva del axioma? Puesto que el juez infalible, *en ese tribunal,* no existe, limitémonos a reconocer que las premisas son sustancialmente las dos expuestas anteriormente (cfr. §§ 34 y 36):

- Renta gravable con un impuesto *x* (por ejemplo, 20% de la renta) en cada intervalo de tiempo (año fiscal) es la riqueza que en dicho intervalo de tiempo ingresa en la economía del contribuyente, deducidos los gastos de producción, en adición al patrimonio poseído por el mismo contribuyente al principio de ese mismo intervalo de tiempo (premisa α);
- Renta gravable etc., etc., es etc., etc., (todo como en el caso anterior) a condición de que en ese intervalo de tiempo el contribuyente no sufra un daño superior a ese *x* cualquiera elegido por el legislador como medida del sacrificio impuesto al contribuyente (premisa β).

83. Expongo el problema en estos términos con el fin de afirmar inmediatamente que el legislador es libre de aceptar cualquiera de las dos premisas. La premisa *a* se podría llamar, también, la premisa intuitiva del buen sentido, si buen sentido e intuición quieren decir adecuación a los hábitos mentales y al modo de pensar propio de los hombres en general. Los hombres están habituados a dividir el tiempo en fracciones, llamadas años, y a decir que renta es aquella riqueza etc., según hemos dicho más arriba. La medianoche anterior al 1.º de enero y la medianoche después del 31 de diciembre son anteojeras que se han puesto los hombres para no verse molestados, en el caminar y en el decidirse, por el recuerdo de lo que ha sucedido antes y por la previsión de lo que sucederá después, y para poder hacer cuentas sin demasiadas dudas y demasiadas inquietudes.

Los hombres tienen mil razones para ponerse esas anteojeras. De vez en cuando, si se quiere seguir adelante, es preciso detenerse, reflexionar sobre el pasado, calcular si las cosas han ido bien o mal, y, por lo tanto, tener un punto de referencia, un antes y un después para saber lo que ha ocurrido entretanto. La costumbre, como es sensata, se ha convertido de tal modo en sangre de la sangre de los hombres, que estos, incluso si son economistas o hacendistas ilustres, se inquietan cuando alguien les tira del faldón de la chaqueta y les dice: "Tened en cuenta que la costumbre, razonable para ciertos fines, no es una verdad de fe; es un simple instrumento de conducta, un mero expediente útil para orientarse en el tiempo, que no tiene límites ni principio ni fin". Se inquietan y repiten: "Renta es aquella riqueza etc., y quien diga lo contrario debe ser excomulgado". Frente a esta conclusión no existen remedios ni objeciones. Si el legislador quiere adoptar la premisa *a,* nadie se lo puede impedir. Es una solución cómoda, recomendada por el consenso universal, porque se adapta a la costumbre universal de concebir el tiempo dividido en años.

84. Pero ¿es lícito imaginar que existe un legislador que a la definición corriente α añada la condición contenida en la premisa β? ¿Es lícito imaginar que existe un legislador que habiendo decidido hacer sufrir a todos sus contribuyentes el sacrificio del impuesto *x* (supongamos *x* igual al 20% de la renta) no quiere que, de algún misterioso modo inadvertido, por alguna de las acostumbradas salidas lógicas en que es fecundo el cálculo económico, alguno

de los contribuyentes sufra un sacrificio $x + y$? La hipótesis de que existe un legislador que no quiere hacer sufrir a alguno de sus contribuyentes la pérdida $x + y$ cuando su voluntad es que todos sufran únicamente la pérdida x, quizá sea singular, pero no es ciertamente insulsa. Por lo tanto, es una premisa de razonamiento lícita. O mejor, de una historieta a la que años atrás, en vista de que otros economistas se habían olvidado de recordar el nombre del autor, le di el nombre de teorema de la exención del ahorro de John Stuart Mill. Me equivoqué gravemente al añadir la palabra *exención*. Lo había hecho inocentemente, solo para poner en claro que el teorema exigía que se escribiese una norma que, de conformidad con los hábitos verbales de entonces y de hoy, habría sido llamada, en los textos legislativos, de "exención". Me salió mal; porque todos los desocupados comenzaron a exclamar: "¿Por qué eximir al ahorro, por qué conceder un privilegio a los que pueden y quieren ahorrar?" Y bastantes más palabras incomprensibles por añadidura. Humildemente, hago acto de contrición y digo que el teorema de Mill debe ser llamado, con propiedad, de la doble visión del ahorro.

85. La historieta o teorema dice:

Fulano tiene en el año considerado una renta de 20.000 liras. Supongamos, por simplicidad, que consume la mitad y ahorra la otra mitad. Supongamos que el impuesto sea del 10%. Sobre las 10.000 liras consumidas, Fulano paga 1000 liras de impuesto y todo acaba ahí. No hay colas ni consecuencias. Sobre las 10.000 liras ahorradas comienza a pagar las 1000 liras de impuesto ordinarias, que reducen el ahorro disponible a 9000 liras. Colocadas al 5%, esas 9000 dan lugar a una renta perpetua de 450 liras al año. Estas se ven reducidas, por el repetido impuesto del 10%, en 45 liras al año. Por lo tanto, el contribuyente que ya ha pagado en primer lugar 1000 liras, al pagar de nuevo un impuesto anual perpetuo de 45 liras, es como si pagase otras 900 liras de impuesto.

La diferencia de trato está clara: sobre las 10.000 liras consumidas o disfrutadas el Estado se lleva 1000 liras; sobre las 10.000 liras ahorradas la deducción es 1000 900 = 1900. Si el tipo del impuesto fuese, como ocurre fácilmente en algunos países para algunas clases de rentas elevadas, por ejemplo, de un millón de liras, del 50%, las 500.000 liras consumidas pagarían 250.000 liras en total, mientras que las 500.000 liras ahorradas comenzarían pagando en primer lugar 250.000 liras y, después, las 12.500 liras al año, rédito al 5% de las restantes 250.000; liras, pagarían 6250 liras anuales de impuesto, iguales hoy a 125.000 liras. En total, la parte ahorrada pagaría 375.000 liras en lugar de 250.000.

Por lo tanto, cuando no se quiere hacer sufrir al ahorro un trato diferencial, es necesario *excluirlo,* porque no es gravable —*eximirlo* según la impropia terminología corriente— del pago del impuesto, o antes o después, o cuando es 10.000 liras o cuando es el rédito anual, 500, de 10.000 liras.

Si en efecto lo excluimos inmediatamente, Fulano paga, con respecto a la parte consumida, 1000 sobre 10.000. En relación con la parte ahorrada, al principio no paga nada y por ello está en condiciones de invertir sus 10.000 liras íntegras. Estas le rinden 500 liras al año, sobre las que paga 50 liras de impuesto a perpetuidad. Pero pagar 50 liras anuales a perpetuidad equivale a pagar 1000 liras hoy, o sea, precisamente lo mismo que ha pagado por la parte consumida.

86. Sean:[4]

R_c la parte consumida durante el año de la renta obtenida en el mismo año;

R_s la parte ahorrada durante el año de la renta obtenida en el mismo año;

a el número (recíproco del tipo impositivo), por el que hay que dividir la renta R para obtener la cuantía del impuesto;

$\frac{R_c}{\alpha}$ = i_c (cuantía del impuesto sobre R_c);

$\frac{R_c}{\alpha}$ = i_s (cuantía del impuesto sobre R_s);

$[r_1, r_2, r_3, \ldots, r_n]$ la serie infinita de los réditos obtenidos, en los años sucesivos al considerado, de la inversión de la parte ahorrada de la renta ya depurada del impuesto.

$$\left[R_s - \frac{R_s}{\alpha} \text{ o bien } R_s - is\right]$$

$[\rho_1, \rho_2, \rho_3, \ldots \rho_n]$ la serie infinita de los réditos obtenidos, en los años sucesivos al considerado, de la inversión de la parte ahorrada de la renta $[R_s]$ no depurada, porque se halla excluida, del impuesto.

Sea $R_c = R_s$

La cantidad

$$r_1 + r_2 + r_3 + \ldots + r_n$$

tendiendo n al infinito, o sea, la serie infinita de réditos anuales derivados de la inversión de $R_s - i_s$, descontada en el momento actual tiene el valor $R_s - i_s$ *o* bien . Cada uno de estos valores puede escribirse indiferentemente en lugar del otro.

---

4 El § 86, al igual que el 94, abrevia meramente lo que se ha dicho en el texto y el lector puede saltárselo sin que se interrumpa el hilo del discurso.

Partiendo de las definiciones indicadas anteriormente, en el sistema α el impuesto sobre la parte consumida de la renta es

$$i_c = \frac{R_c}{\alpha}$$

el impuesto sobre la parte ahorrada de la renta es:

$$i_s = \frac{R_s}{\alpha} + \left(\frac{r1 + r2 + r3 + ... + r_n}{\alpha}\right) =$$

$$i_s = \frac{R_s}{\alpha} + \left[\frac{R_s - \frac{R_s}{\alpha}}{\alpha}\right] = \frac{R_s}{\alpha} + \left[\frac{R_s - i_s}{\alpha}\right];$$

por lo tanto, $i_s, > i_c$

Por lo tanto, en el sistema *a* no se observa el principio de la igualdad.

Para que, dado el principio de la igualdad, fuese correcto que $i_s > i_c$, sería necesario poder escribir:

$$R_s + [R_s - i_s] > R_c$$

Pero esta desigualdad no se puede escribir porque la cantidad

$$R_s + [R_s - i_s]$$

no tiene sentido, puesto que el segundo miembro no es adicionable, sino alternativo con respecto al primero.

Puesto que, en cambio, por definición:

$$R_c = R_s$$

y puesto que:

$$R_s = [\rho_1, \rho_2, \rho_3, ... \rho_n]$$

siendo, por hipótesis, *a* constante, tenemos:

$$\frac{R_c}{\alpha} = \frac{R_s}{\alpha} = \frac{[\rho_1, \rho_2, \rho_3, \cdots \rho_n]}{\alpha}$$

cuya ecuación puede llamarse de la igualdad del impuesto y se observa en el sistema β.

87. Por medio de un rodeo de palabras, la única objeción sustancial al razonamiento que acabamos de hacer es la siguiente:

No cabe duda de que, en el sistema *a*, el impuesto 1000 sobre la parte consumida, 10.000 liras, de la renta es menor que el impuesto 1000 + 900 (valor actual de la serie infinita de 45 liras anuales) = 1900 sobre la parte ahorrada, 10.000 liras, de la renta; pero la diversidad no viola el principio de la igualdad porque también las dos partes o cuotas de la renta son desiguales.

La cuota consumida de la renta es simplemente 10.000 liras y, por lo tanto, es correcto que el impuesto sea

$$\frac{10.000}{10} = 1000 \text{ liras.}$$

En cambio, la cuota ahorrada de la renta es 10.000 liras hoy, más 450 liras anuales a perpetuidad, equivalentes a 9000 liras actuales, con un total de 19.000 liras.

Por lo tanto, el impuesto sobre la cuota ahorrada debe ser:

$$\frac{10.000}{10} + \left[\frac{450_1 + 450_2 + 450_3 + \ldots + 450_n}{10}\right]$$

o, sobre los valores actuales:

$$\frac{10.000 + 9.000}{10} = 1.900 \text{ liras.}$$

En el caso de la renta consumida existe una renta única (10.000 liras), y por lo tanto debe existir un impuesto único: 1000 liras.

En el caso de la renta ahorrada existen dos clases de rentas: 10.000 liras hoy y una serie infinita de 450 liras al año en el futuro, equivalentes a 9000 liras hoy. Por ello debe haber dos clases de impuestos: 1000 liras hoy, sobre la renta de 10.000 de hoy, y una serie infinita de 45 liras anuales en el futuro, sobre las rentas de 450 liras al año en el futuro, equivalentes a 900 liras actuales.

¿Qué hay de raro en que los impuestos sean varios cuando las rentas son varias? El impuesto sobre lo consumido es único, porque la renta se consume una sola vez; el impuesto sobre lo ahorrado se repite hasta el infinito porque después de la primera renta-madre 10.000 están los réditos-hijos 450 hasta el infinito.

88. Lo que es verdaderamente raro es la alucinación de quien ve dobles las rentas y de su doble visión deduce un argumento para multiplicar los

impuestos.[5] Reduzcamos el ejemplo a su desnudez esquelética: 100 liras de renta ahorrada hoy y 5 liras de réditos futuros del ahorro 100 convertido en capital. Quien dice que el ahorrador tiene en primer lugar las 100 *y* luego las 5 anuales todos los años, dice que las 100 y las $5_1 + 5_2 + 5_3 + ... + 5_n$ son distintas y *adicionables,* y que el ahorrador *posee* y goza de ambas cantidades. Pura alucinación, repito. Ciertamente que el ahorrador no disfruta de las dos cantidades. Los dos disfrutes son "alternativos" y no "adicionables". El uno excluye al otro. Quien disfruta las 100 liras no puede disfrutar la serie de 5 liras. Quien quiera disfrutar de la serie de 5 liras debe renunciar al disfrute de las 100 liras.

¿Acaso posee dos cantidades?

Fulano en el año I ha ganado 100 liras. Al final del año I posee 100 liras y las ahorra. En el año II gana el producto 5. Al final del año II posee 100 + 5 = 105 liras. La suma 100 + 5 es lógica si se refiere al final del año II, tratándose de dos cantidades, 100 y 5, ambas existentes en el mismo momento, fin del año II. En ese instante, Fulano posee 105 liras y puede darles el uso que considere mejor: disfrutarlas, o sea, consumirlas; ahorrarlas; o hacer un poco una cosa y un poco la otra. Pero no es lícito decir que Fulano posee 100 liras al final del año I y 5 al final del año II, y decir que las dos cantidades se suman o son aditivas entre sí, porque, hablando de este modo, se diría algo sin sentido. No tiene significado sumar cantidades referidas a dos tiempos distintos. Que intente Fulano poseer de veras, o sea disfrutar, las 100 liras a fin del año I y se dará cuenta de si al final del año II tendrá las otras 5 liras. Burlas sí, pero lo que es liras...

89. La verdad, que tiene sentido, es completamente distinta; Fulano ha "renunciado" al final del período I a la posesión de 100 para tener la posesión de 105 al final de período II. Las dos posesiones son alternativas y equivalentes:

$$100\ (t_1) = 105\ (t_2)$$

5 Naturalmente, los razonamientos de doble visión los hago en relación con los hombres contribuyentes. Las cosas ni ven ni sienten; y, por ello, si hablamos de impuestos sobre las cosas o sobre los rendimientos o productos de las cosas, podemos, con precauciones oportunas, multiplicar los impuestos sin incurrir nunca en la tacha de duplicación. Di un ejemplo de esto anteriormente (§§ 25-30) hablando de los impuestos sobre la renta de una finca y, nuevamente, sobre la renta de un préstamo hipotecario garantizado por esa finca. Quien, tras haber partido expresa o tácitamente de la premisa —y no parece posible imaginar otra— de que los impuestos se pagan por los hombres, se desliza inadvertidamente hasta negar que existe duplicación cuando el impuesto afecta al producto 100 de la finca en el primer año y luego, una vez más, al producto 10 obtenido en el año segundo de la inversión de los 100 del año anterior, evita el problema y querría aplicar a los hombres conceptos propios de las cosas. Sobre el error de no ver la duplicación cuando se razona de cosas y de sus productos, cfr. por otra parte los capítulos segundo y tercero de mi *Contributo alla ricerca dell'«ottima imposta».* (Reeditado ahora en la serie I, vol. I de las «Obras».)

Las dos posesiones son *equivalentes,* porque el acto de ahorro *es* un acto de cambio. Se cambia 100 actual por 105 futuro; y el cambio ocurre en el mercado entre estos dos bienes, como para cualquier otro cambio, entre equivalentes. Si la equivalencia, en la relación de 100 actual contra 105 futuro, no existiese, la relación sería distinta: de 100 presentes contra 104 o 106 futuras. Si el tipo de interés fuese cero, la equivalencia sería entre 100 actuales y 100 futuras. Alcanzado el equilibrio, el hecho del cambio ocurrido demuestra que existió equivalencia entre las cantidades cambiadas.

El impuesto puede afectar indiferentemente a las 100 al final del período I o bien al final del período II. Al igual que son equivalentes las cantidades imponibles, también serían equivalentes los dos impuestos. Con la terminología utilizada no se quiere decir ni que sea "justo" que 100 liras de hoy equivalgan a 105 liras dentro de un año, ni que las 100 liras de hoy den a luz o produzcan en un año 5 liras. Yo no sé qué es justo en cuestión de partos económicos y ni siquiera sé si existen esos partos. Constato únicamente el hecho de que el mercado considera equivalentes esas dos cantidades de 100 hoy y 105 dentro de un año, sin decir más ni menos.

90. ¿Qué hacen los que suponen ingenuamente que gravan a toda la renta, y únicamente a la renta, proponiendo gravar a 100, al final del período I y 5 al final del período II? Recaudan, al 10%, 10 al final del período I, y 0,50 al final del período II, y dicen: ¿la cantidad 10 + 0,50 = 10,50 no es acaso la décima parte de 105 que posee el contribuyente al final del período II? De este modo se olvida que, si Fulano quiso poseer 105, tuvo que esperar un año y renunciar durante un año a disfrutar, a palpar, a mirar sus 100 liras. ¿Qué es la posesión sino mirar, palpar y disfrutar? Que esperen también un año los señores recaudadores para cobrar el impuesto y nadie se quejará de lesa igualdad tributaria[6] cuando recauden 10,5. Pero no se puede recaudar 10 hoy y 0,5 al cabo de un año, y decir que esto es correcto. Para sumar las 10 de hoy con las 0,5 de un año después, es necesario añadir a las 10 recaudadas hoy el interés mismo del 5%, convirtiéndolas así en 10,5 a final de año. Porque si, al final del año, se vuelve a recaudar 0,5 (o mejor dicho 0,45, puesto que el rédito de las 100 − 10 de impuesto fue solo 4,50) de impuesto, el total se eleva a 10,95, lo que es más del 10% que se quería recaudar sobre las 105 liras poseídas al final del año II.

91. En esta cuestión, se asiste verdaderamente al milagro de la multiplicación de los panes y de los peces. ¿Es preciso gravar 100, y luego 5 y 5 y 5 hasta el infinito, porque se trata de rentas distintas? Si son distintas se debería poder valorarlas, compararlas y, por lo tanto, sumarlas. Una serie de réditos de 5 liras anuales hasta el infinito equivale, al tipo de descuento del 5% —y

6 La locución «igualdad tributaria» se utiliza aquí en el sentido corrientemente utilizado en esta materia. Aquí, cuando se habla de igualdad objetiva referida a liras, se entiende observado el principio de la igualdad cuando las cantidades de liras pagadas en los dos casos son equivalentes. Por lo tanto, el signo de igualdad aceptado en el texto lo es en el sentido de equivalencia.

sobre esto no existe la menor sombra de duda— a 100 liras actuales. Decir que Fulano tiene hoy una renta de 100 liras *y* más tarde una serie infinita de rentas de 5 liras anuales, equivale a decir que Fulano posee o tiene 100 liras *y* el valor actual, 100 liras, de esa serie infinita, etc. Por consiguiente, Fulano poseería 100 + 100 = 200. Por consiguiente, bastaría decidirse hoy a ahorrar 100 liras para que de repente las 100 se convirtieran en 200 liras. ¿No es esta pura alucinación de manicomio?

Tomemos un título del Estado de renta perpetua al 3,50%. Está compuesto de una parte central, que podemos llamar *capital,* y de dos franjas laterales, fraccionadas en cupones semestrales por valor de 3,50 liras anuales. Puesto que las franjas laterales son, una vez agotadas, perpetuamente renovables, son la imagen en papel de una serie infinita de rentas. Llamaremos *intereses* a las dos franjas laterales.

Supongamos que Fulano pierde la razón y se imagina que el *capital* es una posesión (o un disfrute) distinta, existente en sí misma, de los intereses. Hace donación a otro de las franjas laterales y del derecho a su renovación perpetua. ¿Acaso le queda alguna posesión? No, nunca. Su pedazo de papel central, por muy bien pintado que esté, vale cero, es una posesión nula, porque está separado de la posesión de las franjas de los cupones. Los cupones, o sea los intereses anuales, no son algo distinto de la cosa llamada capital. Son la misma cosa; son la misma sustancia del capital, sin la cual este —posesión, disfrute, toque, contemplación, etc.— no existe.

La pluma duda en escribir estas verdades banalísimas, vulgarísimas, evidentísimas, que solo se niega a ver la gente hipnotizada por la axiomaticidad indiscutible de la premisa *a*.

¿Qué es el árbol frutal sin fruta? El árbol vale porque da frutos y los frutos son todo el valor del árbol. Si el árbol queda estéril, se convertirá en simple leña para quemar, deducidos los gastos de tala, de tronza y de transporte hasta la casa.

92. Hay quien —aunque estos son recursos de la desesperación— al no poder negar que el ahorro existe en sus frutos, que las 100 liras de hoy no se pueden disfrutar y poseer si se quieren disfrutar y poseer las 5 y 5 y 5 etc., liras de mañana, dice: hay, sin embargo, en el acto del ahorro, un placer del ahorro, distinto y adicionable a la ventaja del interés. Bien está que admitamos que el árbol existe en los frutos, que la casa sea una misma cosa que sus alquileres, que el título forme una unidad con los cupones, que el 100 de hoy sea equivalente al 105 de mañana; pero, junto a los frutos naturales o civiles, existe en la posesión del capital algo más: el placer del avaro al contemplar, palpar y hacer rodar los doblones, el placer del propietario de vivir en su propia casa, la amorosa pasión del campesino hacia su tierra, la manía del coleccionista por las monedas, los sellos, los libros raros, la contemplación de las pinturas de la galería de arte por el entendido. Bien es verdad que los intereses son la misma cosa que el capital y el capital la misma cosa que los

intereses, de modo que al gravar al uno se grava simultáneamente al otro y al gravar a ambos se grava repetidamente la misma cosa; pero el sonido metálico de los doblones de oro, el sentimiento de los antepasados y de los hijos en la casa propia, el sabor del pan casero amasado con el trigo nacido en la tierra cien veces arada y contemplada, el goce de la posesión de la pieza única o del cuadro del pintor de fama, todo esto no se grava gravando los frutos naturales y civiles, y, si se quiere gravar, como en realidad se debe por igualdad de trato, es necesario hacerlo por medio del capital, o sea, por medio de la renta antes de que sea invertida (ahorrada) en tesoros áureos, en casas, en tierras, en libros, en cuadros.

93. En este punto, el problema no es de principio sino de aplicación. Se afirma que 100 liras hoy son equivalentes a 100 liras dentro de un año, más los intereses, más una cantidad de satisfacciones diversas no evaluable monetariamente.

94. Llamando R a la cuantía de la renta ahorrada hoy, R_1 a la misma suma dentro de un año, i a la cuantía del interés o fruto natural o civil del año, y x a la cuantía, valorada de algún modo en dinero, de las demás satisfacciones experimentadas por el propietario durante el año, se tiene:

$$R\ (t_1) = [R_1 + i + x]\ (t_2)$$

Se admite que se debe gravar R o *bien* $R_1 + i + x$; pero se observa que, cuando se decide la tributación del segundo miembro $R_1 + i + x$ no basta gravar $R_1 + i$, sino que es necesario gravar también x.

95. No tengo objeciones de principio, sobre la base del principio de la igualdad, al impuesto sobre el sonido metálico de los doblones del avaro, sobre los valores de afección para el poseedor amoroso de la casa solariega y de la tierra heredada, durante largos años incubada con la mirada, sobre la contemplación de los libros, de las colecciones de sellos y de las galerías de arte. Dejo constancia únicamente de que el impuesto sobre estas entidades impalpables e imponderables sería de aplicación ardua, odiosa y grotesca.

96. Demolido el concepto de la duplicación en el ahorro y en los frutos del ahorro, queda demostrado que la imposición sobre el ahorro ofende a la premisa β del legislador, o sea, la condición impuesta, si fue impuesta por el legislador a sí mismo, de no ocasionar al contribuyente un daño superior al querido por el legislador.

97. Como no tengo intención de volver a discutir el problema de la doble imposición del ahorro, no siento necesidad de perseguirlo por entre medio de la maraña de argumentaciones, inútiles en sus nueve décimas partes, en que se ha embarrancado, con el fin de una mera ejercitación académica. Por ejemplo, los que se preocuparon de la posibilidad de que en un mundo de avaros el Estado pierda casi toda su materia imponible, o que, en un mundo

de evasores legales, los hombres se complazcan en ahorrar para no pagar impuestos, o que, en un mundo de arriesgados, se pierda el ahorro y, por ello, se pierda el impuesto sobre el mismo y también sus frutos no dados a luz, pueden decidirse por dos soluciones: 1) la premisa *a*, según la cual el Estado se pone las acostumbradas anteojeras contables. Siempre que se sepa que se hace así, con la complicidad no solo de ciertos contables para los que suele ser congénito el ponerse anteojos, sino también de juristas, economistas y hacendistas, no hay nada de malo en ello. Cada uno es libre de hacer las leyes que tenga por conveniente, a condición de no pretender que la ley fundada en la premisa α se funde también en la premisa β. La única cosa que me molesta no es la imposición sobre el ahorro, sino la pretensión de que, gravándolo, no se hace comparecer dos veces a la misma cosa ante la pantalla del impuesto; 2) la afirmación de la imposibilidad o dificultad práctica de adoptar el principio de la exclusión impositiva del ahorro, o bien, alternativamente a elección, de los frutos del ahorro. En este terreno de las dificultades, los oponentes de la exclusión (llamada exención) del ahorro pueden retozar a placer. Pero deberían tener la delicadeza de no imaginarse que han razonado un problema cuando a duras penas han empezado a dar vueltas en torno a sus dificultades, y, sobre todo, no deberían suponer descaradamente que han descubierto las dificultades mismas. Estas ya habían sido enunciadas totalmente por Stuart Mill en primer lugar y, más tarde, por quien desarrolló el teorema; pero a estos hombres no les cabía ciertamente en la cabeza la confusión grosera del razonamiento de principio con el estudio de las aplicaciones concretas de ese principio. La fecundidad de un principio no se mide por la inmediación de las aplicaciones, sino quizá, y en mayor medida, por la importancia de los contrastes que suscita, que ilustran otros principios u otros puntos de vista que también hay que tener en cuenta. De lo cual bien pronto se pasa a discurrir de conformidad con los cánones elementales, no decimos ni siquiera de la lógica, sino de la construcción bien ordenada de una composición literaria cualquiera. Quizá, más bien, el pecado más grave de los críticos del teorema de la exclusión del impuesto sobre el ahorro no es la ofensa a la lógica. La lógica no es necesaria para los legisladores, y, por tanto, para los expositores de las teorías legislativas en cuestión de impuestos; basta la claridad en redactar o explicar las normas legislativas, fueren las que fueren. El confundir principios y aplicación, razonamiento y sentimiento, el razonar sobre una premisa e imaginar que se sigue dependiendo de otra, no es ni siquiera un defecto de lógica (molestaríamos para demasiado poco a una disciplina tan austera): es simplemente un defecto de orden en la redacción de una composición escolar.

98. El teorema lógico no debe traducirse necesariamente en una norma escrita obligatoria. El legislador tiene la obligación de tener en cuenta otras verdades, otros teoremas, y las dificultades variadísimas y contingentes que se oponen a la realización plena de un principio teórico cualquiera. El obstáculo principal es la naturaleza invenciblemente fraudulenta del contribuyente. Si un legislador ingenuo dijese: tú que tienes una renta de

20.000 liras y ahorras 2000, serás gravado sobre 18.000; no sería necesario solicitar la demostración de la realidad del ahorro. Ya se las arreglarían los contribuyentes para inventar demostraciones plausibles e indiscutibles de haber ahorrado, no 2000, sino 5000 o 10.000 liras. En lugar de hablar de la carestía de vida, los contribuyentes conversarían sonrientemente con los funcionarios de Hacienda acerca de las sabias providencias adoptadas por la esposa para obtener manjares suculentos y nutritivos con poco gasto, de la benevolencia de los caseros, de las inefables delicias de los ahorradores y de las facilidades de buenas inversiones sin ningún riesgo. Para hacer frente a los contribuyentes, en las oficinas de Hacienda habría que implantar libros mayores minuciosísimos sobre las variaciones cotidianas de las fortunas, de las inversiones y de los ahorros de los contribuyentes. Puesto que la Hacienda no está hecha para dar trabajo a los contables, sino miles de millones al erario, está claro que no se puede pensar en sancionar legalmente la norma: "el ahorro *o* sus frutos están exentos de impuestos".

99. ¿Para qué, pues, perder tiempo discutiendo? Podría responder: por el mismo motivo por el cual, en los libros de ciencia económica, se plantean problemas que tienen una relación aún más remota con lo concreto, con la llamada vida práctica. No podemos prever si un teorema puede resultar fecundo hoy o mañana. Hay que correr un cierto albur en el planteamiento de problemas y en la enunciación de teoremas. A menudo se trata de teoremas ciertos, pero estúpidos. Su utilidad se halla limitada a la no despreciable que satisfacen los temas de ejercicios escolares en general: obligar a la mente del alumno a realizar un razonamiento correcto. Misión enojosa siempre, a menudo estúpida; pero no inútil.

Entre tantos teoremas ciertos, pero enojosos y estúpidos, descuella alguna vez el teorema fecundo y apasionante. El teorema de que, so pena de doble visión, el ahorro debe ser excluido del impuesto, parece apasionante, porque ha suscitado un gran consumo de tinta. Puesto que, sin embargo, podría haberse despilfarrado la tinta, es más importante la característica de la fecundidad. El habernos metido en la cabeza el teorema de la exclusión impositiva del ahorro sirve seguramente para dar una explicación racional a ciertos hechos que, de otro modo, parecerían inexplicables.

100. Sé muy bien que a algunos no les importa un ardite la explicación *racional* de los hechos financieros. Conviene repetir. Cuando estos leen, por ejemplo, que el legislador de un cierto país ha eximido del impuesto las rentas de las sociedades de socorro mutuo y, comparando informes, debates parlamentarios, artículos de periódico, votaciones y órdenes del día de asociaciones y otras cosas semejantes, han creído comprobar que el legislador ha llegado a la determinación de eximir etc., porque se ha visto animado de benevolencia hacia las clases trabajadoras, o porque se ha persuadido de la creciente presión electoral de esas mismas clases, o porque está deseoso de favorecer la formación de hábitos de previsión por medio de asociaciones voluntarias, se contentan y no buscan nada más. Esa es la explicación de

la exención, la que debe elaborarse en una teoría correspondiente. No cabe ninguna duda de que se trata de exención. ¿No ha sido esa la razón de la decisión del legislador?

Sin embargo, viven otros a los que todo esto les parece, a lo sumo, una historieta real, del tipo corriente de fondo económico sociológico, de esquemas conocidos, marionetas de filantropía, patronazgo, lucha de clases, combinaciones, derivaciones, etc., que han transformado, según las escuelas, el escribir historia en aburridos ejercicios escolares de rima obligada. Estos parten del principio de que una norma legal es lo que es y que cada uno tiene derecho a analizarla con su propia cabeza para valorarla y conocer su contenido.

Trabajos preparatorios, opiniones de los que quisieron o combatieron la norma, son datos respetables que hay que tener en cuenta, dentro de los límites en que tienen un significado definible. Si, una vez analizada, la presunta exención de las sociedades de socorro mutuo resulta que no es efectivamente una exención, sino una exclusión del impuesto por falta de materia imponible es preciso reconocer que se trata de exclusión y no de exención, y explicar la exclusión por la falta de materia imponible. Los motivos de los trabajos preparatorios, las explicaciones del legislador, siguen siendo una posible materia de estudio para los diversos tipos de historiadores de las ilusiones tributarias, para los buscadores de los hechos importantes en las vicisitudes de las cosas humanas y, también, para los abogados de parte que no pueden exponerse a buscar las razones auténticas de las normas frente a magistrados propensos a contentarse con razones aproximadas, más simples para su entendimiento y utilizadas ya otras veces con éxito.

101. Florecen las instituciones que el legislador se ha explicado a sí mismo con algunos o con varios de los pretextos en que es fecunda la historia tributaria. ¿Acaso es necesario que el legislador haga el razonamiento de la exclusión del impuesto, por defecto de doble visión del ahorro, cuando quiere explicarse a sí mismo:

el impuesto sobre el consumo;

las exenciones de las casas nuevas;

las exenciones de las nuevas instalaciones industriales;

las exenciones de las mejoras en general;

las exenciones de las cantidades dejadas en Reserva;

las exenciones de las primas de los seguros de vida;

las diversificaciones de la renta respecto al impuesto; y otras instituciones semejantes que florecen, permanente y esporádicamente, en el florido jardín tributario?

No, no es necesario, en efecto, que el legislador razone según las reglas de la lógica que ordenan que se prefiera la razón simple a la complicada, la razón primera a la derivada, la general a la particular, la propia a las sinónimas, la razón pura a la sentimental; ni tampoco es necesario, en efecto, que razonen lógicamente sus sistematizadores y teorizadores. Si uno u otros hiciesen el razonamiento simple: no existe impuesto porque no existe materia imponible, acabarían tropezando con dos dificultades quizá insuperables. En primer lugar, la de hacer apreciar la premisa β a quien está persuadido instintivamente, por sus propios hábitos mentales, a considerar como verdadera la premisa a, la de las anteojeras; y, en segundo lugar, la de creer que los hombres pueden ser persuadidos por un mero razonamiento abstracto que apunta a demostrar que la premisa a consiente la doble visión y la β la excluye.

Por mi parte, cuando hablo con el hombre de la calle y quiero explicarle por qué los impuestos sobre el consumo etcétera (quiero decir los casos citados anteriormente) son cuestiones que marchan bastante bien, no intento partir del teorema de la doble visión, de las premisas a y β y razonamientos correspondientes. Tras cinco minutos, el hombre de la calle bostezaría, perdería el hilo de la conversación y se marcharía persuadido de que los economistas son una nueva raza de filósofos enajenados.

No, hago lo que hacen los legisladores y comentaristas: suelto la primera historieta (si no me equivoco Pareto las llamaba derivaciones) que se me ocurre y con ella el hombre de la calle se va con Dios satisfecho. Le cuento, a título de ejemplo, que es oportuno eximir a las casas para alentar las construcciones cuando, por alguna razón, existe penuria de casas; que está bien alentar, con premios tributarios, a las nuevas instalaciones industriales o a las mejoras agrícolas cuando la industria o la agricultura languidecen; que se debe fomentar, eximiendo las Reservas, el fortalecimiento de las sociedades y la honradez en las cuentas, o bien el espíritu de previsión mediante la exención de las primas de seguros; que es cómodo gravar el consumo porque los contribuyentes no se dan cuenta de que pagan un tributo y pagan a ratos perdidos, cuando tienen dinero, conservando la ilusión de pagar voluntariamente. No diré, como dice o decía el legislador inglés, que se debe discriminar a favor de las rentas de trabajo en relación con las de capital, porque las rentas de trabajo son ganadas y las otras no, porque esta historieta me repugnaría; pero diré, para desembarazarme del curioso, que las ganancias del trabajo son más fatigosas, o son temporales, y que es necesario reconstituirlas. Lo cual, perteneciendo a la verdad observable, es cierto, comprensible y satisfactorio.

Pero son historietas para contar con el fin de complacer y despedir satisfecho al auditorio. El intérprete de una norma escrita no necesita persuadirse a sí mismo y a los demás con pellizcos sentimentales. Entre las numerosas argumentaciones que se presentan a la mente para explicar un hecho existe una jerarquía: la argumentación general es preferible a la particular, la permanente a la contingente, conviene anteponer el convencimiento obtenido de la razón a los alentamientos de la ventaja, la comodidad o la oportunidad; la deducción de una regla fundamental aceptada como guía al *bric-à-brac* del caso por caso que sirve para hacer cosquillas en la epidermis de las personas sensibles. La que he llamado premisa β no será un portento, ni una verdad de fe, ni un axioma. Puede ser perfeccionada. La he expuesto como un criterio provisional para orientarse en la clasificación de los hechos. Hay hechos que satisfacen la condición de la premisa β; y otros que la contradicen. No digo que los hechos contradictorios hayan de ser excomulgados. A los ojos de algunos pueden incluso parecer más buenos, o simpáticos, o preferibles. Lo único que importa es afirmar que son distintos de los que concuerdan con esa premisa.

102. Por tanto, diré:

Que los impuestos sobre el consumo tienen la propiedad de no sufrir el vicio de doble visión, porque un objeto, por ejemplo, un cigarrillo o un vaso de vino, no puede ser consumido ni, por lo tanto, gravado dos veces;

Que la exclusión del impuesto de las rentas de las casas nuevas, de las instalaciones nuevas, de las mejoras en general, satisface la condición que requiere que, si se quiere evitar la doble visión, no deben gravarse las 100.000 liras de rentas ahorradas en el año I y luego nuevamente la renta de las casas, de las plantas industriales y de las mejoras agrícolas en que se invirtieron las 100.000 liras. Si el período de exclusión del impuesto es bastante largo (25 años para las casas nuevas, según las providencias llamadas excepcionales de la postguerra, y 30 años para las mejoras agrícolas, según la norma implícita del catastro Messedaglia de 1886) casi se confunde con la exención perpetua y evita la duplicación casi totalmente. Es una molestia no pequeña el que, por la imposibilidad casi total de hacer entrar en la cabeza del gran público el teorema de Mill, sea necesario recurrir a la pequeña comedia del aliento que el Estado debe conceder a diestro y siniestro a las iniciativas beneméritas. Garambainas entre buenos deseos. Importa que el legislador obedezca, conscientemente o no, al mandato de no duplicar, o sea de no desalentar. No exención, sino exclusión del campo tributario de lo que no existe;

Que las cantidades aplicadas a Reservas por las sociedades anónimas, o las primas de seguros de vida, no son gravables, porque su imposición se repetiría con la de la renta que la sociedad obtendrá de las cantidades aplicadas a Reservas, o sea ahorradas, o que el asegurado y sus herederos obtendrán de los capitales asegurados y cobrados cuando se verifique el acontecimiento;

Que las diversificaciones de la renta con respecto al impuesto, en virtud de las cuales la renta de trabajo paga menos que la renta de capital, son un expediente para tratar un poco mejor a la renta que no existe que a la que existe. El expediente es, por cierto, groserísimo y defectuosísimo; y, además, para conseguir su aceptación es necesario decir que el profesional debe ser tratado mejor que el capitalista, porque el primero puede ponerse enfermo, envejecer, incapacitarse para el trabajo y debe proveer para la viuda y los hijos, mientras que el capitalista, dentro de los límites del capital poseído, ya proveyó a todo esto, por definición de su esencia capitalista. Es conveniente y honrado utilizar versiones plausibles, simples y virtuosas de la desnuda verdad esencial: que el profesional que gana 100 y ahorra 30, hoy disfruta y posee únicamente 70. Las otras 30 ni las disfruta ni las posee *hoy*, porque ha renunciado *a cambio* de la promesa de recibir algo en el futuro cuando lo necesitará más, por ejemplo, una pensión anual vitalicia de 10 liras a partir de los 65 años de edad. No tiene 100 hoy, más 10 liras en el día de mañana (año 65); sino que tiene 70 hoy y 10 anuales mañana. Gravarle hoy sobre 100 y nuevamente mañana sobre 10 anuales, es, dentro del límite de 30 liras actuales, cometer un error de doble visión. Para la teoría del impuesto basta con esto. No es necesario nada más. Para el buen público, que pierde sus latines en cosas sencillísimas, como bienes presentes y bienes futuros, descuento de valores futuros a valores actuales, es necesario acompañar el razonamiento abstracto con ejemplos, argumentaciones concretas, exhortaciones, conmoción de afectos, etc. Es razonable y humano que la conmoción de afectos ocupe un gran lugar en las motivaciones de las leyes. El legislador es hombre entre los hombres; y si les quiere gobernar con buen fin es necesario hacer vibrar las cuerdas oportunas en cuestión. Pero no confundamos el arte de persuadir con la lógica de la convicción, que es lo que a nosotros nos interesa. Puede ser oportuno abreviar el discurso hablando de exención; pero, donde no existe materia imponible, ese modo de hablar, lógicamente, es impropio.

103. En verdad, yo creo que no existen las exenciones auténticas y propias. Si se puede demostrar que tienen un fundamento, siempre pueden ser reducidas al otro concepto de la "exclusión" por inexistencia de materia imponible.

Las verdaderas exenciones son pocas y constituyen privilegios.

La principal, superviviente en la legislación moderna, es la debida a la majestad de la corona. El soberano, fuente de la ley, tutor supremo del orden nacional, no puede estar sujeto a impuestos. Aquí no se trata de un razonamiento. Se constata una imposibilidad moral entre la asignación de una dotación a la corona, con el fin de que realice su misión en el Estado, y la disminución inmediata de la misma por medio del impuesto. La dotación se fijó en la suma dada, porque ésa y no otra fue la que se consideró propia de su misión.[7]

En otros tiempos, la nobleza y el clero tenían parte en el ejercicio de la soberanía. El noble defendía al Estado con la espada, el sacerdote con la oración, el plebeyo con el dinero. Cuando el hecho respondía al aforismo, el impuesto del noble o del sacerdote habría sido una duplicación con la carga de servicio público realizado por ellos. Una vez cambiado el orden social, los nobles y los sacerdotes ya no realizaron, en tanto que tales, oficios de Estado. La exclusión del impuesto se había convertido entre los siglos XVII y XVIII en una verdadera exención, o sea en una inmunidad o privilegio. Y por ello se abolió.

---

7 Hoy están exentas de impuestos la asignación personal del presidente de la República y las retribuciones de diputados y senadores. Dentro de qué límites es aplicable a las rentas indicadas el argumento propio de la dotación del soberano puede ser materia de curiosa investigación *[Nota 1957]*.

Sería un privilegio la exención que hoy se concediese a los proletarios o a los obreros en cuanto tales. Pueden pedir con razón la exclusión del impuesto en cuanto caen dentro de ciertas categorías caracterizadas, de un modo general, por la falta de renta imponible. El contribuyente puede pretender la exclusión de la obligación impositiva, no porque sea proletario u obrero, sino porque su renta es inferior a 2000 o a 6000 liras; y en Italia se juzga que los que poseen rentas inferiores a esas sumas no deben pagar, respectivamente, impuesto sobre las rentas de riqueza mobiliaria o impuesto complementario sobre la renta, porque se considera que la renta es tan baja que, si fuese gravada, caería por debajo de lo indispensable para la vida. Y el Estado no puede gravar si la imposición tiene por efecto la destrucción de la vida, porque es misión del Estado perfeccionar y mejorar la vida. Se considera, además, que los perceptores de rentas mínimas ya han satisfecho ampliamente su deber tributario pagando impuestos sobre el consumo. La argumentación esencial es una sola: ¿existe materia imponible? ¿Fue ya sometida a impuesto en la medida querida por todos? Si la materia imponible no existe o ya fue gravada, no hay por qué conceder privilegios o favores, sino reconocer la exclusión. Exención es una palabra que debería ser desterrada del vocabulario tributario.

5

FANTASMAS, ILUSIONES Y DONAIRES EN TORNO A LA DEUDA PÚBLICA

104. ¿Quién tiene que pagar? A la pregunta que cada uno decide, cuando se trata de gastos privados, después de sopesado el pro del gasto y el sacrificio del dinero sacado del bolsillo, el hombre de la calle tiene que resignarse a contestar "Yo". Cuando se trata de gastos públicos, todos querrían decir: que pague el vecino, que pague el amigo, que pague el enemigo, que pague el forastero. Desgraciadamente, como quiera que amigos, enemigos, vecinos y forasteros intentan la misma mala pasada, no hace falta esforzarse para comprender que no les sale bien. A veces los políticos intentan hacer aceptar algún impuesto, por ejemplo, un arancel sobre las mercancías importadas del exterior, fingiendo creer que el impuesto será pagado por el vendedor extranjero. *Contra hostes aeterna auctoritas.* Ni siquiera Rismarck consiguió hacerlo creer. Los impuestos y también los aranceles tenemos que resignarnos a pagarlos nosotros. ¿Por qué el extranjero que vende el trigo a 80 liras el quintal en el mercado mundial debería restar de las 80 liras las 20, o 30, o 50, o 70 liras del arancel de importación que nosotros (digo nosotros por decir un país cualquiera) recaudásemos a la importación? ¿Por qué tendría que quedarse con 80 liras *menos* el importe del arancel cuando puede vender su mercancía en otro lugar a 80? Sería necesario que, sumido en la desesperación, no supiera qué hacer con su trigo; o que tuviese, vendiendo a 80, un margen de ganancia tal que pudiera cargar excepcionalmente con el abono a nuestro favor de 20, o 30, o 50, o 60, o 70 liras. Pero, puesto que no está desesperado y puesto que normalmente las mercancías se venden con un margen normal, o por lo menos se venden con margen normal las partidas marginales y, a nadie se le puede coger por el cuello para obligarle a producir con pérdida si 80 es el precio de mercado, tal sigue siendo, con poca separación, el precio después del arancel. Si queremos obtener la mercancía, a la larga tenemos que resignarnos a pagar 80 + 60 de arancel = 140, y si queremos obtenerla por menos tenemos que reducir el arancel a 30 o a 20 o abolirlo totalmente. Excepto en casos rarísimos que hay que comprobar, nuestros impuestos los pagamos nosotros en casa, y es imposible trasladarlos a los forasteros y a los enemigos. Podemos, es cierto, más de una vez, trasladarlos a los amigos y

vecinos; pero puesto que estos tratan de hacer lo mismo con nosotros sirve de muy poco el juego de "Tú la llevas".

105. Se opina que algunos no pueden devolver la pelota al origen.

Se afirma que el juego del boomerang no puede servirle a quien todavía no ha nacido, a las generaciones venideras.

Gran parte del favor callado de que gozan los empréstitos públicos se debe a la vaga esperanza alimentada por los hombres que viven hoy de haber descubierto el medio de efectuar grandes gastos públicos y de hacerlos pagar a quien todavía no ha nacido. Tendremos ferrocarril, o casa consistorial, o teatro, y disfrutaremos de ellos; y los pagarán los descendientes.

Gran parte de la condena moral lanzada por los políticos austeros contra la Deuda pública se debe a la convicción de la inmoralidad de que disfrutemos nosotros, los que vivimos hoy, las ventajas del gasto y de que pasemos la cuenta a los nietos lejanos.

106. En verdad, la Deuda pública no merece tantas alabanzas ni tanta infamia. De ella se puede decir o bien o mal, o un poco de bien y un poco de mal; pero no a causa de la cuestión de los descendientes. Los descendientes tienen algo que ver, pero de un modo completamente distinto al imaginado por la creencia corrientemente difundida en el vulgo de que la Deuda pública es un truco para hacer pagar a los nietos los gastos hechos por los abuelos. Desgraciadamente para los vivos, no existe ningún medio para hacer pagar un gasto cualquiera, grande o pequeño, privado o público, a la gente que está todavía por nacer. Es increíble de qué modo son incapaces los hombres, apenas se trata de hechos colectivos, de ver claro en los hechos más simples.

Razonando en torno a la Deuda pública, todos están persuadidos de que será pagada por los nietos. Los críticos acusan a los egoístas vivos de hoy de dejar a la posteridad la herencia dolorosa de pagar lo que se ha gastado y disfrutado hoy. Nadie se pregunta cómo ocurre el milagro.

107. Si se construye un ferrocarril de 100 millones de coste, ¿acaso se habrá explanado el terreno, levantado los taludes, construido los puentes, perforado los túneles, erigido las estaciones, colocado los raíles, con trabajo y con material futuro? No. ¿Qué es el coste del ferrocarril, sino la fatiga sufrida en la explanación de terrenos, en el levantamiento de taludes, en la perforación de túneles, en la construcción de puentes, en la fabricación de traviesas, carriles, locomotoras, vagones de pasajeros y de mercancías? ¿Quién sufrió esa fatiga? ¿La posteridad o los presentes? ¿Quién renunció a las cosas que podía haber producido si no hubiese soportado el trabajo de la construcción del ferrocarril y de la dotación del material adecuado? ¿La posteridad o los presentes? Algún moralista grita contra las guerras observando que las hacen los vivos y obtienen sus frutos, y que los descendientes pagarán la cuenta. ¿Acaso las balas con que fueron muertos y vencidos los enemigos se formaron con mineral extraído y fundido y colocado en los fusiles por los nietos que todavía no viven? No solo eran vivos los hombres que sacrificaron la vida por la patria,

sino que también eran actuales los vestidos, los víveres, las municiones y las armas con los que estuvieron en condiciones de combatir. Los hombres que detrás de las fronteras defendidas se afanaron en producir víveres, vestidos, armas y municiones eran hombres de hoy. Con balas todavía por fundir, con vestidos por tejer y coser, con materia prima todavía por extraer o por hacer vegetar y crecer, con cañones todavía por construir, no se dirige ninguna guerra ni se gana ninguna batalla.

No existe ningún medio para hacer soportar a los descendientes el coste, la fatiga y el dolor de ningún gasto presente. Si los vivos queremos hacer un gasto tenemos que pagarlo nosotros con los medios presentes, debemos dedicar a ese fin los medios que estarían disponibles para alcanzar otros fines presentes.

108. *Grosso modo,* solo existen dos medios para soportar un gasto público extraordinario, supongamos de 10.000 millones de liras, para poner en práctica, por ejemplo, un programa de grandes gastos públicos o para llevar a efecto una guerra nacional. O los hombres que viven hoy renuncian a 10.000 millones de liras dedicadas a otros disfrutes o renuncian a ahorrar e invertir una suma equivalente. Pueden recurrir a una combinación cualquiera de los dos medios: 5000 millones de menor consumo y 5000 millones de menor inversión, o 3 y 7, o 7 y 3. *Tertium non datur.* Temporalmente, quien tiene crédito en el exterior puede alejar de sí el amargo cáliz de la elección o de la combinación, tomando a préstamo en el exterior los medios necesarios para la empresa pública. Pero se trata de retardar, no de sustraerse a la decisión. Dentro de un año, dentro de diez años, habrá que restituir la suma tomada a préstamo, con los intereses compuestos, y habrá que decidirse a renunciar a consumos o a ahorros, o bien a ambos. Y habrá que decidirse durante la presente generación, porque para estas cosas grandes es imposible obtener préstamos pagaderos después de la muerte del padre. Si se obtienen, habrá que resignarse a pagar un interés más alto como compensación del riesgo de que los descendientes se nieguen a cargar con la deuda de los antecesores. A veces el deudor consigue chasquear al acreedor y quiebra;[1] pero esto, si tranquiliza a los descendientes, no salva a los vivos. El gasto presente en lugar de ser soportado por los vivos nacionales cae sobre los vivos extranjeros. Pero en todo caso se trata de vivos.

Renunciando a 10.000 millones de otros consumos privados o públicos, los hombres vivos de hoy liberan el capital y el trabajo empleados anteriormente en la producción de mercancías y artículos de consumo inmediato. Capital y trabajo pueden destinarse a producir armas y municiones, víveres y vestidos para los soldados. Renunciando a ahorrar 10.000 millones, los hombres

1 No aludo a los préstamos de guerra no restituidos por los Estados europeos a los Estados Unidos. No fueron restituidos más que en parte mínima porque no se trataba de verdaderos prestamos, sino de contribuciones americanas al coste de la empresa común. Y por ello no debían, moralmente, restituirse. Hasta el montante no restituido, los gastos fueron soportados por los americanos vivos.

renuncian a dirigir sus esfuerzos a la producción de casas para viviendas privadas, mejoras agrícolas, establecimientos industriales aptos para producir más tarde bienes de consumo privado. El capital y el trabajo dedicados a la producción de lo que se puede llamar bienes de inversión, medios de producción privados, serán utilizados hoy en la producción de víveres y vestidos, armas y municiones para los soldados. El cuadro de la distribución de la renta nacional varía del modo siguiente:

Recursos destinados a producir	En tiempo de paz	En tiempo de guerra
Bienes de consumo privado	65	60
Bienes de consumo público	15	15
Bienes de producción[2]	20	15
Bienes de consumo bélico	—	10
	100	100

La renta nacional no varía; pero se canaliza en distintas direcciones. Los hombres de las trincheras consumen menos y ahorran (forjan para consumos futuros) menos para la propia satisfacción privada; y consumen más para el fin de la victoria.

Pero antes se consumía y se ahorraba con bienes presentes y después se consume, se ahorra y se combate con bienes igualmente presentes. El futuro no tiene nada que ver y no puede tener nada que ver en la escena de la acción presente.

109. El paso del tiempo de paz al tiempo de guerra no se realiza sin esfuerzo, sin rozamientos. No es fácil trasladar el capital y el trabajo de la producción de corbatas a la producción de tela caqui, de la fabricación de arados a la fabricación de cañones. Pero la victoria depende precisamente de la aptitud mayor o menor para realizar estas traslaciones. Un pueblo maleable y elástico lo hace mejor que otro rígido y pesado. ¿Para qué sirve la movilización industrial para la guerra, sino para preparar en tiempo de paz el paso de la producción de paz a la de guerra con el mínimo rozamiento posible?

110. ¿Qué tiene que ver la posteridad en el cuadro? Nada, salvo gozar de la fortuna o de las buenas obras, o sufrir los reveses y la mala conducta de sus antepasados. En la medida en que los vivos de hoy soportaron los gastos de guerra renunciando a consumos presentes (en el esquema anterior, por 5000 millones), los descendientes no sentirán ninguna consecuencia económica de la guerra. Hasta los 5000 millones, el gasto fue soportado gracias al apretarse el cinturón de los que viven hoy. Los hijos narrarán a sus hijos los sacrificios

2 Para reposición de las instalaciones existentes (cuotas de amortización) y para las nuevas inversiones (ahorro nuevo).

de sus abuelos, y el recuerdo será ocasión de justo orgullo. En la medida en que los vivos de hoy disminuyen sus ahorros (reduciéndolos, por ejemplo, de 15.000 a 10.000 millones), reducen en otro tanto el incremento de su patrimonio; y los descendientes no recibirán a título de herencia el incremento que no existió. ¿Y qué? ¿Basta esto para concluir que los gastos de la guerra se pagan por los que no han nacido? Con este rasero, estos tendrían derecho a abrir un proceso contra sus progenitores para pedirles cuentas del uso de sus rentas y proclamarse defraudados si les pareciese no haber recibido no solo toda la herencia de los antecesores, sino además un incremento conveniente proporcionado por los padres. Cada generación recibe lo que puede de las precedentes. A los hijos les puede disgustar no ser tan ricos como esperaban; pero no por esto pueden decir que han cargado ellos con los gastos de los fines que quisieron conseguir sus progenitores.

111. Puede ocurrir que el gasto soportado sea tan alto que afecte, junto con los consumos y con el ahorro, incluso al patrimonio. Ni siquiera en este caso se puede decir que el gasto se ha trasladado a los descendientes:

Recursos destinados a producir	En tiempo de paz	En tiempo de guerra
Bienes de consumo privado	65	40
Bienes de consumo público	15	10
Bienes de producción		
a) para reconstrucción de las instalaciones existentes (cuotas de amortización)	10	—
b) para nuevas inversiones (inversión neta)	10	—
Bienes de consumo bélico	—	50
	100	100

La guerra fue dura. Exigió un esfuerzo sobrehumano. Los hombres tuvieron que reducir de 65.000 a 40.000 millones los consumos privados, de 15.000 a 10.000 los consumos públicos, o sea los gastos estatales ordinarios; renunciar totalmente al ahorro, o sea a aumentar el equipo nacional de bienes de producción (casas nuevas, mejoras de tierras, maquinaria), para dedicar todos sus esfuerzos a producir los bienes necesarios para la dirección de la guerra. Ni siquiera bastó dedicar a la guerra la parte más grande posible de la renta corriente. Si hubieran gastado únicamente el margen existente dentro de la renta del período, puesto que esta era de 100.000 millones, habrían tenido un margen para la realización de la guerra de solo 30.000 millones. Se habría perdido la guerra. La partida se decide por los últimos medios y por los últimos hombres. Los hombres se decidieron a atacar el capital. Pero las tierras, las casas, las máquinas existentes no sirven al caso. Es imposible físicamente transformar una casa en un cañón. Lo que se puede transformar es el esfuerzo destinado a "conservar" la casa, el terreno, la máquina, y a renovar lo que se desgasta. Todos los años, para mantener en buen estado el capital existente, los hombres hacían, en tiempos de paz, un esfuerzo valorado en 10.000 millones de liras. Renuncian a hacer ese esfuerzo y dedican el tiempo, el trabajo y los medios liberados de ese modo a producir febrilmente lo que falta para mantener encendido el horno ardiente de la guerra. A finales de año, el patrimonio antiguo se ha depreciado y vale 10.000 millones menos. También destinaban 10.000 millones a inversión nueva, o sea a aumentar el equipo agrícola, industrial y comercial del país, y hoy dejan completamente de lado las nuevas inversiones.

La herencia dejada a los descendientes será, ciertamente, menor en estos 10.000 millones de liras y no habrá aumentado en otra cifra igual por la falta de nuevas inversiones. ¿Acaso podrán decir por ello que han sostenido la carga de la guerra? No, la penalidad fue soportada por los vivos a lo largo de los años desde 1915 a 1918. Prefirieron reducir el patrimonio propio en 10.000 millones y no aumentarlo en otro tanto, como solían hacer, antes que sucumbir. Los hijos y nietos heredarán 10.000 millones menos y, al mismo tiempo, los frutos de la victoria o el recuerdo de la resistencia gloriosa. Que nadie se atreva a transformar una hermosa realidad en un sofisma vulgar.

112. El conflicto es otro: no el imaginado vulgarmente entre generación actual y generación futura, sino el existente entre impuesto y deuda como medios para subvenir hoy a un gasto de hoy. La ciencia económica ha estudiado este problema y ha lanzado sobre él multitud de rayos de viva luz.[3] Uno de los capítulos más fascinantes y, en ciertos aspectos, más paradójicos de la ciencia de la Hacienda trata de la comparación entre deuda e impuesto y de las ilusiones ópticas de la Deuda pública. No quiero repetir todos esos tratados sino dar relieve a las paradojas y a las ilusiones ópticas.

113. Supongamos que el gasto extraordinario a soportar en el tiempo considerado (por ejemplo, un año) sea de 10.000 millones de liras. ¿Es preferible recaudar los 10.000 millones con un impuesto extraordinario o con un empréstito?

---

3 Cito únicamente los ensayos de ACHILLE LORIA, *Intorno ad alcuni errori dominanti nella scienza economica, I, I prestiti pubblici y Alcune parole sui prestiti pubblici e sull'assenteismo,* en «Studi senesi», I, 1884, pp. 48-50 y 171-81 (vueltos a publicar en «Verso la giustizia sociale», vol. 1) y de MAFFEO PANTALEONI, *Imposta e debito in riguardo alla loro pressione,* en «Giornale degli economisti», 1891, julio, pp. 40-51 (vuelto a publicar en «Scritti vari di economia», serie tercera, pp. 301-22, y en «Studi di finanza e di statistica», Bolonia, 1938, pp. 149-66). Es fundamental el ensayo de A. DE VITI DE MARCO, *Contributo della teoria del prestito pubblico,* en «Saggi di economia e finanza», Roma, 1898, pp. 61-123, sustancialmente refundido en el libro V de los *Principii di economia finanziaria* del mismo autor, Einaudi, Turín, 1939 (Hay traducción española, a través de la edición alemana, de esta última obra: *Principios fundamentales de Economía financiera,* Ed. Revista de Derecho Privado, Madrid, 1934); y el notable examen crítico de la tesis devitiana por BENVENUTO GRIZIOTTI, *La diversa pressione tributaria del prestito e dell'imposta,* en «Giornale degli economisti», mayo de 1917.

Supongamos que para la cuota que de uno o de otro le corresponda, la elección se presente a Fulano bajo la forma siguiente: pagar 100.000 liras una vez a título de impuesto extraordinario o bien 5000 liras al año, a perpetuidad, de impuesto anual periódico necesario para satisfacer el servicio de un préstamo perpetuo, al 5%, de 100.000 liras que contrajo el Estado con quien poseía ahorro disponible. Si el patrimonio de Fulano era de 1 millón,

a) El impuesto extraordinario de 100.000 liras se lo reduce a 900.000 liras;

b) O bien, la obligación de pagar perpetuamente 5000 liras de impuesto anual reduce la renta de Fulano de 50.000 liras (lo que rendía, según es de presumir, el capital de 1 millón) a 45.000 liras. Pero si una renta de 50.000 liras anuales daba lugar a una valoración patrimonial de 1 millón, una renta de 45.000 liras da lugar a una valoración de 900.000 liras.

Fulano pierde un décimo de su patrimonio sea cual sea el medio, impuesto o deuda, elegido por el Estado para hacer frente al gasto extraordinario. La pérdida es soportada por él inmediatamente, antes que por los descendientes, que solo podrán lamentarse de recibir en herencia un patrimonio de valor menor del esperado. Para Fulano el medio elegido es indiferente.

La demostración es de David Ricardo y, pese a la vociferación ultrasecular, siguen en pie como torre que no se derrumba.

114. Sin embargo, en el Estado no solo hay Fulanos. Hay también Menganos que no tienen patrimonio. Estos viven de su trabajo. Supongamos que a uno de estos se le ofrezca la elección entre pagar inmediatamente, y de una vez, 100.000 liras a título de impuesto extraordinario, o bien 5000 liras anuales a título de impuesto anual necesario para responder del préstamo de 100.000 liras que contrajo el Estado etc., como antes. Hacemos abstracción de la circunstancia de que Mengano no posee las 100.000 y tendría que recurrir a un cruel usurero para conseguirlas en préstamo, pagando 10.000 o 15.000 liras al año en concepto de intereses. Supongamos, aun siendo absurdo, que encuentre el amigo deseoso de dárselas en préstamo al 5%. Es evidente que, incluso en este caso favorabilísimo, a Mengano le conviene la alternativa de la Deuda pública. Si de hecho prefiere pagar inmediatamente a título de impuesto extraordinario las 100.000 liras, quedaría obligado con el amigo a pagarle 5000 liras anuales de intereses y a rembolsarle las 100.000 liras. Tiene amigos serviciales porque es hombre de honor (en otro caso tendría que recurrir a los usureros y sería peor para él); y como tal devolverá el principal y pagará intereses. El impuesto extraordinario le inflige, pues, un perjuicio de 100.000 liras efectivas. En cambio, si el Estado recurre a la deuda, le basta pagar 5000 liras anuales de impuesto mientras viva o, mejor aún, mientras dure su vida productiva. ¿Es joven y tiene esperanzas de pagar impuestos, porque obtiene ganancias, durante 50 años? Pagar 5000 liras anuales durante 50 años, equivale, si se aplica el tipo de descuento del 5%, a pagar hoy 91.270 liras. ¿Es anciano y tiene esperanzas de trabajar y pagar impuestos solo durante 10 años? Pagar 5000 liras anuales durante 10 años, equivale, a igual tipo de

descuento, a pagar hoy 38.690 liras. En cualquier caso, siempre es mejor que pagar 100.000 liras. El obrero y el profesional prefieren que el Estado recurra a la Deuda pública, que busque los medios donde pueda encontrarlos y que distribuya entre ellos únicamente la carga anual de los intereses. Así piensan, en general junto con los profesionales, los industriales, los comerciantes, los agricultores y también los propietarios de casas y de terrenos desprovistos de capital disponible, para quienes el suministrar inmediatamente 100.000 liras resulta oneroso y, en cambio, es menos costoso pagar 5.000 liras al año.

115. ¿Existe aquí descarga sobre las generaciones futuras? ¿No abandona el profesional anciano, que pagó únicamente 5000 liras anuales durante 10 años, y, por tanto, al valor actual, 38.690 liras, al profesional de la generación siguiente e incluso a los profesionales de todas las generaciones siguientes, la carga de seguir pagando 5000 liras anuales a perpetuidad para costear el servicio de la deuda?

¿Acaso no se ven estos hombres del futuro sometidos de este modo a la carga de pagar al Estado las restantes 61.310 liras que faltan para llegar a las 100.000 liras que fueron necesarias hoy al Estado?

Recordemos siempre el punto de partida: el gasto debe ser sostenido en todo caso con medios presentes. La generación presente no puede eximirse en ningún caso de soportar el esfuerzo, todo el esfuerzo necesario, para cubrir los gastos de la guerra. Bajo el color del contraste entre los dos métodos, impuesto extraordinario y Deuda pública (o sea, recordemos una vez más y siempre: entre impuesto extraordinario e impuesto anual para responder de los intereses y, en caso necesario, de la amortización de la deuda), se quieren alcanzar dos fines:

a) Reducir al mínimo el coste suplementario más allá del propio de la guerra. Si se elige el método de la deuda, el profesional solo pagará 5000 liras anuales, él durante 10 años y algún otro durante el resto del tiempo, él 38.690 liras de valor actual y algún otro 61.310 liras. El Estado tomando a préstamo las 100.000 liras de quien las tenía disponibles y ofreciendo para ello su garantía, ha reducido al mínimo del 5% anual el coste de la operación. Si, en cambio, se elige el método del impuesto extraordinario, el profesional debe, además de las 100.000 liras al Estado, soportar el coste del prestamista usurero, otras 50.000 o 100.000 liras, y quizá más, que debe añadir como pérdida pura al coste de la guerra. La elección no es dudosa;

b) Reducir al mínimo, incluso para los hijos, las consecuencias del gasto soportado hoy.

116. Si se elige el método del impuesto extraordinario, el profesional que tiene que pagar inmediatamente 100.000 liras y no las tiene, ha de sufrir las horcas caudinas del usurero. Este, que verdaderamente soporta hoy los gastos de la guerra, elevará de tal modo el tipo de interés que pueda asegurarse el reembolso de la suma prestada durante la vida del prestatario. El profesional

sudará sangre y pagará. Si uno no paga, pagará en su lugar otro de los profesionales deudores del usurero. Este se hará reembolsar por los vivos, sabiendo muy bien que los hijos no tienen obligación de pagar las deudas del padre que muere sin poseer nada, lo que por hipótesis aquí se supone que se cumple en el caso de los profesionales. Los hijos se verán perjudicados por el impuesto, puesto que el padre apremiado por los reembolsos al usurero, ha ahorrado proporcionalmente menos.

117. Si se elige el método de la deuda, la carga actual de la guerra se soporta hoy completamente por el suscritor del empréstito público. Para conseguir el reembolso, estos inscriben una especie de hipoteca perpetua de 5000 liras (o bien un múltiplo o submúltiplo) al año sobre la renta de todos los profesionales presentes y futuros. Los vivos de hoy se ven menos apremiados por la deuda pagando solo 5000 liras al año, mientras que con el impuesto extraordinario habrían pagado 15.000 o 20.000 liras, suma necesaria para amortizar en 10 o 20 o más o menos años el préstamo obtenido del usurero al 10%. Los profesionales futuros deben seguir pagando, por medio del Estado, a los prestamistas públicos, 5000 liras al año a perpetuidad. Sin embargo, el perjuicio no significa que los gastos dan la guerra han sido repercutidos sobre ellos. Quiere decir que padecen o gozan las consecuencias de la situación en que se encontraron sus padres de no estar, o de estar, en condiciones de garantizar a los prestamistas del dinero el reembolso de las 100.000 liras anticipadas para los gastos de la guerra. Si hubieran tenido que pagar separadamente, uno por uno, las 100.000 liras, cada uno de ellos habría contraído deudas con su propio usurero y habría tenido que llevar mala vida, arruinando su propia salud, renunciando a todo ahorro y dejando a los hijos a medio educar y pobres. Reuniéndose, por medio del Estado, en una especie de consorcio obligatorio, han reducido al mínimo, al puro interés del 5% sin cuota de riesgo, la carga del préstamo obtenido colectivamente (Deuda pública) de los prestamistas; han podido educar a los hijos, y quizá han acumulado algún ahorro. En resumen, los hijos están mejor si deben pagar 5000 al año que si no tienen que pagar nada. Aun si se tiene en cuenta que no todos tienen hijos y que, por tanto, los hijos de la prolífica generación actual soportarán las consecuencias no solo del peso que recae sobre sus padres, sino también del que recae sobre los que no tienen descendencia, parece que a los hijos les conviene pertenecer a una colectividad en la que los sin prole se hayan sentido solidarios de los prolíficos; parece mejor heredar de los propios padres y de los sin prole la carga de la deuda total, pero haber sido educados convenientemente y haber recibido algunos ahorros de herencia, más bien que estar libres de compromisos hacia los usureros que apremiaron a sus padres, pero encontrarse al mismo tiempo descendidos a una situación social peor, por falta de educación y por falta de ahorro paterno.

118. Incluso en la hipótesis de los contribuyentes que tienen únicamente rentas de trabajo —la más favorable de todas a la tesis de que la Deuda

pública es un instrumento para trasladar la carga de los gastos de guerra a las generaciones venideras—, es cierto, pues, que:

a) La carga actual del gasto es soportada por la generación presente de los prestamistas de dinero al Estado;

b) La carga de la generación presente de los profesionales respecto a los prestamistas públicos es un mínimo;

c) El perjuicio de las generaciones venideras de los profesionales, en el caso de la Deuda pública, también es un mínimo, siempre en relación con la carga y el perjuicio en la hipótesis del impuesto extraordinario.

119. El verdadero litigio no es entre impuesto extraordinario y Deuda pública, esto son pretextos, fórmulas verbales por medio de las cuales se decide un problema distinto: quién debe pagar el impuesto. Los contendientes creen, o fingen, batallar en pro o en contra de la deuda. En realidad, batallan en pro o en contra de un tipo u otro de impuesto.

120. Si se elige el impuesto extraordinario y el contribuyente es llamado a pagar 100.000 liras una sola vez, salta a la vista de todos que la suma a pagar es voluminosa. Además, salta a la vista que las sumas grandes solo pueden ser pagadas por los grandes. Se pueden pedir 100.000 liras a quien posee un millón de liras. Y ya es mucho, porque corrientemente el millonario lo es en casas, terrenos, empresas industriales, valores, pero no en dinero contante dispuesto para ser entregado. No se pueden pedir grandes sumas a quien posee 100.000 o 200.000 liras. Se le reduciría a la desesperación. Por lo tanto, hay que empezar por arriba, o sea, una vez más, teniendo menos terreno tributario para explotar, seguir adelante rápidamente en la escala de las peticiones: el 10% a quien posee un millón, el 20% a quien posee 2 millones, el 30% a quien posee 3 millones y así sucesivamente. Puesto que los ricos son pocos, si se quiere recaudar bastante, es necesario apretar la mano.

En cambio, si se recurre a la Deuda pública, Fulano, a quien se habría pedido 100.000 liras *una tantum* es requerido para entregar 5000 liras anuales a perpetuidad. También estas son una suma egregia, son la misma cosa que 100.000 liras de una sola vez. Pero causan menos impresión: 5000 liras se pueden pedir no solo a quien tiene 50.000 liras anuales de renta (el equivalente de un millón en capital), sino también a quien tiene 40.000 o, incluso, 30.000 liras. No parece que se acabe el mundo, si hay que pagar un sexto de la renta. Un décimo del patrimonio es algo grande, porque el patrimonio —se piensa— ya ha entrado en la propiedad del contribuyente, ya es cosa suya; y parecería que se le cortaba carne viva de su cuerpo. La molestia para el pago es grande; hay que vender una casa o hipotecarla. En cambio, las 30.000 liras de renta todavía no han entrado en posesión del contribuyente. Entrarán poco a poco. Son un flujo de bienes, de cupones, de alquileres, de productos. Son dinero o son fácilmente convertibles en dinero. El contribuyente puede pagar más fácilmente. Habría escrito ciertamente en vano si el lector no estuviese ya persuadido de que renta y capital son la misma cosa, y que la distinción entre los dos conceptos es una ilusión óptica. Pero el hombre vive de ilusiones y la Hacienda tiene que hacer sus cuentas contando con ellas. Es cierto que, psicológicamente, el método de la deuda, pidiendo a los contribuyentes únicamente 5000 liras al año (o bien múltiplos o submúltiplos) permite comenzar, a igualdad de gasto, a hacer pagar antes el impuesto: a partir de 30.000 en lugar de 50.000 de renta. Quien empieza a gravar desde más abajo puede segar en un campo tributario más vasto. Las fortunas y las rentas están distribuidas en forma de peonza: abajo, los harapientos cuya renta no cuenta; luego los menos pobres, con una renta modesta. La peonza se hace panzuda en correspondencia con las rentas por salarios de los trabajadores ordinarios que dan el grueso en tanto que número y en tanto que masa; luego se va estrechando poco a poco para acabar en punta con las rentas altísimas, poquísimas en número y escasas por la entidad total de renta. Cuanto más abajo se comienza, tanto menos es necesario subir rápidamente en los tipos impositivos. La escala de los tipos puede desarrollarse con lentitud y permanecer dentro de límites moderados.

Conclusión: el impuesto extraordinario de 100.000 liras (o múltiplos y submúltiplos) *una tantum* es preferido por los pobres y por las rentas medias que esperan no pagarlo y hacer recaer toda la carga sobre los ricos; la Deuda pública, o sea las 5000 liras (o múltiplos y submúltiplos) al año, es preferida por los ricos que esperan que de ese modo sean llamados a contribuir incluso los simplemente acomodados o las rentas medias y no ser, por tanto, los únicos elegidos.

121. Hay algo más que decir. El impuesto extraordinario de 100.000 liras puede ser solicitado de quien posee algo, de quien tiene un patrimonio, líquido o ilíquido, que parezca apto para pagar. ¿Cómo hacerle pagar al trabajador puro que solo posee brazos o cabeza? Por ello la experiencia demuestra que los impuestos extraordinarios son en su mayoría patrimoniales, y dejan inmunes a las rentas de trabajo, de profesión, de empleo.

En cambio, el impuesto de 5000 liras anuales, necesario para responder de la deuda, grava habitualmente la renta; no solo las rentas de capital, sino también las de trabajo. El profesional, que no tiene las 100.000 liras para subvenir al impuesto extraordinario, puede deducir de su renta anual las 5000 liras necesarias para responder de la deuda.

Conclusión: el método del impuesto extraordinario es preferido por los contribuyentes titulares de rentas de trabajo, porque de ese modo esperan hacer pagar todo el gasto a los capitalistas; e, inversamente, el método de la Deuda pública es preferido por los capitalistas, que esperan de ese modo sean llamados a contribuir a la carga del gasto los obreros, empleados y profesionales.

Añádase que el impuesto extraordinario permanece fijo en su importe de 100.000 liras determinado en relación con las condiciones de fortuna o de renta del contribuyente en un momento dado, supongamos el primero de enero de

1920 o de 1940. Aunque el pago del tributo se distribuya en un cierto número de años, la suma a pagar no varía. El contribuyente puede, después del 1.º de enero de 1920 o de 1940, subir o descender por la escala de las fortunas y de las rentas, y el tributo permanece fijo en 100.000 liras.

En cambio, el servicio de la deuda de 100.000 liras contraída por el Estado, supongamos 5000 liras de intereses perpetuos, se realiza con impuestos distribuidos año por año sobre las rentas obtenidas por los contribuyentes en cada año sucesivo. El que prospera paga mayores impuestos, el que empeora paga menos, el que cae en la pobreza no paga nada.

Por ello el impuesto extraordinario es preferido, en igualdad de todas las demás condiciones, por los que prosperan, pues toda la renta mayor permanece inmune de esa carga y es un estímulo para mejorar. El método de la deuda es preferido, en cambio, por quien teme que va a empeorar.

122. La consecuencia lógica del final alcanzado sería un *¡Viva la Deuda pública!* y un *¡Abajo los impuestos extraordinarios!* Aún más, incluso un *¡Abajo los impuestos ordinarios!* Si la deuda es, en efecto, mucho menos costosa y más cómoda que el impuesto extraordinario, ¿por qué no ha de serlo también más que el impuesto ordinario? Los razonamientos hechos para un caso valen, una vez adaptados, para el otro.

Ahora bien: en la ciencia económica los razonamientos son siempre válidos hasta un cierto punto. La ciencia económica no trata de las cantidades en grueso, en su totalidad. Los economistas del tiempo de Smith y de Ricardo que razonaban *in toto* perdían sus latines en un cierto momento. No sabiendo cómo arreglárselas hablaban de paradojas. Las cosas tienen valor porque son útiles; pero si una cosa útil existe en gran abundancia, el valor disminuye y en cierto punto, como sucede con el aire, el valor se hace cero. Paradojas, excepciones, subexcepciones. Marx tuvo que escribir un segundo y un tercer volumen para explicar de qué modo no ocurre a veces que el valor de las cosas venga dado por el trabajo que se ha empleado en ellas; y cuanto más escribe, más se embrolla. El gran descubrimiento del siglo pasado conocido bajo el nombre de Gossen —pero podríamos remontarnos a Galiani— consistió en haber visto que los fenómenos económicos no proceden por masas totales, sino por adiciones sucesivas. Dosimetría y marginalismo fueron las claves que desvelaron los misterios del precio de las mercancías, las leyes del salario, de los intereses, de las rentas, de los beneficios.

123. Creo que el mismo modo de razonar puede ser útil en las cosas de la Hacienda. Si se parte de la premisa de que en un país dado los contribuyentes pagan normalmente cada año 20.000 millones de liras de impuestos —sobre 100.000 millones, por hipótesis, de renta nacional— para hacer frente a los 20.000 millones de gastos ordinarios, repetidos año tras año, y si surge la necesidad de un gasto extraordinario, que no va a repetirse más, de 1000 millones de liras, es razonable discutir si es más conveniente subvenir a esos 1000 millones con un impuesto extraordinario *una tantum* de 1000 millones, o

bien con la deuda, o sea con el aumento de los gastos anuales (por intereses de la deuda nueva) de 20.000 millones a 20.050 millones de liras y un aumento correlativo de los impuestos anuales de 20.000 a 20.050 millones. Discutiremos y decidiremos según las consideraciones hechas anteriormente y según otras que por exigencias de espacio no he podido enunciar.

¿Sería, sin embargo, razonable plantear la misma pregunta, no para el gasto adicional extraordinario de 1000 millones de liras, sino para la masa total de gastos ordinarios de 20.000 millones? Quien así razonase sería como si fuese por lana y volviera trasquilado. El primer año los contribuyentes darían grandes saltos de alegría, porque el Estado proveería a los 20.000 millones de gastos ordinarios con un empréstito emitido de vez en cuando, como media, a mediados de año. En el segundo año, el Estado contraería nuevas deudas por 20.000 millones, más exactamente por 20.050 millones, y haría pagar únicamente 1.002,5 millones de impuestos para costear el servicio de la deuda del primer año. A decir verdad, si el razonamiento es válido para los 20.000 millones, ¿por qué no habría de serlo para los 1.002,5 millones de intereses, que son un gasto ordinario como los demás? La situación se haría bien pronto absurda. A fuerza de endeudarse, el Estado ya no encontraría crédito, a no ser por medio de prestamistas usureros. Los intereses se acumularían sobre los intereses y bien pronto superarían por sí solos a los 20.000 millones originarios de gastos ordinarios.

El razonamiento que lleva a preferir la deuda al impuesto es, pues, un razonamiento de margen, válido para los incrementos de gasto para los que es cierto que no se trata de gasto ordinario, sino que se trata de gasto tan excepcional que no existen posibilidades de verlo retornar durante algunas generaciones.

124. Y es válido también subordinadamente, además de con respecto a otros factores de los que no es posible ocuparse aquí, sobre todo con respecto a la cláusula *caeteris rebus sic stantibus.* Cláusula utilizada por todos los economistas aunque no sea más que porque, de no usarla, no se llega a ninguna conclusión; y es usada para bien siempre que del razonamiento llevado a efecto con su ayuda no se deduzcan consecuencias concretas *ultra vires,* olvidándose de ese terrible *caeteris sic stantibus.*

125. Hablaré de una sola de las otras cosas que deberían permanecer firmes —y no lo están— para que el razonamiento hecho anteriormente pudiese considerarse plenamente válido: el importe del gasta extraordinario. Razonando, dije siempre: supongamos que hay que hacer frente a un gasto extraordinario, por hipótesis, de 1000 millones de liras. El gasto era el dato de hecho, el punto de partida fijo. Se discutía únicamente si proveer con el impuesto extraordinario o con la deuda. Pero ¿es fijo ese dato? O sea ¿no depende también ese dato, para su medida, de la elección que hagamos de impuesto o de deuda como medio para financiar el gasto? Se puede razonar bien si no se tienen en cuenta las *demás* causas de variación del dato de partida; porque estas variaciones se habrían verificado igualmente cualquiera que

fuese la elección hecha por nosotros y porque deja invariable la bondad de esa elección. Pero no podemos hacer abstracción de los cambios en el importe del gasto que fueron consecuencia de nuestra elección de un método de provisión en lugar de otro.

126. A este propósito dejo hablar a Adam Smith:

Puesto que el gasto ordinario de la mayor parte de los Gobiernos modernos en tiempo de paz es igual o casi igual a los ingresos ordinarios, se encuentran al estallar una guerra al mismo tiempo poco propensos e incapaces de aumentar los ingresos en proporción a los gastos. No quieren [aumentar los impuestos] por temor de desacreditarse ante el pueblo, que bien pronto se desentendería de la guerra en el caso de que fuese sometido a un aumento tan grande e imprevisto de impuestos; y no pueden, porque ignoran qué impuestos bastarían para suministrarles el ingreso que necesitan. La comodidad de los empréstitos les libera de la molestia que se ocasionaría de otro modo por el temor y por la incapacidad. Por medio de los empréstitos, se hallan en condiciones, con un moderado aumento de impuestos, de obtener año por año dinero suficiente para hacer la guerra, y con la práctica de las consolidaciones perpetuas consiguen, con el mínimo aumento posible de impuestos, proveerse todos los años de la cantidad máxima de medios pecuniarios. En los grandes imperios, los que viven en la capital o en las provincias remotas del escenario de la acción apenas sienten, en su mayoría, ningún inconveniente por causa de la guerra; y disfrutan con toda comodidad la distracción de leer en los periódicos los fastos de las flotas y de los ejércitos. La diversión compensa la pequeña diferencia entre los impuestos pagados a causa de la guerra y los que estaban acostumbrados a pagar en tiempo de paz. Por lo general, están descontentos con la vuelta a la paz, que pone fin a su pasatiempo y a las mil esperanzas visionarias de conquistas y de gloria nacional que habrían sido el fruto de la continuación de la guerra *(Wealth of nations,* libro V, cap. III).

Desde el año en que escribía Adam Smith (1776) muchas cosas han cambiado. Entre otras, la abolición de los ejércitos mercenarios ha eliminado la indiferencia con que la población leía, en otros tiempos, las noticias de las batallas lejanas. Todos tienen el hijo, el padre, el marido o el novio en las trincheras. Queda la diversa influencia psicológica del préstamo y del impuesto sobre la voluntad de decidirse a una empresa costosa, tanto de guerra como de paz. Moralmente, entre los dos tipos de elección existe un abismo. El cliente a quien concede crédito el tendero, compra con ligereza y se arruina. Si hay que pagar inmediatamente, se reflexiona y se decide después de una madura ponderación de las razones favorables y contrarias. Durante 50 años, los habitantes de un municipio rural piamontés se agitaron para obtener una desviación de agua para riegos. Importunaron a los consejeros provinciales, a los senadores, a los diputados, a los prefectos, a los ministros. Llegó el suspirado decreto, pero una cláusula advertía que los contribuyentes tendrían que pagar una cuarta parte del gasto, y no se iluminaron las casas. El ayuntamiento, que se reunió inmediatamente, en lugar de decidir una acción de gracias a los hombres públicos que habían conseguido el triunfo de la causa, votó una orden del día en la que se demostraban los daños que habría originado el agua a las tierras del lugar, cuyos cultivos no eran adecuados para el riego. No se construyó el canal y el agua no llegó. Para hacer cambiar de opinión a los agricultores había bastado la sensación de tener que pagar solo la cuarta parte del coste de la obra deseada.

127. Contra los razonamientos que demuestran las ventajas económicas del método de la deuda en relación con el del impuesto extraordinario está, pues, la razón moral. La deliberación de quien se hace ilusiones de no pagar, recurriendo a la deuda, no es seria ni grave según deben ser todas las deliberaciones acerca del gasto público. No importa que la esperanza de no pagar, gracias a la deuda, sea una ilusión. La ilusión actúa a la par, y quizá más, que la realidad. La inmoralidad produce un daño económico. El método de la Deuda pública, que habría sido ventajoso si el gasto extraordinario se hubiese mantenido dentro de sus límites indispensables de 1000 o 10.000 millones, se hace gravoso si, por la ligereza de conducta provocada por la deuda, el gasto aumenta de 1000 a 1500, o de 10.000 a 15.000 millones de liras.

128. El hombre de Estado, que debe resolver el complejo problema de alcanzar el fin sirviéndose de los métodos más económicos (deuda) y al mismo tiempo debe asegurarse de que su pueblo siente profundamente la importancia de la empresa a que es llamado y que piensa sobre ella con juicio maduro (impuesto extraordinario), sigue probablemente una vía media: recurre al impuesto extraordinario pagado inmediatamente, en la medida en que baste a persuadir a la gente de que la empresa exige un sacrificio actual soportado por los que viven hoy y, para el resto, recurre a la deuda. No puede determinarse por ninguna regla científica cuál es la proporción óptima a mantener entre el impuesto extraordinario moral y la Deuda pública económica. La experiencia del estadista en cuanto a la índole de su pueblo, a la distribución de la riqueza, a la altura de los gravámenes tributarios ya existentes, al mercado de los fondos públicos, le sirve de guía en la resolución completa del problema.

129. El hombre de honor que ha contraído una deuda, piensa restituirla puntualmente en el momento establecido. Se lo aconseja, además del honor, el interés mismo. Si quiere conservar crédito para el futuro, hay que reembolsar las deudas pasadas. El ideal del hombre es reembolsar los prestamos contraídos por razones de familia, particiones de herencia, empresas iniciadas y ampliadas, mejoras agrícolas o construcciones urbanas. Algunos hombres consiguen llegar a la meta en el declinar de los años.

También los Estados piensan en extinguir los préstamos, reembolsándolos. Casi siempre hacen honor a la promesa y reembolsan al vencimiento o en cuotas anuales, por amortización, los prestamos contraídos con la cláusula de reembolso. Individualmente, ningún acreedor puede lamentarse de lealtad no observada.

Sin embargo, ocurre de modo universal que ningún Estado reduce el importe "total" de su Deuda pública. Tal préstamo público puede reducirse, por amortización gradual ordinaria, de mil a quinientos millones o incluso anularse. La caja de amortización puede reducir las deudas antiguas de 100.000 a 25.000 millones. En el ínterin, el Estado ha emitido nuevos préstamos y el "total" de la Deuda pública ha aumentado a 120.000 millones. Los Estados que en el pasado consiguieron reducir la deuda "total" son tan pocos y la reducción fue, incluso en esos casos excepcionales, un hecho tan transitorio, que no vale siquiera la pena de recordarlos. El hecho general en el tiempo y en el espacio es el aumento "progresivo" de la Deuda pública.

130. Otro hecho igualmente universal es la fallida verificación de las lúgubres profecías de las Casandras, que de tiempo en tiempo predijeron la ruina de las naciones como consecuencia del aumento de la Deuda pública. Al concluirse toda gran guerra, las Casandras predijeron el fin del mundo, la ruina de la economía y la destrucción del patrimonio nacional como consecuencia del aumento de la Deuda pública. Podría compilarse una antología de profecías catastróficas. No ocurrió nada. De siglo en siglo, el total de las deudas creció a cifras que para los contemporáneos parecían astronómicas e inducían al terror. Una vez tras otra, los pueblos dijeron: ¡felices nuestros antepasados cuya Deuda pública era tan pequeña! ¿No nos veremos aplastados por la que nos oprime? Hablaron así cuando las cifras se acercaban a los millones, y luego a los miles de millones y luego a las decenas de miles de millones. Ahora se habla de centenas de miles de millones y con solo pronunciar esas cifras muchos quedan aterrorizados. ¡Quizá nuestros nietos se estremezcan oyendo hablar de billones y consideren extrañamente exageradas nuestras preocupaciones por deudas del orden de apenas 100.000 millones!

131. En parte, el desvanecimiento de las preocupaciones antiguas deriva de la variación de los términos de referencia. 100 millones parecen una cifra grande cuando los habitantes de un país son un millón; no tienen importancia si los habitantes aumentan a 40 millones. Si la renta nacional anual (suma de las rentas de todos los habitantes del país) es de 100 millones, la carga de 5 millones de intereses anuales correspondientes a una deuda de 100 millones es apreciable. Si la renta nacional aumenta a 100.000 millones, apenas si se advierte la misma carga de 5 millones. De este modo, las deudas antiguas se esfuman paulatinamente. Lo que parecía una pesadilla a los ojos de nuestros antepasados, apenas se consigue entrever hoy con el telescopio.

132. Al empequeñecimiento de las Deudas públicas concurrió, además, la variación del metro monetario. Las Deudas públicas permanecen fijas en la suma original. Eran 15.000 millones en la Italia de 1900 y esos 15.000 millones siguen siendo hoy. Pero en 1900 los 15.000 millones producían un efecto deprimente sobre el ánimo de los contemporáneos. Los oradores de la oposición echaban en cara, día tras día, a los gobiernos la imprevisión de un cúmulo tan grande de deudas y el aplastamiento de los contribuyentes bajo su peso. ¿Quién se preocupa hoy de aquellos 15.000 millones y de los

correspondientes 500 millones de liras anuales de intereses? Entonces los intereses (700 millones antes de que las felices conversiones de 1906 redujeran la carga) absorbían un tercio del presupuesto estatal. Hoy los 500 millones apenas llegan a la cuadragésima parte del presupuesto de gastos. La lira se ha hecho más pequeña. Legalmente, a tenor de los decretos de 5 de octubre de 1936, es alrededor de un sexto de la lira prebélica. De hecho, debido a la devaluación simultánea del oro, vale todavía menos, quizás un séptimo de la lira de 1900. Los contribuyentes realizan hoy, para obtener y pagar al erario los 500 millones de impuestos para los intereses de la Deuda pública antigua, un séptimo del esfuerzo que debían hacer en 1900. La experiencia del último tercio de siglo no es una experiencia aislada en la historia. Las crónicas del siglo XVI están llenas de noticias, de quejas y de regocijo en torno a la devaluación de los créditos estipulados en unidades monetarias antiguas. Y durante los siglos XVII y XVIII se sigue escribiendo, gimiendo y alegrándose (a media voz). Bien porque los metales preciosos, por la abundante producción de las minas de México y de Perú, pierden valor, bien porque los principios del envilecimiento del oro añaden la disminución del contenido áureo en las monedas de acuñación nacional, las Deudas públicas antiguas siguen disminuyendo y volatilizándose. A fines del siglo XVIII llega el huracán de la Revolución francesa. Una vez pasada la ráfaga, los portadores de los antiguos títulos de Deuda pública reciben el reembolso de su crédito, dos tercios en asignados —pedazos de papel de valor cero— y un tercio en inscripciones en el gran libro nuevo de la Deuda pública. Bajo la antigua monarquía, Boileau contaba que los *rentiers* palidecían ante la noticia de que un *quartier,* un trimestre, de intereses había sido saltado a pies juntillas. Con la Revolución llegamos a la reducción al tercio. Un tercio en moneda buena y dos tercios en moneda sin valor. Más o menos, esta es la experiencia de toda Europa continental en el transcurso del siglo XVIII. La experiencia reciente de la devaluación monetaria no tiene, pues, nada de nuevo. Es una entre las razones que explican de qué modo las nuevas generaciones no se doblegan bajo el peso de las deudas que parecían espantosas a los antepasados.

Esta razón que también se podría aducir del año sabático —antiguo canon bíblico que condonaba las deudas cada siete años— es, desde luego, irracional. El deudor racional tiene interés en pagar los intereses y reembolsar el capital puntualmente en la misma moneda, ni mejor ni peor, en todo caso mejor, en que recibió la suma tomada a préstamo. Los deudores, privados o públicos, recibirían una remuneración amplísima bajo forma de reducción del tipo de interés a mínimos quizá inesperados hoy en día. Por lo general, los hombres prefieren la remisión de la deuda, obtenida irracionalmente con la devaluación de la moneda, a la ventaja, más importante, de la reducción del tipo de interés que seguiría a la confianza observada. Pero la devaluación une la ventaja propia con el daño ajeno, mientras que la reducción en el tipo de interés es "solamente" ventajosa para todos, y es bien sabido de qué modo los hombres aprecian acaso más el daño ajeno que la ventaja propia.

133. Aún hay una razón más sutil, menos conocida del público, no acogida por los estudiosos a los que disgustan las ideas simples, y que contribuye a explicar el hecho de la amortización o reembolso nunca ocurridos de las Deudas públicas. Ciertamente, la amortización por obra del Estado no es necesaria, porque, si es ventajosa, tiene lugar espontáneamente fuera del Estado. Supongamos que, en un momento dado, por ejemplo en el año 1900, un Estado ha emitido un emprésito de 1000 millones de liras. Supongamos, para no confundir los distintos problemas, que todas las demás circunstancias importantes han permanecido invariables: igual la población, iguales la riqueza y la Renta nacional, invariable la unidad monetaria. El Estado no ha reembolsado directamente ni siquiera un céntimo del emprésito. En 1950, este sigue escrito sobre el gran libro de la Deuda pública por el importe original de 1000 millones de liras, que rinden el mismo interés del 4% corriente en 1900. En el ínterin, no ha tenido lugar ninguna conversión. Los contribuyentes pagan en 1950 los mismos 40 millones de liras de impuestos que pagaban en 1900 para el servicio del empréstito.

Y, sin embargo, es probable que, incluso en esta hipótesis extrema, los contribuyentes de 1950 sientan bastante menos vivamente la carga del empréstito en relación con 1900. ¿Por qué se había emitido el empréstito en 1900? Ya se dijo anteriormente. Porque la cobertura de un cierto gasto con un impuesto extraordinario habría sido demasiado onerosa para la mayor parte de los contribuyentes. Estos habrían tenido que vender algunas casas, algunos terrenos, o bien hipotecar casas y terrenos, o endeudarse con usureros, echándose encima una carga bastante superior por término medio al 4%. Prefirieron constituir, bajo la égida del Estado, lo que podría denominarse un consorcio obligatorio y ofrecer a los capitalistas la garantía solidaria propia, provista de los instrumentos severísimos de cumplimiento de que dispone el Estado para hacerse pagar los impuestos. De este modo consiguieron (formalmente, se debe decir que lo consiguió el Estado, que dirigió la operación en su nombre sin crear consorcio alguno, pero, sustancialmente, el Estado actuó por cuenta y en interés de los contribuyentes) prestados los mil millones de liras que les hacían falta, para hacer frente al gasto público extraordinario, a un tipo de interés bajo, el 4%, el mejor en aquel momento. El Estado, actuando por cuenta de los contribuyentes, les retira anualmente 40 millones de liras de impuestos y los cede a los acreedores públicos. En esta cuestión, la tesorería del Estado es un simple intermediario, utilísimo y necesario para dar a la transacción el carácter forzoso que constituye su mejor garantía y para reducir la carga de la operación al mínimo. Pero intermediario. El negocio tiene lugar sustancialmente entre contribuyente que paga y acreedor público que recibe los intereses.

134. Todos están obligados a pagar, con el nombre de impuestos y por medio del Estado, su propia porción de intereses. Fulano, por ejemplo, paga 4000 liras al año de impuestos con el fin de que el Estado responda de los intereses sobre las 100.000 liras que, de otro modo, habría tenido que pagar a

título de impuesto extraordinario. En un cierto momento entre 1900 y 1950, ¿ha acumulado Fulano algún ahorro?, ¿ha vendido una casa?, ¿se ha retirado del comercio?, ¿tiene disponibles de este modo fondos antiguos o nuevos?, ¿no sabe cómo emplearlos a un tipo de interés mayor del 4%?, ¿su tierra, su casa o su empresa no permiten o no exigen ventajosamente mejoras, mayores construcciones o ampliaciones? Fulano da órdenes a su agente de Bolsa para que adquiera una partida (100.000 liras) de consolidado al 4%. Sin duda, es necesario para ello que Fulano ahorre las 100.000 liras; y el hecho del ahorro nuevo es el antecedente habitual de la amortización privada de la Deuda pública, así como del reembolso de cualquier deuda. El ahorro nuevo es el antecedente habitual, no necesario, porque el antecedente puede consistir, como se dijo anteriormente, en la posesión de fondos líquidos derivados de una desinversión. Con el fin de que el antecedente produzca el efecto psicológico de amortización privada de la Deuda pública, es necesario, sin embargo, que se verifique otro hecho, que es el verdaderamente característico. Por sí, el ahorro nuevo significa únicamente incremento de riqueza, que es factor de disminución del peso de la Deuda pública conocido desde hace mucho tiempo por los tratadistas (cfr. supra § 131). El hecho característico es que se realice por "contribuyentes" antes incapaces de ahorrar (trabajadores puros) o ajenos a las inversiones en títulos de la Deuda pública (empresarios agrícolas, industriales o comerciales) y ahora capaces o propensos a dar órdenes de adquisición de títulos de Deuda pública.[4] En ese momento, la partida de la Deuda pública, por lo que se refiere a nuestro amigo Fulano, puede considerarse de hecho como cerrada. "De hecho" quiere decir en la imaginación, en la opinión, en el subconsciente de Fulano. Puede ocurrir que el hecho sea de falsa imaginación. Si Fulano se pone a pensar en ello, puede acabar concluyendo: "Las 100.000 liras que he ahorrado podría haberlas invertido en una casa, que habría dado la misma renta neta de 4000 liras del título del Estado. En tal hipótesis, sentiría el placer, por una parte, de las 4000 liras de renta y el dolor, por otra, de las 4000 liras de impuestos para responder de los intereses del empréstito. Por lo tanto, "debo" sentir igualmente el placer de las 4000 liras de interés del título del Estado y el dolor de perderlas inmediatamente para pagar el impuesto necesario para responder de los intereses de mi título". Estos son razonamientos que Fulano "debería" hacer si fuese un razonador perfecto. Es un hecho que Fulano es un buen hombre, que no ha querido comprar la casa precisamente porque le satisfizo más comprar el título del Estado; y es un hecho que, quizás inconscientemente, se decidió precisamente para tener disponible, a golpe de tijeras, el importe para pagar el impuesto. El resultado psicológico obtenido es el mismo, y esto es lo que importa.

---

4 Así me parece que debe exponerse la teoría para tener en cuenta lo que De Viti añadió a la antigua y resabida observación de que el peso de la Deuda pública disminuye con el aumento de la riqueza pública: la constatación de inversiones en títulos de Deuda pública por parte de gente que antes no ahorraba o que, ahorrando, invertía de otro modo.

El rodeo de los asientos prosigue en verdad. En el gran libro de la Deuda pública siguen inscritas las 100.000 de consolidado 4%. El erario público sigue pagando cada año 4000 liras de intereses. El rito religioso del corte de los cupones y su presentación a las cajas públicas sigue teniendo lugar. El recaudador sigue escribiendo en las listas el nombre de Fulano como contribuyente de 4000 liras al año y sigue mandándole avisos; y Fulano, contribuyente, se presenta cada dos meses a pagar las cuotas vencidas. Los hombres realizan los habituales conjuros rituales de pagar y recibir. Sin embargo, todo esto es pura forma. Fulano tiene dos caras: paga 4000 liras con la cara de contribuyente y recibe 4000 con la cara de acreedor. El Estado facilita la compensación permitiéndole pagar las 4000 liras de impuestos gracias a la entrega de 4000 liras en cupones de títulos de la Deuda pública.

135. En los Estados del antiguo régimen, antes de 1789, los legisladores habían visto, con sus ojos simples, la vanidad del mucho escribir y cambiar papeles, cifras, avisos y cupones, y habían imaginado un expediente obvio. El Tesoro consignaba al acreedor Mengano una especie de delegación para hacerse pagar las 4000 liras por Fulano deudor de un impuesto territorial equivalente. Cuando Fulano estaba harto de pagar, rescataba, pagándola a 100.000 liras, la delegación y se pagaba las 4000 liras a sí mismo. O sea que no pagaba más. El *tasso* (nombre del impuesto territorial del Piamonte antes de 1789) ya había venido a menos y se había cancelado la Deuda pública.

Lo que en el hermoso tiempo antiguo era un hecho claro y simple ahora queda reducido a ser una teoría que lleva el nombre de Antonio De Viti De Marco. Pero, salvo el enredo de los asientos, sigue siendo un hecho también en nuestros días.

136. El sistema actual tiene una ventaja sobre el antiguo: la Deuda pública después de muerta puede revivir. Fulano, que ha extinguido su porción de Deuda pública con la adquisición de 100.000 liras de consolidado 4%, y la consiguiente compensación y anulación de los dos actos: pago de 4000 liras de impuesto y cobro de 4000 liras de intereses, puede tener necesidad nuevamente de las 100.000 liras. ¿Quiere mejorar la finca, ampliar la empresa, dotar a la hija? Vende las 100.000 liras de consolidado 4% y se vuelve a constituir en deudor verdadero y propio del importe correspondiente. Vuelve a pagar 4000 liras de impuesto, sacándolas de otras fuentes, y a entregarlas por medio de la tesorería del Estado a un nuevo Mengano adquirente de las 100.000 liras de consolidado 4%. No es necesario que Fulano adquiera o venda las 100.000 de una vez; adquiere o vende por fracciones o por entero, según le dicta la conveniencia.

137. La Deuda pública de todos los Estados se extingue, pues, por adquisición privada de los correspondientes títulos por parte de los deudores del impuesto necesario para responder de los intereses del préstamo, dentro de los límites en que los contribuyentes tienen la posibilidad y la conveniencia de proceder a la extinción. La amortización "privada" de la Deuda pública

es, por lo tanto, parcial y provisional. No es cierta y no es permanente. Del mismo modo que se realizó puede desaparecer.

El contribuyente puede no amortizar por imposibilidad o bien por conveniencia. Si no ahorra, sigue disfrutando de las ventajas que el método de la deuda le ofrecía en relación con el del impuesto extraordinario. Si, ahorrando, no adquiere títulos de Deuda pública sino acciones industriales o terrenos o casas, tiene renta o ventaja mayores, a su juicio, de las que habría tenido amortizando privadamente su cuota de Deuda pública. Día a día, tanto en el origen como después, el contribuyente realiza y renueva continuamente la elección entre los dos métodos, según la regla de su conveniencia máxima.

Históricamente, se observa que cuanto más pasa el tiempo, cuanto más consolidan su fortuna las clases laboriosas e industriosas, tanto más se hace realidad la amortización privada. Esto explica por qué, con el pasar del tiempo, empréstitos que habían parecido aplastantes se hacen tolerables. Primero, el servicio de los intereses se hacía con el sudor de la frente de los contribuyentes obligados a afanarse, a dirigir y a organizar para pagar los impuestos necesarios al caso. Después, poco a poco, disminuye el sudor. Se paga sin penalidades tan grandes, con el cupón de los títulos del Estado adquiridos con el ahorro pasado. ¿Quiere decir esto que ya no se paga, o que únicamente se tiene la impresión de no pagar? Parece ocioso porfiar por tan poca cosa, y se puede abandonar la diversión de la porfía a los estudiosos que creen destruirlo todo y no destruyen nada.

En realidad, los contribuyentes siguen murmurando porque pagan mucho. Les gusta cobrar las 4000 liras de intereses-cupones y les disgusta tenerlas que volver a entregar en impuestos. ¿No les disgustaría bastante más no tener cupones para cobrar y tener que pagar en todo caso las 4000 liras? De hecho, pese a la murmuración, pagar y cobrar se ha convertido para ellos en un hábito automático. Si el Estado se decidiese a abolir ambos actos reflejos simultáneamente, la cosa podría parecer incluso natural, como ocurría antes de 1789 a los titulares del *tasso* rescatado.

138. Naturalmente, existen también los críticos, no solo de la teoría, sino incluso —cosa no poco curiosa— del hecho de la amortización privada de la Deuda pública: "No es general, y la utilizan únicamente los pocos que pueden. No es definitiva; los contribuyentes pueden volver a vender los títulos comprados. Solo los ahorradores consiguen amortizar su ración de Deuda pública; los pobres, los que no pueden ahorrar, siguen pagando".

La retahíla de palabras podría proseguir, pero no vale la pena. ¿Qué daño sufre el pobre incapaz de ahorrar con la ventaja ajena? Ninguno; y quizá alguna ventaja. Cuanto más se clasifica el título entre los contribuyentes y cuanto más adopta una morada estable en su cartera, tanto más crece la clientela del título y aumenta su valor. El Estado puede encontrar ocasión para útiles conversiones voluntarias del 4% al 3,50%. Incluso los pobres y los que no pueden ahorrar obtienen ventajas de los impuestos menores o de unos servicios públicos más perfeccionados.

¿Acaso, por otra parte, la amortización "pública" por obra directa del Estado ha dado frutos más copiosos que la amortización "privada"? Entre las dos especies de amortización, el juicio histórico comparativo no es dudoso. Históricamente, la amortización pública es un hecho que ha ocurrido rarísimamente y que ciertamente no ha durado nunca; la amortización privada no es cognoscible mediante cifras y noticias exactas, pero sentimos su presencia latente, benéfica, creciente con el tiempo a medida que nos alejamos del día de la creación de los empréstitos públicos. Cuando vemos al ahorrador cortar con complacencia mal disimulada, en los patios de los bancos, los cupones de los títulos de Deuda pública y le vemos dirigirse, murmurando, a pagar las cuotas de los impuestos, concluimos con la conciencia tranquila: esta es una porción de Deuda pública que sigue viva todavía a través de unos asientos, pero que en verdad es la sombra de sí misma.

139. Unas veces sustancia y otras sombra, la Deuda pública es también, más de una vez, *fata morgana* que hace aparecer ante los ojos de los hombres espejismos de riqueza no vista anteriormente. Una de las paradojas de la Deuda pública puede expresarse así: endeudándose el Estado, aumenta la riqueza nacional.

140. La paradoja no es la vulgarísima de las liras que se duplican pasando del bolsillo del ahorrador al tesoro del Estado. Para engañar a los simples, se solía plantear el problema: antes del empréstito, Fulano poseía 100 liras y el Estado no poseía nada; total, 100 liras; después del empréstito, Fulano posee un título que, si quisiera venderlo, podría ser negociado en un minuto a 100 liras, y el Estado posee las 100 liras; total 200 liras. Tras quedarse por un minuto con la boca abierta, incluso el simple respondía: pero el Estado, que posee 100 liras, debe contraponer en su inventario 100 liras de deuda hacia Fulano, y por lo tanto posee cero, y el total es una vez más, como antes, 100 liras.

141. La paradoja no es ni siquiera la inversa de la otra tosquedad: si el Estado se endeuda en el interior, se trata, según decía Voltaire, de una deuda de la mano derecha con la mano izquierda, y la riqueza nacional permanece invariable, mientras que, si el Estado se endeuda en el exterior, la riqueza nacional disminuye en la medida de toda la deuda con el extranjero. Incluso el hombre simple después de un poco más de reflexión observa: si el Estado contrae un empréstito de mil millones en el interior y realiza obras públicas útiles, ahora y en lo sucesivo, la riqueza nacional no ha cambiado, habiendo cambiado de forma únicamente los mil millones: de poder de adquisición disponible a cosas concretas que valen de nuevo, mil millones; si, en cambio, el Estado tira el dinero por la ventana en obras de lujo improductivas, como parques, jardines y teatros, cuando urgirían muchas otras exigencias fundamentales, los mil millones que existían antes ya no existen. La riqueza nacional ha disminuido, o ha aumentado, no a causa o pese a la naturaleza

interior de la Deuda pública, que no tiene nada que ver, sino a causa del mal o buen uso hecho del producto del empréstito. Análogamente sucede con la deuda contraída en el exterior. Si los mil millones del extranjero tuvieron mal fin, seguimos con la riqueza de antes y con una hipoteca de mil millones en favor del acreedor; si sirvieron, en cambio, para el equipo económico o administrativo del país, tendremos mil millones o acaso más de nuevos valores creados en el país que compensarán y quizá irán más allá de la hipoteca constituida en favor del extranjero. La riqueza nacional italiana creció de 1860 a 1880 a causa del buen uso hecho de los empréstitos exteriores en ferrocarriles, carreteras, puentes y organización civil y administrativa, uso que no habríamos podido hacer con empréstitos interiores, porque los ahorradores italianos ahorraban en la medida de lo posible, pero no ahorraban lo bastante como para satisfacer las exigencias apremiantes de un país que tenía que labrar sus cimientos. Por lo tanto, no es la cualidad interior o exterior del empréstito público la que produce por sí misma incremento o disminución en la riqueza nacional, sino exclusiva, y únicamente, el uso bueno o malo del producto de ese empréstito.

142. Del mismo modo, la paradoja enunciada anteriormente no es la inversa de otra simpleza: que la adquisición de títulos de Deuda pública perjudica a la riqueza nacional, porque aleja los capitales de las inversiones agrícolas, industriales y comerciales. La acusación fue propia del tiempo en que la Deuda pública era considerada típica, junto con los presupuestos militares, de los gastos llamados improductivos. ¡Cuántos anatemas aparecieron en los periódicos, entre 1880 y 1900, contra el perezoso capitalista que invertía sus ahorros exclusivamente en títulos de la Deuda pública y se mantenía lejos de las iniciativas "fecundas" de la agricultura y de la industria! En verdad no había ni "lejos" ni "cerca". Existía en un cierto momento o tiempo una masa, por ejemplo, de mil millones, de títulos de Deuda pública ofrecidos por quien los poseía al mercado. El anatema no era, en verdad, lanzado únicamente contra las emisiones de "nuevos" títulos de Deuda pública. Se atacaba al título de Deuda pública por sí mismo, incluso después de haber sido emitido y colocado. Los adquirían ahorradores modestos de espíritu no arriesgado, confiados en el Estado, que se contentaban con el 4%. Daban mil millones de liras contantes de nuevo ahorro y recibían mil millones de liras en títulos. Los mil millones contantes no se esfumaban por ello. Pasaban a disposición de los vendedores de títulos públicos que con ellos podían adquirir acciones, casas, terrenos, instalar industrias, comercios, fecundar, en fin, todas las iniciativas económicas que les pareciesen más prometedoras. Ni un céntimo quedaba sustraído, como vociferaban los adversarios de la Deuda pública, a ninguna iniciativa seria y fecunda.

Detrás de esta simpleza existían dos verdades: la primera, que quizás alguno de los vociferadores deseaba aferrar una porción de los mil millones para fecundar, no iniciativas serias, que siempre encuentran un promotor, sino algún plan apto para crear empleos y puestos en favor suyo y de sus acólitos; la segunda era que, para juzgar de la bondad relativa de los empréstitos públicos y de las inversiones privadas, es necesario fijarse, no en el momento en que los títulos de la Deuda pública ya han sido creados y circulan en el mercado —porque en tal caso el ahorro existente no varía y pasa únicamente de las manos del comprador a las del vendedor de los títulos— sino en aquél en que los títulos son emitidos y se emplea el producto de su emisión. Una vez más, si el Estado emplea bien los mil millones conseguidos, la riqueza y la potencia (de la que más tarde deriva a la larga riqueza) nacionales aumentan; si los emplea mal, disminuyen. No es menester fijarse en los actos de inversión del individuo privado, sino en el uso que hace el Estado de las sumas obtenidas mediante el empréstito.

143. La paradoja —endeudándose el Estado, aumenta la riqueza nacional— es otra[5].

Fijémonos en el estadístico ocupado en hacer el cálculo de la riqueza nacional. Valora los terrenos: 100.000 millones; los edificios: 80.000; las empresas industriales y comerciales, con naves, provisiones, máquinas, ganado etc., o las acciones y las obligaciones que representan estos bienes, con excepción de los terrenos y los edificios valorados ya anteriormente: 100.000 millones. Cuando llega a los títulos de deuda privada hipotecaria, quirografaria o cambiaría: 20.000 millones, se queda un poco con la pluma en el aire y luego borra, a menos que se trate de deudas con extranjeros, que anota con el signo *menos*, o de créditos contra extranjeros, que anota con el signo *más*. Las deudas entre nacionales las omite, porque tendría que contabilizarlas con el signo *menos* a nombre del deudor y con el signo *más* a nombre del acreedor, y los dos asientos se anularían mutuamente. Por ello anota únicamente 2000 millones en el pasivo (deudas con extranjeros) y 3000 en el activo (créditos contra extranjeros). El mobiliario de las casas, con joyas, vehículos, caballos y artículos de uso doméstico se inscribe por 9000 millones.

El total, hasta aquí, da 290.000 millones netos. Existe una última partida: 110.000 millones de títulos de Deuda pública estatal y local, que elevarían el total de la fortuna nacional a 400.000 millones de liras. ¿Debe o no debe contabilizar los 110.000 millones? El estadístico, si recuerda lo que se dijo anteriormente acerca de la tosquedad de afirmar que la emisión de una deuda duplica la suma suscrita, si piensa que no ha inscrito —excepto 2000 con menos y 3000 con más— porque son deudas con o contra extranjeros, los 20.000 millones de títulos de deuda privada, vacila. Los 110.000 millones de Deuda pública vamos a suponer que son, para simplicidad de la hipótesis, todos a favor de nacionales. Una mano limpia a la otra. Los ciudadanos

---

5 Cfr., para esta adición a la teoría devitiana, mis ensayos: *Del cosidetto prelievo dell'imposta e dei suoi effetti sulla valutazione del reddito e della ricchezza del paese*, en «La riforma sociale», mayo-junio 1929, y de nuevo en *Saggi*, Turín, 1933, parte I, página 77; y *La inclusione del debito pubblico nelle valutazioni della ricchezza delle nazioni*, comunicación a la XXII Sesión del Instituto Internacional de Estadística de Londres 1934, en el «Bulletin» del Instituto, tomo XXVIII, 2ème livr., p. 271.

tienen 110.000 millones de crédito hacia el Estado, y el Estado, que también es nacional, tiene 110.000 millones de deuda hacia los ciudadanos. El menos anula el más y queda cero.

Y, sin embargo, el estadístico sigue dudando. ¿Es verdad o no es verdad que quien posee 100.000 liras de títulos de Deuda pública posee una riqueza de 100.000 liras (si, por hipótesis, los títulos están a la par) lo mismo que el que posee una casa cuyo valor corriente es de 100.000 liras? ¿Por qué incluir en la riqueza nacional las casas y no los títulos?

144. Para sacar al estadístico de la duda hamletiana interviene el economista, que razona sobre la teoría de la capitalización de las rentas en el mercado.

Una porción de esa Deuda cuyo importe total es de 110.000 millones, precisamente 100.000 liras, corresponden a Fulano, propietario de una casa. Corresponde en el sentido de que debe responder de los intereses de esa porción, pagando cada año 5000 liras de impuestos, con el fin de que la tesorería del Estado pueda entregar las 5000 liras de intereses al portador de las 100.000 liras de títulos.

Antes de que el Estado contrajese la deuda, la casa de Fulano rendía 50.000 liras al año y valía, capitalizando al 5%, *o* sea al "dinero" veinte, que era el tipo corriente para inversiones de esa especie, un millón de liras. La casa se inscribía por el estadístico por valor de 1 millón en el inventario de la fortuna nacional. Después de la deuda y del impuesto consiguiente de 5000 liras anuales, la renta se redujo de 50.000 a 45.000 liras y, al normal 5% —no existe razón para que cambie el tipo de capitalización—, el capital disminuyó de 1 millón a 900.000 liras. El estadístico ya no vuelve a encontrar su millón; sino que, como el mercado valora 900.000, debe anotar 900.000 liras. ¿Qué ha ocurrido? Que la emisión de la Deuda pública ha hecho esfumarse idealmente un décimo del valor de las casas. Y, también, un décimo de los terrenos y de las fábricas y de las acciones que representan casas, terrenos y fábricas. En el mercado, las casas —y las tierras, etc.— se cambian sobre la base de la renta neta de impuestos, comprendido el impuesto instituido para responder de los intereses de la Deuda. La casa, si uno la mira, sigue siendo la misma, física y económicamente. Ni un ladrillo de menos, ni un céntimo de renta menos. Existe una sola diferencia: antes, las 50.000 liras de renta se quedaban en el bolsillo del propietario y se capitalizaban en su favor: 1 millón. Ahora, las 50.000 liras se dividen en dos partes: 45.000 al propietario, y estas se capitalizan en 900.000 liras, valor de la casa; y 5000, por medio de la tesorería del Estado, al acreedor público, y se capitalizan en su favor en 100.000 liras, valor del título de Deuda pública. Es como si la casa se hubiese desdoblado: nueve décimos siguen teniendo el nombre de casa y valen 900.000 liras; un décimo está simbolizado por el título de la Deuda pública y vale 100.000. Total, 1 millón, como antes.

Conclusión: si no se quiere que, por un simple traspaso de disfrute del contribuyente al acreedor público de una parte de la Renta nacional, la fortuna del país parezca reducida artificiosamente, cuando ha permanecido la misma en tanto que casas, tierra, árboles, cosechas, buques, instalaciones, mercancías, etc., la misma como productividad y renta, es necesario que el estadístico inscriba en el activo 900.000 liras de valor de la casa y 100.000 liras de valor del título.

Al obrar de este modo, el estadístico no atribuye cualidad de "riqueza" al título. Si también el título es riqueza o si solo es tal la casa, es un problema diverso, en torno al cual se puede discutir. Aquí se afirma únicamente que el estadístico cometería un error de "reemplazamiento" si tuviese en cuenta únicamente las 900.000 liras de valor de la casa y no, también, las 100.000 liras de valor del título. Algo se escaparía a la estimación y el cuadro no sería completo.

145. Por lo tanto, debería concluirse una vez más que es necesario contabilizar en el activo de la riqueza nacional los 110.000 millones de Deuda pública.

La conclusión, como todas las conclusiones económicas, es seguramente cierta hasta un cierto punto. Es cierta, sin duda, para aquella parte de la Deuda pública, supongamos 60.000 millones de los 110.000, cuyo servicio de intereses se hace con impuestos repartidos sobre bienes —tierras, casas, fábricas y acciones correspondientes, etc.— negociados en el mercado. Si la Deuda no existiese y no existiese el correspondiente impuesto para su servicio financiero, esos bienes serían apreciados en el mercado en 60.00b millones más. Por ello, si no se quiere hacer desaparecer 60.000 millones de riqueza nacional existente y en producción, es necesario anotar en el inventario los 60.000 millones de títulos de Deuda pública.

146. ¿Y qué sucede con los restantes 50.000 millones de títulos? De no querer hilar muy delgado, lo que no le va a la índole del presente escrito y que, por otra parte, no conseguiría nada, porque en los argumentos que solo se pueden tratar en bloque, los detalles nadie los conoce y se pueden abandonar de buena gana a los ejercicios escolares de los estudiantes llamados justamente, para afinar la lógica, a caminar sobre el filo de la navaja, podemos admitir que, si el servicio de los anteriores 60.000 millones gravaba la renta de los bienes de capital, el servicio de los restantes 50.000 millones grava la renta del trabajo nacional. El impuesto de 2500 millones anuales, necesario para pagar los intereses de esos 50.000 millones, recae sobre sueldos de empleados, honorarios de profesionales, salarios de obreros, beneficios, deducido el interés sobre el capital invertido, de los empresarios agrícolas, industriales y comerciales. La forma adoptada es diversa: impuestos sobre la renta o sobre el consumo. El carácter común es la incidencia sobre la renta de trabajo pura o sobre la parte de trabajo de las rentas mixtas de capital y trabajo.

147. Aquí, la inscripción o no inscripción de los 50.000 millones en el inventario de la riqueza nacional se convierte en un problema de mera sistemática estadística.

Puede ocurrir que el estadístico quiera hacer el inventario del patrimonio nacional consistente en "cosas" que tienen un precio; y en tal caso *no* inscribirá los 50.000 millones, porque estos son la capitalización, en forma de títulos de Deuda pública, de una parte, de la renta de los hombres. Esos títulos son pedazos de hombres capitalizados. Puesto que el estadístico en cuestión no tiene en cuenta en su inventario el valor de los hombres enteros, no puede tampoco, por la lógica del sistema, tener en cuenta los pedazos de hombre en papel.

148. O bien nuestro estadístico, tras haber valorado en 290.000 millones el valor de las "cosas" que componen la riqueza nacional, más los 60.000 millones de títulos de Deuda pública que inciden sobre las mismas cosas, por un total de 350.000 millones, no está, cabalmente, satisfecho. ¿Son las "cosas" toda la riqueza de un país? Aún más, ¿acaso no están muertas las cosas si no se las hace valer por los hombres? Algunas naciones, pobres de cosas, son ricas por abundancia de hombres, es decir, que son ricas si los hombres son honrados, laboriosos, expertos, emprendedores. El estadístico no quiere resolver el problema, sea cual sea, de esencia o de terminología, de si únicamente las cosas o también los hombres son riqueza y de cuál es el contenido de "cosa"; se preocupa exclusivamente de completar el cuadro valoratorio de su país. Una comparación entre la riqueza de dos naciones que tenga en cuenta únicamente las cosas es ciertamente débil, y a menudo errónea. Por ello, algún estadístico efectuará cálculos laboriosos para estimar —lo que ya no hace el mercado desde la época de la abolición de la esclavitud— el valor de los hombres. Llegará, supongamos, a la conclusión de que los hombres del país en cuestión, habida cuenta de su aptitud para producir y de su vida productiva media probable, valen 300.000 millones de liras. En este caso, el estadístico *tendrá* en cuenta los 50.000 millones de títulos de Deuda pública cuyo servicio se financia por impuestos que recaen sobre las rentas de trabajo. Si no existiese esa Deuda, y no existiesen los correspondientes impuestos, los hombres tendrían, ellos y sus hijos a perpetuidad, una renta de 2500 millones anuales más y valdrían 50.000 millones más.

149. Los dos estadísticos valorarán la riqueza nacional del modo siguiente:

	Valoración A	Valoración B
Valor de las «cosas»	290	290
Valor de la Deuda pública que grava a las cosas	60	60
Valor de los hombres	—	300
Valor de la Deuda pública que grava a los hombres	—	50
Total	350	700

Las dos valoraciones son lógicas. Basta indicar con exactitud cuál es el contenido de cada una. Pero el primer estadístico, el que realiza la valoración *A*, no podría introducir subrepticiamente los 50.000 millones de Deuda pública que grava a los hombres. En "su" valoración esos 50.000 millones quedarían suspendidos en el aire. Los hombres tienen que entrar en los inventarios por entero: o todo o nada. Cabeza y tronco y brazos y piernas; no una pierna sola separada del tronco.

En general, los estadísticos son cabalmente prudentes y no se aventuran a realizar la valoración *B* de los hombres. Saben que realizan una obra incompleta; pero prefieren lo parcial a lo fantástico. Las valoraciones de los hombres, aunque se hagan con gran aparato, son mera fantasía. Las personas serias no hacen acrobacias. A veces, de mala gana, se deciden a poner alguna piedra miliar que sirva para discutir, que plantee el problema; pero ya no van más adelante. Y por esta conducta, científicamente digna, todos les alaban.

150. Aun sabiendo que los 50.000 millones de títulos de Deuda pública, cuyos intereses se financian con impuestos que gravan las rentas de trabajo, no deben ser incluidos en la cuenta de la riqueza nacional si se sigue la metodología ordinaria de los estadísticos, es un hecho que los 50.000 millones existen y se negocian en el mercado, es un hecho que el poseedor de los mismos es tan rico, ni más ni menos, como el poseedor de cualquier otro título de Deuda pública.

La paradoja valoratoria de la Deuda pública está ahí. La Deuda reconstituye, vuelve a crear en el mercado la valoración de los hombres que había suprimido la esclavitud. ¿El esclavo era apreciado, por hipótesis, en 500.000 liras porque la elevada renta de su trabajo profesional durante los años de su vida probable descontada en el momento actual daba ese valor?

Ahora, el hombre libre vale, abstractamente, más, porque el libre trabaja para sí mejor y más de cuanto trabajaba el esclavo para el amo. El hombre libre no tiene valor capital, porque no es un bien negociable; aún más, negociar el hombre es un delito. Pero si una parte de la renta del hombre se le retira por causa del impuesto, si tiene que pagar 2500 liras anuales de impuestos al Estado para responder de 50.000 liras de Deuda pública, si se prevé con certeza suficiente que, muerto él a la vida productiva, su puesto será ocupado por su hijo y luego por el hijo de su hijo y así hasta el infinito, he aquí que una porción del valor del hombre queda separada de él y toma cuerpo en el título de la Deuda pública. Las 50.000 liras de títulos de Deuda pública constituyen una porción de hombre hecha negociable en el mercado.

Para crear el nuevo valor capital mobiliario de 50.000 liras es necesario cortar de la renta de los trabajadores 2500 liras anuales a lo largo de la sucesión perenne de las generaciones. Pero no es necesario cortar un décimo de la renta de estas. La renta de 50.000 liras anuales del profesional se capitalizaba, teóricamente, solo en 500.000 liras, porque esa renta era temporal, limitada al tiempo de la vida productiva del profesional y por tanto se descontaba, por hipótesis, al tipo de interés del 10%. Si le quitamos a este solo un vigésimo, 2500 liras de su renta, esas 2500 liras se convierten de temporales en perpetuas, porque el Estado las recauda de la sucesión de generaciones a perpetuidad; he aquí que la porción de renta se capitaliza al tipo del 5%, en vez del 10%; he aquí que vale 50.000 en lugar de 25.000 liras. La transformación simbólica de la porción de hombres en títulos de la Deuda pública aumenta el valor actual de la parte de hombre que ha adoptado forma de papel.

151. Son varias las consecuencias sugestivas que se pueden deducir del concepto de título como símbolo de porción de hombre:

El hombre se hace, en parte, siervo de otro. Hasta el límite de 2500 liras al año, el hombre-contribuyente trabaja en pro de su amo, del amo de la porción de sí mismo encarnada en el título de Deuda pública. En este tipo de esclavitud no existe ningún vínculo personal entre esclavo y amo. Ni siquiera se conocen uno y otro. Existe algo que podría definirse como esclavitud económica;

El hombre puede ser dado en prenda por su acreedor. El poseedor da el título, símbolo de porción de hombre, en prenda cuando necesita crédito. Es como si se mandase al esclavo a servir en una casa ajena hasta que se rescate la deuda del amo;

El hombre puede ser encarcelado o vendido con el fin de que se reembolsen las deudas del propietario. El banco que recibe en prenda el título tiene derecho a tenerlo encerrado en la cárcel de su cartera hasta que se restituya el anticipo, y a venderlo al mejor postor si al vencimiento no se ha pagado la deuda. Puesto que el título es una porción de hombre, todas las operaciones realizadas con él se realizan simbólicamente con el hombre;

El esclavo actual, al igual que el antiguo, puede, acumulando un peculio, rescatarse a sí mismo y recuperar la plena libertad. El hombre actual puede, ahorrando poco a poco, adquirir 50.000 liras de títulos de Deuda pública. Sin saberlo, vuelve a comprar la porción de sí mismo que, por medio del dispositivo del impuesto pagado por él y del título de Deuda pública, había sido enajenada a otro. Paga 2500 liras de impuestos y recibe 2500 liras de intereses. El título que posee es él mismo capitalizado, hecho mueble, enajenable, recuperable... El hombre libre puede, una vez tras otra, según su conveniencia, por medio del símbolo del título de la Deuda pública, hacerse esclavo de otro, darse en prenda para obtener crédito, recuperar su libertad. Quien no obtendría crédito personal si no fuese a un interés elevado, obtiene crédito barato si posee 50.000 liras de consolidado 5%. ¡Y, sin embargo, ese título de 50.000 liras es otro sí mismo! La Deuda pública transforma en real el vínculo personal y, actuando de este modo, disminuye el coste del crédito. ¡Qué estupendo es el mecanismo elaborado por la economía contemporánea que consigue liberar a la esclavitud de sus atributos inmorales y condenables y conservar lo que hay en ella de ventajoso para el hombre libre!

6

LA HUECA VANIDAD DE LOS SUMOS PRINCIPIOS UTILITARISTAS DEL IMPUESTO

152. En la base de la idea de la justicia tributaria se encuentra la siguiente máxima del orador que, en el consejo grande de Florencia, habló en defensa del impuesto de la décima graduada[1] propuesto en la época de la guerra de Pisa.

Se debe llamar igual a aquel gravamen que grava tanto al pobre como al rico; porque, y cuando un pobre paga al común una décima de sus ingresos y un rico paga una décima, aunque la décima del rico rinda más que la del pobre, se desordena mucho más, sin embargo, al pobre por pagar su décima que al rico por la suya. Empero la igualdad de un gravamen no consiste en esto, que cada uno pague de cuota tanto como los demás, sino que el pago sea de tal suerte que se incomode tanto a uno como a los demás.

La "incomodidad" de Francesco Guicciardini tomó el nombre de "sacrificio" en Jeremy Bentham, cabeza de los utilitaristas, y a la idea de la incomodidad se remontan las explicaciones que, de diversas formas, se dan del impuesto moderno. En la raíz de este se encuentra el concepto de un sacrificio a que es llamado el ciudadano en favor del Estado. La bondad o justicia del impuesto no queda probada por las cantidades de dinero pagadas por los ciudadanos, sino por la comparación entre la incomodidad, o sacrificio, o pena, o dolor, sufridos por los ciudadanos como consecuencia del pago de ciertas cantidades de dinero. No deberá llamarse justo el impuesto porque cada uno pague 1000 liras o el 20% de la renta propia o el 1% del patrimonio, sino porque la suma pagada, sea cual sea, ocasione a cada uno un sacrificio o incomodidad igual o proporcional al de cualquier otro. El Estado, por cierto, no recibe sacrificios, sino dinero. Pero el criterio para decidir sobre el *quantum* justo de dinero a

---

1 «Decima scalata» era un término que significaba que quien tenía cinco ducados o menos de una décima, debía pagar una décima (10%); quien tenía diez ducados de décima, debía pagar una décima y un cuarto (12,50%); quien tenía quince, décima y media (15%); y así sucesivamente para cada cinco ducados que tenía de décima el hombre, se multiplicaba un cuarto más (2,50%), no pudiendo gravarse, sin embargo, para uno solo, tres décimas (30%). Cfr. FRANCESCO GUICCIARDINI, *Dialoghi e discorsi del reggimento di Firenze,* Discursos III y IV sobre la «decima scalata», pp. 196-98, Laterza. Bari, 1932.

prestar es la incomodidad que esa prestación monetaria origina al ciudadano. Lo introspectivo psicológico es la premisa de lo concreto exterior monetario.

153. A través de Bentham, Edgeworth, Cohen Stuart y otros hombres insignes, la teoría del orador florentino ha asumido una forma que podría divulgarse del modo siguiente:

Esquema I

Esquema I

	Fulano	Mengano	Zutano
VI	5		
V	6	6	
IV	7	7	7
III	8	8	8
II	9	9	9
I	10	10	10

Sea la habitual sociedad perfecta de tres individuos: Fulano, Mengano y Zutano, provistos respectivamente de seis, cinco, y cuatro unidades de riqueza. Sean las unidades de riqueza, por hipótesis, todas físicamente iguales entre sí, o, por medio de algún expediente, configuradas de tal modo que sean hechas iguales por los hombres a las unidades de un bien de comparación o numerario. Cada uno atribuye a las unidades sucesivas de riqueza una utilidad decreciente, que en el diagrama se indica con los números abstractos 10, 9, 8, 7, 6 y 5.

154. El impuesto puede ser recaudado de las tres *dramatis personae* a tenor de tres significados distintos que pueden atribuirse al concepto de sacrificio.

155. El sacrificio puede ser *igual;* lo que significa que cada uno de los tres contribuyentes debe pagar tal suma monetaria de impuestos, sea cual sea, que ocasione a cada uno de ellos un sacrificio igual al sufrido por cualquier otro. Si, pagando una —evidentemente la última o VI— dosis física o monetaria de riqueza, Fulano sufre una pérdida medida, en términos de sacrificio, con el número 5, Mengano debe pagar cinco sextos de su V unidad, para que de este modo su sacrificio también sea medido con 5 y Zutano debe pagar cinco séptimos de su IV unidad con el fin de medir también con el número 5 la pérdida sufrida por él. La verdad del principio de la igualdad es axiomática. En una sociedad de hombres iguales, ¿quién se atrevería a mantener la desigualdad del impuesto?

156. El sacrificio puede ser *mínimo;* lo que significa que cada uno de los tres contribuyentes debe pagar tal suma monetaria de impuestos, sea cual sea, que ocasione a la colectividad de los tres un mínimo de sacrificio. Si las necesidades del Estado son de una unidad física o monetaria de riqueza, esa

unidad debe ser recaudada totalmente de Fulano. ¿Qué otro método haría sufrir, en efecto, a la colectividad un sacrificio menor que 5? Si las necesidades del Estado fuesen de tres unidades, dos (la V y la VI) deberían ser entregadas por Fulano y una (la V) por Mengano. El sacrificio de la colectividad sería de 5 + 6 + 6 = 17, y cualquier otra distribución del impuesto daría lugar a una suma de sacrificio mayor. También el principio del sacrificio mínimo es axiomático. Si el Estado debe llegar a una meta, obtener una ventaja pública, cumplir su misión, ¿por qué habría de sufrir la sociedad en este caso un sacrificio mayor que el mínimo imaginable? Es conforme con la lógica que si un resultado puede obtenerse con un sacrificio total 17 (5 + 6 soportados por Fulano, 6 por Mengano), no debe obtenerse con un sacrificio total 18 (5 soportado por Fulano, 6 por Mengano y 7 por Zutano) o con cualquier otro sacrificio total mayor que 17.

El principio del sacrificio mínimo va más lejos. Puesto que la labor del Estado, en la mente de los utilitaristas, se supone que es la de fomentar la máxima felicidad posible del máximo número posible de miembros de la sociedad —y también dicha proposición es axiomática, por la imposibilidad de afirmar lo contrario—, el impuesto no se agota con la satisfacción de las necesidades propias del Estado. Si, por hipótesis, el presupuesto estuviese ya cubierto o fuese cubierto de otra manera, en el esquema I se debería sin embargo recaudar o seguir recaudando de Fulano la VI unidad de riqueza, ocasionándole una molestia igual a 5, para darle a Zutano, quien de esta unidad, para él la V, obtendría una ventaja igual a 6. La felicidad o el bienestar colectivo crecería de tal modo en una unidad, obedeciendo al imperativo de la máxima felicidad colectiva. Si las fortunas están más diferenciadas, de tal modo que en lugar del esquema I tuviésemos el esquema II, el teorema del sacrificio mínimo dice que hay que quitar a Fulano las tres últimas dosis de riqueza que para él tienen el índice de utilidad 5, 4 y 3, para darle una a Mengano, a quien se le hace ganar 6, y 2 a Zutano a quien se le hace ganar 7 y 6. La felicidad o bienestar total de la colectividad de los tres pasa de 52 + 34 + 27 = 113 a 40 + 40 + 40 = 120. La máxima ventaja social se alcanza cuando la utilidad o ventaja marginal de la última dosis de riqueza poseída (ahora, para todos la V) es igual para todos los componentes de la sociedad; en el ejemplo, medida por el índice 6.

Esquema II

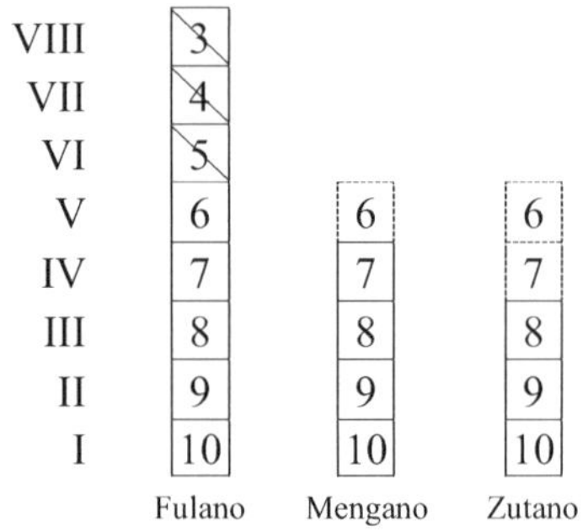

En este momento cesa para el Estado la razón de recaudar y redistribuir.

Por esta razón, el principio del sacrificio mínimo se denomina también de nivelación de las fortunas o de corte de las cabezas de los poderosos.

157. El sacrificio puede ser *proporcional;* lo que significa que cada uno de los tres contribuyentes debe pagar tal suma monetaria, sea cual sea, que ocasione a cada uno de ellos un sacrificio que sea proporción idéntica de la felicidad que antes obtenían de la posesión de la riqueza.

Supongamos que la felicidad de Fulano se mida (esquema I) con el índice 45 (10 + 9 + 8 + 7 + 6 + 5), la de Mengano con 40 y la de Zutano con 34, o bien que la felicidad de Fulano se mida (siempre en el esquema I) con el índice 30 (5, índice de la utilidad de la última unidad de riqueza poseída, multiplicado por el número, 6, de unidades poseídas), la de Mengano con 30 (6 X 5) y la de Zutano con 28 (7 X 4), y que cada uno pague tanto dinero cuanto sea menester para que el sacrificio de cada uno sea igual, por ejemplo, a un décimo de la felicidad que habría disfrutado en ausencia del impuesto. También el principio del sacrificio proporcional es axiomático, por la imposibilidad de afirmar lo contrario. ¿Sobre qué fundamento lógico se puede apoyar la pretensión de que uno deba perder la décima parte, otro la quinta y el tercero la vigésima de su propia felicidad?

158. ¿Son, sin embargo, significativos los tres principios, igualmente axiomáticos a primer golpe de vista? La pregunta no es improcedente. Solo el análisis puede declarar si una proposición, que parece evidente por sí misma, tiene contenido. Los tres principios del sacrificio tendrían efectivamente un sentido lógico únicamente si pudiésemos suponer:

1) Que las unidades de bienes o de dinero consideradas son finitas, iguales entre sí y fungibles o sustituibles. Nos sentiríamos muy incómodos si nos

encontrásemos ante una miscelánea de bienes diversos: casas, muebles, alimentos, vestidos, terrenos, buques, acciones. Tratándose de una mera dificultad concreta, es lógico que el cálculo de las unidades se realice con unidades monetarias, por ejemplo, liras, todas iguales entre sí y suficientemente pequeñas para poder afirmar aproximadamente que cada partícula de unidad monetaria poseída por el contribuyente tiene para él una utilidad igual a la de cualquier otra partícula de la misma unidad. Esto no podría afirmarse de un billete de 100 liras, ya que es probable que las últimas liras del billete sirvan para fines menos apremiantes que las primeras liras. Pero puede afirmarse del disco de plata de una lira, y ciertamente, si fuese necesario, podría decirse del disco de cobre de 5 céntimos;

2) Que cada individuo esté en condiciones de medir las ventajas de las diversas dosis o unidades de su propia riqueza y la molestia de verse privado de ellas por el impuesto. Podemos admitir que la condición se satisface universalmente. Todo hombre sabe, suficientemente, por tradición, por instinto o por experiencia, atribuir un valor a las liras poseídas según la importancia mayor o menor de los fines que pueden conseguirse con ellas;

3) Que para cada individuo, y a partir de un cierto punto, la utilidad de las sucesivas dosis de riquezas es decreciente, de tal modo que la satisfacción proporcionada por una lira dada, por ejemplo, la centésima, es menor que la ventaja prestada por la lira inmediatamente anterior (99.ª) y mayor que la de la lira inmediatamente posterior (101.ª);

4) Que se puede postular la existencia de un instrumento introspectivo que fotografía las reacciones psicológicas cuantitativas de cada hombre frente a la adquisición o a la privación de las sucesivas unidades de riqueza. El psicoscopio permitiría, por ejemplo, determinar las siguientes valoraciones efectuadas en nuestra pequeña sociedad imaginaria:

Esquema III

	Fulano	Mengano	Zutano
VI	5		
V	6	10	
IV	7	15	1
III	8	25	4
II	9	25	7
I	10	5	12

No se puede excluir la posibilidad de individuos conformados de esta manera: Fulano, hombre moderado y de tipo medio; Mengano, sensible al disfrute únicamente a partir de un cierto punto y cansado fácilmente, más tarde, de la felicidad imaginada; Zutano, de pocas necesidades y desprovisto de sensibilidad a la ventaja de la adquisición de nuevas dosis de riqueza. Con la ayuda del psicoscopio el Estado podría repartir fácilmente el impuesto monetario, de guisa que se satisficiesen los requisitos de los tres principios del sacrificio igual, mínimo o proporcional. No repito los cálculos, que se reducen a meros ejercicios de aritmética elemental.

Puesto que las premisas concurrentes del sacrificio igual o mínimo o proporcional son las tres, por razonamiento *ab absurdo,* axiomáticas:

- Si se conociesen las curvas de la utilidad de la riqueza para los individuos;
- Sería posible calcular, para cada uno de los componentes de la sociedad, el impuesto que debería pagar satisfaciendo la condición de que cada contribuyente sufra un sacrificio igual o proporcional o que la colectividad de contribuyentes sufra un sacrificio mínimo. Podríamos llamar *racional* al impuesto construido de este modo, porque se fundaría en axiomas *(a),* en constataciones de hecho (*b*) y en deducciones lógicamente indiscutibles de *a* y de *b.*

159. Condición necesaria para la construcción de este tipo de impuesto racional es la existencia del antedicho psicoscopio.

El psicoscopio no existe, y no lo podemos sustituir por el método de la confesión auricular con el funcionario de Hacienda. Al ser incontrolable por su índole interna, como no sea ante el tribunal de Dios, la confesión ante el tribunal de los hombres no tendría ningún valor. Por ello, es necesario que el Estado sustituya, por una valoración suya, la de los individuos. Pero al deber ser imparcial el Estado, su valoración no puede ser arbitrariamente distinta de hombre a hombre. El Estado debe adoptar necesariamente un hombre medio, dotado de reacciones psicológicas medias, ordinarias, corrientes, frente a la adquisición o la pérdida de las sucesivas dosis de riqueza. Debería imaginarse, y de hecho se imagina, un cierto esquema, del tipo del esquema I, en el cual se hace la hipótesis de que la curva del decrecimiento de la utilidad de las sucesivas dosis de riqueza es de una forma dada y esta es uniforme para todos los componentes de la sociedad.

El tipo del impuesto elaborado de este modo es completamente distinto del que más arriba fue denominado racional. Quedan firmes, es cierto, las tres premisas axiomáticas de reparto del impuesto a tenor del principio del sacrificio igual o mínimo o proporcional. Pero en lugar del conocimiento de las curvas efectivas de la utilidad de las dosis de riqueza sucesivas para los individuos que componen la sociedad, conocemos una curva inventada por el legislador, una curva que el legislador supone propia de una abstracción denominada hombre medio. Hay quien se contenta y, razonando muy fino, llega a elaborar tipos de impuestos que se presentan al público culto y a la ínclita guarnición como encarnación de la justicia tributaria. En verdad, se ha realizado únicamente un elegante ejercicio escolar, útil quizá para poner de manifiesto la aptitud del discípulo para descubrir y del estudiante para aprender las propiedades de ciertas curvas desde el punto de vista de la geometría y del cálculo.

La sustancia económica del ejercicio, dicho sea con tolerancia, es nula. En el estado actual del conocimiento, nadie ha conseguido atravesar el puente entre las valoraciones individuales, diferentes entre sí e incognoscibles, de la curva de la utilidad de la riqueza y la uniforme valoración estatal.

Bien mirado, ¿qué es esa última? La convicción que cada estudioso individual se ha formado en torno a lo que cree que es la sensibilidad del hombre medio con respecto a las dosis sucesivas de riqueza. Son sentimientos, son pasiones, son sueños, son instrumentos de lucha de los pobres contra los ricos, de los trabajadores contra los capitalistas, de los pródigos contra los avaros. Los sentimientos, pasiones, sueños, instrumentos de luchas sociales son un objeto dignísimo de estudio para el historiador, pero fundar sobre ellos una teoría del reparto del impuesto supone, para el teórico, fundarla abiertamente en la arbitrariedad.

El problema del impuesto se reduce al siguiente: ¿cuál es el impuesto que satisface la condición de ser deducido lógicamente de la curva del decrecimiento de la utilidad de las sucesivas dosis de riqueza que se confecciona, uniformemente para todos los ciudadanos, por parte del legislador? Puesto que el legislador puede elegir arbitrariamente entre un número indefinido de curvas, lo mismo vale decir que el problema lleva consigo infinitas soluciones, o sea, que solo es soluble cuando se parte de la premisa de que es verdadera la solución querida por el legislador.

Si las cosas son así, ¿para qué la solemne construcción derivada del sumo principio utilitarista? ¿No es, acaso, este afectar ser grandes científicos, despreciadores de los vulgares embrollos sentimentales y constructores de edificios lógicos derivados, con lujo de ecuaciones, de axiomas indiscutibles, arena en los ojos de la buena gente? Mirándola bien, se ve que la construcción se apoya totalmente sobre la decisión arbitraria tomada por el legislador, y, para este, por el estudioso, de un criterio cualquiera de distribución del impuesto aconsejado por el buen corazón, por la oportunidad política, por el predominio de ciertos sentimientos o de ciertos intereses.

¿No es mejor confesar que la señora ciencia no tiene nada que ver con la aplicación del sumo principio utilitarista a la distribución del impuesto y que se trata de meros ejercicios de cálculo más o menos sublimes?

No excluyo en absoluto que con el transcurso de los años —de momento estamos lejísimos de cualquier acercamiento a la meta— se pueda construir un cierto instrumento que indirectamente se aproxime al milagroso y deseado psicoscopio. Mediante el examen de un número suficiente de presupuestos familiares, distintos por clases de renta, de profesión, de origen social, de vivienda, en relación con las variaciones de los precios, quizá alguna futura oficina estadística pueda construir índices medidores, sujetos a revisiones continuas, de las reacciones psíquicas ante las variaciones de la riqueza.

No me atrevo a plantear las exigencias de una empresa tan fantástica. Me contento con afirmar que, por ahora, dentro de los tres principios existe el vacío absoluto.

160. Si además se razona en torno a solo dos principios, el del sacrificio igual y el sacrificio mínimo, que son, como es natural, los que están más de moda, se añade un absurdo, conocidísimo y destructivo, al absurdo observado anteriormente. Los dos principios exigen, en efecto, que se pueda afirmar la proposición: un sacrificio dado de Fulano es igual, mayor o menor, que un sacrificio dado de Mengano o Zutano, en un caso para poder hacer que el sacrificio de uno sea igual al del otro y, en el segundo caso, para que la suma de los sacrificios de todos sea un mínimo. Es decir, los dos principios exigen que se puedan comparar los dolores y placeres sentidos por un hombre con los dolores y placeres sentidos por otro hombre. *Hic Rhodus, hic salta.* No existe el puente de paso de la conciencia de uno a la de otro hombre. Fulano, en el fuero íntimo de su conciencia, estima que la primera unidad de riqueza le proporciona una satisfacción de 10 y la segunda de 9. Y así lo hacen Mengano y Zutano (esquema I). Esto quiere decir simplemente que cada uno de los tres, por su cuenta y, añádase, por milagro, estima la II dosis igual a nueve décimas de la I. Pero 10 y 9 son dos valoraciones individuales, dos números abstractos que sirven para comparar, de un modo distinto para cada uno de los contribuyentes, dos sensaciones sucesivas. Podrían ser 20 y 18, 40 y 36, y la relación seguiría siendo igual. Pero, ¿es el 10 de Fulano igual al 10 de Mengano? Nadie lo sabe; y nadie podrá saberlo nunca hasta la invención del psicoscopio que sea capaz de registrar con la misma unidad de medida las reacciones individuales separadas y simultáneas de todos los componentes de la sociedad. Por ello, los dos principios del sacrificio, igual y mínimo, son dos juguetes buenos para obligar a los escolares a hacer ejercicios inútiles de presunta hedonimetría tributaria. Mera pérdida de tiempo, útil para poner, en nombre de la ciencia, la piel de gallina a los poderosos.

161. Por mi parte, no tengo ninguna necesidad de recurrir al argumento de la piel de gallina para tirar por la ventana los dos principios derivados del canon supremo del utilitarismo. Basta plenamente el argumento racional del salto lógico. Cuando un razonamiento es ilógico, no tiene sentido seguir labrándolo, sacándole partido, y diciendo que no y que sí y que la conciencia política por aquí y que la conciencia colectiva por allá, etc. etc... No tiene sentido y basta. No tiene sentido decir que el sacrificio 10 de Fulano y el sacrificio 10 de Mengano son iguales, porque nadie en el mundo sabe en qué consiste esa igualdad. No tiene sentido decir que el sacrificio de Fulano de las unidades VI, VII y VIII, al ser de 5 + 4 + 3 = 12 unidades (esquema II) es un mínimo para la sociedad de los tres contribuyentes y que, por la tanto, debe ser elegido, porque nadie en el mundo sabe si ese sacrificio es, para la citada sociedad de los tres, un mínimo o algo distinto del mínimo. Los sacrificios de Fulano, Mengano y Zutano, al referirse a seres sensibles distintos, no son conmensurables y, por la tanto, no son adicionables. No sabemos, y nadie

sabe, si son más o menos grandes o tan grandes. No hay nada que decir. Si alguien tiene algo que decir que dé un paso adelante y exponga su parecer de un modo claro, comprensible para nosotros, pobres contribuyentes, que antes de pagar conscientemente —para pagar sin saber el porqué no hay necesidad de ser ayudados por profesores de ciencia de la Hacienda, basta el aviso del recaudador con la conminación de las multas por pago demorado, embargo mobiliario y ejecución forzosa inmobiliaria— deseamos comprender las razones que se nos dan. Los que en esta simple cuestión hablan cálculo infinitesimal o lanzan frases sobre conciencia política, superiores puntos de vista colectivos, etc., viven en un mundo demasiado elevado para que nosotros podamos llegar a sus cumbres. Para nosotros, hombres ordinarios, hasta que no se pruebe lo contrario, la explicación racional de los principios del sacrificio igual y mínimo no existe y, en cambio, existe la presunción de su nulidad lógica.

162. El principio del sacrificio proporcional no sufre, en cambio, de salto lógico. No es ilógico decir que Fulano, Mengano y Zutano deben pagar, cada uno de ellos, tanto impuesto como el equivalente de un décimo de su propia felicidad. Aquí no se hacen comparaciones, sumas ni sustracciones. Cada uno de nuestros tres héroes está expuesto, por su cuenta, a los golpes del impuesto. Cada uno da un décimo de sí mismo, y puesto que cada uno se conoce a sí mismo y para conocerse no necesita conocer a los demás, la operación es lógica.

Con una pequeña reserva, ya hecha, que aquí repito *ad nauseam* para meterla en la cabeza de los que se la suelen saltar sin darse cuenta o fingiendo no darse cuenta de su grandísimo alcance. Cada uno se conoce a sí mismo y puede declarar cuál es la suma de impuestos que, pagada por él, le ocasiona un sacrificio o incomodidad igual a un décimo de la felicidad o comodidad que le proporciona la riqueza poseída por él. ¿Declarará cada uno lo que debería?

Quien supone que sí, acepta transformar el sistema de impuestos en un sistema de ofrendas voluntarias. El dilema es tajante: o se cree, sin discutir, la verdad de las confesiones de los contribuyentes y tenemos un sistema de ofrendas voluntarias; o se discuten, y el principio del sacrificio proporcional salta por el aire. Ningún ministro de Hacienda pasado, presente o futuro ha aceptado ni aceptará nunca el primer término del dilema. Ningún Estado vive de las donaciones voluntarias. Si no se quiere que todos se empequeñezcan y que los ingresos del Estado caigan de las decenas de miles de millones a las unidades de millón, es necesario discutir la confesión del contribuyente. Si se discute, se sustituye la apreciación individual de las ventajas y molestias, que es el único real, por una apreciación estatal media, irreal y desprovista de significado. Es preciso que el Estado diga: supongo que los ciudadanos no tienen la sensibilidad que en efecto tienen para las sucesivas dosis de riqueza, sino una sensibilidad media, configurada por mí. La primera dosis de riqueza tendrá para todos ellos el índice de utilidad 10 o 100; la segunda 9 o 99, la tercera 8 o 98, y así sucesivamente. Y luego les quitaré esa parte de riqueza que dé lugar a una disminución de utilidad que sea un décimo de la utilidad tal como fue calculada por mí. Sé muy bien que la utilidad calculada por mí no es la que sienten los contribuyentes, que el décimo imaginado por mí no es la décima parte, pero ¿qué hacer, si los hombres no confiesan la verdad?

163. ¿Qué hacer? Acabar con todas estas retahílas de pseudorrazonamientos, con los que, queriendo persuadir a los hombres a que se dejen quitar un cierto número de liras, se siente la obligación de embrollar su cabeza con palabras solemnes de utilidad, sacrificio, igualdad, proporcionalidad. Rasca que te rasca y debajo no hay más que el vacío.

Existe también el retórico que quiere *épater le bourgeois* y dejarle con la boca abierta.

164. Por ahora, el vil burgués tiene razón en quedar aterrorizado ante las consecuencias que se pueden obtener de los principios utilitaristas. Si, según razonan los utilitaristas,

a) la finalidad de la legislación es la máxima felicidad del máximo número posible de miembros de la colectividad;

b) si la utilidad de las dosis sucesivas de riqueza es decreciente;

c) si se debe suponer, por razones de mínima arbitrariedad, que la escala de disminución es decreciente de un modo uniforme para todos: 10, 9, 8, 7, 6, 5, 4, 3, 2, 1,...;

d) si el índice de utilidad fijado por los componentes de la colectividad a las sucesivas dosis de riqueza permite hacer comparaciones entre hombre y hombre,

es lógicamente incontestable que el Estado debe tomar de quien las posee las dosis de riqueza que tienen una utilidad más baja para dárselas a quien, al recibirlas, obtiene de ellas una utilidad mayor, y que el proceso debe proseguir hasta que la utilidad marginal de la riqueza sea igual para todos. En este momento no conviene seguir adelante porque, si la utilidad marginal es para todos 6, quitándole todavía una dosis a Fulano se le hace perder 6, mientras que dándosela a Mengano únicamente se le hace ganar 5.

No importa discutir aquí si la premisa *a* es aceptable y con qué reservas —especialmente sobre el punto de iniciación del decrecimiento— puede aceptarse la *b*. El punto decisivo es que la premisa *c* es una hipótesis completamente disconforme con la realidad (la escala de decrecimiento no es uniforme, sino variable, y variable según reglas no conocidas o conocidas de un modo tan imperfecto que no permite medida alguna) y que la *d* no tiene sentido (el placer o el dolor de Fulano es una cuestión suya, individual, no comparable con el placer o el dolor de Mengano).

El vil burgués puede pasarse sin que se le ponga la piel de gallina, porque, por ahora, la teoría utilitarista del impuesto es una vieja barraca que se derrumba.

Ya veremos si alguien consigue hacer con ella alguna construcción.

165. Por ahora, la construcción mejor que se puede obtener es negativa. Hay que acabar con principios que afectan mirar a todo el mundo de arriba abajo, como si todo lo que no se acerca a sus "cumbres" fuese vil empirismo, cuestiones superadas, vejez rancia. ¡Abajo la jactancia del impuesto personal, progresivo, global, total, conjunto, etc.! La progresividad, la personalidad, la globalidad, la totalidad son derivaciones teóricas de los "sumos" principios utilitaristas. Sin estos no se les puede dar una explicación racional, y, por ello, al igual que estos son, además de horrendas palabras en nuestra lengua, una cosa cualquiera, que no vale ni más ni menos —y quizá menos que más— que los opuestos principios de la proporcionalidad, de la realidad, de la particularidad. Meros expedientes para usarse con la cautela y el olfato del hombre de Estado, que debe tener en cuenta mil y mil circunstancias contingentes no teorizables. Naturalmente, el estadista invocando esos cánones apelará a las palabras, a los sumos principios, y hará bien, porque se trata de convencer a los remisos en pagar. Pero nosotros, que somos simples estudiosos, no podemos dejarnos impresionar por las palabras llenas de vacío y debemos aceptarlas tal como son: una cosa cualquiera, buena o mala según el uso que se hace de ella.

166. Creo, dada la boga que de 1870 en adelante han tomado las palabras de progresividad, personalidad, globalidad, totalidad, que es necesario fijarse más bien en los daños que pueden deducirse que no en el uso eventualmente bueno que pueda hacerse de dichas palabras.

¿Dónde está el límite de la actuación lógica del principio del mínimo sacrificio? Si la prudencia y el buen sentido no vienen en nuestra ayuda, el límite se alcanza únicamente cuando se han nivelado las fortunas. Si Fulano tiene 100 y Mengano 50, Mengano, utilitarista, conocedor por instinto de la teoría del decrecimiento de los grados de utilidad de la riqueza, se niega a pagar hasta que Fulano no haya sido despojado de todo lo que excede de las 50 poseídas por él. ¿Acaso las unidades entre 51 y 100 no tienen, todas, una utilidad progresivamente menor que la poseída por las unidades entre 1 y 50? Que pague, pues, Fulano hasta nivelarse con él, porque el sacrificio social será el mínimo. Que pague también aunque el Estado no tenga urgencia de ingresos, porque el quitar unidades a Fulano le ocasiona un daño menor que la ventaja que tendría Mengano recibiéndolas. Una sociedad en la cual cada uno de los dos tiene 75 unidades goza de una masa total de felicidad mayor que aquélla en la cual uno tiene 100 y el otro 50.

Existe únicamente un pequeño inconveniente en la actuación del dispositivo. ¿Quién obliga a Fulano a producir 100 cuando sabe que el excedente sobre 75 le será quitado inexorablemente por la lógica del principio del sacrificio mínimo? Consecuencia necesaria del principio es eliminar el estímulo para producir riqueza más allá de la media que se prevé quedará en posesión del productor. Si el impuesto nivelador reduce las rentas de 100 a 75 y eleva las de

50 a 75, Fulano ya solo producirá 75 y Mengano se queda con sus 50, porque los 25 que le estaban destinados se han esfumado.

Pero el *virus* infernal del principio del sacrificio mínimo no ha acabado de actuar. Si los dos poseen 75 y 50 unidades, conviene, para hacer máxima la felicidad colectiva, quitar 12,50 a Fulano y dárselas a Mengano, de modo que cada uno tenga 62,50. Pero, entonces, Fulano reduce nuevamente la producción a 62,50, porque sería inútil para él producir más. Y así sucesivamente, distribuyendo y reduciendo, se llega, por diferencias cada vez menores, al momento en que los dos producen las mismas 50 unidades. En ese momento, Mengano, que se había hecho ilusiones de cargar todo el impuesto sobre Fulano, se da cuenta de que lo debe pagar también él en la misma medida. ¿Acaso no tiene la misma riqueza?

167. Se llega pronto al punto crítico si el impuesto nivelador se aplica a las rentas de trabajo, porque el trabajador manual e intelectual comprende inmediatamente la inutilidad de seguir trabajando cuando el fruto ulterior de su fatiga se ve abocado, por el impuesto, al Estado. Pero también se llega igualmente en las rentas de capital. Solo el vulgo cree que el dinero hay que tomarlo donde está. Residuo burdo de torpes creencias adoradoras del oro. Todo el capital, tierras, casas, máquinas, carreteras, puentes, ferrocarriles, muere si no se renueva continuamente. Incluso San Pedro de Roma se vuelve a crear hora tras hora. Si no se volviese a crear sería desde hace mucho tiempo un montón de ruinas. Suponer que un capital concreto cualquiera dure, como término medio, 20 años, es probablemente una hipótesis dictada por una encendida fantasía optimista. Debe existir alguien que vuelva a crear el capital. Si no es el Estado, es decir, si no vivimos en una organización comunista en la que la función de formación del ahorro es una misión pública —pero, en ese caso, también es inútil discutir de impuestos—, si la función de ahorrar es tarea de los individuos privados, es importante que el ahorrador espere algo de su acto. Puede contentarse con poco, y en tiempos de confianza en el futuro, de libres iniciativas, de posesión tranquila, se contenta con poquísimo. Pero la nada, la incautación completa más allá de un cierto punto anula el motivo del ahorro. La formación de ahorro, característica de los tiempos y de los pueblos civilizados, toca a su fin.

168. Oigo ladrar[2]: "¿Y qué loco llevó nunca a extremos tan absurdos la progresividad? La progresividad es principio equitativo, que solo quiere hacer pesar el impuesto un poco más sobre los ricos, un poco menos sobre las rentas medias y todavía menos sobre los pobres, pero no pretende expropiar a los ricos, ni eliminar, en ningún estadio de la riqueza, el incentivo al trabajador y al ahorrador para trabajar y para ahorrar. Negar el impuesto progresivo solo porque a un loco sin razón se le puede ocurrir transformarlo en confiscación niveladora es un sofisma inadmisible".

---

2 Así ladraron a los talones de De Viti, que en los *Principii di economia finanziaria* (Einaudi, Turín, 1934, pp. 165 ss.) había demostrado la naturaleza autófaga del impuesto progresi-

vo. Y también podrían haber ladrado a los talones de Bentham porque, tras haber expuesto nítidamente los principios del decrecimiento de la utilidad de las sucesivas dosis de riqueza:

1. « *Caeteris paribus*, a cada partícula de bienes-riqueza corresponde una dosis de felicidad;

2. Por lo que respecta a la riqueza, si dos personas tienen fortunas desiguales, el que tiene más riqueza debe considerarse por el legislador que disfruta de mayor felicidad;

3. Pero la cantidad de felicidad no aumenta de forma proporcional al aumentar la riqueza; diez mil veces la cantidad de bienesriqueza no quiere decir diez mil veces la cantidad de felicidad; pudiéndose dudar hasta de que la posesión de diez mil veces la cantidad de bienes-riqueza duplique en general la felicidad;

4. La eficacia de los bienes-riqueza en proporcionar felicidad disminuye a medida que aumenta la diferencia entre la riqueza de uno en relación con la de otro; en otras palabras, la cantidad de felicidad provocada por una dosis de riqueza (siendo toda dosis de magnitud constante) disminuye a medida que aumenta el número de las dosis: la segunda origina menor felicidad que la primera, la tercera que la segunda, y así sucesivamente»;

y, tras discutir sutil y extensamente las consecuencias lógicas, concluyó que:

«en la hipótesis de la entrada en vigor de una nueva constitución fundada sobre el principio de la máxima felicidad del mayor número de ciudadanos, quedaría suficientemente demostrada, desde un punto de vista racional, la norma según la cual los bienes-riqueza deben ser retirados a los más ricos y transferidos a los menos ricos hasta que las fortunas de todos sean iguales, o al menos tan poco diversas de la perfecta igualdad que no valga la pena calcular las diferencias»;

y por la gravedad de la conclusión se vio inmediatamente llevado a tener en cuenta factores que no habían sido considerados en la primera aproximación y añadir que:

«a la maximización de la felicidad sustituiría el aniquilamiento universal, en primer lugar, de la felicidad y, en segundo lugar, de la existencia misma. El aniquilamiento de la felicidad derivaría de la universalidad de la alarma y del paso de la alarma a la certeza; la aniquilación de la existencia, de la certeza de no disfrutar de los rendimientos del propio trabajo y, por lo tanto, de la desaparición de todo estímulo al trabajo».

De suerte que Bentham acababa por concluir su razonamiento:

«El plan de distribución de los bienes-riqueza que es más favorable a la subsistencia universal y por tanto a la maximización de la felicidad es, por eso, aquel en virtud del cual mientras la fortuna del más rico, o sea del que está colocado en la cúspide de la escala social, es la máxima, el número de los escalones entre la fortuna del menos rico y la del más rico es también máximo, lo que quiere decir que la riqueza debe distribuirse con graduación regular y casi insensible».

Los pasajes citados, en los que se resume la teoría inicial y final del que es considerado como creador del impuesto progresivo nivelador, se leen en las páginas 228 a 230 de los *Pannomial Fragments* de Jeremy Bentham en el vol. III de sus *Works* (Edimburgo, 1843), editadas al cuidado de su ejecutor testamentario John Bowring según manuscritos que acaso puedan fecharse en 1831. En el lenguaje peculiar de Bentham, «pannomial» significa «sumaria compilación íntegra de leyes».

Los pasajes reproducidos en la presente nota se leen ahora, en un texto igual, en las páginas 113-16 del primer volumen de los tres en que W. Stark ha recogido una nueva edición crítica de las impresiones anteriores y de varios manuscritos inéditos comprendiendo todos los escritos económicos de Bentham (*Jeremy Bentham's Economic Writings*, Burt Franklin, Nueva York, 1952-54). Los pasajes ya no forman parte cono en la edición Bowring de los *Pannomial Fragments,* sino de una obra igualmente inédita: *The Philosophy of Economic Science.*

Bentham escribió mucho sobre Hacienda e impuestos, y estuvo muy atormentado por la oposición y aun por el antagonismo de sus dos ideales: la seguridad, que significa liber-

169. Quede bien claro que:

1) El único razonamiento dirigido a explicar la progresividad es precisamente el del loco sin razón. Quitamos las premisas de la utilidad decreciente de la riqueza y de la igualdad, del mínimo y de la proporcionalidad del sacrificio impositivo, y a la progresividad le falta cualquier base racional;
2) Y esta no existe porque esos tales principios del sacrificio son de significado ignoto.

El ladrido puede acabar en gruñido. La tesis mantenida aquí es que la progresividad del impuesto, lo que quiere decir consideración de la renta o del capital total, global, conjunto, poseído por el contribuyente, en relación con sus condiciones personales de familia, soltería, enfermedad, edad, condición social, naturaleza de la renta, puede ser una concepción agradable o desagradable. Personalidad y progresividad son dos cosas cualesquiera, ni agradables ni desagradables, inexistentes teóricamente. Son manifestaciones de sentimientos. Buenos, o sea capaces de reforzar la unión social, si se trata del sentimiento de solidaridad que empuja, a los que pueden, a pagar más por el bien común. Pésimos, o sea capaces de destruir a la sociedad, si la envidia empuja al pobre a despojar con el impuesto progresivo al que está por encima. También la realidad y la proporcionalidad del impuesto son expresión de sentimientos, sobre todo del de certeza. El impuesto que afecta a las cosas por sí, igualmente en relación a su fruto o valor, asegura a los hombres frente a las arbitrariedades y privilegios, y puede alentarles grandemente a ahorrar y a trabajar.

170. El estadista está llamado a sopesar y comparar sentimientos y acciones, y a llevar a cabo aquella combinación de personalidad y de realidad, de progresividad y de proporcionalidad, que, a su juicio, es adecuada para producir el mejor resultado que le parece deseable. Francesco Guicciardini advertía ya al ensalzador de la décima graduada o impuesto progresivo que "si se hubiese acordado que [el] magistrado fue creado para conservar la libertad y la paz de la ciudad y la tranquilidad de cada uno, y no para ser autor de discordias y de leyes y órdenes pestíferas, acaso habría refrenado un poco más su lengua" *(loc. cit.,* p. 208).

Que refrenen los estudiosos modernos el instinto que les empuja a mostrar al estadista las vías de la "verdadera" justicia tributaria. Que dejen de una vez la jactancia de descubrir y enseñar los principios "científicos" de la distribución "justa" del impuesto. La señora "ciencia" ha perdido demasiado tiempo en correr tras el vacío ídolo de la igualdad de sacrificio. Cuanto antes

tad, y la igualdad. Le pareció haber encontrado una solución al problema del impuesto, que él consideraba «el mal» por definición, con la vuelta al sistema medieval del *escheat* o, más o menos, la cesión al Estado de los patrimonios en caso de extinción de la línea directa. Gracias a la edición crítica de Stark, el pensamiento económico de Bentham puede ser objeto de un serio estudio.

nos persuadamos de que la justicia tributaria no es materia de "alta" ciencia, sino de razonamientos modestos y precisos en torno a los efectos concretos de los distintos tipos posibles de impuestos sobre la conducta humana, tanto mejor será.

7

Y LA DEL CALCULO CONTABLE DE LA BASE IMPONIBLE

171. Junto a los buscadores de la "justicia" fundada sobre principios "racionales", de la justicia aplicable con fórmulas seguras, existen, igualmente importunos, los buscadores de la "verdad". La lucha tributaria se describe como una lucha de la verdad contra la mentira, de la sinceridad contra el fraude. Es una lucha santa si se realiza por hombres de buen sentido; envidiosa y destructora, si es dirigida por fanáticos persuadidos de poseer la clave de la verdad absoluta.

Quid est vertías?, interrogaba Pilatos (San Juan, 18, 38). Preguntémonos también nosotros: ¿Cuál es la verdad con respecto al impuesto?, y respondamos humildemente: *Nescio.*

172. No siempre es invencible nuestra ignorancia. Pesar y enumerar quintales de café que entran en el país, número de cigarros o cajetillas de cigarrillos vendidos al fumador, quintales de azúcar suministrados por las fábricas al consumo, son operaciones técnicas que recaen sobre cantidades físicas, compuestas de unidades bien definidas y adicionables. Más difícil es estimar el precio de las cosas muebles o inmuebles, de los títulos o valores objeto de un contrato, una donación o sucesión; pero no empresa absurda. Se trata de hechos referidos a un momento cierto en el tiempo, ocurridos independientemente del criterio del estimador y que este debe limitarse a determinar en la medida de su acaecimiento. Una casa, puesta en tal lugar, vendida en tal día, fue negociada en tal suma. Abstracción hecha del uso que se quiera hacer del conocimiento de la verdad, las dificultades que se interponen a ese conocimiento son empíricas, de hecho, superables con la habitual aproximación considerada suficiente en las cosas humanas.

173. Desgraciadamente, el conocimiento de la verdad empírica, de la verdad de hecho, es suficiente únicamente para los impuestos sobre el consumo y sobre el tráfico, que los sacerdotes de la justicia tributaria "toleran" como dolorosas necesidades fiscales a las que conviene resignarse a causa de las crecientes exigencias de los Estados modernos. Puesto que —gimen los sacerdotes— las exigencias públicas imponen la conservación de grupos enormes de impuestos, que, por la naturaleza misma de su objeto —actos

de consumo o transmisiones—, no pueden repartirse equitativamente y afectan, hágase lo que se haga y búsquense los remedios que se busquen, proporcionalmente más a los pobres que a los ricos, es necesario conseguir con sumo cuidado que los impuestos justos —los únicos impuestos justos— sobre las rentas, sobre los patrimonios, sobre las sucesiones, se funden en la averiguación de la verdad auténtica, de la verdad plena y absoluta.

La lamentación es universal y no exclusiva de país alguno: si todos declarasen la verdad, ¡cuánto más moderados podrían ser los impuestos y cuánto más amplio el producto para el erario! Nadie eleva tales quejas con respecto a los aranceles de aduanas, a los impuestos sobre la fabricación del azúcar, del alcohol, del gas, a los de consumo sobre la carne y sobre el vino. El contrabando o el fraude son, en estos casos, meros hechos empíricos que el perfeccionamiento de la técnica de investigación tiende a reducir gradualmente al mínimo.

La lamentación se acrecienta, no sobre los hechos, sino sobre las ideas; no sobre lo que es, sino sobre lo que debería ser. A los ojos de estos tiene escasa importancia conocer la composición agrológica de una finca, la división en sementera, viña, olivar, el lugar que ocupan las diversas parcelas en la jerarquía de la producción y su contribución a la producción total de la empresa agraria; todas ellas nociones que permiten valorar perfectamente la aptitud comparativa de la finca para pagar el tributo. Lo que importa es conocer la renta "verdadera", la renta "efectiva" obtenida por este o por el otro agricultor. El impuesto no puede detenerse en las cosas exteriores; debe apuntar al conocimiento de la verdad absoluta. No importa conocer todos los índices de productividad de una fábrica: fuerza motriz, área de las naves de trabajo y de los almacenes, número y cualificación de los obreros y de los empleados, cantidad de combustibles y de materias primas. Todo esto no es nada si falta el conocimiento exacto de la renta neta, realmente obtenida en la unidad de tiempo por el empresario en cuestión.

Lo que se ve, lo que se manifiesta a la vista, lo que los hombres demuestran abiertamente poseer o disfrutar porque lo consumen o porque lo hacen objeto de contratación, no es la verdad auténtica, sustancial, la que los amantes de la justicia tributaria quieren conocer. Más allá de los signos externos, estos buscan la verdad profunda, la verdad perfecta. El alma de un sistema tributario "justo" no está en los impuestos sobre consumos o contratos, que son un legado de épocas bárbaras; está en los impuestos sobre la renta y sobre el patrimonio, con los cuales se tiende a hacer contribuir al ciudadano a los gastos públicos en proporción a su capacidad sustancial de pagar. En tanto que no se conozca la renta, toda la renta, en tanto que no se averigüen y graven las rentas ocultas, como las de los títulos al portador, o inciertas, como las profesionales o comerciales, o irregulares, como las especulativas, en tanto que además de las rentas no se determinen y graven las ganancias debidas a la casualidad, a la fortuna, a las circunstancias sociales, los incrementos patrimoniales que maduran en virtud del mero transcurso del tiempo, no conoceremos la verdad y no instauraremos el reino de la justicia en el impuesto. Más allá de los procedimientos, de los signos, de las aproximaciones, importa perseguir la verdad, cuyo conocimiento permite únicamente la realización de la justicia.

174. *Quid est veritas?* Desgraciadamente, el ideal que persiguen los buscadores del impuesto justo es un fantasma, un mito creado por una variedad bastante tosca de la razón razonante: la razón contable. Al emplear este adjetivo, no querría decir nada desagradable de una clase de profesionales respetable, necesaria y utilísima. El contable o contador, que confecciona balances según las reglas indicadas por su disciplina, decantada por una experiencia secular y por razonamientos refinados, no deduce de ellos ilaciones extrañas a su propio campo, que consiste en dar razón de las variaciones verificadas durante un cierto intervalo de tiempo en el activo y en el pasivo de su empresa. El contable de quien yo hablo es el que, de las averiguaciones efectuadas, saca conclusiones *ultra vires* en torno al significado de las cifras halladas. No solo pueden prepararse, como veremos inmediatamente, para la misma empresa y para el mismo intervalo de tiempo, balances distintos y todos igualmente verdaderos, según las finalidades perseguidas, sino que los resultados obtenidos también deben ser interpretados distintamente, y siempre de un modo igualmente verdadero, según los fines —liquidación de las relaciones entre los socios durante la vida de la empresa o en el momento de la liquidación, o entre coherederos, o entre propietarios y fisco— para los que deben servir esos resultados.

El contable verdaderamente perito en su arte conoce las trampas sin fin que se presentan en su camino y las supera teniendo en cuenta las diversas circunstancias de cada uno de los balances. El contable doctrinario, en cambio, ha atribuido a las palabras usadas por él de capital, beneficio neto, etcétera, un significado unívoco y de la definición dada deduce consecuencias ciertas. Por lo tanto, cuando a continuación hable mal del "contable", las críticas deben entenderse dirigidas no al contable razonador *secundum quid,* al "razonador" que "razonando" justifica su propia denominación italiana[1], sino únicamente al contable "doctrinario", o por mejor decir, "definitorio".

La variedad "definitoria" no es especial de la clase social de los "contables", sino más bien universal. En todo dominio científico existen los que, tras dar una definición —que es siempre arbitraria—, imaginan poder deducir de ella conclusiones sustanciales, olvidándose de que las definiciones son meros instrumentos dirigidos al descubrimiento de la verdad y de que, si con una definición dada no se descubre la verdad, es menester cambiar, no el hecho definido, que es aquel que es, sino la definición dada del hecho.

Por tanto, el contable "razonador" hace inventarios referidos a momentos dados en el tiempo y prepara cuentas de pérdidas y ganancias en los intervalos

1 En italiano, la palabra usual para designar al contable es ragioniere. De ahí el juego de palabras del contable razonador. *(N. del T.)*

que discurren entre aquellos momentos. Si el intervalo es el año, y si el año económico al igual que el solar está comprendido entre primero de enero y 31 de diciembre, estas son las fechas de los dos inventarios de principio y finales de año, y los doce meses desde el primero de enero al 31 de diciembre son el intervalo durante el cual tienen lugar las variaciones registradas en la cuenta de pérdidas y ganancias. Reduciendo los hechos a lo esencial, los tres documentos fundamentales podrían resumirse del modo siguiente:

Inventario en 1.º de enero

Activo		*Pasivo*	
Total activo	50.000.000	Exigible	20.000.000
		Capital y Reservas	30.000.000
	50.000.000		50.000.000

Cuenta de pérdidas y ganancias del año

Pérdidas		*Ganancias*	
Gastos diversos	25.000.000	Ingresos por venta de mercaderías y otros conceptos	30.000.000
Beneficio	5.000.000		
	30.000.000		30.000.000

Inventario en 31 de diciembre

Activo		*Pasivo*		
Total activo	57.000.000	Exigible		22.000.000
		Capital y Reservas	30.000.000	
		Beneficio neto	5.000.000	
		Total	35.000.000	35.000.000
	57.000.000			57.000.000

El contable razonador se contenta con concluir que los tres documentos preparados por él son necesarios para la recta inteligencia de los hechos ocurridos durante el año y que son utilísimos para guiar a la gerencia de la empresa en el porvenir.

El contable definitorio no solo está firmemente convencido de que en los tres documentos se resume la vida de la empresa durante el año considerado; sabe también que la cifra de beneficio neto, que deduce igual a 5 millones de liras en dos de sus tres cuentas saldadas, es la verdadera "renta", es el criterio incontrovertible sobre cuya base se debe calcular la deuda tributaria de la empresa o de sus accionistas. Por ello, queriendo poner en claro el *quantum* sobre el que recae la deuda tributaria y viviendo en un Estado en el que, de conformidad con las reglas de la justicia fundada en el conocimiento de la realidad, el impuesto se recauda a fin de año sobre los resultados exactos del ejercicio cerrado, no ha incluido los impuestos en los gastos diversos del año. El beneficio neto de 5 millones de liras deberá ser dividido entre los derechohabientes, según el mandato de la ley y las decisiones de la Junta general de accionistas. Del modo siguiente:

Al Estado por impuestos	1.000.000	liras
A los accionistas	2.500.000	»
A los administradores, a los gerentes y a los fondos de previsión para empleados y obreros	500.000	»
A fondo de reserva	1.000.000	»
	5.000.000	liras

175. Todas las operaciones de estimación se han realizado correctamente, según ciencia y prudencia. Los valores del inventario en 1.º de enero eran los que resultaban de la contabilidad para las cuentas ciertas (deudas a proveedores, obligacionistas, accionistas, reserva, depósitos en los bancos y títulos) y de estimaciones prudenciales para las cuentas discutibles (inmuebles, maquinaria, aprovisionamientos, almacén). En la cuenta de pérdidas y ganancias, los ingresos por venta de mercaderías, las pérdidas por fallidos, los cargos de materias primas, fabricación y gastos generales, resultan de la contabilización de hechos ocurridos. Las cuotas de depreciación de los inmuebles y de la maquinaria son las que aconsejó la experiencia de muchos años a unos administradores avisados. En el inventario de fin de año, las valoraciones del activo tienen en cuenta las cuotas de depreciación, las nuevas inversiones y la consistencia real de los aprovisionamientos y de las existencias en almacén valorados con la prudente cautela necesaria. Ningún accionista o funcionario de Hacienda, aunque tuviese ojos de lince, conseguiría descubrir el más mínimo defecto en los documentos, extendidos a la milésima en los libros sociales y contabilizando de un modo irreprochable la verdad conocida por hombres cumplidores del deber hacia el Estado, los accionistas, los colaboradores y el porvenir de la empresa.

176. Sé muy bien que, al imaginar un administrador tan perfecto, capaz de contabilizar la verdad auténtica, unívoca, he imaginado un portento que sabe lo que a nadie fue ni será posible saber. Si el demagogo cumple su misión cuando excita a las multitudes, a las que repugna pagar impuestos, contra los ricos, capitalistas, propietarios o profesionales, a los que se supone mejor

dotados y a los que se acusa de falsedad en los balances para no pagar el impuesto debido, ¿por qué se olvida tan de buena gana el economista de que el teorema fundamental en la cuestión ya fue formulado por Pantaleoni del modo siguiente: "El fin, propósito, misión, o lo que quiera decirse, en vista de los cuales se redacta un balance, es el que atribuye única y enteramente un significado a las valoraciones que constituyen su activo y su pasivo"?[2]

No existe la verdad única y unívoca con respecto al neto en un balance. ¿Por qué había cifrado el contable en 5 millones de liras el beneficio neto del ejercicio anual? Porque había contabilizado 30 millones para la cifra de ganancias y 25 millones para la de gastos. Los gastos se componían del modo siguiente:

Salarios y sueldos	12.000.000	liras
Materias primas, carbón, electricidad	7.000.000	»
Gastos generales diversos, comprendidos los de mantenimiento y reparación de las instalaciones	3.000.000	»
Créditos incobrables, fallidos, etc.	500.000	»
Cuotas de amortización de las instalaciones: edificios, maquinaria, utillaje, etc.	2.000.000	»
Amortización financiera del capital	500.000	»
	25.000.000	liras

Las cifras son a título de ejemplo y varían para cada empresa. Algunas de ellas, especialmente las tres primeras, pueden ser consideradas, tal como se determinaron, suficientemente conformes con la verdad, por lo menos con aquella verdad que el perito calcula según ciencia y conciencia. Se trata de hechos ocurridos y debidamente contabilizados en el lugar oportuno: tantos sobres de paga distribuidos al final de la semana o de la quincena, tantas toneladas de carbón adquiridas en el año y resultantes de las oportunas facturas, tantos recibos de la empresa suministradora de energía eléctrica. No cabe ninguna duda sobre las cifras. También es segura la cifra que a veces se debe anotar para la amortización financiera del capital, en añadidura a la de la reconstrucción y conservación en perfecto estado de los valores en que se invirtió el capital. La adición debe hacerse cuando la empresa explota, por ejemplo, una conducción de aguas, una fábrica de gas o una línea de tranvías, con la cláusula de entrega, al término de la concesión, de las instalaciones a la institución otorgante, por ejemplo, el municipio, sin compensación alguna. En

2 MAFFEO PANTALEONI, *Alcune osservazioni sulle attribuzioni di valori in assenza di formazione di prezzi di mercato,* en «Scritti varii di economia, serie seconda», Sandron, Palermo, 1909, páginas 86 ss.; y ahora en «Erotemi di economia», Laterza, Bari, 1925, vol. II, pp. 201 ss.

este caso, los accionistas deben recuperar el capital invertido dentro de este término, y ello independientemente de la obligación de entregar al municipio las instalaciones en perfecto estado. En este caso es conocido el importe del capital invertido por los accionistas, es conocido el término de la concesión, está acordado el tipo de interés y es cierta la anualidad.

¿Es igualmente segura la anotación de pérdidas por créditos incobrables, por fallidos o insolvencias de todo tipo? El contable no puede registrar únicamente hechos ocurridos; debe prever también. Si una letra de un cliente no ha vencido y está contabilizada por un valor de 100.000 liras, pero sabe que el cliente está en mala situación y prevé que la letra será protestada, ¿le es licito contabilizar imperturbablemente 100.000 liras? ¿Contabilizará 70.000 o 40.000 o 20.000 o llevará todo el importe a pérdidas? Su buen juicio es soberano en esta materia y puede ser falaz. Lo que quiere decir que, en lugar de 500.000 liras por créditos incobrables, etc., se podría escribir 300.000 o 700.000 liras, y estas otras cifras podrían ser consideradas igualmente conformes con la realidad.

El contable ha anotado 2 millones de liras a título de fondo necesario para la reconstrucción de los edificios, de las instalaciones, de la maquinaria, del utillaje y de todo lo que es el capital activo de la empresa. La amortización debe hacerse porque todas las cosas mueren por desgaste físico y por desgaste económico. El edificio, modernísimo hoy, tras 20 años o 50 o como máximo tras 100 años, resulta anticuado y conviene, aunque las paredes sigan en pie, derruirlo para reconstruirlo nuevo y flamante. La máquina, de invención reciente, podría resistir 20 años el mero desgaste físico, pero si después de 10 años aparece en el mercado otra máquina que reduce notablemente los costes, ¿quién dudará en tirar la máquina vieja a la chatarra, aunque en apariencia siga siendo buenísima y perfecta? El fondo de amortización que tendrá que formarse para reconstruir el valor del edificio dentro de 20 años, en vez de dentro de 100 años, es bastante más elevado: 4% en lugar de casi cero. ¿Destinaremos el 5 o bien el 10%, para volver a tener el capital invertido dentro de 20 o dentro de 10 años? El resultado sobre las cifras a cargar en la cuenta de gastos varía según la hipótesis preferida por el contable: 1, 2, o 3 millones de liras.

Pero aún varían más esas cifras según las hipótesis sobre el *quantum* a reconstituir. ¿Se deben reconstituir los valores de coste o los de reposición? Una instalación ha costado 100 millones de liras y se presume que su duración será de 20 años. ¿Bastará contabilizar entre los gastos 5 millones anuales durante 20 años a título de cuota de reposición? A finales del año vigésimo tendremos 100 millones de liras, suficientes si la instalación, equivalente aunque sea diversa, cuesta dentro de 20 años los mismos 100 millones de liras. Si, en cambio, debido a la devaluación de la unidad monetaria, la instalación costase 1000 millones, he aquí que la empresa habría perdido 900 millones del patrimonio, acaso todo. Y, sin embargo, el contable al establecer la cuota de amortización de las instalaciones había aceptado las reglas sacrosantas de la ciencia contable, por lo menos de aquella secta contable que se obstina todavía hoy en considerar que los costes de amortización son los originarios y no los de reposición.

En la columna del activo, el inventario en 31 de diciembre nos da un total de 57 millones de liras, porque entre los activos figuran 10 millones de materias primas en almacén, productos en fabricación, combustibles y acopios diversos, todos ellos valorados diligentemente a los precios corrientes en 31 de diciembre, fecha de cierre de las cuentas. Ningún reproche se le puede hacer al contable, ya que es muy razonable que las existencias se valoren a los precios corrientes en el día de cierre del balance. Si, además, el contable ha calculado entre los gastos una cuota de riesgo para la eventualidad de tener que vender los productos terminados a un precio distinto y menor del corriente en 31 de diciembre, su conciencia está protegida por una coraza de hierro. ¿Basta la precaución? ¿Por qué, en lugar del 31 de diciembre, no ha elegido el contable la fecha del 30 de abril que es la de presentación del balance a la junta de accionistas y no se ha fundado en los precios corrientes en la fecha más cercana a la de la junta? Si la tendencia de los precios era a la baja, ¿no habría aconsejado la prudencia tener en cuenta esa tendencia para no arriesgarse a calcular beneficios ¡mayores de los probables? ¿O no habría sido aún más prudente considerar los precios que se puede presumir prudencialmente que se obtendrán en el momento de la venta de los productos terminados, tras detracción, obviamente, de los costes de transformación de la materia prima?

Los resultados de la cuenta de pérdidas y ganancias pueden variar de la noche al día como consecuencia de la diversidad de apreciación de las distintas partidas del balance. El beneficio de 5 millones de liras puede aumentar a 12 millones o transformarse en una pérdida de 10 millones, y esto aun permaneciendo siempre en el campo, propio de la materia tributaria, de una empresa viva y actuante. Beneficios mayores o menores, o bien pérdidas, son todos ellos verdaderos. No existe una verdad segura en una materia opinable.

Si suponemos que nos encontramos ante una empresa en liquidación, el contable quizá se vea obligado a usar criterios de venta forzosa, con probabilidades de pérdidas. ¿Qué criterios adoptaremos en la formación de un balance por división familiar? Aquí cuenta la equidad, no la exactitud de las valoraciones. Si los bienes están valorados uniformemente de un modo bastante prudente y quizás inferior al del mercado, ¿qué importa? Puesto que todos los valores han sido menguados igualmente, ninguno de los coherederos puede lamentarse. Tendremos valores distintos de los de la rendición de cuentas a los accionistas y al Fisco y de los de liquidación, pero igualmente verdaderos.

Todas estas valoraciones son verdaderas, cada una de ellas adecuadamente al fin que se quiere alcanzar formando el balance. El demagogo indecentemente vociferante contra la falsedad de los balances "preparados por los contribuyentes con el fin de estafar a la Hacienda", ¿se ha planteado alguna vez el único problema que es lícito plantearse en cuestión de determinación de rentas: cuáles son los criterios que deberían adoptarse para formar balances con el fin de determinar la cuantía del impuesto debido al Estado? Probablemente, si se plantease el interrogante, tendría que ser resuelto en el sentido de que la elaboración de los balances y la determinación del beneficio neto del modo hecho habitualmente son un "fuera de uso", que no interesa lo más mínimo al Estado (cfr. § 189).

177. El teorema de Pantaleoni debe ser completado por un corolario: cualquiera que sea el fin con que se haga el balance, el resultado a que se llega respecto al "beneficio neto" tiene un valor meramente formal. El "beneficio" es una cifra abstracta cuyo conocimiento es útil para ciertos fines, por ejemplo, para cuadrar el balance, para el control de la administración, para guía de la futura dirección de esta. El contable razonador no pretende predicar en el desierto, o sea enseñar al patrono la manera óptima de utilizar los saldos calculados por él. No dice: ese saldo es "renta" y puedes gastarlo totalmente, o es "reserva" y debes conservarlo. El año próximo tendrá en cuenta los nuevos hechos acaecidos, la conducta derrochadora o ahorrativa del patrono, y, mostrándole el nuevo saldo, le ofrecerá el comentario óptimo y único que se le permite y que debe suministrar.

El contable definitorio, en cambio, se empeña en decir que ese saldo es el "verdadero" beneficio y que, por lo tanto, económicamente, tiene este y el otro significado. Pero es obligatorio decir que el significado económico de la cifra del saldo de pérdidas y ganancias es, en cambio, considerablemente incierto.

178. El principio sobre el que se funda el cálculo del saldo de pérdidas y ganancias debe ser negado, en efecto, en dos aspectos.

Ya dije (cfr. § 83) que, en primer lugar, la división del tiempo en intervalos finitos, por ejemplo, el año desde 1.º de enero a 31 de diciembre, es un artificio. Necesario, pero artificio. Suponer que la vida de una empresa puede ser fragmentada en ejercicios finitos anuales es suponer el absurdo. No se puede saber si una empresa ha proporcionado a sus propietarios beneficios o pérdidas más que cuando ha muerto y todas sus actividades se han liquidado. Comparando entonces los ingresos y los gastos, reducidos a valores actuales en un momento dado, podremos juzgar del éxito de la empresa. Mientras permanece viva y en acción, el juicio es provisional. ¿Absorberá las reservas con futuras pérdidas? ¿Bastarán para hacerles frente?

En la división del tiempo en intervalos anuales y en la confección de cuentas referidas distintamente a cada uno de esos intervalos, los contables obedecen a la necesidad (ya comentada en el citado § 83) de orientarse, de tener una norma para el futuro, de saber si el éxito sonríe o no a la empresa, de no sentir, en el acto de retirar fondos con fines de gastos privados, remordimientos de haber causado perjuicio a la vida de aquélla. Si además, por hipótesis inverosímil, el propietario de la empresa pudiese abstenerse de retirar fondos hasta la liquidación final, el Estado no podría abstenerse en ningún caso, ya que sus gastos son continuos en el tiempo y debe hacer frente a ellos, continuamente, con ingresos igualmente separados en el tiempo.

Pero de la necesidad en que se ven los hombres de dividir el tiempo en intervalos finitos no se deriva la racionalidad de la fragmentación y de los cálculos que sobre esta se fundan. Se trata de meros procedimientos empíricos que los contables definitorios, solo por el hecho de ser necesarios, pretenderían transformar en las reglas de cálculo únicamente aptas para realizar la justicia tributaria. Si hay que preferir un procedimiento a otro es una materia opinable, a discutir según oportunidades contingentes, sin ostentación de jactancia estúpida de un procedimiento con respecto a otro. No existe el criterio que pueda declararse exclusivamente racional, exclusivamente apto para servir de metro a la justicia. Algunos se dignan mirar con tolerancia a otros criterios, distintos del saldo contable, de determinación de la renta de las personas, como por ejemplo, el criterio del índice de gastos o de la renta normal u ordinaria, como si estos únicamente fuesen procedimientos tolerables por una transigencia benévola en relación con el procedimiento contable. Si unos son fruto de un artificio lógico, lo mismo debe decirse del otro, y quizá más.

179. El criterio del saldo contable no sufre únicamente el defecto de la división del tiempo continuo en artificiosos intervalos finitos, sino más todavía por la comparación que, para llegar al resultado final llamado "beneficio neto", establece entre cantidades referidas a momentos temporales diversos. Tampoco en este caso se niega la necesidad del artificio, pero se pide el reconocimiento de que se trata de un artificio y, además, de un artificio que nada nos dice en cuanto al significado económico del importe así obtenido del beneficio neto.

El contable, que elaborando a la distancia de un año dos inventarios, constata que el patrimonio social neto, que era en 1.º de enero de 30 millones de liras, se ha convertido en 31 de diciembre en 35 millones de liras (30 de capital y reservas existentes en 1.º de enero y 5 de beneficios obtenidos durante el año) tiende a concluir: el beneficio del año fue de 5 millones de liras. Conclusión reforzada por la identidad de la obtenida según la cuenta de pérdidas y ganancias.

Borremos esta última cuenta, que, registrando hechos ocurridos en el año, pone de relieve una diferencia llamada beneficio entre entradas y salidas. Que la diferencia sea verdaderamente un beneficio no resulta, en opinión de los contables, de la cuenta intermedia (llamada de pérdidas y ganancias), sino exclusivamente de la coincidencia de los resultados de esta cuenta intermedia y del inventario de fin de año comparado con el de principio de año. Los 5 millones de beneficio de la cuenta de pérdidas y ganancias son iguales a la diferencia positiva entre el activo social neto, en 1.º de enero, de 30 millones y el activo neto, en 31 de diciembre, de 35 millones de liras. Que 5 es la diferencia aritmética entre 30 y 35 es cierto, pero también es certísimo que esa operación de comparación entre 1.º de enero y 31 de diciembre tiene sentido puramente formal aritmético, porque los términos de ella son comparables exclusivamente de un modo numérico. Los 30 millones son una cantidad numérica de liras referida al 1.º de enero, mientras que los 35 son otra cantidad numérica de liras referida al 31 de diciembre. Las unidades que componen esas dos masas no son equivalentes una a una, porque se refieren a tiempos distintos. No se puede decir que una unidad es mayor que la otra, del mismo modo que es imposible decir que un caballo es mayor que un camello. No pueden ser sumadas, restadas, multiplicadas o divididas entre sí. El inventario en 31 de diciembre lleva en sí un vicio incurable. En el pasivo figura:

Exigible			22.000.000	liras
Capital y reservas	30.000.000	liras		
Saldo a cuenta	5.000.000	»		
Total	35.000.000	liras	35.000.000	»
			57.000.000	liras

La atribución de 22 millones de liras por deudas con terceros es lógica, porque esas deudas se refieren al 31 de diciembre. Pero, ¿qué sentido tiene anotar "Capital y reservas, 30 millones de liras" cuando esta es una cifra valorativa referida al 1.º de enero, trasladada sin más de 1.º de enero a 31 de diciembre? ¿Es lógico imaginar que las cosas que valían 30 en una fecha valgan las mismas 30 a un año vista?

No digo que los contables puedan adoptar, en la realización de inventarios, un procedimiento diverso. Digo que se trata de un mero procedimiento y no de un principio de justicia, y añado que del uso de simples procedimientos no se puede deducir un argumento de jactancia o de superioridad cualesquiera hacia tantos otros procedimientos que pueden imaginarse o utilizarse en el cálculo de los beneficios. Los hombres, por la necesidad de entenderse recíprocamente en sus razonamientos, se ven obligados a adoptar definiciones y premisas; y hacen muy bien. Los contables hacen muy bien, para arreglárselas en el cálculo de los "saldos a cuenta" del inventario de fin de año, en adoptar la premisa de valorar capital y reserva en la misma cifra de principio de año. Pero que no eleven esta arbitraria premisa definitoria a principio de justicia, porque el salto sería mortal. La cifra de "saldo a cuenta" en 31 de diciembre no demuestra, por el hecho de su propia presencia, que sea la "verdadera" renta. Es un número que equilibra las cuentas; nada más. Qué significa ese número es otra cuestión.

180. En realidad, el contable conoce, en 31 de diciembre, estos únicos cuatro hechos ciertos:

1) Que el activo de la empresa puede ser valorado correctamente, en esa fecha, en 57 millones de liras;

2) Que el pasivo de la empresa respecto de terceros es valorable, en la misma fecha, en 22 millones de liras;

3) Que la diferencia entre activo y pasivo es, por lo tanto, en el mismo 31 de diciembre, valorable en 35 millones de liras;

4) Que tal diferencia es propiedad de los dueños de la empresa.

El resto: que los 35 millones se dividen en 30 millones de capital y reservas y 5 millones de beneficio, es una sutileza definitoria del contable, pero no tiene ninguna característica de las verdades lógicas.

Para comparar los 30 millones y los 35 millones referidos a momentos distintos, separados por el intervalo de un año, los hombres recurren al expediente de llevar del comienzo al fin, o del descuento desde el fin al principio del año, los 30 o los 35 millones, merced a la aplicación de un tipo de interés o de descuento (véase supra § 89).

El tipo de interés usado corrientemente para el cálculo es el corriente en el mercado para inversiones de capital del mismo tipo.

Si suponemos que el tipo de interés corriente es el 5%, sabemos que:

35 millones en 31 de diciembre = 30 en 1.º de enero +1,50 de interés al 5% de 30 al 31 de diciembre + 3,50 saldo diferencial en 31 de diciembre.

Pero, puesto que podemos adoptar arbitrariamente cualquier otro tipo de interés, si suponemos que es corriente el ganado efectivamente por la empresa, que es del 16 ⅔ %, tendremos:

35 millones en 31 de diciembre =30 en 1.º de enero + 5 de interés al 16 □ % de 30 al 31 de diciembre.

El signo de igualdad (=) puesto en una y en otra proposición significa que la cantidad 35 millones de liras en 31 de diciembre es *equivalente,* en uno y en el otro sistema de cálculo, a 30 millones en 1.º de enero, *más* los 1,50 + 3,50, o los 5, añadidos durante el año a los 30.

Racionalmente, o sea sobre la simple base del razonamiento hecho hasta aquí, sabemos únicamente que las dos cantidades, 35 a finales de año y 30 al principio + 5 de diferencia, son *equivalentes.* Esta proposición dice lo que dice y nada más. O sea que dice, repitámoslo, que las dos cantidades separadas por el signo = son equivalentes; y no dice, efectivamente, hasta que no se pruebe lo contrario, que 1,50 + 3,50, o bien 5, son el *beneficio* de 30. La naturaleza de beneficio en las 5 liras (o en los 5 millones de liras del balance) no queda atestiguada, pues, por la colocación de las cifras en el balance o por la equivalencia que se pone de manifiesto en consecuencia. Esa naturaleza de beneficio es el resultado de otra operación mental que, sobre la base de los resultados alcanzados hasta ahora, hacemos y que adopta la siguiente forma: convenimos en llamar "beneficio" o "pérdida" al "saldo" que es necesario añadir con el signo *más o* con el signo *menos* para hacer *equivalentes* dos cantidades numéricas referidas una al principio y otra al final del año.[3]

3 La falta de fundamento de la presunta primacía del concepto contable del beneficio no deriva de la *heterogeneidad* de las liras disponibles en tiempos distintos, sino de la naturaleza

181. Esta es una mera definición, la cual no tiene por sí misma ninguna virtud demostrativa. Las definiciones, lo repetiré una vez más, no prueban nada. Son útiles si aclaran las ideas, perjudiciales si las embrollan. Puede ocurrir que la definición dada ahora del beneficio, una de tantas, haya sido más nociva que útil, como consecuencia de la extraña afección despertada por ella en los contables definitorios y en los justicieros. Si, en vez de dejarnos llevar por la pasión amorosa, consideramos esa definición del beneficio como un mero expediente utilizado por comodidad de cálculo, vemos inmediatamente que no es "el" criterio infalible de la justicia tributaria.

El razonamiento:

a) El impuesto debe ser distribuido de acuerdo con la justicia;

b) El reparto de acuerdo con la justicia significa proporcionalidad a la renta de los contribuyentes;

c) Renta es la diferencia entre los activos netos iniciales y finales del contribuyente en el período considerado;

d) La justicia exige por lo tanto que el impuesto sea proporcional a la diferencia definida de ese modo,

se compone de un axioma *a),* evidente únicamente porque nadie se declara *a priori* contrario a la justicia, aun cuando no se conoce en qué consiste esta, de una deducción *d),* válida dentro de los límites de la validez de las proposiciones precedentes, de una definición *c),* y un misterio *b).* El porqué la justicia exija la proporcionalidad a la renta de los contribuyentes es un misterio cuyos aspectos son diversos (a semejanza de otros misterios que tienen del mismo modo en su favor el consentimiento de los pueblos): ¿son todos o algunos los contribuyentes cuya renta debe ser considerada?, ¿la proporcionalidad es constante, creciente o decreciente?, ¿los elementos que componen la renta son homogéneos? Cómo ha ocurrido que una definición c) se ha convertido en el señuelo de la verdad en cuestión de definición de la renta y que todos los demás procedimientos que, con obstinación digna de mejor éxito, han propuesto los legisladores, la costumbre y el uso inmemorial: la cantidad de los bienes consumidos, los índices del disfrute, el tenor de vida, el flujo normal de productos derivados de los bienes materiales e inmateriales, han sido mirados con condescendencia por los sacerdotes de la justicia, sopesados con suspicacia y rechazados porque no podían prevalecer en presencia del arquetipo adoptado por el contable como imagen de la única verdad, es, en verdad, el misterio verdadero y más grande de la llamada teoría de la justicia tributaria.

---

meramente definitoria de la calificación de beneficio dada a los saldos contables necesarios para hacer *equivalentes* los importes monetarios de principio y de fin de año. Sobre los conceptos de heterogeneidad, igualdad y equivalencia, cfr. ULISSE GOBBI, *Equivalenza economica, omogeneità, uguaglianza,* en «Scritti varii di economia», Giuffrè, Milán, 1934, pp. 282 ss., y *Osservazioni sul confronto dei valori nel tempo,* en «Rivista italiana di scienze commerciali», n. 3 de 1938, pp. 2-9 ss.

Puestos ante diversas definiciones de la renta:

a) Renta es la riqueza que en un intervalo dado de tiempo ingresa, deducidos los gastos, en la economía del contribuyente, en adición al capital poseído por el mismo contribuyente al principio de ese mismo intervalo de tiempo;

b) Renta es la riqueza que, deducidos los gastos, en un intervalo dado de tiempo, separa el contribuyente, a modo de fruto natural o civil, de las cosas poseídas por él: tierras, casas, empresas, profesiones, empleos, prestamos, etcétera;

c) Renta es la riqueza que disfruta el contribuyente de un modo efectivo, en un intervalo dado de tiempo, consumiéndola, casi todos los escritores han mirado a las definiciones *b)* y *c)* partiendo de la premisa de que la definición verdadera fuese la *a)*. Dios perdona a los inocentes y los admite más fácilmente en el reino de los cielos que a los razonadores. Sin embargo, no cabe duda de que nos encontramos ante un caso de pía inocencia incapaz de intuir que ninguna de las tres definiciones citadas anteriormente, y ninguna de las demás definiciones que podrían imaginarse, tiene en sí la virtud de demostrar la propia verdad. Las definiciones son convenciones que realizan los hombres entre sí con el propósito de entenderse en sus razonamientos, son medios útiles como el alfabeto, las reglas gramaticales o sintácticas. Para ciertos fines científicos puede ser útil definir la renta de un cierto modo; para otros fines, de un segundo modo; y así sucesivamente. Solo la fecundidad de la definición adoptada, la racionalidad de las consecuencias que se deducen y la bondad de los resultados obtenidos pueden aconsejar que se utilice, ora más bien una, ora más bien otra de las definiciones. Cada definición se encuentra desnuda en presencia del tribunal de la razón. Ninguna puede pretender excomulgar a las demás.

182. La definición contable (la *a* del § 82 y *a* del § anterior) tiene un privilegio sobre las demás: que ha sido aceptada como la primera, la única, como la que se impone por su evidencia a la conciencia humana. Un privilegio tan grande solo es propio de los axiomas y de los mitos. La definición a no es un axioma. El axioma se impone por su evidencia al hombre, que se ve, por la conformación misma de su cerebro, en la imposibilidad de negarlo; en cambio, la definición *a* se considera verdadera únicamente porque estamos acostumbrados a repetirla sin darnos cuenta de su contenido meramente definitorio. Esta es, por lo tanto, un mito.

Quizá también las demás definiciones son un mito. Parece que no, porque los que las utilizan parecen avergonzarse de ello. En todo caso, la definición a, en la carrera de los mitos, ha ganado la prueba. Es el mito de los mitos, el mito sagrado cuyos fieles se exaltan en la contemplación de cifras cabalísticas escritas en ciertos evangelios llamados "balances". Parecería increíble si no fuese verdad.

Durante el siglo XIX y en el primer tercio del siglo XX los hombres han adorado el mito, han combatido por él; lo han experimentado y construido. Incluso han condenado a la hoguera a los contraventores. Incluso en el humilde campo de los impuestos, no es la razón, sino el mito lo que guía a los hombres. Los mitos, creados por los héroes que guían a los pueblos por la vía del destino, persuaden a los hombres a actuar porque se han obtenido de lo más profundo del alma humana. Apelan al sentimiento, a la fe, al deber, al egoísmo, al amor, al misterio. Pero que los hombres se vean movidos a actuar por un mito contable, por un número abstracto adoptado por su comodidad, sería increíble si ese mito no fuese el instrumento de un sentimiento profundamente arraigado en el hombre: la envidia.

"Quien está por encima de mí no paga lo que debe" es la reacción espontánea del hombre ante el impuesto. Nadie confiesa que no quiere pagar. Todos declaran que quieren pagar si los demás pagan lo debido. *Homines,* exclamaba ya Thomas Hobbes, *[non tantum] onus ipsum, quam insequalitatem graviter ferre solent. Maxima enim ambitione de immunitate certatur et in eo certamine minus felices magis felicibus tanquam victi invident.* Pagar y estafar no cuentan, si alguno paga menos o estafa más. Sin embargo, si el impuesto recae sobre el acto individual de consumo o de transmisión, la envidia no puede actuar. Falta el término de comparación entre hombre y hombre. La comparación es entre cosas: kilo y kilo de azúcar o litro y litro de alcohol, cigarro puro o cigarrillo, café o achicoria. Falta la materia sentimental de discusión para pretender estar gravado en relación con los demás. Todos los contratos de compra-venta de casas son semejantes entre sí; y no hay modo de agarrarse a que la casa es pequeña en relación con otra grande para pretender pagar un impuesto menor por cada 100 liras de valor. La casa está muerta, no habla; las piedras y los ladrillos y la cal de que se compone no reaccionan contra el impuesto más elevado. La casa solo se hace viva y activa cuando se la ve a través del hombre que la posee.

El campo igual a otro campo no reacciona si es gravado en igual medida; reacciona, en cambio, cuando al ser poseído uno por el rico y el otro por el pobre, al pobre se le ocurre la idea de que su campo, aun siendo igualmente productivo, debe soportar un impuesto menor que el campo del vecino rico, a quien envidia y cuyos bienes querría hacer suyos. En ese momento el campesino se convierte instintivamente en filósofo utilitarista envuelto en un manto contable. La envidia, que no puede hacer mover a las cosas, mueve a los hombres que poseen las cosas, inventa el sistema personal de distribución de los impuestos y crea el mito contable de la renta, alma de la Hacienda moderna. Acaso no sea demostrable la racionalidad de gravar los campos, el tabaco, el vino, el vehículo, el palco en el teatro; pero es ciertamente arbitraria, porque tiene orígenes puramente definitorios, la imposición del saldo contable aceptado como único criterio de renta. Naturalmente, como quiera que en favor de la imposición de las cosas mudas existe el beneficio de la duda, mientras que es cierta la arbitrariedad de la imposición del saldo contable, los hombres proclaman únicamente racional a esta última. Y también esta es propiedad característica del mito.

8

¿EXISTE EL IMPUESTO?

183. La pregunta puede parecer paradójica, mas no lo es. Ya he dicho que la deuda pública (§§ 134 y 135) y los impuestos (§§ 15-18) parecen a veces vivos y están muertos. Son la venganza de la realidad contra el orgullo de los justicieros. Estos querrían que los hombres sufriesen los impuestos y comparasen continuamente los sacrificios de uno con los sacrificios de otro, que sumasen sacrificio con sacrificio y proporcionasen sacrificio a manos llenas, o querrían que el impuesto se llevase cada año una parte, constante o variable, de cierto misterioso ente contable llamado saldo de beneficios. La realidad se ríe de los planes de los justicieros y los desbarata sin descanso. Apenas el doctrinario ha imaginado un sistema, en virtud del cual todos aquellos que se encuentren en una situación dada deben pagar, por ejemplo, 1000 liras de impuesto sobre 5000 liras de renta, cuando he aquí que inexorablemente, día a día, el ala del tiempo anula la obra del docto legislador. Fulano paga durante algunos años las 1000 liras sobre las 5000 de renta de la casa, y sufre con ello, según quería el justiciero. Como sucede con todo dolor humano, también el dolor del impuesto se atenúa con el tiempo y la costumbre lo hace parecer menor. Llega el momento en que Fulano vende la casa y se marcha con Dios, provisto de las 80.000 liras, valor en el mercado al 5% de una casa que rinde 4000 netas. El ha sufrido la amputación de 20.000 liras sobre las 100.000 que la casa habría podido valer si el impuesto no hubiera existido nunca. El es, quizás, el único que sufre ahora el impuesto de 1000 liras, si el tiempo no ha disipado todavía el recuerdo de las rentas y de los precios que fueron. Mas nadie piensa en el que; ha vendido cuando se habla del impuesto de 1000 liras que grava la casa. El es un caminante perdido entre las brumas del horizonte, que marcha hacia otros impuestos, olvidado del que le ha afligido en el pasado. ¿Experimenta, acaso, dolor el adquirente cuando satisface el tributo anual de 1000 liras? No, puesto que él recibe el 5%, 4000 liras anuales de renta, del capital de 80.000 liras invertido en la casa. El impuesto está ahí, el Fisco lo ingresa en sus arcas y nadie siente dolor por ello. Benvenuto Griziotti, en uno de sus escritos, ha encontrado una imagen luminosa para describir el hecho: el impuesto se asemeja a un rayo de luz que impresiona hoy nuestra pupila, y la impresiona con viveza; pero ese rayo procede de una estrella lejanísima, muerta desde hace siglos. El rayo ha viajado por el

firmamento durante años y centurias antes de llegar a nosotros y este largo viaje nos hace ver viva a la estrella que, sin embargo, está ya extinguida. Esto mismo sucede con ciertos impuestos. Parecen vivos, los hombres cumplen el rito de pagarlos y recaudarlos, pero el que los sufrió está quizá muerto hace años o siglos y nada siente ya. Y nadie sufre en su lugar. Los tratadistas han llamado "amortizados" a estos impuestos que han ocasionado una pérdida o amortización de valor capital en la cosa gravada. Ignoro la procedencia lingüística de la palabra "amortización", pero creo que los tratadistas han elegido casualmente una palabra expresiva. El impuesto amortizado es el impuesto muerto en el corazón de los hombres, en el que no suscita ya sensación alguna de dolor o pesar. Muchos impuestos están muertos.

184. La paradoja del impuesto muerto irritó a los justicieros. Pareció una ofensa a la justicia. Hay que abolirlos impuestos que no son ya sentidos por la humanidad viviente. Un impuesto que no haga al hombre sentir en todo instante el dolor de la condena divina: trabajarás con el sudor de tu frente para pagar los impuestos, no cumple su misión. Interesa crear un sistema en virtud del cual el dolor del impuesto sea, necesariamente, perpetuo y punzante. Confieso que no consigo alcanzar tan perfecto estado de satiriasis tributaria. La paradoja del impuesto muerto me ha inducido a pensar, por el contrario, si el poder de la palabra vacía de sentido no haya quizá pesado más que todas mis aclaraciones. Pero, ¿por qué vamos a dejarnos arrastrar por el vacuo sonido de las palabras? El impuesto hace nacer la idea de algo que está encima y pesa. Impuesto sobre la renta o sobre el capital parece ser algo que lógicamente grava, reduce, disminuye renta o capital o ambos a la vez.

185. Los economistas del siglo pasado cometieron el error de aumentar la propensión a interpretar la palabra "impuesto" en el sentido de peso o dolor al colocar lamentablemente, por razones de euritmia arquitectónica, la discusión de los impuestos en la parte cuarta de sus tratados. Producción, distribución, cambio y consumo de la riqueza: he aquí la clásica distribución cuatripartita del drama económico a la que hizo honor Juan Bautista Say. Los primeros tres actos del drama eran los actos creadores: los hombres, fatigándose, comerciando y distribuyendo, crean riqueza. En el último acto se asistía a la destrucción de aquello que había sido creado. Los economistas de aquel tiempo, no habiendo descubierto las leyes de la utilidad y del marginalismo y no habiendo aprendido todavía a trastocar el orden de las nociones, estaban desesperados. Sintiendo un poco de escrúpulo de llenar las páginas del tratado del consumo con enseñanzas extraídas de los tratados de buen gobierno de la familia de Agnolo Pandolfini (o Leon Battista Alberti?), no sabían verdaderamente qué meter en la parte cuarta. No había euritmia en la arquitectura del edificio científico. Tres alas del palacio eran altas y suntuosas; pero, ¿y la cuarta? Acudieron en su auxilio los impuestos. Como quiera que el consumo privado ofrecía poca materia, se discutió ampliamente del consumo público. Los impuestos fueron así idealmente ligados a la idea de consumo y de destrucción. En el sistema del drama económico cuatripartito, los hombres

producían, transportaban, intercambiaban y distribuían la riqueza. Luego venía el diluvio. El consumo destruía, y en el acto del consumo tenía lugar una lucha interna entre, por un lado, los hombres que pretendían consumir todo lo que habían producido y, por otro, el Estado, que quería llevarse una parte para proveer al consumo público.

Dos ideas-fuerza se desprendieron de esta arquitectura académica: que el impuesto sea destrucción, y que sea destrucción de aquello que otro, el hombre privado, ha creado.

186. La arquitectura tratadística de Juan Bautista Say ha decaído. Ningún tratado moderno de economía está construido de acuerdo con aquel canon. Pero perduran las ideas-fuerza nacidas de lo que era un mero procedimiento de exposición académica de la ciencia.

Si me remonto a mis recuerdos de juventud, entre 1890 y 1900, salta viva en mi memoria la imagen de las formas de hablar —semejantes a estos modos de hablar tributarios— entonces comúnmente usadas. Decía el industrial: "Yo, que doy de comer a cien, a mil obreros..."; y su modo de hablar parecía natural a la mayor parte de las gentes, que consideraban "ingratos" a los trabajadores que mostraban descontento hacia sus benefactores. El industrial de hoy quizá piense alguna vez así en la parte más recóndita de su conciencia, pero ya no se atreve a manifestar abiertamente su pensamiento; ni tampoco les parecería razonable a sus interlocutores. Ni el obrero da de comer al patrono, ni este al obrero. Ninguno de los dos da limosna al otro. Cada uno vive del fruto del propio trabajo y de la propia creación. El trabajo de entrambos es fecundado por la colaboración recíproca y de esa colaboración nacen las ventajas. Decir que el obrero es mantenido por el industrial es tan grotesco como decir que el panadero mantiene al cliente porque le suministra el pan. Del mismo modo que existe equivalencia entre pan y dinero, existe también equivalencia entre trabajo prestado y salario. Ambos deben estar agradecidos entre sí, puesto que su unión ha permitido al obrero devengar un salario más alto y al empresario un beneficio más importante.

Coste y retribución son dos facetas del mismo fenómeno. El administrador de un periódico del tiempo anterior a 1900 se lamentaba cada jornada del creciente coste del papel consumido por las rotativas. Todos nos reíamos, porque ése era el índice de la creciente fortuna del diario. El girar de los rollos de papel era, para el administrador, un acto de destrucción; para nosotros, era la premisa de la creación.

187. Así son los impuestos. Es falso y grotesco decir que significan destrucción. Son el medio gracias al cual el Estado crea nuevos valores: seguridad, justicia, defensa y grandeza nacional, cultura, sanidad física, unidad de los hombres que viven sobre el suelo de la patria. Gracias al impuesto, el Estado crea el ambiente jurídico y político en el que los hombres pueden trabajar, organizar, inventar, producir. ¿Qué serían los hombres si no existiese el Estado? Salvajes miserables, errantes sobre la tierra, sin defensa contra las bestias fe-

roces, sin seguridad de sustento ni de vida, armados los unos contra los otros. No se afirma con esto que todo el producto social, toda la renta nacional, correspondan al Estado. Se afirma únicamente que existe una distribución de la renta nacional anual que es la mejor entre todas: una distribución gracias a la cual el Estado recibe el impuesto, el trabajador el salario, el ahorrador los intereses, el empresario el beneficio y el propietario la renta. Cada uno recibe lo que es suyo, lo que fue creado por él, lo que es necesario que él tenga a fin de que su participación en la obra común sea la mayor y la más eficaz.

188. En la distribución ideal, el Estado ideal o perfecto no grava, por consiguiente, a ninguno. Recibe lo suyo, todo lo suyo y nada más que lo suyo. La idea de que el impuesto sea una detracción sobre algo que creó el hombre es radical y profundamente errónea. El hombre y el Estado, o, hablando concretamente, el hombre actuando en las diferentes formas a él ofrecidas: como individuo particular, como asociado libremente con otros (asociaciones y sociedades) y como asociado coactivamente con todos los otros (Estado), produce conjuntamente, a través de un complejísimo mecanismo, un flujo constante de nuevos bienes. Tal flujo disminuiría si faltase una forma cualquiera del trabajo humano: la individual, la colectiva voluntaria o la colectiva coactiva. Los individuos y los organismos que participan en la producción de la corriente de nuevos bienes tienen derecho a participar en el disfrute de esa corriente y a recabar de ella los medios para renovar continuamente sus esfuerzos, persistiendo de esta manera la corriente, y también la participación en el disfrute de ella.

Mercier de la Rivière había escrito ya:

A regañadientes doy a los ingresos públicos el nombre de impuestos: palabra siempre tomada en mal sentido, anunciadora de un gravamen a soportar; mientras que los ingresos públicos, por el contrario... nada tienen de aflictivo, y al remontarse a su origen se comprueba que son la recompensa por su utilidad. *(L'ordre naturel et essentiel des sociétés politiques,* 1767, II, 40).

Y Dupont de Nemours:

«[En su forma perfecta] el máximo ingreso público posible, creciente de día en día, es el más ventajoso, entre todos los posibles, para los miembros de la sociedad; y no es oneroso para nadie ni a nadie cuesta nada; nadie lo paga y nada deduce de la propiedad de nadie en absoluto» *(De l'origine et des progrès dune Science nouvelle,* 1768, edición 1910, 28).

Palabras olvidadas, que habían sido renovadas por el que escribe[1] antes de haber meditado sobre las páginas de los fisiócratas, y de las cuales debe extraerse la última consecuencia lógica.

1 En *Osservazioni critiche intorno alla teoria dell'ammortamento dell'imposta e teoria delle variazioni nei redditi e nei valori capitali susseguenti all'imposta,* en «Atti della reale accademia delle scienze di Torino», vol. 54, 1918-19, cap. II, § 6; ahora en «Opere», serie I, vol. I, segundo de los Saggi *sul risparmio e l'imposta.*

189. Que no es otra que la condena definitiva de las tentativas que han sido emprendidas tan a menudo y con tan escaso éxito para descubrir la regla perfecta, absoluta e inmarcesible del impuesto "justo" sobre la base del "verdadero" "dolor" sentido por los hombres al pagar el tributo.

Utilitaristas y contables —las dos grandes ramas en que se dividen las innumerables sectas de los ejecutores de la justicia fiscal— se han fatigado en vano buscando el impuesto perfecto. Metidos en un atolladero, les era imposible encontrar la salida.

Cuando el obrero reclama el salario que le parece "justo", ¿dice acaso: la medida de la justicia es para mí el beneficio del patrono. Si este gana mucho, mi salario debe ser alto; si poco, bajo; si él pierde, yo debo resignarme a trabajar gratuitamente? En él está viva la idea de que el salario debe aumentar si el negocio prospera; pero bajo esta idea, y más arraigada que ella, se encuentra la de que el salario debe serle dado porque él trabaja y debe serle dado en proporción al mérito de su trabajo. Cada uno es la medida de sí mismo. Salarios, intereses y beneficios son la remuneración del trabajo, del capital y de la función empresarial, y están en proporción con el valor de la aportación del trabajo, del capital y de la empresa. A nadie se le ocurre la descabellada idea de pagar al obrero en función del valor de la aportación del capitalista, a este en función del valor de la aportación laboral y al empresario en función del valor de la aportación de los dos anteriores y del propietario de los factores naturales de la producción. Se discute la forma de medir el valor de las diversas aportaciones, pero nadie ha intentado confundir los papeles proponiendo remunerar a un factor en proporción al valor de la aportación de cualquiera de los otros factores.

Sin embargo, esta idea —que si fuese enunciada en los asuntos ordinarios de la vida parecería grotesca y ridícula— es acogida como oro puro cuando los hombres comienzan a discursear y a desvariar acerca de las cosas del Estado. En vez de pagar al Estado por lo que el Estado hace, por el valor de su aportación a la cosa común, se considera natural y obvio pagarle en razón de aquello que hacen los otros. No debido a la mayor o menor perfección de su labor, sino en razón del mayor o menor éxito del trabajo de los demás. Al vago y al incapaz el impuesto debe exigir poco, porque ellos —¡pobrecillos!— no han querido o no han sido capaces de producir mucho. Al trabajador y al arriesgado el impuesto debe exigir mucho, porque ellos quisieron y pudieron producir mucho. Esto es trastornar los postulados del buen sentido. ¿Qué se diría del panadero que regalase el pan a todos los pordioseros que se presentasen en su tahona, lo hiciese pagar a 50 céntimos el kilo a aquellos que acudiesen mal vestidos o provistos de un certificado de pobreza, y a 5 liras a los ricos? Todo el mundo estaría de acuerdo en que tal panadero se había vuelto loco y acabaría quebrando o en la casa de caridad. Si los hombres no desvarían, el buen pan es pagado como buen pan por todos y al mismo precio. Incluso en las ciudades y Estados sometidos a asedio el uso consiste en racionar el pan, para prolongar su duración, pero venderlo a igual precio para calidades iguales. Así también el Estado proporciona bienes morales y espirituales de enorme valor a todos aquellos que se encuentran en situación idónea para sacar de ellos el debido provecho. ¿Qué culpa tiene el Estado si Fulano y Mengano, provistos de idénticos medios económicos, saben sacar diferente partido de los bienes equitativamente proporcionados por el Estado en favor de uno y otro? ¿Por qué, si uno gana y otro pierde, el Estado debe hacer pagar al primero y dejar inmune al segundo? ¿No es esta una conducta ilógica e incomprensible? El Estado ha cumplido con su deber y ha desempeñado su misión al crear el ambiente de paz, de justicia, de cultura y de coordinación entre las instituciones sociales en el que ambos pueden utilizar los medios que poseen en igual medida. La lógica y el sentido común exigen que el Estado haga pagar por igual a los dos los servicios prestados. El éxito o el fracaso de las empresas de ambos contribuyentes no le incumbe. Pierdan o ganen, pierdan mucho o ganen mucho, es cuestión que no le incumbe. Así como el obrero, a trabajo igual quiere percibir salario igual de dos empresarios; así como el que ahorra exige intereses iguales si ha prestado capitales iguales a ambos, de la misma forma el Estado, que ha prestado iguales servicios, exige ser pagado de un modo igual.

190. Nótese que la igualdad de salario, de interés y del impuesto, a igualdad de servicio prestado por el obrero, el ahorrador y el Estado, es condición necesaria para el orden, el progreso y la prosperidad social.

Si el empresario tuviese que pagar salarios altos cuando gana y bajos cuando pierde; si tuviese que pagar el 10% sobre el capital recibido en préstamo en caso de éxito y tuviera derecho a no restituirlo en caso de pérdida, bien pronto veríamos el caos y la ruina de la sociedad. ¿Para qué esforzarse y ser emprendedor y prudente, laborioso y diligente, si el que triunfa va a ver cómo aumentan en perjuicio propio intereses y salarios hasta acumular la compensación debida al mérito? ¿Qué castigo sancionaría al inepto y perezoso si cuanto más pierde y cuanto peor trabaja tanto más disminuyen sus costes de salarios, de intereses y —¿por qué no?— de materias primas?

Ahora bien, aquella conducta que en los asuntos corrientes de la vida parece a primera vista desatinada y ruinosa, se hace inexplicablemente justa, lógica e indiscutible cuando se pasa a los asuntos del Estado. El Estado —enseñan a porfía utilitaristas y contables— debe hacerse pagar sus servicios en función de la renta y del capital ajenos, debe tratar de proporcionar el impuesto a las satisfacciones y beneficios que los demás disfrutan. Siempre se mira lo que hacen, lo que disfrutan y lo que sufren los otros; nunca lo que da el Estado. De tal insensata norma de conducta se derivan, como se derivarían también para los particulares, consecuencias funestas. El Estado que actúe de acuerdo con esta doctrina persigue al hombre laborioso, capaz y encumbrado, y premia al ignorante, inepto y fracasado.

191. Las sociedades no han ido todavía a la deriva porque los legisladores y los administradores de la Hacienda pública han sido realmente más sabios que los justicieros doctrinarios. Han rendido tributo de palabra a

los principios supremos de la justicia inventados por aquellos hombres; han recitado las plegarias rituales ante el altar de la igualdad de sacrificio, de la proporcionalidad constante o creciente con respecto a la renta o al capital; y luego han obrado como han podido, como dictaba el instinto de la necesidad de gobernar, de hacer frente a los gastos y de no descontentar a los contribuyentes ni despertar excesivamente su oposición. A pesar de todas sus incertidumbres y dudas, la obra de los legisladores vale más que las enseñanzas de los justicieros.

Es necesario decidirse a dar un paso adelante: expulsar a los malos consejeros de la llamada justicia tributaria del templo del Estado. Es necesario tener el valor de decir que las llamadas normas supremas del sacrificio, con las lógicas consecuencias de la proporcionalidad a la renta, de la personalidad y de la globalidad, son cajas vacías, palabras carentes de buen sentido, carentes incluso de cualquier significado congruente. Es necesario atacar a golpes de látigo a los pontífices de la nada que parece algo.

192. Los pontífices clamarán que yo pretendo que los impuestos sean pagados en la misma medida numérica monetaria por los ricos que por los pobres y que yo quiero resucitar la capitación. Falso. En todo lo que queda escrito en estas páginas no hay ni una palabra que autorice semejante interpretación.

Se dijo y se demostró únicamente:

- Que el impuesto no puede ser racionalmente repartido aplicando uno cualquiera de los principios del sacrificio, porque no puede aplicarse un principio cuyo significado se ignora (cfr. §§ 159-62);
- Que el impuesto no puede ser racionalmente aplicado en proporción a la renta "efectiva" del contribuyente individual, porque tal distribución de la carga fiscal es ilógica y perjudicial (cfr. §§ 187-89).

En las proposiciones aquí enunciadas no existe ni una palabra que permita hacer suponer que el impuesto debe ser igual para el rico que para el pobre. El impuesto distribuido según las reglas antedichas no puede pretender ser racional. Todo lo más, puede vanagloriarse de seguir los dictados de la razón raciocinante, que quiere decir desvariante. Si, modestamente, en vez de proclamarse el único racional, confiesa que es un procedimiento aconsejado por el buen sentido, por el sentimiento de solidaridad entre clase y clase, por el principio de economicidad y otras cosas semejantes, se convertirá en procedimiento no diferente de los otros procedimientos que rivalizan con él en pie de igualdad. Y entonces será digno de examen sereno. Pero antes, ¡Abajo el orgullo!

9

SÍ, SI EL IMPUESTO SE HACE "TALA"

193. Ya sabemos que el impuesto óptimo al que aspiran los legisladores es aquel que no grava, que no pesa, que no quita nada; antes bien, aumenta la riqueza de los contribuyentes. Y a este no se le puede llamar impuesto. Por el contrario, es verdadero impuesto aquel que de verdad grava, quita, cercena; el recaudado por el Estado que se lleva mucho y restituye poco a los ciudadanos. Y a este le llamaremos "tala".[1]

194. En los tiempos modernos los hombres ya casi no saben qué es el verdadero impuesto-tala. Hay que remontarse a los escritores de los siglos XVII y XVIII para leer algunas páginas vivas sobre el mismo.

Un siglo antes de la Revolución, La Bruyère describía así al campesino francés:

Se ven, dispersos por el campo, ennegrecidos, lívidos y quemados por el sol, ciertos animales salvajes, machos y hembras, esclavos de la gleba que hurgan y remueven con invencible obstinación. Apenas poseen voz articulada, pero cuando se ponen en pie muestran una faz humana y son realmente hombres. Durante la noche se refugian en cuevas en donde viven de pan negro, agua y raíces. Puesto que evitan a los demás hombres la fatiga de sembrar, arar y segar para vivir, bien merecen no carecer del pan que han sembrado.

Una de las causas que persuadieron a Saint-Simon a decir del rey más grande de Europa que también era rey *des gueux* es puesta de relieve por Alexis de Tocqueville: la incertidumbre arbitraria del impuesto.

El recaudador a quien toca la mala ventura de repartir la talla entre los contribuyentes de su municipio es, al mismo tiempo, tirano y mártir. Puesto que es responsable con toda su fortuna de la entrega de la suma asignada al

---

1 Aunque la traducción literal de *taglia* —talla— corresponde a un antiguo impuesto español (Talla general de Mallorca, definida por Canga Arguelles en su *Diccionario de Hacienda* como «exacción anual..., sobre todos los vecinos de la isla, en proporción de las facultades de cada uno»), este término no da la idea de lesividad que pretende el autor. Por esa razón, hemos preferido —excepto en las referencias a la historia francesa— la traducción «impuesto tala», término que ya emplearon J. Algarra y M. Paredes en su versión de los *Principios de Hacienda Pública* de L. EINAUDI, publicada por M. Aguilar, Madrid, 1946. (*N. del T.*)

municipio, todos esquivan un cargo tan minoso y todos son llamados por la fuerza a desempeñarlo por turno. «El cargo —afirma Turgot— es motivo de desesperación y, casi siempre, de ruina para aquellos a quienes se confía; de este modo todas las familias acomodadas del pueblo se ven reducidas, una tras otra, a la miseria.» Reducido a la miseria, el recaudador tiene en sus manos la ruina de los demás. «La preferencia por sus parientes —decía en 1772 la asamblea provincial de la Alta Guyena—, por los amigos y por los vecinos, el odio, la sed de venganza contra los enemigos, la necesidad de un protector, el temor de causar disgusto a un ciudadano acomodado que proporciona trabajo, luchan en su corazón con el sentimiento de la justicia.» El terror quita al recaudador todo sentimiento de misericordia. En algunas parroquias no se desplaza si no es acompañado por soldados y alguaciles. Sin embargo, ningún contribuyente paga antes de que los soldados hayan comparecido en su casa. El campesino que espera, como el asno, ser apaleado antes de pagar, es un político fino. «Para huir de los impuestos violentos y arbitrarios, el campesino francés, en pleno siglo XVIII, se comporta como el judío medieval. Exhibe una apariencia miserable, aunque casualmente no lo sea en realidad. Con gran razón teme a la opulencia exterior. La Sociedad de Agricultura del Maine narra, en su informe de 1761, que había acariciado durante algún tiempo la idea de distribuir ganado a título de premio y estímulo. Pero se disuadió ante el pensamiento de las dolorosas consecuencias que la baja envidia habría podido acarrear en perjuicio de los premiados, sujetos a vejámenes de mayores impuestos en los años siguientes»[2].

El contribuyente, temiendo hacer frente mañana a mayores impuestos si pagaba puntualmente, prefería soportar los gastos de la ejecución forzosa antes de dejar ver que estaba en condiciones de pagar.

«Todos —exclama la asamblea provincial de Berry— temen exhibir sus propias riquezas; se renuncia a mobiliario, a vestidos, a alimentos y a todo lo que está sujeto a la contemplación de los demás.» El señor de Choiseul Gouffier quería recubrir con tejas, por su cuenta, las casas de sus campesinos, expuestas a un incendio. Estos le dieron las gracias por su bondad, pero le suplicaron que dejase las cabañas en su estado actual, porque, de cubrirlas con tejas en lugar de paja, los recaudadores habrían aumentado la tala. Si yo ganase más, exclama un campesino, trabajaría en beneficio del recaudador[3].

Le Pesant de Boisguilbert, un siglo antes de la Revolución había visto nítidamente las causas del mal. La ruina de Francia se debía sobre todo: a la incertidumbre de la tala, cuya tarifa, al ser totalmente arbitraria, solo cuenta con la siguiente certeza: que cuanto más pobre se es, más se paga... El daño menor de la tala es, para el pueblo, tener que pagar algo al rey; su perfección es tanta que arruina al mismo tiempo a quien cae, aplastado por su peso, y a quien consigue esquivarla... El número de los que pueden ser sometidos a la

2 Taine, *L'ancien régime et la révolulion,* pp. 192 ss.

3 *Ibíd.,* pp. 464 ss.

tala disminuye de día en día; y hoy son treinta los que tienen que pagar lo que ayer soportaban sesenta... Puesto que interesa evitar cualquier demostración de riqueza, nadie se atreve, por temor a tener que pagar el doble de impuesto, a poseer, aun cuando le fuera posible, el ganado necesario, sin el cual no pueden ser abonados los campos tal como desearía quien sabe que los abonos son el alma de la agricultura y de la cerealicultura[4].

195. La arbitrariedad había producido los mismos efectos en Italia. Leamos las solemnes páginas de la *Relazione dello stato, in cui si trova l'opera del censimento [catasto] universale del Ducato di Milano nel mese di maggio dell'anno 1750,* el documento de mayor sapiencia con que cuenta la historia de la Hacienda en Italia y fuera de ella.

Contra el aforismo del legislador romano:

Is vero, qui agrum in alia civitate habet, in ea civitate profiteri debet, in qua ager est; agri enim tributum in ea civitate debet levare, in cuius territorio possidetur, o sea, contra la regla de la imposición universal de las cosas en el lugar en que están situadas, las clases privilegiadas hicieron una guerra muy larga, victoriosa para ellas, pero desastrosa para el bien público.

No podemos apartarnos de la ley del territorio, ley clara e inmutable, sin caer en mil absurdos y en un mar de incertidumbre; puesto que, al querer describir y censar los bienes, no según la regla del sitio en donde siempre han estado y donde estarán eternamente, sino según otra regla cualquiera fundada en las cualidades personales del poseedor, toda regla queda alterada por las variaciones diarias que se producen en estas cualidades y en la transmisión de los bienes de un nombre a otro, de suerte que el catastro queda siempre tambaleándose y se priva a las comunidades del patrimonio natural de que deben recibir ayuda en sus necesidades (p. 30).

196. Entre 1559 y 1718 surgieron en Lombardía numerosos litigios a causa de la arbitrariedad propia del criterio del impuesto personal: ciudadanos contra campesinos, campesinos contra ciudadanos, ciudades que, con el pretexto de gravar a los ciudadanos por su renta total, cualquiera que fuese su procedencia, robaban, por lo que se refiere al impuesto, tierra a los pueblos; municipios rurales que para hacer frente a las consecuencias de su despoblación, debida a su vez a los impuestos vejatorios y arbitrarios, fingían sujetos imaginarios de impuestos y, por medio de estos, se encarnizaban con los sujetos vivos y verdaderos. Ignoro si en la literatura hacendística se puede leer una página que pueda compararse con estas líneas clásicas que Pompeo Neri escribió en la relación del censo milanés:

Como quiera que tales prácticas arbitrarias (en el reparto de los impuestos sobre los bienes, sobre las personas y sobre las bocas, que entonces se distinguían) han llevado en su mayoría al agravio de las personas, de suerte

4 *La France ruinée sous le règne de Louis XIV. Par Qui et Comment. Avec les moyens de la rétablir en peu de temps.* Colonia, 1696.

que en algunos lugares, en parte por el rigor de las contribuciones y en parte por otras desgracias, han dado lugar a la despoblación, para remediar la falta causada por los fugitivos se inventó una solución, que ciertamente no ha servido nunca para poblar país alguno, y que consistió en imaginar que en donde no había personas las hubiera, y que las pérticas de terreno que normalmente subvenían al trabajo y mantenimiento de una cabeza, es decir de un cabeza de familia, debían constituir una cabeza análoga, que fue denominada *Cabeza muerta,* obligada a pagar lo que en los impuestos municipales anuales corresponde a una cabeza viva y a dos bocas vivas. Y del pago de la cabeza muerta fueron encargados los dueños del terreno que, además de verlo abandonado por los agricultores, lo vieron fecundado por esta nueva gabela, la cual se supuso que incitaría a los dueños a preocuparse con mayor cuidado de los agricultores, remediando la avaricia de algunos que, para evitar el impuesto personal, hacían trabajar sus terrenos por medio de trabajadores forasteros; pero cuando los agricultores abandonan los terrenos, bien por incursiones militares o por el carácter desorbitado de los impuestos, como sucede la mayor parte de las veces en estos casos, la experiencia ha demostrado que el país no se repuebla a fuerza de cabezas muertas y que, sin darles un modo de vivir, las cabezas vivas no vuelven más (pp. 45-46).

197. Durante la dominación española, la arbitrariedad descomponía todo el sistema impositivo. El príncipe urgía al Estado, el Estado a las provincias y estas a los municipios. Con tal de que la suma solicitada fuese entregada al erario, nadie se preocupaba de controlar la forma de la distribución y del pago.

El método oscuro y desigual del reparto... proporciona a los administradores de las comunidades una ocasión para ocultar en los impuestos la verdad de las sumas convenientes para las necesidades precisas, puesto que los contribuyentes, no pudiendo saber a ciencia cierta la cantidad de su contingente, no pueden advertir si son cargados en exceso y no les queda más remedio que confiar ciegamente en sus administradores... La obligación solidaria de responder por los insolventes que pesa sobre la comunidad, que no puede hacerse realidad de no gravar más de lo debido a los solventes, les da el pretexto para llevar a efecto tales impuestos excesivos a su arbitrio, pretexto que no puede ser perturbado por los contribuyentes, que saben lamentarse de que la carga es pesada, pero no saben calcular por qué es injusta, ni tampoco puede ser perturbado por los superiores a quienes se lleva el dinero, porque es demasiado difícil la justificación del gravamen y porque se considera un acto de justicia y de prudencia la concesión, a quien trae el dinero, de todas las facilidades, para poderlo cobrar sin dificultad (pp. 72-73).

Contingentes, solidaridad, reparto hecho por los interesados son palabras que vuelven a estar de moda. ¿Recuerda quien las desentierra las sombras que les acompañaron en el pasado? El encargado de la gestión de los impuestos, funcionario del Estado, quizá sea un sustitutivo imperfecto del magistrado. En él, junto con el espíritu del juez, vive el viejo espíritu del representante del fisco regio que no solo defiende su patrimonio contra los que lo asaltan, sino que lo quiere aumentar, a toda costa y por todos los medios, en perjuicio del patrimonio privado. Sin embargo, en el fondo del ánimo fiscal vive la conciencia del interés público y nace el germen de la imparcialidad con que el juez atribuye lo suyo al Estado y al individuo. Interesa reforzar los gérmenes buenos y hacerlos crecer; interesa atribuir la resolución última de todos los litigios tributarios, de hecho y de derecho, a los magistrados independientes e interesa que estos, no teniendo nada que temer ni que esperar de los hombres y sabiendo que únicamente deben rendir cuenta de sus actos ante su conciencia y ante Dios, se sientan y sean verdaderamente independientes. Atribuir a los colegas, a los compañeros, aunque sea reunidos en asociación, la misión —celosamente reservada al padre, al jefe, al rey y delegada por estos en el magistrado que, aun encarnándoles, se considera que debe obedecer sus mandatos únicamente cuando se han traducido a la letra de la ley— de repartir los impuestos, sería retroceder centenas de años, sería abandonar la balanza de la justicia en manos de los fuertes y de los astutos, para desgracia inenarrable de los débiles y de los honrados.

198. Don Vincenzo De Miro, presidente de la primera junta del censo, eligió al azar ochenta municipios, diez por cada una de las ocho provincias del Estado y calculó a cuánto ascendía el gravamen de los impuestos "regios", suponiendo que tres cuartas partes recayesen sobre las fincas y una cuarta parte sobre las personas.

Se observaron desigualdades extraordinarias. El escudo de valor capital de los terrenos y de los demás bienes catastrados apareció sujeto a cargas variadísimas en la misma provincia y aun más entre las diversas provincias. Se comprobó que en la comarca de Milán los terrenos del municipio menos gravado solo pagaban, por término medio, 8 dineros y 5 puntos por escudo, mientras que los del municipio más gravado pagaban 2 sueldos, 5 dineros y 3 puntos, lo que significa cuatro veces más; que en la comarca de Cremona la carga mínima era de 6 dineros y 5 puntos y la máxima de 4 sueldos, 7 dineros y 9 puntos, con una diferencia en más de 1 a 8; y que en la totalidad del Estado milanés el municipio menos gravado, entre los ochenta elegidos al azar, pagaba únicamente 1 dinero y 9 puntos, mientras que el más gravado sucumbía a una carga de 13 sueldos, 5 dineros y 1 punto por escudo de estimación, o sea más de 92 veces la carga mínima.

En la "carga personal" se observaron desigualdades no menores, que se pueden resumir diciendo que la cabeza media del municipio menos gravado pagaba 13 sueldos, 11 dineros y 1 punto, mientras que la cabeza media del municipio más gravado estaba sometida a una carga de 36 liras y 9 puntos, o sea más de 51 veces aquella cifra.

El presidente De Miro observa prudentemente: "Las desproporciones y desigualdades observadas en esos ochenta municipios también tienen lugar en todos los demás del Estado y habrá muchos en los que se dará un desequilibrio más grave que el descubierto en los mencionados anteriormente"

(p. 49). ¿Cómo podrían ser menores las desigualdades, si se intenta resumir la descripción que De Miro trazó, con ánimo indignado de jurisconsulto, ante el desorden y la oscuridad de los métodos de distribución de los tributos?

Bocas y cabezas, bocas y medias bocas, mitades y cuartos de cabezas de mujeres, de mudos y de lisiados, cabezas vivas, muertas y ficticias, cabezas de administradores y cabezas de octava colonial, cabezas diferenciadas en razón de la santa comunión o del matrimonio, cabezas de criados, de cabezas de familia, de casados, de solteros, de viudas, pérticas civiles, eclesiásticas y forenses, puntos de pérticas, de hombres y de hogares; he aquí el lenguaje que se usaba en los pregones milaneses para llevar a efecto el "justo" reparto de los impuestos. Una vez hechas las cuentas y reducidos los resultados a unidades sencillas de medida, cabeza de hombre o escudo de cálculo, resultó que Don Vincenzo de Miro descubrió diferencias de 1 a 51 en las cabezas y de 1 a 92 en los escudos de cálculo. ¿Estamos realmente seguros de que en los perfeccionadísimos sistemas personales de distribución de los impuestos aplaudidos en los tiempos modernos, no se ha llegado —siempre en obsequio a la diosa justicia— a desigualdades mucho menos explicables y más graves que las que sorprendían al jurisconsulto del XVIII?

199. Por ello el grito de todos los escritores de Hacienda de los siglos XVII y XVIII era, más que el de justicia, el de certeza. Se quería justicia, sobre todo, para asegurar a los pueblos contra el perjuicio de la arbitrariedad.

Cuando Adam Smith redactaba, lapidariamente según solía hacerlo, su segundo principio:

El impuesto que cada uno debe pagar debería ser cierto y no arbitrario. El tiempo del pago, la forma de pago, la cantidad debida, todo ha de ser claro y sencillo tanto para los contribuyentes como para cualquier otra persona. Cuando no se obra de este modo, todos los que están sometidos a impuestos quedan bajo el dominio más o menos estrecho del recaudador, que puede cargar la mano sobre los contribuyentes que no le agradan o sonsacar, con la amenaza del impuesto, regalos o gratificaciones en beneficio propio. La incertidumbre del impuesto alienta la insolencia y favorece de corrupción de una categoría de hombres que es impopular por sí misma, incluso cuando sus miembros no son insolentes ni corrompidos. La certeza de la cantidad que está obligado a pagar cada uno es una cuestión tan importante en materia de impuestos que un grado bastante considerable de desigualdad parece ser, si se juzga a la luz de la experiencia universal de los pueblos, un daño de poquísima entidad en comparación con un pequeñísimo grado de incertidumbre (*Wealth of Nations,* V, II, II, II).

Resumía en breve sentencia la experiencia de los siglos. El siglo XIX y más acaso el siglo XX olvidaron aquella enseñanza y corrieron tras el mito de la justicia absoluta. A lo largo de un gran trecho del camino, la justicia y la seguridad no se oponen entre sí, sino que una sirve a la otra, ya que se puede recaudar más fácilmente y con menor oposición del contribuyente el impuesto equitativo que el injusto. Sin embargo, llega el momento en que la búsqueda de la justicia, al querer afinar, se pasa de rosca y se hace incompatible con la certeza. La justicia en la distribución del impuesto se mide con la tosca balanza del ojo y de la mano, no con la precisa del orfebre. Cuando el legislador intenta utilizar balanzas finas, hay que recordarle la solemne conclusión smithiana: "un grado bastante considerable de desigualdad parece ser, si se juzga a la luz de la experiencia universal de los pueblos, un daño de poquísima entidad en comparación con un pequeñísimo grado de incertidumbre". La incertidumbre destruye la materia imponible. El mandato: *pereat mundus, sed fiat justitia,* no sirve en este caso en que se trata de hacer justicia con el fin de mantener viva, mediante el impuesto, a la ciudad terrena.

10

LA CIENCIA ITALIANA Y EL IMPUESTO OPTIMO[1]

200. Justicia y seguridad anduvieron unidas en la realización del impuesto adecuado a la ciudad terrena en la Italia del siglo XVIII. En otro lugar[2] he descrito la historia de aquella invención y de sus resultados. Quiso María Teresa, señora del Estado de Milán, poner término a los desórdenes derivados de los privilegios y arbitrariedades establecidos durante la dominación española (cfr. supra §§ 195-98).

En 1718 fue encargado el napolitano don Vincenzo De Miro de presidir una primera junta del censo (catastro) y en 1739 el toscano Pompeo Neri de supervisar los trabajos de la segunda, y, después de 1748, de cuidar de la realización del catastro. Estos hombres insignes no cayeron en sutiles razonamientos sobre la justicia perfecta, sino que encomendaron "a cuatro de los ingenieros más acreditados la confección de un método, a fin de que tal operación se realizase con toda justicia y con todas las reflexiones convenientes para la igualdad general, que debía quedar establecida por medio del censo". Ingenieros, tasadores y expertos, no doctrinarios, fueron los que cumplieron el encargo de fijar los criterios según los cuales había de repartirse el impuesto; ingenieros y expertos mirando en torno suyo, aplicando criterios de estimación utilizados acaso desde muchos siglos antes, vieron claramente el punto de convergencia de la distribución justa respecto del Estado, de la seguridad de los contribuyentes y de la prosperidad pública.

---

1 A. Ullastres Calvo ha realizado una interesante critica de la tesis mantenida por Einaudi en este capítulo «La renta media como criterio para la imposición fiscal», Revista de Estudios Políticos, Suplemento de información económica, n.º 3, Madrid. Septiembre-octubre 1943, 273-308. *(N. del T.)*

2 En *La terra e l'imposta,* en el primer cuaderno de los «Annali di economia» de la Universidad comercial Bocconi de Milán, 1924. Allí se recuerda la bibliografía esencial. Añadamos aquí que el informe de Messedaglia, entonces prácticamente inencontrable, ha vuelto a ser puesto a disposición de los estudiosos bajo el cuidado de su nieto Luigi Messedaglia con el título ANGELO MESSEDAGLIA, *Il catasto e la perequazione,* Cappelli, Bolonia, 1936. El escrito *La terra e l'imposta* fue reimpreso, con la adición de un *Apéndice* (páginas 201-306), en el vol. II de la serie primera de una primera antología en tres volúmenes de las «Obras», Einaudi, Turín, 1942, sustituida por la presente selección.

Si se quisiera resumir en una definición el contenido del concepto de renta imponible apreciado por los tasadores milaneses, no sería posible encontrar otra mejor que la del código justinianeo: *Hoc fructuum nomine continetur quod justis sumptibus deductis superest* (VII, 51, 1). Está ausente del pensamiento de los tasadores milaneses cualquier signo de diferenciación de la renta en diversas partes o de derivaciones, independientes de estas partes, de la renta de ciertas fuerzas productivas del terreno (por ejemplo, del terreno mismo, de los capitales fijos, del capital circulante o del trabajo). El tasador solo conoce los "frutos" del suelo o el "producto" o la "renta", que son siempre palabras sinónimas, utilizadas para indicar el producto bruto de la tierra. Del producto "bruto" de la tierra hay que deducir "todos" los gastos, sin excluir ninguno. Al igual que el producto debe ser calculado en su totalidad, del mismo modo los gastos deben ser valorados de modo que dejen al producto neto "completamente puro". Los gastos pueden ser de trabajo, de simiente, de reparación de los edificios o de pérdidas por siniestros.

El producto neto o renta imponible o parte dominical se identifica con la porción de ganancia que corresponde al dueño, es decir, una vez deducida del producto bruto "la parte de los colonos" y los otros gastos indicados anteriormente. O sea que el tasador concibe el producto bruto de la finca dividido en dos partes, una de las cuales la forman los gastos, siendo el principal la cuota de los colonos, y el resto, *quod superest,* es la parte dominical que va al dueño y que es objeto del impuesto territorial. Todavía hoy el artículo 11 de la ley de 1 de marzo de 1886 declara que "renta imponible es la parte del producto total de la finca que le queda al propietario deducidos los gastos y pérdidas eventuales".

Todos los cálculos sobre el producto o renta bruta, sobre los gastos y sobre el "orden" de las labores, o sea, sobre los métodos de explotación, ya en aparcería (colonato) o en arrendamiento o directamente, sobre los valores a utilizar para las diversas especies de terrenos y de frutos, deben efectuarse según "lo que se tenga por costumbre en cada lugar", observando "en todo la costumbre del país", siguiendo "la práctica comúnmente aceptada por los tasadores y regulada del modo más suave, más benigno y más favorable al lugar".

Estas instrucciones fueron sabiamente recogidas más tarde en el artículo 11 de nuestra ley fundamental, según la cual las fincas deben ser "consideradas en un estado de cultivo ordinario y duradero, según los usos y costumbres locales", y no se debe tener en cuenta "una diligencia o negligencia extraordinarias". Estas últimas no estarían conformes realmente con la "costumbre del lugar", a que el tasador debe referirse siempre en sus cálculos de productos y gastos.

Normas simples, enunciadas con palabras sencillas. Seguir las costumbres del lugar y las prácticas comúnmente aceptadas, observar el estado de normal y duradero cultivo, no tomar en consideración ni una extraordinaria diligencia ni negligencia, son preceptos que instintivamente, por iluminación procedente de una visión diáfana de la realidad, repudiaron el error máximo de la Hacienda doctrinaria, que mide el derecho del Estado según el mérito ajeno. Los italianos que redactaron las normas del catastro milanés vieron que el Estado debía recibir, en todo caso, su cuota del producto común; recibirla en los años buenos y en los años malos, porque la máquina estatal no puede interrumpir su permanente funcionamiento, por ello el impuesto no debe fundarse en la renta efectiva variable de cada año, sino en la renta media de un lapso suficiente de años. Vieron que el Estado no podía abandonar su suerte a merced de los resultados obtenidos por los contribuyentes particulares, capaces o incapaces, laboriosos o vagos; vieron que el Estado no debía premiar a los retrógrados y multar a los emprendedores, y así llegaron de forma natural y obvia a la gran idea de la ordinariedad, de la renta media conforme a los usos del lugar.

201. De los recuerdos ya expuestos en "La terra e l'imposta", quiero citar algunas páginas en las cuales resumía los frutos obtenidos por la ejecución de la idea que los economistas llamados por los gobernantes del Estado de Milán para reestructurar los impuestos habían encontrado en la secular práctica estimativa y habían hecho propia. Después de haber descrito la miseria de la comarca de Lodi en donde "crueles contratistas eran árbitros de personas y cosas; un pobre jornalero pagaba hasta 20 escudos de talla anual; los pequeños propietarios, no bastándoles sus beneficios para pagar la mitad de los gravámenes, abandonaban los predios o los cedían a censo vitalicio a poderosos privilegiados que no pagaban impuestos y no temían a tribunal alguno", Cario Cattaneo refleja la revolución operada en breves años con las siguientes frases lapidarias:[3]

El nuevo gobierno llamó sucesivamente a cooperar en la gran renovación de Lombardía a las claras y generosas inteligencias de Pompeo Neri, Gianrinaldo Carli, Cesare Beccaria y Pietro Verri.

Se estableció un nuevo censo que trataba de fijar el impuesto sobre el valor fundamental del terreno, en lugar de sobre la renta anual variable y sobre las circunstancias personales de los propietarios. El nuevo catastro, decretado en 1718 y demorado con infinitos artificios por muchas magistraturas y por muchas clases privilegiadas, obtuvo la sagrada fuerza de edicto perpetuo en 1.º de enero de 1760. Su principal efecto fue el de gravitar sobre la inercia y aliviar la industria, puesto que, al permanecer fija la proporción del impuesto a la estimación una vez pronunciada esta, las mejoras sucesivas quedaban exentas y la finca, cuanto mejor es cultivada, tanto menor cuota sobre el producto viene a pagar. No transcurrieron diez años antes que vastas

3 En *Notizia economica sulla provincia di Lodi e Crema*, extraída en gran parte de las memorias póstumas del coronel Brunetti, en «Il Politecnico», vol. I, 1839, pp. 153-55. La *notizia* se ha vuelto a publicar en nuestros días en *Saggi di economia rurale* de CARLO CATTANEO, Einaudi, Turín, 1939, pp. 85-114.

extensiones yermas se vieran cubiertas de ubérrimas mieses. ¡A finales del siglo, el valor territorial del agro de Lodi se había ya duplicado!

Antes que por Carlo Cattaneo, los admirables efectos del Censo milanés habían sido ya puestos de relieve por Gianrinaldo Carli quien, llegado el momento de la clásica rendición de cuentas sobre la obra realizada por él y por sus antecesores, escribe del modo siguiente bajo el título *Conseguenze felici*:[4]

Pero se ha obtenido todavía más, esto es, un estímulo enorme para la agricultura, lo que ordinariamente pasa inadvertido a la mirada del observador normal. Este estímulo consiste no solo en la seguridad de la justicia, en el pago de la auténtica y real cuota del tributo, sino también en la próvida facilidad por la cual las mejoras de la tierra, ya sea por nuevo cultivo de los parajes incultos, ya por nuevas plantaciones de moreras y otras plantas útiles, quedan exentas de cualquier aumento de censo, de suerte que un terreno que ha sido considerado como inculto y gravado, sin embargo, con una porción de carga mínima, al convertirse en cultivado y fructífero continúa pagando sin aumento alguno el mismo gravamen que antes. Por el contrario, si los terrenos que en el tiempo de la tasación han sido considerados como cultivados, por incuria o negligencia empeoran su condición, permanecen sin disminución alguna sometidos al mismo tributo. De esta forma, con una sola operación se castiga la inercia y se premia la laboriosidad, lo que ha sido siempre para los políticos un problema de difícil solución. Es increíble todo el bien que ha llegado a producir este sistema. Solo en Lodi se encontraron en la primera estimación general cerca de 23.000 pérticas incultas y hoy no llegarían a 100. En efecto, en 1733 se contaron, según la relación del notario Masera, 197 casillas, o sea, cabañas en donde se fabrica el queso; en 1767 se contaron 236, cada una de las cuales comprende alrededor de 120 vacas y fabrica aproximadamente 290 quesos de tamaño grande. De manera que, desde entonces a hoy, las casillas han aumentado en Lodi en 39, lo que significa 4680 vacas y 11.310 quesos, lo que constituye un ingreso en la provincia de alrededor de 848.250 liras. Del mismo modo, en todas las ciudades se duplicó el número de casas, porque tampoco en este sector la edificación ni la ampliación lleva consigo aumento de impuestos.

Puesto que es útil la repetición cuando el mismo concepto se expone nuevamente por plumas excelsas, reproduciré una vez más dos fragmentos que figuran en obras justamente celebérrimas de Carlo Cattaneo. En la introducción al famoso ensayo presentado a los científicos italianos reunidos en el congreso de Milán en 1844, Cattaneo citó el nuevo catastro entre los factores más notables del reflorecimiento económico lombardo:[5]

---

4 En *Relazione del censimento dello Stato di Milano*, en la selección de «Scrittori classici italiani di economia politica» del barón Custodi, parte moderna, vol. XIV, 1804, pp. 315 ss.

5 En *Notizie naturali e civili su la Lombardia*, Milán, 1844, *Introduzione*, p. xcv; reimpresa en el vol. IV de las *Opere edite e inedite di C. C.*, seleccionadas por Agostino Bertani, p. 267. El

Se emprendió el censo de todos los bienes de acuerdo con un principio que pocas naciones han comprendido hasta ahora. Se estimó en una moneda ideal, llamada escudo, el valor comparativo de todas las propiedades. Los ulteriores aumentos de valor que la laboriosidad del propietario fuese originando no debían ya considerarse a efectos fiscales y el impuesto debía distribuirse siempre sobre la cifra invariable del valor en escudos. Así, pues, la familia que duplica el rendimiento de sus bienes pagando, sin embargo, la misma proporción de impuestos, reduce su carga a la mitad respecto a la familia ociosa, que debe satisfacer la misma carga obteniendo, sin embargo, un rendimiento menor. Este premio universal y perpetuo, concedido a la laboriosidad, estimuló a las familias a realizar continuas mejoras. Se hizo más lucrativo duplicar la fertilidad de un campo con el esfuerzo y con el ahorro, que poseer dos campos y cultivarlos insuficientemente. De ahí que el continuo interés en aumentar el valor de los bienes hizo ciertamente que, con el transcurso del tiempo y el cuidado asiduo, la finca pequeña se equiparara en rendimiento a la mayor; hasta que, poco a poco, todo el país se hizo capaz de alimentar a dos familias con la superficie que en otros países alimenta a una sola. ¡Cuánta sabiduría y fecundidad en este principio en comparación con aquellos bárbaros impuestos que en algunas naciones cultas se miden con respecto a los frutos de la tierra y a los alquileres de las casas, constituyendo verdaderas multas proporcionales, infligidas a la actividad del propietario!

Más ampliamente, el mismo Cattaneo, en las cartas en que se sirvió de la experiencia lombarda para proponer reformas útiles en beneficio de Irlanda, mostraba asimismo al estudio de los extranjeros el memorable principio de imposición descubierto por los realizadores del Censo milanés:[6]

El censo es aquella descripción general del país en la que cada campo se halla designado en sus dimensiones y forma, clasificado según las condiciones en que se encontraba en el momento de la realización del censo y de acuerdo con el valor que entonces tenía. Es una institución que influyó extraordinariamente en el mejoramiento constante de las tierras, puesto que provocó una indefinida inversión de capitales. En otros países, la contribución territorial y los demás impuestos sobre las propiedades (*land-tax*) son calculados en su mayor parte sobre la actual renta efectiva de la finca y aumentan o disminuyen con esa renta. Esta proporción de los gravámenes sobre la riqueza, es decir, sobre la capacidad de soportarlos, parece un acto de justicia y no es sino un error económico.

En efecto: si el trabajo de las tierras intensamente cultivadas corresponde a la cantidad del capital invertido y si el capital así invertido produce modestos

---

pasaje se reproduce en los citados *Saggi di economia rurale*, p. 34.

6 *Di alcune istituzioni agrarie dell'Alta Italia applicabili a sollievo dell'Irlanda*, cartas a Robert Campbell, vice-cónsul real en Milán. Carta cuarta de 1 de marzo de 1847, en *op. cit.*, vol. IV, páginas 334 ss. Las cartas han sido vueltas a publicar por entero en los *Saggi di economia rurale*, cit., pp. 133-204. El pasaje reproducido en el texto se lee en las pp. 183-84.

intereses, esto es, modestos aumentos en la renta; si al aumento en la renta corresponde un impuesto proporcional, en tales casos es muy fácil que los intereses modestos se vuelvan modestísimos e incluso se anulen. Por lo tanto, faltará al propietario todo estímulo para aportar nuevos capitales y el impuesto proporcional, en su ignorante e imprudente justicia, detendrá toda mejora. Esta profunda verdad fue advertida en el siglo pasado por eminentes economistas que, desconocidos en Europa, regían los oscuros destinos de nuestro país. Ellos quisieron que en el censo cada campo fuese numerado y señalado según su valor, es decir, según el número de escudos que valía. La contribución territorial se distribuye todavía hoy sobre el cálculo entonces establecido. Por tanto, como la provincia de Milán se estimó en alrededor de 24 millones de escudos y la de Cremona en 14, los impuestos se distribuyen entre estas dos provincias en la proporción de 24 a 14. Así, pues, en cada provincia y en cada municipio todo campo contribuye en razón del número de escudos en que fue tasado. Esto se aplica igualmente por lo que se refiere a los recargos municipales *(parish rates)*, que sirven para subvenir en parte los gastos de carreteras, escuelas, médicos, etc. En un municipio que tiene, por ejemplo, una estimación de 20.000 escudos, si se fijase un recargo de 2000 liras, resultaría una proporción de un céntimo por escudo y un campo estimado en 70 escudos pagaría 70 céntimos, y así sucesivamente. Dos campos de igual superficie, que tenían igual valor en el tiempo en que fueron censados, esto es, hace un siglo, soportan una parte de impuesto igual, aun cuando uno de ellos haya sido mejorado en el intervalo y produzca una renta mayor. De esta manera, el aumento de la renta debido al trabajo permanece libre de impuestos, lo que estimula a todo el mundo a aumentar la renta con inversiones de capital, por pequeñas que sean.

Añadir palabras a estas páginas memorables redactadas por hombres realmente grandes sería irreverente. A la par de aquellos que, desconocidos en Europa, regían los oscuros destinos de Lombardía, los gobernantes de los modernos Estados deben recordar siempre que el impuesto sobre las superrentas (rentas positivas y negativas) no solo es una imposibilidad técnica, sino que sería una catástrofe económica.

Deben recordar también que la ordinariedad de la renta que debe someterse al impuesto no quiere decir catastro "perpetuo". En esto se apoyan los modernos legisladores para apartarse de las afirmaciones de los creadores del catastro milanés, bastando, para conseguir los benéficos efectos de la ordinariedad, "un intervalo más o menos largo de tiempo que conviene sea determinado desde el principio". Decía así Messedaglia:[7]

Se trata de una renta de formación lenta y laboriosa; los capitales colocados en empresas agrícolas no rinden generalmente más que a largo plazo, y es sumamente importante poder calcular desde un principio las cargas por

7 *Relazione della commissione... sul disegno di legge «Riordinamento della imposta fondiaria»*. Actas parlamentarias, leg. XV, 1.ª sesión, doc. n. 54-A, p. 173.

las que pueden resultar gravados. Asimismo, es muy importante que los eventuales aumentos de gravamen no se produzcan más que en etapas tardías y cuando la renta mayor esté a punto de ser definitivamente conseguida y consolidada.

Hay un interés mayor de economía nacional en corresponder a tal exigencia, en dejar respirar a la agricultura, en no perturbarla o vejarla con estimaciones repetidas a intervalos demasiado breves, en fomentar las mejoras con el premio de una inmunidad temporal. Los posibles deterioros se producen a su vez, en términos generales, bastante despacio y permiten, por lo tanto, sin excesivo daño, una revisión a cierta distancia de tiempo con tal que esa distancia no sea excesiva.

Por otra parte, todas las operaciones, incluso las de simple revisión o rectificación general de un catastro, son largas, onerosas y difíciles, se encuentran con obstáculos de toda suerte y engendran perturbaciones que conviene provocar lo menos frecuentemente posible: de ello tenemos nosotros mismos la demostración en estos momentos.

La forma misma y la norma según la cual se procede en un catastro a la determinación de la base imponible, no concuerdan bien más que con el concepto de una estabilidad razonable y son su natural consecuencia. Se busca una renta relativamente constante calculada, desde luego, sobre su estado actual, pero de tal manera que comprenda, en términos de cierta amplitud, todos los normales altibajos del cultivo. Los dos conceptos van, pues, necesariamente conectados y uno es el correlativo natural del otro.

Se ha hecho ya la observación de que hoy se es mucho menos inclinado a una duración demasiado larga de las estimaciones y se es propenso, por el contrario, a acortar los términos preestablecidos de su revisión periódica. Se reconoce la ventaja de proporcionar mejor el impuesto, sobre todo en una época como la nuestra en que los cambios son comparativamente importantes aun a intervalos no largos de tiempo, e, igualmente, la ventaja de moderar la resistencia que de otra forma puede seguirse de intereses o relaciones demasiado inveterados. Incluso en otras épocas no tenemos presente ningún caso en el que la estabilidad del catastro haya sido expresamente garantizada a perpetuidad. Se calculaba un término bastante largo y no prefijado, que incluso podía prorrogar indefinidamente la eventualidad de una revisión, pero no se pasaba de ahí.

El largo intervalo de tiempo entre una generación y otra, que a eso se reduce la "perpetuidad" de las estimaciones agrarias, es causa de otro beneficioso efecto. El agricultor, estimulado por la exención de las superrentas por encima de la renta ordinaria catastral durante los años que quedan por transcurrir de la treintena, mejora la técnica agrícola y aumenta la productividad de los campos. La experimentación de novedades, antes aisladas, se multiplica. Al cabo de los treinta años, la tierra está transformada y son diversos los métodos de cultivo, los productos y los hombres. Lo que era producto "ordinario" al tiempo de la generación precedente se ha convertido en ínfima recolección de los agricultores más ignorantes o menos capaces. El agricultor medio, el buen padre de familia, se siente mucho más estimulado hacia arriba en la escala de la productividad, y el producto "ordinario" es ahora igual a aquel que hace treinta años era el sueño de los experimentadores más atrevidos. He aquí cómo la Hacienda recoge de una vez el fruto de su sabia prudencia en perseguir las rentas excepcionales. He aquí demostrado que la adecuación de los impuestos a los beneficios efectivos no es solo, como exclamaba Cario Cattaneo, un bárbaro error económico, sino también un gravísimo error fiscal.

202. El descubrimiento de los economistas italianos del siglo XVIII se resume en dos ideas sencillas. Son objeto de impuesto los frutos que cada año nacen, crecen y maduran en el continuo fluir del río de la producción; no los frutos efectivos que cada hombre obtiene en razón de sus particulares aptitudes y trabajos, sino aquellos que puede razonablemente obtener en el lugar que habita y con la ayuda de las instituciones políticas, jurídicas y culturales que hacen posible su vida económica, siempre que aplique una inteligencia media y una voluntad de trabajo normal a los instrumentos productivos que posee. Ni las abstracciones contables ni los resultados de misteriosos balances, convenciones destinadas a sopesar números inconfrontables porque están separados por el tiempo, suministran base al impuesto. Solamente aporta esta base la realidad de la vida que hace llegar en todo instante y de una manera continua nuevos bienes y nuevos servicios ante los ojos del espectador que se coloque en el punto que divide simbólicamente la producción del consumo. Pero el Estado no acepta estos bienes y estos servicios por lo que son, caso a caso por cada contribuyente individual. Indagar lo que el individuo produce realmente de año a año es labor envidiosa y peligrosa. Envidiosa, porque estimula al individuo a observar a su vecino y a espiar e imitar sus mañas fraudulentas; peligrosa, porque debilita y extingue la llama que impulsa al hombre a trabajar y progresar. ¿Por qué habría de preocuparse el Estado de saber lo que el hombre efectivamente produce con la ayuda de los servicios que el Estado le ha prestado, del ambiente de justicia, de libertad, de cultura y elevación espiritual que el Estado ha creado? Las creaciones del Estado son iguales para todos, y el Estado a todos reclama en razón de lo que ha dado.

203. El problema planteado por los sabios italianos de la segunda mitad del siglo XVIII afectaba a la distribución del impuesto. Aquellos hombres tenían ciertamente convicciones precisas en la cuestión. Luchaban contra la arbitrariedad de los grandes y privilegiados que intentaban todos los procedimientos para rechazar el peso del impuesto sobre los débiles y sobre los plebeyos, por lo cual exigían la igualdad objetiva del tributo. Paguemos las cosas por lo que valen, por lo que rinden, sin mirar a la persona que las posee: nobles y plebeyos, eclesiásticos y seglares, todos sean llamados a pagar impuestos debido a las cosas poseídas. Fue la gran conquista del siglo de las luces y su mérito se atribuyó después a los hombres de la Revolución francesa que la extendieron por Europa. Pero los hombres de gobierno de Víctor

Amadeo II y los de María Teresa habían ya puesto en práctica la idea en el Piamonte y en Lombardía.

La batalla contra los privilegios era, sin embargo, asunto diferente de la batalla contra la incertidumbre, y una y otra se mantienen netamente separadas. En el siglo XIX los privilegios asumieron otros nombres y la distribución del impuesto experimentó una tendencia a volverse nuevamente personal. En el presente capítulo no se trata de distribución del impuesto, sino de determinación y valoración de la base imponible. El descubrimiento italiano de la "renta normal" se refiere exclusivamente al problema de determinación y evaluación de la base imponible. Se puede haber resuelto el problema de evaluación en el sentido deseado por Vincenzo De Miro, Pompeo Nero, Gianrinaldo Carli y Carlo Cattaneo; esto es, se puede abrazar la idea de determinar y evaluar las rentas "normales" en vez de las "efectivas", y al mismo tiempo se puede distribuir sobre esta base el impuesto con criterios de personalidad y no de realidad, sobre el patrimonio y no sobre la renta, con alícuotas variables crecientes en vez de constantes.

204. El sacerdote de la justicia tributaria afirma que la proposición: "el impuesto produce efectos definibles como buenos cuando es razonado en función de la renta normal de las cosas poseídas por el contribuyente" es un instrumento inventado por los ricos y sus jenízaros para combatir la progresividad del impuesto.

Con otro propósito, he protestado ya (§ 192) contra las consecuencias que se quieran extraer, de las tesis sostenidas en este ensayo, contra la progresividad o la personalidad del impuesto. Puesto que en aquella ocasión me ocupaba en demostrar la vacuidad de ciertas proposiciones que parecen vivas y no son sino sombras perdidas en el limbo, no tenía objeto decir más. Aquí el envite es más fuerte. Odio el oficio del proyectista, y por eso me he limitado, después de derribar muchos ídolos falsos, a exponer una pequeña y modestísima tesis, al mismo tiempo especulativa y normativa. Especulativa, porque dice que el impuesto distribuido de un cierto modo, en función de la renta media o normal u ordinaria del grupo o categoría de contribuyentes produce efectos convencionalmente definibles como deseables (incremento de renta para los contribuyentes y de la base imponible para el Estado), mientras que el impuesto repartido de cierta otra manera, en función de la renta efectiva variable del individuo produce efectos convencionalmente definibles como no deseables (vejaciones para los contribuyentes, desaliento, retraso de incrementos sustanciales y hasta reducción de la base imponible). Pero, al mismo tiempo, normativa, porque el estadista puede deducir de ella una norma de acción, diferente según que quiera obtener los efectos llamados deseables o aquellos definidos como no deseables.

Hay que reconocer, sin embargo, que si la proposición de que se trata, además de alcanzar los efectos deseables señalados por la razón y la experiencia, tuviese también el efecto de servir a los ricos y perjudicar a los pobres y a los de clase media, perdería mucho de su valor normativo. El estadista podría reconocer que el concepto de renta normal por categorías es preferible al de renta individual efectiva desde el punto de vista del incremento de las rentas individuales, pequeñas y grandes; pero podrían quedarle dudas sobre la conveniencia de admitirlo cuando tratase de utilizar el impuesto como medio para disminuir la desigualdad existente entre ricos y pobres, o también cuando estuviese simplemente persuadido, por una razón cualquiera, de la justicia y conveniencia de gravar más a los ricos que a los pobres.

205. La duda no tendría razón de ser. El estadista que se haya persuadido de la preferibilidad del concepto de renta media por categorías sobre el de renta individual efectiva, no debe dejarse engañar por el escrúpulo de perjudicar a los pobres y a los de clase media. Los problemas son distintos. Repito que aquí discuto exclusivamente el problema de la determinación de la base imponible y no el otro, bien distinto, de la distribución del impuesto sobre esas bases imponibles. Sean los consabidos Fulano, Mengano y Zutano, titulares de las siguientes rentas y gravables según los dos criterios siguientes:

Según el criterio de la renta individual efectiva

	Fulano	*Mengano*	*Zutano*	*Total*
Rentas de terrenos	40	60	350	450
edificios	25	40	210	275
industria y comercio	55	100	—	155
profesiones	—	—	520	520
	120	200	1080	1400

Según el criterio de la renta media por categorías

Rentas de terrenos	30	90	300	450
edificios	20	60	200	280
industria y comercio	50	150	—	200
profesiones	—	—	500	500
	100	300	1000	1400

He confeccionado los dos esquemas para exponer con toda claridad que el modo de evaluación no influye en el rendimiento de los impuestos a favor del erario. La base imponible es, en ambos casos, igual a 1400 unidades. No hay razón plausible para que, cualquiera que sea la escala de alícuotas adoptada, el rendimiento del impuesto varíe apreciablemente según el sistema de evaluación elegido.

El criterio de la renta media por categorías, sin embargo, tiene la tendencia de retrasarse en el tiempo, lo que quiero anotar aquí para eliminar toda crítica irrelevante. Esto es, puede suceder que, si se calculan valores medios, se adelantará en la valoración un poco menos de lo que se haría averiguando inmediatamente los valores reales. Digo que el defecto del retraso es momentáneo, que, si el sistema produce su efecto lógico y necesario de impulsar el aumento de las rentas, el erario se recuperará del retraso en el momento de producirse la primera revisión.

Supóngase, no obstante, lo peor: que por incapacidad fiscal para seguir las variaciones de los valores medios —¿y por qué suponer incapacidad solo respecto a los valores medios y no también a los efectivos?— estos se retrasan constantemente quedando por debajo de los valores efectivos. ¿Y qué? El sistema está fundado en la normalidad de las evaluaciones respecto a los contribuyentes individuales y en su constancia temporal en el tiempo, no en la invariabilidad de las alícuotas impositivas. Si el criterio de la renta media aportase —permítase una hipótesis exagerada— una base imponible de solo 700 unidades en vez de las 1400 proporcionadas por el criterio de la renta efectiva, bastaría aplicar en el primer caso una alícuota doble de la que se aplicaría en el segundo. Los propietarios de terrenos en Italia se ven gravados, si se tienen en cuenta los recargos adicionales municipales y provinciales, con tipos que en la mayoría de los casos alcanzan hasta el 100% de la renta imponible y a menudo la superan. Y no tienen por ello razón de queja y no se quejan si no es por ignorancia. Las evaluaciones de la base imponible no tienen por objeto descubrir la verdad absoluta respecto de las rentas. Esta verdad es una averiguación, además de vacía de contenido, de mera curiosidad estética. Aquellas evaluaciones tienen, sin embargo, por objeto determinar índices comparativos útiles para la distribución del tributo. Que se dé a los índices de Fulano, Mengano y Zutano los valores de 100, 300 y 1000, como en el esquema, o los valores de 10, 30 y 100, o bien 1000, 3000 y 10.000, es perfectamente indiferente para la elaboración de un buen sistema tributario. Lo que importa, si tal es el presupuesto del Estado, es distribuir equitativamente 400 liras de impuestos; no importa en absoluto distribuirlas sobre una base imponible total de 1400 o 140 o 14.000 unidades.

Teóricamente podría incluso renunciarse al uso de la unidad monetaria lira, franco o libra esterlina, y utilizar números abstractos, como muy bien se hacía en los viejos catastros. El uso de números abstractos con valor puramente comparativo tendría la inestimable ventaja de evitar el recurso a unidades monetarias sujetas, hoy y quizás por mucho tiempo aún, a variaciones imprevisibles.

Hoy, distribuyendo la carga fiscal sobre liras efectivas, se obtienen ingresos en exceso o en defecto cada vez que la unidad monetaria varía. ¿Que el legislador había establecido en 6000 liras o francos un cierto mínimo de exención cuando cada lira equivalía a 0,3 gramos de oro fino? Si el peso de la lira se reduce a 0,1 o a 0,05 gramos, he ahí cómo la exención disminuye la importancia real y aun cuando permanece fijada en 6000 liras o francos nominales, se reduce en realidad a una cifra correspondiente a 2000 o a 1000 de las liras o de los francos que el legislador había tenido en cuenta originalmente. Con el método de los números abstractos, concebible solamente, sin embargo, cuando se evalúan valores medios, las incongruencias frecuentes hoy en día quedan eliminadas.

206. Si de los efectos para el erario pasamos a los que se refieren a los contribuyentes, el sistema de imposición en razón de la renta media, ¿qué es lo que dice? Mengano posee medios de producción que en conjunto son tres veces más fecundos, en manos ordinarias, que los de Fulano; por ello, su renta se supone triple. Zutano tiene medios de capital y de trabajo diez veces superiores a los de Fulano y su renta se supone diez veces superior. Estas tres: 100, 300 y 1000, son las bases imponibles más convenientes desde el punto de vista de la ventaja privada y pública, para la distribución del impuesto. Sucede luego que Fulano y Zutano, en proporción diversa, obtienen de los medios poseídos más de lo que obtendría el contribuyente normal, mientras que Mengano, vago o incapaz, queda por debajo. Y hay quien sostiene que el objeto imponible deben ser las cantidades 120, 200 y 1080. Quien tal cosa sostiene invoca, no la ventaja del particular y de todos, sino una misteriosa diosa llamada justicia tributaria. Ya he discutido bastante sobre este punto para volver a él de nuevo.

Pero quede aclarado que, hecha la elección entre las dos soluciones, queda pendiente la cuestión de la distribución del impuesto.

¿Hay quien prefiere la distribución con alícuotas constantes? Este gravará con el 10%, por ejemplo, igualmente a 120, 200 y 1080 (rentas efectivas) o 100, 300 y 1000 (rentas medias), en conjunto o en partes aisladas, o un poco en conjunto y otro poco en partes aisladas.

¿Hay quien desea la distribución con alícuotas moderadamente progresivas? Este gravará, por ejemplo, con el 5% a las 120 (efectiva) o a las 100 (media) de Fulano, con el 7% a las 200 o 300 de Mengano y con el 9% a las 1080 o 1000 de Zutano.

Si otro prefiere la progresión rápida, puede gravar con el 5% a las 120 o 100 de Fulano, con el 10% a las 200 o 300 de Mengano y con el 20% a las 1080 o 1000 de Zutano.

Cada uno, estudioso, arbitrista o gobernante, puede satisfacer sus antojos a placer con la escala de las alícuotas, con la imposición separada o conjunta, cualquiera que sea el método elegido para la evaluación de la base imponible. Se trata de alcanzar dos fines distintos: una buena elección de la base imponible tiene como finalidad y efecto impulsar hacia arriba a las rentas que luego el Estado gravará según sus gustos en materia de distribución. Cualesquiera que sean estos gustos, parece en todo caso preferible impulsar ante todo la masa de las rentas hacia arriba, crear fuerzas que eleven al contribuyente medio y preparen la elevación, en un momento posterior, de las bases imponibles.

¿Hay quien quiere utilizar el instrumento del impuesto para combatir la gran propiedad y la gran empresa comercial? Nadie le impide ser un hombre de mal gusto y hacer razonamientos económicos de tendero; ni que, siendo tendero de mal gusto, utilice el arma de la progresividad impositiva respecto de aquellas únicas rentas que, desgraciadamente para ellas, han atraído su atención. Tal persona, por ejemplo, atacará a los terrenos y gravará a los Fulanos con el 5, a los Menganos con el 10 y a los Zutanos con el 20%. Sería extraño que, en cuestión de discusión científica, se pretendiese impedir a los exaltados que ejecutasen sus ideas más o menos extravagantes cuando se hagan con el poder. Aquí me limito a desear que, en el reino de los igualitarios, los legisladores prefieran gravar los terrenos, con las alícuotas que entonces tengan en la mente, antes sobre 30, 90 y 300 que sobre 40, 60 y 350. Abandono, no pudiendo hacer otra cosa, en sus manos el arma omnipotente del tipo impositivo. La gente frenética de justicia tiene, con esa arma, un medio para golpear la cabeza de turco preferida de los pequeños, de los medianos o de los grandes, sin necesidad de entrometerse también a saquear e incendiar la técnica de la evaluación y de la determinación de la renta.

He dicho antes (capítulo 7) las razones del abandono. Hasta ahora no existe una teoría seria de la proporcionalidad o de la progresividad; no existen reglas científicas, esto es, lógicas que demuestren que una escala cualquiera de tipos impositivos sea más bonita o más fea que cualquier otra. En semejante materia, vale más una onza de prudencia y de sentido común que toneladas de papel impreso. Los hombres reunidos en los consejos llamados a decidir las escalas impositivas deben ser sagaces y prudentes, deben considerar el conjunto de los tributos y no uno solo, deben conocer la distribución de las rentas en el lugar y tiempo considerados, valorar adecuadamente las repercusiones de los trasvases obligados de riqueza de uno a otro grupo social, tender a la elevación de los más evitando el perjuicio de los menos y del todo: he ahí lo poquísimo que se puede decir en nombre de la ciencia fiscal. Es ciertamente poco; pero ¿qué culpa tiene ella si la psicología no sabe facilitarle los puentes de comunicación entre uno y otro ser sensible, y si la ciencia política está todavía en la infancia?

207. Supongamos demostrada la proposición teórica de que el impuesto produce efectos calificables como buenos cuando se construye en función de la renta normal de las cosas poseídas por el contribuyente. Acéptese, por lo tanto, la norma que ordena que el que posee mayor abundancia de instrumentos productivos, tierras más extensas y bien situadas, casas más codiciadas, máquinas y establecimientos mejor construidos o más potentes, debe pagar más que el que está menos dotado; pero, si dos hombres poseen instrumentos productivos iguales, ordena, además, que deben pagar un impuesto igual, aun si uno obtuvo un rendimiento de 10 y el otro de 20. ¿Qué culpa tiene el Estado del escaso éxito del primero ni qué mérito le cabe en el triunfo del segundo? El Estado concedió a todos, en lo que se refiere a sus funciones, facilidades iguales; y ambos deben pagar igualmente sobre quince,

si tal es el rendimiento que se puede presumir prudentemente como capaz de ser obtenido por un contribuyente normal con los medios poseídos por él.

208. La fecundidad de esta sencilla idea, por eso mismo rechazada por los modernos legisladores ultramontanos a los que Carlo Cattaneo llamaba bárbaros, no se limita a la renta del propietario de la tierra. En el ya citado ensayo sobre *La terra e l'imposta* he demostrado que la idea ayudaba a resolver el problema de la imposición de las distintas clases de rentas derivadas de la tierra: la dominical del propietario, la industrial del arrendatario, del colono, del propietario cultivador directo, la manual del jornalero fijo o eventual. Si 100 es el fruto que cada año sale de la tierra, 100 es, ni más ni menos, el valor de la suma de las rentas de los diversos participantes en la producción, siempre que cada renta sea evaluada simultáneamente con las otras rentas y con el mismo criterio. De otra forma el total será 50 o 200, con la consiguiente ofensa al buen sentido y a la lógica. La distinción entre producto bruto y rentas netas es otro de los vanos fantasmas que han turbado la mente del legislador tributario y lo han conducido a errores funestos de adición y sustracción. Todo el producto se compone de las rentas netas de alguien. Aquello que es renta para Fulano es gasto para Mengano, y la renta de Mengano es gasto para Fulano. Más de una vez los legisladores han inventado hoy diferentes procedimientos para valorar las diversas rentas netas originadas en la misma cepa de producto bruto; y de ellos ha nacido la confusión de las lenguas y la superposición de los impuestos territoriales unos sobre otros. Es necesario volver a la fresca fuente del luminoso siglo XVIII, del gran siglo de la razón y de las ideas claras; y reafirmar que todo aquello y solo aquello que nace de la tierra es gravable, que todo debe ser valorado con idéntico criterio y que el buen sentido ordena dar al Estado una parte del fruto que da la tierra en igual medida a todos aquellos que la cultivan con diligencia normal según los métodos aconsejados por el paso del tiempo.

209. La fecundidad de la idea no se limita a la tierra. En otra parte[8] he discutido también el problema de la aplicación del concepto de lo ordinario a la imposición de las rentas industriales, comerciales y profesionales.

Antes que por los doctrinarios y legisladores el problema ha sido afrontado y a menudo resuelto en este dominio por los expertos, contribuyentes y funcionarios de Hacienda. Estos se han encontrado frente a la orden del legislador que mandaba determinar la verdadera renta efectivamente obtenida, cada año o cada bienio o cada quinquenio, por cada contribuyente individualmente considerado con independencia de los demás. Debe determinarse la verdadera renta efectiva individual de Fulano, ya sea 100 o 150 o 200, sin preocuparse del *quantum* de imposición de Mengano. Aplicando el mismo sistema a Mengano, Zutano y Perengano, y gravando a todos sobre la verdadera renta, a todos se hace justicia.

8 En *Ancora la sperequazione e le evasioni nell'imposta di ricchezza mobile*, en «La riforma sociale» de enero-febrero 1929, y de nuevo en *Saggi*, pp. 168 ss.

El principio de la verdad efectiva individual conduce lógicamente a mirar antes la diferencia que la semejanza, lo particular antes que lo general. El problema no es: ¿cuánto *pueden* ganar por término medio los comerciantes que tienen tienda establecida en tal calle y tienen tal volumen de negocios?, sino: ¿cuánto gana o cuánto pierde *realmente* el comerciante *A*, o el comerciante B, o el C? La investigación debe, por lo tanto, insistir no tanto sobre las causas por las que, de un volumen dado de negocios, *debe* resultar una renta dada, como sobre las causas por las que, de aquel volumen dado de negocios, de aquella determinada situación, de aquellos coeficientes de producción —cosas todas, por cierto, preliminarmente utilísimas para la investigación—, Fulano con inteligencia y habilidad ha conseguido obtener una renta neta de 100, Mengano, con inteligencia y habilidad menores, ha logrado una renta de 50 y Zutano, imprudente o inexperto, tuvo una pérdida de 30.

210. Contra el ideal de la verdadera renta efectiva individual, escrito en la ley y aceptado por la doctrina, lo que se llama comúnmente "práctica" y que es el conjunto de los hábitos realmente observados y de las normas seguidas en las oficinas de Hacienda, ha conducido poco a poco, no sé si en muchos o pocos casos, a un resultado opuesto, no escrito, no legalizado, frecuentemente lamentado y sufrido en general con resignación por la dificultad de obrar de mejor modo: el método de la verdad media presunta.

Los funcionarios de Hacienda, al encontrarse frente a las dificultades concretas de la determinación de rendimientos, se han persuadido pronto de que la averiguación de lo verdadero efectivo individual suponía un ideal muy alto, tan alto que en general no podía ser realizado. Ninguna noción es tan elástica, tan difícil de precisar, como la de la renta neta efectiva. Si el concepto de la renta es discutido en la doctrina, hasta el punto de haber dado lugar a una literatura amplísima en constante crecimiento, tanto más es discutida la fijación concreta de la renta efectiva de las empresas o de las economías individuales. El empleado que recibe en una unidad dada de tiempo 100 liras de sueldo y el capitalista que recibe 5 liras de interés sobre un capital prestado pueden creer que en todos los otros casos la fijación de la renta es igualmente fácil; y prescindiendo de que también para ellos existen problemas de verificación, es cierto que para los comerciantes, los industriales y los profesionales la tarea es de una complicación mucho mayor: ¿qué valor daremos a los riesgos, a las cuotas de depreciación y amortización, a las existencias de inventario, etc., etc.? ¿Qué valor dar a los asientos de los libros de comercio y, cuando estos no existen, a los alegatos de los interesados? Hay en el fondo del concepto de la verdadera renta efectiva individual un peligro cuyo terrible alcance para la Hacienda advierten inmediatamente los funcionarios fiscales: el peligro de la evaluación de pérdidas. Si se quieren determinar las rentas positivas individuales, forzosamente hay que admitir que en ciertos casos y sobre todo en ciertos años o períodos las rentas pueden ser negativas, es decir, se pueden experimentar pérdidas. ¿Cuántas veces no habrán oído los funcionarios plantear esta objeción por los contribuyentes:

nosotros estaríamos bien dispuestos a pagar a fin de año sobre la renta que hemos realmente obtenido en el curso del año, siempre que la evaluación de ese año no constituya pauta para el año siguiente y siempre que, si el nuevo ejercicio se cerrase con pérdidas, estas sean reconocidas? El funcionario ve inmediatamente la advertencia latente en estas palabras, aunque sean razonables y aun sacrosantas, para todo aquel que parte del ideal de gravar toda la renta efectiva y solo a ella. Ve la advertencia de la multiplicación de los casos de pérdidas, apenas se abra una escotilla para su admisión. Cuentan las crónicas que en un lugar cuyo nombre no recuerdo una ley fiscal admitió un día como motivo de exención de un impuesto la estupidez o el cretinismo. Inesperadamente llovieron sobre las mesas de los aterrados funcionarios millares de certificados médicos de cretinismo y las antesalas no bastaron para contener la multitud de caras estúpidas que venían a reclamar la exención fiscal. Así pues, si se quiere hallar seriamente lo verdadero efectivo e individual, el funcionario teme que la masa de contribuyentes, compuesta por gente media, intente confundirse entre la minoría de los auténticos ineptos o desgraciados. Por eso los funcionarios se refugian en la trinchera de lo "medio", en la defensa inexpugnable de la imposibilidad de admitir que un profesional con despacho abierto, o que un comerciante con tienda abierta al público, no ganen por lo menos tanto como cualquier persona media *debe* estar en condiciones de ganar en aquella profesión o en aquella actividad comercial. Si un contribuyente no es capaz de ganar al menos un 5 o 10% sobre su cifra de negocios, si no está en condiciones de hacer rendir por lo menos 10.000 liras netas a una tienda por la que paga un alquiler de 5.000 liras, si no está en condiciones de obtener de su trabajo o de su capital o de entrambos, por lo menos, tanto como es necesario para sostener a la familia de acuerdo con su posición social, ¿por qué continúa ejerciendo esa profesión? ¿Por qué no cierra la tienda y pone punto final a las pérdidas, conformándose con un empleo a sueldo, como hace él, funcionario de Hacienda?[9]

211. Reflexiones lógicas, inspiradas por el sentido común y por el justo deseo de salvaguardar las razones del Tesoro, que correría excesivo peligro si hubiera de sufrir los azares de las desgracias, auténticas o simuladas, de los contribuyentes. De aquí el repliegue real de ambas partes, Administración y contribuyentes, sobre la posición de la renta media presunta. Casi sin advertirlo, en la generalidad de los casos la discusión entre Hacienda y contribuyentes gira no en torno a lo que *es,* sino en torno a lo que *debe ser.* La

9 En un artículo reproducido de la «Informazione industriale» en «Il giornale dei ragionieri» de 31 enero 1928, el abogado Luigi Sertorio relata «el recuerdo de un caso concreto» en el que el funcionario alegó al contribuyente «que aunque la empresa sufra pérdidas, no es este motivo convincente para excluir que deba pagarse el impuesto sobre la riqueza mobiliaria, porque no es justo crear para un determinado contribuyente una condición industrial más favorable que la de sus competidores que pagan el impuesto de riqueza mobiliaria». Sertorio refiere el recuerdo a título de crítica. Inmediatamente veremos, por lo dicho en el texto, que la alegación del funcionario tiene un fundamento doctrinal de gran peso.

renta efectiva individual se deja tácitamente aparte como un mero concepto escrito del que no hay que preocuparse demasiado, y se discute sobre la cifra de negocios y sobre el porcentaje medio de beneficios netos con respecto a la cifra de negocios en esta o aquella actividad comercial. Se establecen convenios y se llega a acuerdos entre los inspectores superiores y los representantes de los contribuyentes sobre la renta media por cardán, por huso, por telar o por una u otra unidad del coeficiente de producción utilizado en esta o en aquella industria. El contribuyente se adapta a pagar aun cuando pierda, porque cuando gana no es gravado según los máximos beneficios individuales, de un año o de su razón social, sino por la renta media que se considera producen las empresas de su categoría. Tampoco los propietarios de edificios son siempre gravados según la mayor o menor renta obtenida en las relaciones con cada inquilino en particular, sino de acuerdo con la renta normal que edificios de estas o aquellas características, viejos o nuevos, orientadas al norte o al sur, en esta o en aquella calle, dotados de tal y cual comodidad, etc., *deben* producir. Las discusiones quedan reducidas al mínimo; nace una norma generalmente seguida que evita roces y exageraciones en un sentido y en otro. El Fisco confía en una producción menos oscilante y gradualmente creciente; el contribuyente se siente más tranquilo al incrementar su empresa durante el tiempo que está destinada a durar la evaluación basada en criterios medios.

212. Aquí aparece una de las diferencias fundamentales entre los dos sistemas. Hagamos, por el momento, abstracción de las aplicaciones concretas y supongamos que ambos sistemas se aplican plenamente, sin contaminación recíproca. El método que grava la renta efectiva individual no puede, si quiere gravar lo verdadero, quedarse atrás. Cuando la renta es de 100 debe gravar 100; y, si al producirse una pérdida de 50 debe abstenerse de gravar, y aun debería conceder una detracción correspondiente en el año siguiente, debe sin embargo gravar 150 o 200 cuando la renta salta a 150 o a 200. Por esta razón el contribuyente vive en continua inquietud y se resiste a descubrir y, a veces, a emplear capitales si teme que de ello pueda derivarse para él un aumento de impuestos. Sabe que el aumento es cierto, mientras que duda de la inmediata condonación del impuesto en caso de pérdida.

El método de la renta normal presunta remedia la dificultad. En él está implícita la deducción de las pérdidas, puesto que no se gravan los extremos excepcionales e individuales de las rentas. Con él, la Hacienda no experimenta la urgencia de revisiones anuales, ya que, si pueden cambiar de año en año las circunstancias especiales de cada contribuyente en particular, no varía tan rápidamente el rendimiento medio de una rama de la industria o del comercio. Con este método, la Hacienda no resulta perjudicada, antes bien, obtiene grandes ventajas por esperar a gravar, al final de un período más largo, el aumento de renta producido después de una revisión. El hacerse pequeño antes del acuerdo e, inmediatamente después, emplear nuevos capitales y nuevas iniciativas en la empresa propia, para disfrutar así durante un período de cuatro años (adopto, a título de ejemplo, el intervalo entre dos revisiones que fue utilizado en Italia) el aumento de renta sin ser molestado, es la consecuencia necesaria del método de la renta media presunta. Necesaria y, en conjunto, mucho más ventajosa para el Erario que para los contribuyentes. En efecto, son raros los casos de empresas temporales que duren solo los cuatro años en los que la Hacienda no puede variar la base imponible y luego se disuelvan.

Normalmente la empresa dura mucho más, de suerte que la Hacienda puede elevar la base imponible al final del cuatrienio, tanto más seguramente cuanto que ya ha transcurrido el período inicial de prueba y de arranque de los nuevos capitales invertidos.

213. Que los expertos, contribuyentes y funcionarios de Hacienda hayan llegado experimentalmente a las mismas conclusiones alcanzadas por los grandes economistas italianos del siglo XVIII, es un hecho que hace honor muy estimable a la agilidad mental con que supieron interpretar el mandamiento literal de la ley tributaria. Ateniéndose a las presunciones y criterios de la renta media o normal del grupo o categoría, han elegido el buen camino; pero, puesto que la letra de la ley acepta como base de la imposición el concepto de renta efectiva individual, de la discordia entre el mandato literal del legislador y su aplicación práctica han surgido desgraciadamente compromisos, excepciones, desviaciones, contingentes y discordias. Es medida sustancialmente sabia derivar la renta imponible, como se hace, del número de husos, cardanes y telares, del valor del alquiler o de la cifra de negocios; pero, como tal cosa se hace por aplicaciones particulares, con criterios contingentes y variables de una actividad a otra y de uno a otro lugar, las desigualdades son inevitables, y no pueden ser remediadas por las conferencias periódicas de los inspectores superiores de Hacienda. En un caso particular dado, incluso si la norma aconsejara estimar 100, con la ayuda de datos ciertos sobre la renta efectiva se estima 120; en otro, vistos los citados datos ciertos, se estima 70. De aquí la desigualdad, porque cada uno de los dos sistemas, el de la renta individual efectiva y el de la renta normal por categorías, puede servir a condición de que se aplique siempre en todos los casos el *mismo* criterio; no unas veces el de la renta media y otras el de la renta efectiva, según que uno u otro mejor convenga a la Hacienda o mejor sea defendido por el sagaz contribuyente.

214. Del contraste entre la letra de la ley y la práctica administrativa no se sale si no es transformando gradual y prudentemente en ley la actuación del administrador. Interesa en este caso que los teóricos, los legisladores y los expertos, obligados a elegir entre los diversos criterios de distribución de los impuestos, se liberen del ridículo sentimiento que les oprime de respeto humano ante el orgullo de los doctrinarios. Habré escrito en vano el presente ensayo si este no hubiese conseguido demostrar que tras aquel orgullo no hay sino vacío. El Ministro de Hacienda, el funcionario y el contribuyente deben curar de la enfermedad del "complejo de inferioridad" por el que son inevitablemente afligidos en presencia de los sagrados principios de la ciencia

del impuesto. No existen principios sagrados en materia de impuestos; no existe la "verdadera" renta; no existe la "verdadera" justicia; no existe el "verdadero" principio de imposición. Quien afirma la existencia de estas sublimes "verdades" en una materia tan concreta y tan contingente es un cuentista. Solo existen la lógica, el sentido común, el análisis de los resultados producidos por la aplicación de algunas de las muchas verdades que compiten por atraer sobre sí la atención de los legisladores.

215. No he querido ofrecer al legislador la receta de ningún principio de justicia más verdadero por sí mismo que los otros principios. Afirmo únicamente que la "verdadera" renta ordinaria es pródiga en resultados mejores que la otra "verdadera" renta individual efectiva. Digo que aquélla satisface mejor la condición de dar al Estado lo que corresponde al Estado, mientras que la "verdadera" renta individual efectiva da al Estado lo que es propio del contribuyente o viceversa. Satisfacer "mejor" no quiere decir satisfacer "en todo". Ya que no conocemos el criterio perfecto para dar al Estado lo que es del Estado, no hay más remedio que conformarse con el criterio que agravia menos, mucho menos que sus competidores, el sentido común. Digo que los expertos, contribuyentes y funcionarios de Hacienda, después de haber efectuado las debidas zalamerías a la "verdad" doctrinaria de la renta individual efectiva, se aferran a la "verdad", señalada por la necesidad y el buen sentido, de la renta media ordinaria. Digo que no deben avergonzarse en absoluto de haber elegido el buen camino y que, dejándose de zalamería, deben sentirse orgullosos de haberlo encontrado. Añado que ellos no deberán ser dejados solos durante mucho tiempo en el arduo sendero. Teóricos y legisladores deben esforzarse en llegar al fondo de las razones por las que el camino seguido en concreto es distinto del señalado por la llamada doctrina y por la letra de la ley. Estoy convencido de que el camino seguido en la práctica conduce a la verdad razonable, que en estas materias es la que conciba, de la mejor manera posible, la ventaja del erario y la de la economía general. Estoy convencido de que por ese camino se puede alcanzar, por ejemplo, la unificación del impuesto sobre los rendimientos de la riqueza mobiliaria de los industriales y de los comerciantes, y de sus hijos espurios que se llaman, según los países, impuestos sobre la cifra de negocios o sobre las transacciones y que son imitaciones mal hechas de los impuestos sobre los rendimientos industriales y comerciales, falsificaciones hechas hoy desgraciadamente necesarias por la insuficiencia del impuesto madre. Ya que el impuesto de la riqueza mobiliaria tiende a gravar la cifra de negocios y dado que el impuesto sobre las transacciones es también un impuesto sobre la cifra de negocios, ¿por qué no mirar de frente a la realidad y, tirando por la ventana las vanas y estúpidas palabras de rentas netas y rentas verdaderas, analizar el contenido efectivo de los impuestos que han sido hasta hoy enriquecidos por una larga y fructífera experiencia? Los impuestos que han sido elaborados por los contribuyentes, por los funcionarios y por los magistrados perfeccionan los principios que hace setenta años fueron establecidos por sabios y prudentes

legisladores y son recogidos todavía hoy, sin tener en cuenta el concreto acrecentamiento producido, en los tratados de los doctrinarios. Una ley fiscal es, en un principio, un instrumento confiado a los contribuyentes a fin de que puedan luchar envidiosamente unos contra otros. Corresponde al ejecutor de la ley limpiar poco a poco el impuesto del virus de la envidia, equiparando a todos ante las necesidades de la cosa pública.

216. ¿Por qué no arrancar desde un principio de las leyes tributarias el maldito vicio procedente de la envidia recíproca entre un contribuyente y otro, vicio manifiesto en la absurda búsqueda de la "verdad" tributaria absoluta, inmaculada, inmanente y sustituirla con el obsequio a la "verdad" práctica, que trata de hacer pagar a cada uno lo que debe al Estado en razón de la labor realizada por el Estado para crear el ambiente jurídico y colectivo dentro del cual cada uno está llamado a trabajar? En vez de mirarse unos a otros para confrontar el mayor gravamen comparativo propio con el de los demás, supuesto menor, mírese cada uno a sí mismo y al Estado; vea cada uno si, dados los instrumentos de trabajo y de capital por él poseídos, ha aportado la cuota, establecida con igualdad universal, del producto que normalmente estuvo en condiciones de obtener de sus cosas bajo la égida del Estado.

217. Esto dijeron en sustancia don Vincenzo De Miro, Pompeo Neri, Gianrinaldo Carli y Carlo Cattaneo: vosotros, contribuyentes, no debéis pagar el impuesto por lo que valéis. Con este rasero ninguno de vosotros declarará el valor propio y todos afirmarán que el valor de los demás es mayor que el suyo. En lugar de ello, debéis pagar en razón del valor de los instrumentos de capital y de trabajo que sean vuestros. De nada valdrían capital y trabajo sin el respaldo de la obra de protección y de impulso realizada por el Estado. Por ello el Estado tiene derecho a pretender una parte del producto que pueda obtenerse normalmente de vuestras cosas, en las condiciones existentes de lugar y de tiempo. La cuota recaudada por el Estado no se os quita, porque sin él no tendríais nada. Pero aquel exceso que vosotros obtengáis con vuestro ingenio, con vuestra fatiga y con vuestro sacrificio, en comparación con el presunto producto ordinario, será todo vuestro. Vuestro hasta el día en que, gracias al perfeccionamiento de vosotros y del Estado conjuntamente, el producto ordinario y el presupuesto estatal no hayan crecido de la misma forma y se pueda partir desde un escalón más elevado hacia una meta más luminosa.

218. Nosotros, sacerdotes de la ciencia, faltaríamos a nuestro deber si nos cansáramos de señalar al desprecio de los hombres que piensan, el virus de la envidia tributaria, y a su observación, el principio del deber hacia el Estado, que sirviéndonos nos eleva.

Faltaríamos a nuestro deber si nos cansáramos de mirar en el interior de las vanidades disfrazadas de teoremas científicos. El largo análisis de los fantasmas, de los mitos, de las paradojas y de la soberbia doctrinaria en materia fiscal exige un acto de humildad. Rindamos homenaje a la ciencia absteniéndose de pronunciar su nombre en vano.

Reconozcamos que no poseemos el metro invariable de la justicia tributaria ante el cual debe inclinarse la humanidad. Lo buscamos desde hace siglos, pero no lo hemos encontrado todavía. Ante la majestad del Estado no invoquemos a grandes voces la justicia para obtener un pretexto de envidiosas comparaciones. Nadie quiera ser más ni menos que su vecino o que su amigo colocados en las mismas condiciones. Demos al César lo que es del César y demos al Estado aquello que al Estado es debido en razón de lo que él ha creado en nuestro favor. Que la envidia no nos impulse a decir: no puedo porque, aun poseyendo los mismos medios, no he tenido tanto éxito como el vecino o el amigo. El Estado me ayudó a ponerme en pie y a caminar; por eso, no porque yo haya sabido caminar mucho o poco, le debo tributo.

11

LA SUPREMA PARADOJA TRIBUTARIA

219. Quien recuerde el esquema utilizado en el capítulo sexto (§ 153, p. 233) para deshinchar el globo de los sumos principios utilitaristas, puede creer que he querido también negar valor a otro esquema llamado corrientemente tabla de Menger, y puede creer, por lo tanto, que con esos razonamientos he querido declarar ilógica la aplicación a la Hacienda pública de un esquema que, sin embrago, se considera universalmente como un instrumento útil para la interpretación de los hechos económicos. En realidad, si la tabla de Menger es instrumento bastante menos fecundo para el hacendista de lo que lo es para el economista, no es inútil en absoluto y, sobre todo, es profundamente distinto del esquema expuesto como fundamento de la refutación de los sumos principios utilitaristas.

Si llamamos benthamiana[1] a la tabla de la distribución igualitaria del impuesto, las dos tablas pueden ponerse una junto a otra:

I. *Tabla benthamiana o esquema de la distribución igualitaria del impuesto en una comunidad de tres contribuyentes*

	Fulano	Mengano	Zutano
X	1		
IX	2	2	
VIII	3	3	3
VII	4	4	4
VI	5	5	5
V	6	6	6
IV	7	7	7
III	8	8	8
II	9	9	9
I	10	10	10

Los números romanos indican las sucesivas dosis de riqueza poseídas por cada contribuyente; los números arábigos, los grados de importancia atribuidos a cada dosis.

---

1 De este modo se hace algo de agravio a Jeremy Bentham; porque este vio en seguida (cfr. supra la nota al § 168, página 249) lo absurdo de las deducciones que se podían sacar de su razonamiento. Pero puesto que el razonamiento es suyo y, si no vamos más allá del individuo, demostró ser fecundo, parece correcto titular la tabla con su nombre.

220. Ya demostré que el esquema I es fruto de la razón raciocinante del doctrinario. Queriendo distribuir el impuesto de un modo dado, considerado por él como óptimo, supone que: 1) los contribuyentes de la sociedad imaginaria están todos modelados según un hombre medio y 2) atribuyen a la primera dosis de riqueza poseída por ellos un grado igual de importancia, por ejemplo, 10; 3) el grado 10 de Fulano es igual al grado 10 de Mengano y también al 10 de Zutano; 4) atribuyen a la segunda dosis de riqueza igual grado de importancia, por ejemplo, 9, y el 9 de uno es igual al 9 de los demás; 5) y así sucesivamente hasta el agotamiento de toda la riqueza poseída por los tres miembros de la sociedad.

Confortado por esta hermosa arquitectura, el doctrinario utilitarista prosigue construyendo su esquema de distribución del impuesto. Pero es un esquema que se lo lleva el viento, porque: 1) la escala de los grados de importancia de las sucesivas dosis de riqueza varía de hombre a hombre y es estrambóticamente variable; 2) los grados de importancia son meros índices comparativos válidos para cada hombre, pero no comparables entre hombre y hombre, y el 10 de Fulano no solo no es igual al 10 de Mengano, sino que, al no existir ningún instrumento para comparar la sensibilidad relativa de Fulano con la de Mengano o Zutano, nadie puede decir en cuánto es mayor o menor; 3) aunque en el método de distribución del impuesto sobre la base del sacrificio "proporcional" no es necesario hacer comparaciones entre individuo e individuo; es necesario sin embargo, recurrir a la confesión del contribuyente al oído del funcionario de Hacienda. Puesto que nadie imagina que semejantes confesiones auriculares sean fidedignas, el impuesto cede el paso a la ofrenda voluntaria, insuficiente para proveer a las exigencias de los Estados modernos (cfr. § 162).

221. El esquema II (tabla de Menger) se deduce, en cambio, de la observación. No se refiere a una colectividad de individuos, sino a un individuo solo. La tabla de Menger solo pretende expresar el modo de actuar de un hombre que, en el intervalo de tiempo considerado, tiene la disponibilidad de un cierto número de unidades de numerario (dinero o poder adquisitivo genérico). Supongamos que cada dosis o unidad (I, II, III, etc.) de cada uno de los bienes deseados (*A*, *B*, *C*, etc.) está representado por un cuadrado y puede adquirirse en el mercado con una unidad de numerario. Para que el esquema resulte evidente sin más[2] basta imaginar que cada uno de los bienes, *A*, *B*, *C*, etc., deseados por el hombre puede fraccionarse en unidades suficientemente pequeñas como para poderlas adquirir con la unidad de numerario. A menudo no es así, pero hay diversos expedientes mediante los cuales el hecho

2 Los tratadistas quieren hacer rigurosa la demostración hablando de igualdad de la utilidad marginal *ponderada*, o sea, dividiendo la unidad de cada bien, sea cual sea su forma, grande o pequeña, por el número de las unidades de numerario necesarias para adquirir esa unidad. La igualdad de la utilidad marginal se refiere al cociente de dicha división. Los procedimientos descritos en el texto tienen por objeto hacer más evidente la operación al primer golpe de vista.

real puede acercarse al hecho hipotético. Se puede aumentar algo la unidad de numerario, pensando en billetes de 100 o 10 liras en lugar de monedas de 1 lira o de 1 perra chica. Si la adquisición de una casa es algo demasiado cuantioso para pagar con dinero contante, se puede fraccionar temporalmente en oportunas anualidades o mensualidades; o, sin más, la mayoría de los hombres prescinde de adquirir la casa y se contenta con alquilarla, pagando el alquiler por semestres, trimestres, meses, semanas, e incluso, cuando vive en un hotel, por días. Se puede alargar el tiempo considerado y pensar, en lugar de la distribución del gasto diario, en la del gasto mensual o anual o hasta decenal.

II. *Tabla de Menger*
o esquema de la distribución de la riqueza poseída por un individuo

X	1									
IX	2	1								
VIII	3	2	1							
VII	4	3	2	1						
VI	5	4	3	2	1					
V	6	5	4	3	2	1				
IV	7	6	5	4	3	2	1			
III	8	7	6	5	4	3	2	1		
II	9	8	7	6	5	4	3	2	1	
I	10	9	8	7	6	5	4	3	2	1
	A	B	C	D	E	F	G	H	I	L

Cada uno realiza la distribución del numerario poseído hoy, o previsto como disponible para mañana o para un tiempo futuro, que le parece ofrecer la mejor satisfacción de sus deseos efectivos, que sabe o prevé poder satisfacer con el numerario poseído hoy o previsto como disponible para el futuro.

Los bienes que se presentan a la vista del hombre en la unidad de tiempo preferida por él son bienes presentes o bienes futuros. Es decir, que el hombre puede destinar parte de su numerario a la satisfacción, con bienes presentes, de deseos presentes (pan, vino, casa, vestido, libro, etc.) y parte a la satisfacción con bienes futuros. En este segundo caso se dice que ahorra, o sea que, directa o mediatamente, adquiere bienes instrumentales (materias primas, máquinas, campo, árbol, etc.) que se transformarán en un bien directo y consumible en un tiempo futuro. El hombre es libre de hacer la distribución de su propio numerario que considere más oportuna. La distribución elegida por Fulano será, pues, poco o mucho, distinta de la de Mengano, y esta de la de Zutano.

La tabla de Menger no contradice en absoluto la variedad de los gustos individuales; no apunta a dar uniformidad ni a reducir a tipos medios las variadísimas distribuciones realizadas por los hombres. Las acepta tal como son. No dice, ni siquiera, que A sea, para todos, el bien "pan"; y que *B* sea para todos el bien "vestido", etc. Acepta las encarnaciones efectivas decididas por los hombres individualmente de las letras del alfabeto en los bienes más variados: *A*, que para Fulano es "pan", para Mengano puede llamarse "vino", para Zutano "bicicleta" y para Perengano una edición rara de Ariosto o D'Annunzio. Hay quien renuncia a comer con tal de adquirir el libro predilecto o bien con tal de ir al "paraíso" a oír música de Verdi o de Wagner. Cada uno tiene sus gustos y buen provecho le hagan. El mundo es bello, porque es vario. La tabla de Menger, impasible, lo registra todo.

222. Esta razonabilísima tabla dice únicamente: si el hombre es racional —pero, para merecer esta alabanza, basta que posea un mínimo de buen sentido— nunca sucederá que poseyendo, por ejemplo, una sola unidad de numerario, adquiera una primera dosis del bien *B,* pudiendo adquirir una primera dosis del bien A. Nuestro hombre se niega a comportarse ilógicamente, porque él mismo, precisamente él y no otro, atribuye a la primera dosis del bien *B* un grado de importancia 9, mientras que a la primera dosis del bien A le atribuye un grado de importancia 10. Incluso el niño que, con razón o sin ella, prefiere el caballo de cartón al soldado de plomo cuando su madre le lleva a la juguetería, destina su lira a comprar el caballo de cartón y renuncia al soldadito. En el mismo momento y en el mismo bazar, un segundo niño adquiere el soldadito y desprecia el caballo de cartón.

Si nuestro hombre, en lugar de una, posee dos unidades de numerario, se encontrará un tanto indeciso. Porque, tras adquirir con la primera unidad de numerario una primera unidad de *A* con el grado de importancia 10, y provisto ya de una sola unidad de numerario, se encuentra como el asno del fraile Buridán ante una segunda unidad de A y una primera unidad de *B,* que tienen para él una importancia igual, estimada como 9. Al igual que el jumento escoge un camino en lugar de otro si le impulsa a correr a ciegas el picotazo de un tábano, el hombre se decide sobre la base de algún imponderable. Si posee 3 unidades de numerario no es necesario ni el tábano ni el imponderable: la segunda y la tercera unidades se destinarán a adquirir una segunda dosis de A y una primera de *B.* Aquí entra en escena el teorema más importante de la tabla mengeriana: la igualdad de la importancia final o marginal de las últimas dosis de los bienes adquiridos por el hombre por medio del numerario poseído en el intervalo de tiempo considerado. Se entiende igual para ese hombre y a su juicio. Si posee 10 unidades de numerario, no cabe que las utilice todas para adquirir 10 unidades del bien A. Si, después de la cuarta, siguiese por el mismo camino, adquiriría dosis de A que tienen para él grados de importancia medidos por los índices 6, 5, 4, 3, 2, 1, mientras que con esas 6 unidades de numerario podría adquirir 3 unidades de *B* valoradas respectivamente en 9, 8, 7; 2 unidades de C, valoradas en 8 y 7; y 1 unidad de *D*, valorada en 7 grados de importancia, es decir, todas susceptibles de satisfacer deseos más importantes que los que se satisfarían persistiendo en la adquisición de dosis de A. Por lo tanto, distribuirá las 10 unidades de numerario adquiriendo 4 unidades de *A*, 3 de *B*, 2 de *C* y 1 de *D*. En el margen, todas las unidades adquiridas tienen el grado de importancia 7. Transgrediendo la regla de la utilidad o importancia marginal igual, cometería un error de buen sentido: renunciaría a algo que a sus ojos vale 7 para tener algo que a sus mismos ojos solo vale 6.

223. Esto no quiere decir que el hombre no esté sujeto a error. Puede ocurrir que valore en 7 lo que todos a su alrededor, con impresionante unanimidad, valoran en 2, o 1, o 0, o acaso dan un valor negativo. La tabla de Menger no se ocupa de esto. Excluye únicamente el error subjetivo: comprar el bien valorado por el adquirente en 2 en lugar del bien valorado, por él mismo, en 7. La tabla no excluye la estupidez en general, sino únicamente la estupidez considerada como tal por quien la comete. Aún más, la tabla ni siquiera excluye a esta. El hombre puede adquirir, conscientemente, un bien al que atribuye un grado de importancia 2 en lugar de un bien al que, también él, atribuye un grado 7. Querrá decir que, actuando de este modo, quiere dejar ver a todos que es capaz de cometer estupideces (tirar dinero por la ventana para presenciar la gresca de los que pasan, no aceptar el cambio de un billete de 50 liras de un taxista al que hay que pagar 8 liras y otras cosas semejantes). Es decir, que de modo tan estrambótico quiere adquirir, junto al bien principal, algún otro bien complementario deseado por él: fama de adinerado, de extravagante o de generoso, etc.

224. Obsérvese que, entre los bienes deseados, se cuenta el numerario mismo, un cierto número de cuyas unidades son deseadas por sí mismas y compradas (comprar es sinónimo de no cambiar o de guardar en el bolsillo) como cualquier otro bien. En tiempos normales, se guarda poco dinero en el bolsillo, el mínimo posible; en tiempos de crisis, guerras o revoluciones, mucho. En forma de depósitos de ahorro y en cuentas corrientes, en billetes o monedas metálicas, según la mayor o menor confianza de cambiar todas las especies de numerario por la moneda propiamente dicha, universalmente aceptada, que es el oro.

225. Las explicaciones dadas en torno a la tabla mengeriana son de la especie elementalísima que se lee o debería leerse en todo texto de economía. No me pareció inútil darlas, porque no estoy persuadido de que siempre, y aun por escritores afamados, se haya hecho la debida distinción entre la tabla de Bentham y la de Menger. A veces, parece que se cree que la primera se deduce lógicamente de la segunda. En realidad, no se podría imaginar nada más radicalmente opuesto. La tabla mengeriana no se entromete a hacer juicios sobre la racionalidad o moralidad de las acciones de los hombres. Viene después que los hombres han hecho lo que les han ordenado que hiciesen: la fantasía, el demonio oculto, las necesidades reales o imaginarias, los instintos

y los afectos; y registra. Al registrar, constata que incluso los locos tienen preferencias —alocadas, acaso, pero preferencias— y observa que prefieren lo que estiman más a lo que estiman menos y distribuyen la riqueza poseída de modo que, en el margen, sean iguales los grados de importancia de las últimas dosis de todos los bienes adquiridos.

En cambio, la tabla de Bentham no registra las elecciones libres de cada hombre considerado individualmente. Es el resultado de cavilaciones de ciertos doctrinarios que han pensado que los hombres son iguales entre sí y reductibles a marionetas totalmente iguales; que apetecen la riqueza de un modo igualmente decreciente; que los apetitos de unos son iguales a los de otros; y, de este modo, cavilando, han deducido reglas llamadas justas en torno a la distribución de los tributos. Y sobre estas cavilaciones solo se puede hacer una cosa: escupir sobre ellas.

226. ¿No nos dice nada la tabla mengeriana en cuanto a los impuestos? En una primerísima aproximación[3], nos dice que hay que incluir los bienes públicos entre los bienes en general. En la gama de los bienes *A, B, C, D,* etc., que hasta el enésimo se presentan ante los ojos del hombre como deseables, se cuentan también los bienes públicos, aquellos bienes determinados que el hombre sabe, por experiencia o por instinto histórico, que debe ser o que es conveniente adquirir por medio del Estado: seguridad, defensa nacional, justicia, sanidad, instrucción, progreso social y económico, poder, etc. Estos bienes, ya sean directos o, como quieren otros, instrumentales o condicionales, son clasificados por el hombre al igual que los demás bienes según el grado de importancia de cada una de las dosis sucesivas de los mismos. Y clasificados de este modo obedecen a la ley común. El numerario poseído por el hombre en cada unidad de tiempo se distribuye entre ellos del mismo modo seguido para los demás bienes, llamados privados. También son, como los bienes privados, presentes y futuros. Los hombres destinan una parte del numerario poseído a adquirir justicia, seguridad o instrucción en el momento presente y una parte a construir puertos, a sanear zonas pantanosas, a plantar árboles que darán rendimiento dentro de diez o de cincuenta años. Los hombres tienen los servicios públicos que desean y aprecian. Si son ignorantes y egoístas, viven como bestias en un Estado débil; si son previsores y solidarios, llegan a metas elevadas de convivencia política y social.

227. Pero el cuadro de primera aproximación de la Hacienda pública deducido de la tabla mengeriana dura un momento e inmediatamente se desvanece. Me he detenido muy a propósito en una explicación elementalísima de la tabla mengeriana para poner bien en claro que "registra" meramente los hechos ocurridos, las acciones realizadas individualmente por los hombres,

---

3 Aquí son fundamentales los ensayos de MAFFEO PANTALEONI titulados *Contributi alla teoria del riparto delle spese pubbliche,* en «Rassegna italiana» de 25 octubre 1883 y *Teoria della pressione tributaria,* Roma, 1887, ambos vueltos a publicar en «Scritti varii di economia», primera serie, Sandron, Palermo, 1904, y ahora en «Studi di finanza e di statistica», Zanichelli, Bolonia, 1938.

tal como las quisieron realizar los hombres existentes, dotados como están de virtudes, vicios, pasiones, instintos, conocimientos e ignorancias.

228. Ahora bien, entre los vicios de los hombres, desgraciadamente, hay uno principalísimo que es la falta de memoria. Falta fingida de tontos fingidos. Por ello, la tabla de Menger se aplica mal a los bienes públicos. La mayor parte —no toda, pero la mayoría basta para estropear el todo— de los bienes públicos tiene una característica curiosa: que deben ser suministrados por el Estado antes de que se sienta por los hombres la necesidad correspondiente. El Estado no puede aguardar para disponer ejército, armas, municiones, buques de guerra y aviones de combate al momento en que el enemigo esté en casa y haya ocupado una parte del territorio nacional. Sería demasiado tarde. El Estado no puede aguardar para organizar la policía, guardia civil, jueces, cárceles y carceleros a que malandrines, atracadores y ladronzuelos infecten calles y casas. De nuevo, sería demasiado tarde. El Estado no puede aguardar para organizar servicios de sanidad pública a que las conducciones de agua mal conservadas hayan difundido las fiebres tifoideas, a que el cólera y la peste bubónica hayan invadido ciudades y campos. Sería demasiado tarde. El Estado debe hacer todas estas cosas, cumplir bien estas y otras numerosas funciones, antes de que los ciudadanos sientan su privación. Aún más, el Estado cumple mejor su misión, es alabado universalmente y considerado próximo a su perfección, cuanto más consigue atenuar y amortiguar en el corazón, en el ánimo de los hombres, la sensación de posible peligro para la paz, seguridad y bienestar. Si el ejército es tan fuerte que los ciudadanos se sienten seguros dentro de sus fronteras; si la policía es tan vigilante que los ciudadanos se olvidan de cerrar, de noche o cuando salen de paseo, las puertas de sus casas; si la magistratura es tan sapiente que a los litigantes temerarios se les pasan las ganas de recurrir a los tribunales, se dice que el Estado está perfectamente organizado.

Pero, en este punto, los hombres, si no se pusiese remedio, se harían los tontos. Saben bien o intuyen que entre los bienes deseados A, *B*, C..., *n*, se cuentan los bienes públicos; saben e intuyen que son costosos y que conviene adquirirlos. Pero, puesto que ya los disfrutan, puesto que el Estado, por razón de su misma existencia, debe suministrar esos servicios de modo que no se tenga nunca la sensación de su privación, ¿para qué pagar? ¿Para qué hacer una demanda voluntaria y disponerse a pagar el precio de lo que ya se posee? Si no se tiene apetito, si, mejor aún, se está harto, ¿se gasta dinero acaso para adquirir comida? Si el guardarropa está bien provisto, ¿para qué enriquecer al sastre?

229. Esta es la paradoja última y máxima de la Hacienda pública. Existen bienes públicos a los que los hombres prodigan manifestaciones de apreciación altísima; esos bienes son mejor acogidos cuanto más eficazmente se suministran; pero, puesto que la perfección consiste en hacer olvidar a los hombres que podrían carecer de esos bienes, los hombres no los demandan. Esos bienes se borran de su memoria y, por lo tanto, de la tabla mengeriana.

230. Además de tontos fingidos, los hombres son, en materia de cargas públicas, extrañamente confiados en la conciencia ajena. Si ocurre que piensan que, de todos modos, habría que pagar algo para adquirir los bienes públicos, en seguida piensan que algún otro tendrá mejor memoria y más activa. Los bienes públicos tienen, junto con la amortización, otra característica curiosa: no pueden suministrarse a un ciudadano sin que *ipso facto* se suministren a todos los demás ciudadanos. Si pudiéramos saciarnos al contemplar a los demás comiendo, bastaría encargar a uno solo, por turno, que comiese en la plaza pública. Las casas de comidas y las panaderías estarían desiertas de clientes. En cambio, sabemos que solo quien tiene pan, come y se sacia. Los demás, si quieren satisfacer el apetito, tienen que resignarse y sacar del bolsillo el dinero necesario para comprar pan. En cambio, si por milagro viven en una sociedad política muchos o pocos ciudadanos tan previsores que se deciden voluntariamente a dar al Estado los medios para la adquisición de bienes públicos, he aquí que la defensa, la seguridad, la justicia, etc., quedan suministradas sin más, por parte del Estado, a todos, a los que pagaron y a los que no pagaron. El Estado no puede cerrar las puertas al extranjero solo en favor de los ciudadanos que pagaron, dejándolas abiertas de par en par para los que no pagaron; no puede meter en los calabozos a ladrones y asesinos para los que hayan pagado el precio de la seguridad, abriéndoles las verjas de la cárcel cuando se trate de robar y asesinar a los olvidadizos. El Estado debe defender el territorio nacional para todos, debe ofrecer seguridad, justicia, higiene y muchas cosas más a todos, sin ocuparse de si los ciudadanos han pagado o no.

231. Como el ciudadano desmemoriado puede, por añadidura, confiar también en la memoria ajena, se hace el vacío absoluto en torno a los bienes públicos. Cada uno, seguro de disfrutarlos, incluso saciado ya y confiando en que algún otro pagará, se olvida de pagar. Los hombres tributan al Estado zalemas sin fin para agradecerle sus preciosos servicios, pero dinero, ni hablar.

La tabla mengeriana, premisa lógica para la explicación de los precios de los bienes privados, no sirve en realidad para nada en la explicación de los precios de los bienes públicos. A lo largo de los tratados de Economía aprendemos las leyes reguladoras de los precios del pan, del vino y de otros mil bienes privados. Llamamos "racionales" a esas leyes porque una vez aceptadas algunas premisas (tabla mengeriana, hipótesis de competencia perfecta, imperfecta o monopolio), es posible deducir mediante razonamiento qué precios se formarán en el mercado para los bienes directos, para los bienes instrumentales y para los bienes de capital. En cambio, para los bienes públicos se da la oscuridad perfecta. Puesto que no actúa la demanda, no existe el mercado de bienes públicos, no se forman precios. El Estado debe actuar "por autoridad", debe establecer el número de unidades de bienes públicos que estará obligado a adquirir cada ciudadano, su precio unitario y el importe total de la adquisición. Este importe se llama impuesto.

232. Los impuestos no son el término final de un mecanismo puesto en marcha por las acciones voluntarias de los hombres, como ocurre con los precios de los bienes privados. Son el punto de partida fijado por el Estado para hacerse entregar anticipadamente los medios necesarios para proveer a los servicios públicos, que es misión suya suministrar de modo que se ahorre a los ciudadanos hasta la sombra de todo recelo en la materia.

Los precios de los bienes privados se determinan en el mercado, independientemente de la voluntad de los compradores y vendedores individuales. Incluso el monopolista perfecto, antes de fijar el precio de la mercancía vendida por él, debe calcular cuál será la reacción de los consumidores. No está dentro de su poder fijar el precio y la cantidad consumida. Fijada una —y esta está dada por los gustos de los consumidores y por el obstáculo (privación de dinero) con que tropiezan—, queda determinado el otro. El Estado, en cambio, determina el importe total que está llamado a pagar el contribuyente y el importe o impuesto es el resultado de la multiplicación del factor "número de las unidades de bienes a adquirir por el contribuyente" por el factor "precio de cada unidad", y ambos factores son determinados "por autoridad" por el Estado.

233. ¿Con qué criterio determina el Estado los dos factores? La tabla de Menger no da respuesta a la pregunta más que con un aire enrarecido de razonamiento puro. Si fuese posible suponer una sociedad de hombres racionales, conscientes de la importancia de los bienes públicos, presentes y futuros, capaces de representar vivamente ante su propia mente el cuadro de las consecuencias que se derivarían de la privación de los bienes públicos y conscientes todos ellos de la necesidad de realizar una demanda activa de ellos sin confiar en la probabilidad de que otros provean en su lugar, los hombres efectuarían, directamente en las comunidades políticas menores de democracia directa, o por medio de delegados en las comunidades más amplias, una demanda de bienes públicos suficiente para cubrir el coste de su oferta. En esa sociedad de hombres racionales, los servicios públicos se suministrarían en medida y variedad mucho mayores que las observadas en los casos en que el impuesto es materia de coacción. Incluso en esta sociedad se distribuiría el impuesto coactivamente, pero la coacción sería fruto de la voluntad libre y concorde de todos. En esa sociedad ideal, se vería en la tabla de Menger, junto a los bienes privados, la disposición, en la mente de los ciudadanos, de los bienes públicos presentes y futuros. La riqueza poseída por los ciudadanos sería distribuida equitativamente entre todos los bienes de modo que se observase la ley de la igualdad de los grados finales de utilidad.

Los utopistas, desde Platón a Tomás Moro y a Robert Owen, han descrito sociedades de hombres perfectos en las que los hombres distribuyen voluntariamente su riqueza de manera que se satisfagan, con la plenitud permitida por los medios disponibles, tanto las necesidades privadas como las públicas.

Puesto que no hay que desesperar del porvenir de la humanidad, cabe imaginar que el reino de los cielos tenga lugar en la tierra. Mientras tanto constatemos que estamos lejísimos de la aplicación espontánea de la tabla de Menger a los bienes públicos.

234. La sanción de la paradoja tributaria última es la coacción. El impuesto sirve contra los hombres desmemoriados y confiados en el civismo ajeno. Alguien debe obligar autoritariamente al ciudadano a destinar una parte del numerario disponible en cada unidad de tiempo a la adquisición de los bienes públicos.

Llamemos "Estado" a este alguien provisto del poder de coacción y preguntémonos: ¿con qué reglas el Estado determina el impuesto?

Reconozcamos ante todo que el problema es enormemente arduo. La tabla mengeriana registra toda clase de gustos, desde los considerados comúnmente racionales a los más extravagantes y alocados. En cuanto a los bienes públicos, el Estado.

- Debe sustituir el juicio de los individuos interesados sobre la conveniencia de los bienes públicos por el suyo propio;
- Debe emitir un juicio comparativo, no solo sobre los grados de importancia para cada ciudadano de las dosis sucesivas de los numerosísimos bienes públicos imaginables, sino también sobre los grados de importancia atribuidos por los ciudadanos a las dosis sucesivas de los bienes privados, aún más numerosos, distinguiendo en las dos clases entre bienes presentes y futuros;
- Debe emitir el juicio citado pese a la insensibilidad de la gran masa de ciudadanos con respecto a los bienes públicos y a la hipersensibilidad simultánea con respecto a los bienes privados;
- Debe emitir el juicio pese a que muchos ciudadanos consideran positivamente dañinos ciertos bienes públicos que, sin embargo, el Estado tiene que suministrarles. El Estado debe conceder y hacer pagar la defensa nacional incluso a los internacionalistas que querrían abolir las fronteras; debe conceder y hacer pagar los bienes de la seguridad pública y de la justicia incluso a los señores ladrones y asesinos, cuyo oficio consiste precisamente en ultrajar la seguridad y la justicia; debe conceder servicios de higiene a quien se recrea viviendo en sucios cuchitriles, se ríe de la limpieza y odia el agua; debe suministrar instrucción a quien se precia sumamente de su ignorancia;
- Debe emitir un juicio de importancia relativa en medio de la oposición vociferante de clases, estamentos y grupos encarnizados en su declaración de que determinados bienes públicos solo reportan ventajas para clases, estamentos y grupos distintos del propio, y que deben hacerse pagar únicamente a los que los disfrutan; o que afirman, por las buenas, que ciertos bienes públicos ventajosos para ellos deben hacerse pagar exclusiva o principalmente a otros.

La paradoja tributaria asume en este punto un aspecto sugestivo: la conocida tabla mengeriana, llamada a registrar las decisiones voluntarias de los consumidores con respecto a los bienes privados, debería enriquecerse por el Estado con otras columnas y otras categorías, en las que deberían registrarse las decisiones latentes, no expresas, a menudo negativas y frecuentemente contrapuestas, de los contribuyentes con respecto a los bienes públicos. ¿Qué sentido tiene una tabla en la que se mezclan "registros" de hechos conformes con la experiencia y de hechos opuestos a ella? ¿Cómo distribuir el numerario poseído por los contribuyentes de conformidad con la ley de la igualdad de los grados finales de utilidad, cuando es preciso al mismo tiempo destinar numerario para comprar bienes privados hasta la dosis que tiene un grado de utilidad nueve y bienes públicos para dosis cuya utilidad puede ser considerada por el interesado como nula o negativa?

235. De la paradoja se sale construyendo una tabla en la cual ciertos hombres, que componen la entidad llamada "Estado", registran lo que "deberían ser", según el juicio del "Estado", las decisiones "racionales" de los ciudadanos con respecto a los bienes públicos, y luego esta tabla es superpuesta, o mejor dicho, encajada dentro de la conocida tabla mengeriana de la distribución del numerario disponible entre los bienes privados.

Es decir que se sustituye el "es" de la experiencia con el "debe ser" de un arquetipo; se transforma en un precepto lo que para los bienes privados es una ley empírica, con todos los inconvenientes de tamañas sustituciones. Hemos visto un ejemplo destacado de sustitución del dato de experiencia por el dato de razón al analizar la nulidad de la tabla de Bentham o de distribución igualitaria del impuesto. Y, sin embargo, el esquema igualitario es el único que descendiendo de un soberbio linaje se ofrece a la admiración del público. Bentham, el gran filósofo utilitarista, lo bautizó y grandes pensadores, como el segundo Mill, Edgeworth y Cohen Stuart lo perfeccionaron. Si unos hombres insignes, razonando, lograron un resultado tan mísero, ¿qué decir de los demás esquemas y esquemitas y esquemillas salidos de inteligencias de segundo orden?

236. Se comprende, pues, que algunos otros, desesperados, hayan abandonado la partida y hayan juzgado que por este camino no se hace labor científica. Sin embargo, es bastante difícil definir qué es labor científica en la materia en cuestión. Parecería que el estudioso que no quiera, al igual que los utilitaristas, sustituir el juicio de los hombres por el suyo, debe abstenerse de toda investigación en torno a "lo que debería ser". La búsqueda del "deber ser" sería misión del moralista y no del científico. El hacendista debería emular al economista, que no ha querido elaborar sobre la tabla mengeriana ningún esquema de distribución racional de la riqueza, sino que se ha limitado a enunciar ciertas leyes empíricas de su distribución efectiva. También el hacendista debe limitarse a constatar la distribución "efectiva" de la riqueza entre bienes privados y bienes públicos. Y puesto que las distribuciones efectivas fueron

numerosas en el pasado y son hoy variadísimas, el hacendista investigará qué circunstancias han influido para decidir una distribución en vez de otra.

¿Por qué, para hablar en lenguaje claro, hoy basta destinar a los gastos públicos el 10% de la renta nacional y mañana es preciso asignar el 20 o el 40%?

¿Por qué ayer estaban exentos de tributo los nobles y los eclesiásticos y hoy se tiende a eximir al obrero?

¿Por qué ayer se preferían las gabelas sobre los consumos y hoy gozan de predilección los impuestos sobre las rentas y sobre el patrimonio?

¿Por qué se alternan los impuestos reales, de tipo impositivo constante, y los personales, de tipo impositivo variable creciente o decreciente?

¿Por qué, hoy, las rentas normales y, mañana, las superrentas?

¿Por qué los impuestos sucesorios tienen distinta importancia en las distintas épocas y países?

¿Por qué a veces se agravan los impuestos y otras se recurre a empréstitos públicos o a emisiones de papel moneda?

¿En qué argumentos se fundan las elecciones que se hacen? o, mejor aún, ¿con qué argumentos se trata de persuadir al contribuyente y al no contribuyente de que la elección tomada responde, mejor que cualquier otra, a ciertas exigencias llamadas de razón, de interés nacional, de conveniencia para los presentes y para los futuros?

¿Qué peso tienen en las argumentaciones aducidas la lógica y el sentimiento? ¿Qué lugar ocupan, en comparación con los argumentos lógicos, las "ilusiones" de Amilcare Puviani[4] y los "mitos" y las "derivaciones" de Vilfredo Pareto en la determinación del *quantum* y del destino de la riqueza a fines públicos?

237. En el ilimitado campo del saber humano, todos los tipos de investigación tienen derecho de ciudadanía. Buscar las razones de "lo que es" constituye una investigación científica, aunque sea de distinto género que la investigación de si es culpable o no de duplicación, una vez aceptada la premisa α o la β (véase supra, cap. 4, § 97), la imposición del ahorro; o si, existiendo en el mercado una cierta masa de títulos de Deuda pública, se comete o no un error de doble contabilización al tenerla en cuenta en el inventario de la riqueza nacional (cap. 5, §§ 143 ss.); o si es más conveniente para promover la riqueza el aceptar como base de valoración la renta normal o la efectiva (cap. 10, §§ 201 ss.); o si la imposición del incremento del valor de los terrenos edificables se duplica con la imposición de la renta que se obtendrá más tarde del terreno edificado (cap. 3, §§ 55 ss.). Estos casos que he recordado y los demás discutidos en los capítulos precedentes son problemas de pura lógica. No es totalmente inútil discutirlos y resolverlos sobre esa base. El hombre político y el hacendista

4 AMILCARE PUVIANI, *Teoria della illusione finanziaria,* Sandron, Palermo, 1903.

práctico siempre obtienen ventajas del conocimiento de las conclusiones de la lógica pura. Pero el aceptarlas o no, es otra cuestión. El economista, cuya profesión es solo la de razonar lógicamente, no pretende ver aceptadas sus conclusiones. El hombre político puede tener mil razones para no aceptarlas. Por ejemplo, tras haber gravado la renta de los terrenos edificables (y, por tanto, el valor capital y el incremento de valor capital de los terrenos edificables) con un impuesto del 20%, el político puede considerar necesario gravar con otro 20% el aumento de valor de los terrenos edificables. La necesidad deriva de:

a) La precisión por el erario de un ingreso suplementario;

b) Ser los aumentos de los terrenos edificables materia de imposición aceptada por la casi totalidad de los ciudadanos, excepción hecha de los pocos afectados;

c) Estar convencidos todos de que se trata de un objeto imponible que, de otro modo, escaparía al impuesto;

d) Ser fácil elaborar un razonamiento sobre cuya base se demuestre que ese incremento se obtiene sin esfuerzo por el propietario gracias a la actuación de factores sociales (incremento de la población urbana, del tráfico, etc.).

Llamaremos a *a)* explicación *fiscal* del tributo; a *b),* explicación *psicológico-social;* a *c), pseudológica;* y a *d),* explicación de *justicia.* El político contrapone el peso de *a), b), c)* y *d),* conjunta o separadamente, al razonamiento de duplicación propuesto por el economista; y encuentra que este no tiene peso suficiente en relación con los fines de la decisión que debe tomar. Entonces, el impuesto sobre el incremento de valor de los terrenos edificables se incluye en la lista de los impuestos vigentes en ese país dado.

¿Se deduce acaso de esto que también el razonamiento del economista, que concluye que existe doble imposición, carece de peso? A alguno le basta todavía menos para concluir que un razonamiento o una teoría es "infundada". A mí aún me basta menos para concluir que un cerebro está hecho papilla. ¿Cómo puede hacerse errónea la conclusión de un razonamiento abstracto solo porque un político no la acepte y no la convierta en base de su actuación? La conclusión sigue siendo lo que es: cierta o errónea según la bondad del razonamiento realizado. Si es cierta, su verdad sigue siendo sólida aunque mil hombres políticos la rechacen y ninguno la haga propia. Si es errónea, la acogida favorable de los legisladores unánimes de todos los países y de todos los tiempos no tiene fuerza para transformarla en cierta.

238. Otra investigación, también interesante desde el punto de vista científico, es la de las razones *z, y, x, v..., n,* que han hecho que este o aquel legislador o todos los legisladores acogiesen conclusiones opuestas a las que el razonamiento demostraba, por hipótesis, ciertas. Pero, obsérvese, que el haber precisado las razones *z, y, x, v..., n,* no autoriza al investigador a concluir que la conclusión adoptada por el hombre político esté provista del atributo de "conformidad a la lógica", que tenía, por hipótesis, la conclusión opuesta

rechazada por él. A no puede ser A y al mismo tiempo no-A. Si un cierto impuesto, aceptada una premisa determinada, es una duplicación, sigue siendo duplicación, aunque se codifique por mil legisladores.

Las dos conclusiones se mueven en campos diversos.

La conclusión del economista, como las obtenidas en los capítulos precedentes, se mueve en el campo de la lógica. Puede ser errónea, porque se planteó mal la premisa o porque se realizó mal el razonamiento; nunca porque no haya sido aplicada por los políticos. Al economista le basta presentarla ante el político. Su oficio de clérigo caminante de la verdad queda concluido de momento.

De momento; porque, cuando el político haya hecho su elección acogiendo o rechazando, en todo o en parte, las conclusiones del economista; cuando, una vez hecha la elección, el político haya elaborado un cierto sistema tributario y este haya regido durante un tiempo suficiente, el economista volverá a entrar en acción para investigar los efectos de las decisiones tomadas.

Nos movemos aquí, una vez más, en un campo de investigación que tiene un valor lógico. El tratado de los efectos de los impuestos responde al interrogante teorético: dada una cierta tasa, dado un cierto impuesto, dado un cierto empréstito, o sea, dadas ciertas instituciones tributarias configuradas de tal y tal modo, ¿cuáles son las variaciones en el equilibrio económico general que están ligadas a la introducción o a la abolición de dichas instituciones?

La última investigación se confunde en sustancia con la primera. En la primera, más abstracta, el economista configura ciertas hipótesis simples de impuestos y razona sobre ellas; en la última, trabaja en la experiencia más rica y complicada de las instituciones tributarias existentes y vuelve a razonar sobre ellas. Las conclusiones de la primera investigación abstracta siguen siendo ciertas, aunque no sean acogidas por el legislador; las conclusiones de la segunda, siempre que estén bien razonadas, siguen siendo ciertas, aunque el legislador, sabedor de que alguna institución creada por él produce efectos que, según el vocabulario comúnmente aceptado, deben considerarse perjudiciales, persista en mantener esa institución. No hay que maravillarse de que estos dos capítulos, al primero de los cuales podemos llamar de análisis lógico del concepto de los distintos tributos imaginables, al segundo, de análisis de los efectos de los mismos tributos implantados en la realidad, gusten a los economistas. Son capítulos de economía pura, y alguno está colocado justamente entre las joyas de esta ciencia hermosísima. Los economistas no aspiran, cuando analizan conceptos o investigan efectos de tributos, a la admiración y al seguimiento inmediato de los juristas, políticos y hacendistas. Están seguros de no trabajar en vano; porque la lógica, si hay lógica, tiene una virtud incoercible. No es cierto que sea inútil tirar *margaritas ante porcos*. Las perlas, si son auténticas, se volverán a encontrar con el tiempo y resplandecerán para adorno perpetuo del cuerpo de la ciencia.

¿Quién realiza la investigación intermedia de por qué las instituciones tributarias son las que son, de por qué los políticos las han creado poco o muy distintas de las que estarían conformes con las conclusiones del análisis lógico del concepto y de los efectos realizado por los economistas?

En esto hay algo de alboroto entre ciertas filas, distintas sobre todo por temperamento, de estudiosos muy respetables.

239. No hablo de los juristas, cuya misión es netamente distinta de la del economista o de la del buscador del porqué. El jurista parte del tributo tal como está regulado en las leyes vigentes. A lo sumo —pero no es necesario— se remonta a los principios informativos de la ley tal como se declararon por el legislador mismo. En caso de duda, habla la ley misma. El jurista la interpreta por lo que dice, a la luz de la lógica jurídica propiamente dicha. El jurista la crítica, pero no sobre la base de razonamientos políticos, económicos o sociológicos, sino exclusivamente sobre la base de la imperfección interna de la ley tributaria, de sus contradicciones y de su contraposición con otras leyes igualmente vigentes. La obra del jurista, que sea auténticamente tal, puede ser, como fue y es en otros dominios, fecunda en frutos admirables también en el campo tributario.

El alboroto de que hablo tiene lugar entre los investigadores del porqué de las decisiones adoptadas por el político y traducidas luego a las leyes. Se dice que un determinado sistema tributario es lo que es:

a) Por razones de índole política. El político, o sea, el gobernante — hombre individual o grupo político o parlamento o una cualquiera de tantas mezcolanzas empíricas que se pueden encontrar en la historia del gobierno de uno, de pocos o de muchos— quiere obtener ciertos fines de poderío, de cultura, de bienestar, de elevación de esta o de la otra clase. El sistema tributario se amolda a los fines del político;

b) Por razones de índole sociológica. El político no es árbitro de los fines queridos por él. Obedece a intereses, sentimientos e ideas de los estamentos y clases sociales que dominan en el país. Una es la Hacienda de los países en que predominan las clases propietarias, otra la de los países en que prevalecen las capas industriales y mercantiles, y ambas son distintas de las de los países en que tienden a prevalecer las clases más amplias de los trabajadores; y aun en este caso hará falta distinguir entre los grupos de campesinos, con o sin tierra, de los artesanos, de los obreros de la gran industria, de los empleados, etc. Solo un análisis sociológico completo nos puede dar una explicación igualmente completa del sistema tributario vigente en un país. Solo un análisis de las vicisitudes históricas de las clases dirigentes explica las vicisitudes de la política tributaria. Los nuevos grupos que llegan al poder transforman junto con los demás las instituciones tributarias de conformidad con los nuevos mitos y con los nuevos ideales a que han debido su ascensión.

Todo esto puede ser muy hermoso, siempre que no sea afectado. Digo puede ser, porque hasta ahora la disputa no ha ido más allá del capítulo introductorio, en el que se expone lo que se desearía hacer y se lanza ya por las buenas un esbozo de las variaciones de los fines políticos y de las razones sociológicas de aquellas variaciones que han actuado sobre las variaciones de las instituciones tributarias.

240. Humildemente digo que, si el escritor no ha hecho un cuadro amanerado, ha hecho labor de historiador. Ningún hecho se repite del mismo modo, ninguna institución tributaria de un tiempo y de un país es igual a cualquier otra institución tributaria de otro tiempo y otro país. Quien explica el sistema tributario de la década de Cavour en el Piamonte, o sea 1850-59, y sus variaciones, ha explicado ese sistema y esas variaciones en el Piamonte de 1850-59, y no el sistema tributario borbónico napolitano, ni el toscano, ni el pontificio del mismo tiempo; ni el sistema contemporáneo del tercer Napoleón en Francia, ni el de poco antes de Robert Peel en Inglaterra. Quien piensa en lo que *no* sabemos de cada uno de esos sistemas se estremece cuando se le pone de improviso ante la arrogancia de quien, impávido, descubre analogías y diferencias, uniformidades y disformidades, leyes evolutivas de lo que no se conoce o de lo que se conoce bastante mediocremente.

Quien escriba la historia del sistema tributario del Piamonte durante la década cavouriana también tendrá que hacer abstracción entre muchísimos hechos de los que, guiado por ciertas ideas generales, le parezcan más significativos o relevantes; deberá elegir entre muchos hechos, antecedentes y subsiguientes, los que le parezcan ligados entre sí por relaciones de causa y efecto o de interdependencia. Ninguna historia es acabada ni completamente demostrativa; pero, ¡qué diferencia entre el cuadro vivo, concreto, parlante de hombres, ideas, grupos e intereses actuantes en una década y en un país y las pálidas generalizaciones de hechos y de ligámenes abstraídos de las historias de todos los tiempos y de todos los países!

241. Sin embargo, puesto que son muchos los que pecan, también me decido a pecar yo. Puesto que tantos construyen esquemas aptos para explicar los sistemas y las instituciones tributarias, yo también construiré esquemas.

Por esquemas tributarios entiendo las tablas de distribución de la riqueza poseída por los individuos que se puede imaginar que podrían deducirse de los principales tipos imaginables de Estado (véase supra § 235). Puesto que la tabla mengeriana no sirve, ¿qué tipos principales de tablas han construido los "Estados" —o sea, los hombres que deciden como "Estado"— en lugar de aquélla, utilizables para los bienes públicos? De ahora en adelante llamaré tablas "políticas" a los tipos creados por los Estados en sustitución de las que se construirían por los hombres si estos fuesen perfectamente conscientes de la importancia de los fines públicos; políticas, porque se refieren a la polis, a la ciudad, a la cosa pública. Cuáles sean los tipos principales de tablas políticas es una pregunta que, además de Pantaleoni, ya se había planteado De Viti[5] en un ensayo célebre.

Los dos partieron de una abstracción. Han supuesto la existencia de este o aquel tipo de Estado: De Viti ha pensado en el tipo de Estado monopolista, en el cual el gobernante piensa en la ventaja propia y en la de la clase que acaudilla, y mira solo a la ventaja de la clase gobernada dentro del estrecho límite de no suscitar reacciones susceptibles de perjudicar a él mismo y a la clase gobernante, y en el tipo de Estado cooperativo, en el cual el gobernante es el delegado de los gobernados y trata de interpretar, del mejor modo posible, el deseo y los intereses de la mayoría de los gobernados.

Pantaleoni ha adoptado como punto de partida el gobierno del tiempo en que escribía, con el parlamento tal como era entonces, con el gobierno y con los ministros que conocía, y, ante todo, con Agostino Magliani, ministro de Hacienda, y ha investigado cómo se preparaban de hecho los presupuestos, cómo se equilibraban gastos e ingresos, cómo se elegían los gastos a realizar y se descartaban los demás y cómo se decidían los impuestos.

Los tres esquemas —el monopolista y el cooperativo de Viti, y el parlamentario de Pantaleoni— son, a sabiendas, esquemas, abstracciones, pero útiles para la interpretación de los hechos que pueden incluirse en ellos. Ninguno de ellos es capaz de suministrar leyes generales, válidas para todos los tiempos y todos los países. Los tres son útiles para proporcionar un hilo conductor, un instrumento para ordenar, clasificar, simplificar y orientar en medio de la complicación de los hechos reales. Ningún esquema puede tener pretensiones más elevadas. Como utensilio provisional de interpretación y de orientación siempre está sujeto a ser abandonado y recogido según los hechos que se trate de interpretar y de ordenar. Extiendo mis manos y declaro que mis esquemas no tienen ninguna pretensión de dictar cualquier ley general de las instituciones tributarias. Ofrezco algún instrumento provisional y parcial de interpretación de algunos esquemas tributarios. No se originará ningún inconveniente si, cuando no sirva, se tira el esquema. He sacado de la historia antigua de Grecia y de la del Risorgimento italiano los hechos a reducir a esquema. En lugar de erigir abstracciones de la mente, he tratado de resumir los rasgos que me han parecido característicos de algunas experiencias históricas acabadas. Es cierto que estas no tienen relación con las experiencias presentes. Pero, queriendo ofrecer únicamente modelos de investigación, era necesario referirse a experiencias bien concluidas.

---

5 Los ensayos de Pantaleoni se citan más arriba en la nota al § 226; el de ANTONIO DE VITI DE MARCO, *Il carattere teorico dell'economia finanziaria* (Roma, 1888) fue reelaborado más tarde, y en sus partes esenciales se lee en el capítulo primero del libro primero de los *Principi di economia finanziaria*, Einaudi, Turín, 1939.

12

ESQUEMAS HISTÓRICOS Y ESQUEMAS IDEALES

242. Si en este último capítulo se construyen, deduciéndolos de la experiencia histórica, esquemas concretos de interpretación de los hechos fiscales, no se afirma con ello que dichos esquemas sean toda la realidad ni que se den leyes de esta. ¿Estudia la ciencia las leyes concretas de los hechos ocurridos o bien las leyes ideales que intentan realizar los hombres? ¿El modelo de investigación que tiene el estudioso ante la vista quiere representar la realidad efímera o el ideal perenne? Por ahora, limitémonos a plantearnos estas solemnes preguntas.

243. Entre los esquemas antiguos es característico el de la hacienda del τύραννος *griego*. Ha sido excelentemente analizado por Andreades[1].

La τυραννίς; fue una forma de gobierno que, en la antigüedad griega, ocupó un lugar normal entre las demás, principalmente como un instrumento de reacción contra la oligarquía. El esquema de la hacienda tiránica es la consecuencia lógica de la necesidad propia de ése, como de cualquier otro modo de gobierno, de proveer a su propia conservación. De aquí las siguientes características de los gastos públicos en el esquema de la τυραννίς:

1) Característica esencial del sistema era una guardia corporal devota y numerosa; por ello, en la tabla "política", el gasto correspondiente ocupa uno de los primeros lugares, con altos índices relativos de importancia. En lenguaje corriente, el gasto no es susceptible de reducción;
2) El gasto de guerra también es primordial y posee índices elevados. Normalmente el tirano es un militar y se complace por ello en el ejercicio de su profesión. Además, es necesario que el pueblo distraiga su atención de las cosas internas y sienta vivamente la necesidad de un caudillo

---

1 Que la añade a los tres tipos de la Hacienda real, satrápica y ciudadana analizados en las «Económicas» del pseudo-Aristóteles. Véase la extensa exposición que de los resultados obtenidos por Andreades hace Athanase I. Sbarounis en *André M. Andréadès, fondateur de la Science des finances en Grèce,* París, 1936, pp. 27-29. Cfr. también los capítulos cuarto al sexto del libro de Charles J. Bullock, *Politics, Finances and Consequences, A Study of the relations between Politics and Finance in the Ancient World,* Mass., Cambridge, 1939, y los capítulos sexto y séptimo del libro tercero de la *Storia dei greci dalle origini alla fine del secolo V,* de Gaetano de Sanctis, Florencia, 1939.

imperioso. El esplendor de la victoria reforzaba, por otra parte, la posición del caudillo. Algunos historiadores modernos sostienen que no se realizó ninguna guerra injustificada por los antiguos tiranos griegos; pero es indudable que las guerras fueron muchas, probablemente demasiadas en razón de los medios existentes y que fueron enormes los gastos que ocasionaron;

3) Los gastos de obras públicas seguían inmediatamente en la escala gradual, también con índices de importancia bastante elevados. El tirano recurría a las obras públicas por muchas razones. Satisfacían su ambición y su vanidad. La construcción de templos convenía al espíritu teocrático por él cultivado; las fortalezas daban el sentimiento de seguridad; el culto de las bellas artes realzaba el prestigio del tirano sobre el pueblo; la ocupación proporcionada al pueblo le distraía, en tiempos de paz, de las conspiraciones y de las revoluciones; las clases medias y trabajadoras, sostén máximo del tirano contra las oligarquías, obtenían trabajo; el pueblo soportaba las cargas fiscales sin protestar;

4) Los gastos enumerados hasta ahora se refieren a bienes que el gobierno considera "públicos" en grado eminente y con índices elevados de importancia, porque juzga que la perpetuación de su sistema de gobierno es preferible, no solo en su propio interés, sino también en el de la colectividad, a la vuelta a los sistemas opuestos y, principalmente, a la oligarquía. Puede ser que el juicio haya sido erróneo alguna vez; pero, hecha abstracción de la incertidumbre de los criterios sobre cuya base se podría constatar el error, aquí no se pretende emitir un juicio moral o político del esquema, sino simplemente verificar su lógica, que hasta ahora parece indudable. El cuarto capítulo de gastos recordado por Andreades —el de los gastos personales y de la corte— no es igualmente lógico en todo, desde el punto de vista de la conservación del sistema. Si se hubiera mantenido dentro de límites razonables, estos gastos podrían haber contribuido a conferir esplendor al gobernante; pero afirma Andreades que "ningún tirano conoció ni la frugalidad ni la mesura". Dentro de los límites en que es exacta la afirmación, se puede decir que se ha introducido en la tabla "política" un factor de gastos no lógico, es decir, que no actúa en pro de la perpetuación del sistema. No conviene a la polis, o sea a la conservación y al incremento de la cosa común, aun mirada desde el punto de vista del tirano, la creación del descontento y la envidia en el pueblo;

5) Igual es el juicio en cuanto al quinto capítulo de bienes públicos incluido por el tirano en su tabla "política". Andreades lo describe del modo siguiente: "La avidez de los tiranos y de sus fieles, así como la necesidad de atesorar para el caso probable de que tuviesen que abandonar el poder y el país, incitaban al tirano a amasar riquezas". En este caso, de existir lógica, era lógica privada y no pública. Desde el punto de vista de la persistencia del sistema, el tesoro atrae a los rivales y les incita a

cualquier esfuerzo para abatir al tirano. Quien amasa tesoros para caso de fuga confiesa ser débil y da aliento al asalto.

244. En el sistema tiránico, al cuadro de bienes públicos se contrapone un cuadro correspondiente de los medios aptos para procurárselos. Estos eran los siguientes:

1) En primer lugar las *confiscaciones.* La lucha del Τύραννος contra las oligarquías concluía con la expulsión de los oligarcas de la ciudad y con la confiscación de sus bienes. Un principio esencial del sistema era el abatimiento de todos los poderosos. Debía conseguirse la inocuidad de los próceres. La confiscación satisfacía esta exigencia, aplacaba la envidia de las multitudes y llenaba las cajas públicas;
2) En segundo lugar, los impuestos sobre los ciudadanos. Andreades comprueba que, en este aspecto, los tiranos no innovaron sustancialmente nada en relación con el sistema tributario utilizado por los "sátrapas" persas en las regiones de Asia Menor en que eran numerosas las ciudades griegas. El diezmo sobre los productos de la tierra era el impuesto principal. Seguían el impuesto sobre el ganado y los rebaños, la capitación, la patente para el ejercicio de artes y oficios, las aduanas sobre las mercancías transportadas por mar o por tierra, y los arbitrios sobre las ventas al por menor. En conjunto, los impuestos no dieron lugar a disputas importantes;
3) "El peso de los impuestos —dice Andreades— era insignificante si se le compara con el de las "extorsiones" a que recurría el tirano para hacer frente a los gastos." Entre las extorsiones debe recordarse la fabricación de moneda falsa.

Las tres características del esquema tributario convienen al tipo de gobierno tiránico. Surgido del antagonismo con los oligarcas, el Τύραννος, tiene que abatirlos también económicamente. Apoyado principalmente sobre las clases medias y trabajadoras, es moderado en la exacción de impuestos que afectan a la generalidad de los ciudadanos. Pero, apremiado por la elevación de los gastos, debe recurrir a métodos disimulados, como la disminución de la ley o del peso de la moneda, para procurarse ingresos suficientes sin que el pueblo tenga un conocimiento inmediato, y realizar extorsiones especiales que dejan indiferente a la masa no afectada.

245. Sin embargo, el sistema era, en conjunto, inestable. Los historiadores antiguos sostienen que diversos tiranos, entre los cuales son típicos Dionisio de Siracusa y Cipselo de Corinto, absorbieron la riqueza de los ciudadanos, uno en diez años y otro en cinco. Pero Cipselo ordenaba a los ciudadanos que rehiciesen todos los años con el trabajo la décima parte de la fortuna privada que confiscaba, de modo que al final de la década los corintios deberían haber conservado intacta su fortuna. El consejo, fuese o no seguido, demuestra que el tirano encontraba límites a sus exacciones. Incluso las del gran Dionisio no parece que fuesen confiscatorias, porque no podía dedicar a usos públicos

las casas y las tierras de los ciudadanos y porque las fuentes informativas hacen suponer que se contentaba con apropiarse del dinero que poseían. Esto último pretendía hacerlo hasta el último óbolo, y cuanto más se elevaban los gritos de los ciudadanos tanto más persistía en pedir, añadiendo a la primera "tala", una segunda y una tercera y una cuarta, hasta que al anunciar la quinta sus secuaces le informaron que los siracusanos reían y bromeaban en las plazas públicas. "Ahora —dijo— conviene hacer una pausa; porque, si los ciudadanos se ríen de nosotros, es que no debe de quedarles verdaderamente nada. De otro modo seguirían lamentándose." Ni siquiera Dionisio podía obligar a los ciudadanos a trabajar para entregarle el fruto total de su trabajo, como lo atestigua el fracaso de la "tala" sobre el ganado que, o dejó de criarse o, en caso de que ya hubiese nacido y crecido, fue llevado al matadero antes de tiempo; y, al ponerse un límite a la matanza privada, fue sacrificado a los dioses, que se contentaban con el olor de las tripas quemadas, abandonando la carne a los mortales.

La hacienda tiránica debía obedecer al mismo tiempo a dos exigencias contrapuestas. La primera la recuerda Platón cuando, en la *República,* observa que los tiranos debían mantener a los pueblos en la pobreza por medio de los impuestos-tala, a fin de que, obligados a pensar continuamente en procurarse la alimentación, no tuviesen tiempo para conspirar. La segunda es la de contar con los grandes medios necesarios para la política de grandeza, de conquista y de fasto; medios que solo pueden ser suministrados por pueblos industriosos y ricos.

Los grandes fundadores de las dinastías tiránicas veían claramente la necesidad de promover al mismo tiempo la riqueza pública y la privada; mientras que los descendientes ineptos o cobardes, al empobrecer al pueblo con los tributos, llevaban a la ciudad a la ruina y minaban su propio poder.

246. Otro esquema característico de la antigüedad es el de la hacienda de la *ciudad periclea.* No todas las cualidades que se leen en la exposición de Andreades (pp. 2939 y 40-92) pueden hacerse remontar exclusivamente al tiempo de Pericles; pero este tiempo, con su característica de democracia guiada por un jefe genial, es el tiempo en el cual tuvieron su máximo desarrollo o, por lo menos, el germen inicial.

En la tabla "política" de la ciudad periclea ocupaban un lugar conspicuo:

1) Los gastos de policía, a los que se proveía con la labor en parte gratuita y en parte remunerada de los ciudadanos y con la labor, siempre costosa, de esclavos públicos;
2) Los de construcción y entretenimiento del recinto fortificado que casi había transformado Atenas en una isla inabordable;
3) Los gastos militares propiamente dichos. Mínimos cuando el ciudadano debía proveer en tanto que soldado a su propia manutención y a sus propias armas, cubriéndose los demás gastos con los botines de guerra, aumentaron en el tiempo de Pericles cuando hubo que llamar a

ciudadanos pobres, suministrándoles armas y caballos, y cuando hubo que mantener a los tripulantes de la flota. De una media de solo 300 talentos en tiempo de paz (hacia el 240 a. C.) se llega según Andreades a 1300 anuales en tiempo de guerra, enorme gasto si se iguala el talento a 35.000 liras, aproximadamente, de antes de la guerra y se piensa en la pequeñez de los Estados griegos;

4) Los gastos diplomáticos, ciertamente irregulares, pero no irrelevantes, si se tienen en cuenta los gastos secretos;
5) Los gastos para la instrucción, que adoptaban sobre todo la forma indirecta de preparación de obras de arte y de espectáculos dramáticos, que los ciudadanos debían de estar en condiciones de apreciar;
6) Los gastos de culto: ceremonias religiosas (pompas, sacrificios, festines, portación de antorchas), juegos, naves sagradas;
7) Los gastos de obras públicas, que consistían sobre todo en el embellecimiento de la ciudad con templos y estatuas. Los gastos de Pericles no han sido emulados nunca proporcionalmente, ni siquiera en los tiempos modernos. Andreades los calcula de 6000 a 8000 talentos (más o menos, de 200 a 300 millones de liras de antes de la guerra), alrededor de seis a ocho veces el montante de los ingresos anuales ordinarios del Estado. Pericles atribuía un elevado grado de importancia a las obras dedicadas "a adornar la ciudad al igual que una mujer fastuosa", porque pensaba que de ello se derivaría "la gloria eterna" para su ciudad. El patriotismo de los ciudadanos, la oportunidad de dar trabajo a los retirados de las guerras, que no podían o no querían volver a las campañas, y el deseo de adiestrar al pueblo en las artes contribuyeron, junto con la ambición de tejer una corona de gloria en torno al jefe de Atenas, a dar un alto grado de importancia al gasto en obras públicas. No fue bueno el resultado de habituar al pueblo a la idea de tener derecho a vivir a costa del Estado;
8) La provisión de trigo barato a la población. La preocupación de garantizar al pueblo el principal de sus medios de subsistencia fue siempre vivísima en la antigüedad e inspiró en Atenas la política de emigración (cleruquias), de hegemonías militares en países productores de cereales, de vínculos con la exportación y, sobre todo, de distribuciones gratuitas, o por debajo del coste, de raciones de trigo;
9) Los gastos sociales: tales como el mantenimiento de los ciudadanos sobresalientes en el Pritáneo, la erección de estatuas o la inscripción lapidaria de decretos honoríficos, el mantenimiento de los huérfanos de guerra hasta los 18 años y su dotación con una armadura completa en su mayoría de edad, el mantenimiento de los mutilados de guerra y de los ciudadanos inválidos. Fue un capítulo de gastos importante, índice del elevado sentido cívico de la ciudad periclea;

10) Los sueldos políticos: Atenas admitió siempre la remuneración de los funcionarios públicos propiamente dichos, que desempeñaban funciones meramente ejecutivas, denominadas *yperesíai*. Los *yperéti* eran numerosos y medianamente pagados, en gran parte libertos y aun esclavos. Más tarde se comenzó a pagar un sueldo a los investidos de funciones propiamente dichas *(arkai)*, que ostentaban la representación del pueblo o demos. Pericles introdujo probablemente la paga de 5 óbolos por sesión para los 500 senadores; y ciertamente la de 2, aumentada luego por Cleón a 3 óbolos por sesión, para los jueces, multiplicados poco a poco hasta 6000, casi la quinta parte del número total de ciudadanos. El "símbolo" fijado finalmente en 3 óbolos por sesión, pagado a todos los ciudadanos que tomaban parte en la asamblea, no fue obra de Pericles; pero menos de medio siglo había bastado para pasar de la gratuidad en los cargos públicos a la remuneración universal de todos los ciudadanos. Aunque el principio de la remuneración podía justificarse para los cargos que exigían una prestación de labor efectiva, la compensación por la simple participación en la asamblea senatorial, judicial y, sobre todo, política fue admitida por Pericles para permitir efectivamente al pueblo el ejercicio del poder que era privilegio de las clases medias y elevadas. El método, que habría producido efectos ventajosos de educación política si se hubiese mantenido dentro de límites estrechos, degeneró con el predominio de los demagogos, alimentó el propósito de los ciudadanos atenienses de vivir a costa de los aliados, les habituó al ocio, puso el derecho al sueldo por encima del derecho de la ciudad a su propia salvación y redujo la ciudad al dominio de los pobres, a quienes la participación en las asambleas proporcionaba un medio de vida, mientras que ese salario era indiferente para las capas medias y elevadas. Aristóteles ofrece, en la *Constitución de Atenas*, un cuadro de parasitismo político y fiscal: 6000 jurados, 1600 arqueros, 1200 caballeros, 500 miembros del consejo, 500 guardianes del puerto, 50 guardias nocturnos, 700 funcionarios en la ciudad y otros tantos fuera; en total, más de 20.000 ciudadanos mantenidos a expensas del erario público. Las ciudades aliadas y sometidas y los atenienses independientes debían suministrar los medios para hacer vivir a esta burocracia formidable y creciente;

11) El "théoricon". Instituido originariamente para permitir a los pobres el derecho de entrada al teatro de Dionisos o para subvenir a los necesitados durante la guerra del Peloponeso, se transformó bien pronto en distribución gratuita del dinero público a los ciudadanos. Todos los remanentes presupuestarios debieron distribuirse de ese modo, sin consideración de las necesidades, valor, trabajo y edad de los ciudadanos. Puesto que el concepto de "remanente" es elástico, los ciudadanos que decidían los gastos públicos acabaron por considerar como primerísimo entre los gastos el de la distribución del *théoricon*, con perjuicio de las

obras públicas, de la defensa o de la constitución del tesoro para proveer a las exigencias extraordinarias de la ciudad. Cuando el desamor al trabajo, la corrupción pública y la demagogia llegaron a sus extremos, Demóstenes, describiendo elocuentemente el cuadro de los peligros que asediaban a la ciudad, consiguió hacer aprobar la entrega de los remanentes a la caja de guerra. Pero era demasiado tarde. Filipo de Macedonia estaba a punto de destruir la libertad de las ciudades griegas.

247. Frente a los gastos, el cuadro de ingresos:

1) Ante todo los patrimoniales, de casas, terrenos y esclavos. El patrimonio público se enriquecía por medio de donaciones, confiscaciones y botines tomados al enemigo, y disminuía por medio de distribuciones a los ciudadanos y de ventas para subvenir a los gastos extraordinarios. En Atenas, la fuente de ingresos patrimoniales más importante era las minas de plata de Laurio, cuya renta neta para el Estado, en el período de rendimiento máximo, osciló entre 50 y 100 talentos al año. Durante la guerra del Peloponeso, los esclavos abandonaron las minas y se unieron a los espartanos para combatir contra la ciudad dominadora;
2) Los ingresos judiciales, importantes para Atenas, ciudad hegemónica, en la cual concluían los litigios más importantes originados en las ciudades aliadas;
3) Las penas pecuniarias, divididas en multas *(timémata),* inspiradas en los delitos políticos según el principio de que los hombres de Estado debían sufrir, aun siendo eminentes y probos, las consecuencias materiales de la falta de éxito de su política; y confiscaciones *(demioprata),* accesorias de penas más graves, como la condena a muerte, a esclavitud, a extrañamiento. En Atenas, donde los sentimientos humanitarios estaban más difundidos, el ostracismo no llevaba consigo la confiscación de los bienes;
4) Los impuestos directos se consideraban incompatibles con la libertad y con la calidad de ciudadano. Solo estaban sometidos los extranjeros, las cortesanas y los esclavos. Los extranjeros domiciliados permanentemente en la ciudad pagaban el *métoikion,* a modo de compensación de los privilegios de que disfrutaban en la ciudad. Era una capitación uniforme y gravosa, a la que se añadían otros tributos especiales, por ejemplo, para el derecho a trabajar en el mercado. Las cortesanas también estaban sometidas a un tributo fijo. Más incierta era la situación de los esclavos y de los libertos;
5) Las "liturgias" ordinarias, que sustituían, para los ciudadanos, a los impuestos de que estaban inmunes. Se dividían en varias subclases, como las "coregias", destinadas a cubrir los gastos de los festivales dramáticos y musicales y de las danzas; las "gimnasiarquías", para cubrir los gastos de los juegos atléticos; la "estiasis", para subvenir a los gastos de las cenas públicas de carácter religioso de las tribus, y

descansaban en el concepto de que cada gasto debía proveerse con un ingreso especial establecido a propósito y, sobre todo, confiaban en la ambición tradicional de los ricos griegos de hacer buen uso de su propia riqueza y en el deseo de hacerse populares con liberalidades generosas para fomentar las fiestas religiosas, los juegos y los espectáculos. La "liturgia" era, pues, en su origen, y siguió siéndolo siempre, una oblación espontánea. El espíritu de emulación entre los ricos y el anhelo de apropiarse del favor del público ante las elecciones inducían más de una vez a los ricos griegos a transponer, en las liberalidades públicas, los límites considerados normales por la opinión general. Testimonio a veces de amor patriótico a la cosa pública y a veces de su degeneración demagógica, las "liturgias" no siempre bastaban para cubrir el gasto, sobre todo si este adquiría dimensiones insólitas. La coacción moral venía a sustituir a la oblación espontánea; se compilaban listas de ricos sometidos a contribución, problema arduo en todo momento a causa del pequeño número de los llamados y del peso de la contribución. En su auxilio surgió la institución acaso más original de la hacienda ateniense; la *antidosis.*

El ciudadano llamado a ofrecer la "liturgia" podía designar a otro ciudadano, a quien creyese más capacitado para soportar la carga del gasto deseado. El designado de segundas podía negarse; pero, en tal caso, estaba obligado a permutar su propio patrimonio con el del primer designado, quien debía retirar la suma de la "liturgia" del nuevo patrimonio adquirido de este modo. El sistema era ingenioso puesto que ningún designado en primer lugar habría creído conveniente indicar a otro, si la fortuna de este no era en verdad mayor. El sistema, que suscitó actos emulativos y de chantaje, no debía de ser, sin embargo, de aplicación fácil, porque poco a poco se reduce a pura fórmula y, en el siglo IV a. C., la decisión se remite de nuevo al juicio de los magistrados;

6) Aranceles aduaneros, que para el Atica eran del 2% del valor de la mercancía importada o exportada o en tránsito. En las ciudades aliadas el impuesto aumentó, en un cierto momento, hasta el 5% para sustituir al impopular impuesto sobre los aliados. La generalidad de la tarifa demuestra que el arancel no tenía finalidades proteccionistas y que no era incompatible con el florecimiento del comercio internacional del puerto del Pireo. El arancel se elevaba al 10% solo para el tránsito a través del Bosforo;

7) Los impuestos interiores de consumo: derechos percibidos sobre las ventas al por menor en las plazas, sobre las ventas en subastas, sobre las de inmuebles, sobre las mercancías en el momento de su paso por las puertas de la ciudad, derecho de puertos, de pesca, de peaje en los estrechos, etc.;

8) El impuesto sobre los aliados. Se diría que es un verdadero tributo *(foros)* pagado por el vasallo en beneficio del conquistador; pero durante

la época periclea fue una contribución pagada por las ciudades aliadas en una cifra fija (460 talentos) para subvenir a los gastos comunes de la federación ateniense. La moderación del tributo y su equitativa distribución persuadieron a los aliados a permitir que su producto se destinase no solo a cubrir los gastos de las guerras nacionales, sino también a los de los grandes monumentos públicos de Atenas, que daban gloria a toda Grecia.

Muerto Pericles, el impuesto, que aumentó más del doble, provocó bajo Cleón un grave descontento entre los aliados. Después del fracaso de la expedición siciliana, el foros se transformó en el arancel aduanero del 5% a la entrada y salida de las mercancías en las ciudades aliadas, método más elástico y más adaptado a las fortunas económicas cambiantes de los diversos lugares. Durante la segunda confederación ateniense se volvió al impuesto por cifra determinada, llamado *syntaxis,* fijado por la asamblea de los aliados y destinado exclusivamente a fines comunes. La vuelta subsiguiente al foros provocó la rebelión de los aliados y el fin de la hegemonía ateniense;

9) Las cleruquías, o impuesto sobre los atenienses establecidos en territorio de los aliados. Es incierto su alcance e, incluso, su existencia. En todo caso, la emigración de los ciudadanos atenienses y su dotación con tierras situadas en territorio de los aliados liberaban a Atenas de la carga del mantenimiento de buen número de pobres;

10) A la lista de ingresos extraordinarios pertenecen los últimos que aún debemos citar. Primero, la "argirología", o sea la indemnización o rescate pagada por los vencidos. Se derivaba del principio de que el cuerpo y los bienes de los vencidos pertenecían a los vencedores. Puesto que el principio era religioso, una décima parte del botín era destinada a los dioses. Los generales se elegían no solo por sus virtudes militares, sino también por su aptitud para procurarse tributos del vencido. La hacienda parasitaria tuvo gran importancia en todo el mundo antiguo;

11) El tesoro, necesario en los tiempos en que de hecho se desconocía o se utilizaba muy poco el recurso de la deuda pública. En la edad periclea se pensó en hacer sagrado al tesoro, dedicándolo a la caja de Minerva, de la cual solo podía retirarse, a título de mero préstamo, en circunstancias de peligro gravísimo. Se dice que su importe llegó a los 6000 talentos y que 1000 se consagraron de un modo especialísimo, so pena de muerte para quienquiera que propusiese utilizarlo en algo que no fuese subvenir al peligro último de la ciudad. Con el declinar de la ciudad también el tesoro perdió importancia;

12) La trierarquía era un tipo especial de liturgia. El triarca era el comandante de la nave, y de su cargo derivaba la obligación de mantenerla, de anticipar los salarios y víveres de la tripulación, cuyo reembolso era lento e incierto, y de suplementar los salarios y víveres. El peso de la trierarquía

se mitigaba con la exención de cualquier otra liturgia, con la inmunidad de otras trierarquías si no había transcurrido un cierto lapso de tiempo y con el recurso eventual a la antidosis. Poco a poco el cargo de mando se separó de la obligación fiscal. Se compilaron listas de triarcas, pero los inscritos fueron apenas 700 u 800 de un total de 10.000 ricos (357-6 a. C. bajo Periandro). Demóstenes, mediante una larga campaña oratoria, consiguió hacer más equitativa la distribución de la carga. La institución tuvo algún momento feliz, cuando la emulación entre los comandantes de las naves hizo soportar voluntariamente cargas superiores a sus fuerzas. Un cliente de Lisia presume de haber sido, en los nueve años que van del 410 al 402, ocho veces corego con un dispendio de 15.000 dracmas, y siete veces triarca con un sacrificio de 6 talentos; pero más tarde la envidia política acabó por estropearlo;

13) Las epidoseis eran, como las liturgias, una donación voluntaria; pero diferían de estas porque iban precedidas por una votación solemne y estaban destinadas a subvenir a exigencias extraordinarias. El espíritu patriótico de los atenienses era tan elevado en la época periclea que, si la votación de la asamblea fijaba un mínimo y un máximo, todos se esforzaban por llegar con su propia oferta al máximo;

14) La eisfora, o impuesto directo extraordinario, votado solo para la cobertura de gastos de guerra o, en todo caso, graves o urgentes, y distribuido sobre toda la fortuna, mobiliaria e inmobiliaria, de los ciudadanos. Parece que se trata de una institución postpericlea del tiempo democrático y casi demagógico de Cleón, cuando, habiéndose agotado el tesoro público, fue necesario recurrir a remedios extremos. La materia imponible, denominada timema, era distribuida en symmorias casi iguales entre sí; dentro de cada symmoria, la distribución se hacía de acuerdo con un "diagrama" en el que se inscribía la fortuna de cada symmorita. En este estadio de la distribución debía tener lugar un cierto control mutuo.

Parece ser que la eisfora era proporcional a la fortuna; pero, cuando se dejaron sentir las dificultades de la exacción, la carga del pago del importe total se atribuyó a los 300 atenienses más ricos, con derecho a repetir contra los demás contribuyentes. En realidad, puesto que era opinión corriente entre los atenienses la de que los ricos tenían que pagar antes que los demás, y puesto que también ellos abundaban en esa opinión, por vanidad o por ambición, los grandes no siempre conseguían o se ocupaban de hacerse reembolsar por parte de los ciudadanos menores. Estos, hombres libres, envidiosos, poderosos en las asambleas, más de una vez sicofantes delatores, infundían temor; de modo que los ricos, amenazados en su vida y en sus haberes, se adaptaban a cargar con el gravamen de los impuestos ajenos. La eisfora era considerada como más opresiva que la liturgia. En esta, el sacrificio pecuniario se compensaba a menudo con el honor; el corega casi se convertía en persona sagrada durante las fiestas; el triarca mandaba el navío. Pero el contribuyente de la eisfora no recibía nada, sino la carga de formar parte de una clase cada vez menor en número de próceres, sujetos a la obligación del tributo y temerosos de los que deberían habérselo reembolsado en parte.

El pueblo se inclinaba a pretender confiscaciones y los tribunales, casi más terribles que la asamblea política, infligían, bajo las acusaciones de demagogos y sicofantes, multas y confiscaciones incomparablemente más arbitrarias que los impuestos. El rico, expuesto a las calumnias de oradores y demagogos, a menudo chantajistas, no podía fiarse de la imparcialidad de los tribunales, dispuestos desfavorablemente hacia una persona acomodada que no diese, con su presteza a la oferta espontánea, pruebas evidentes de su patriotismo.

248. Queda completo el cuadro de la Hacienda de la ciudad griega. En él se pueden distinguir idealmente dos subtipos.

249. El primero puede llamarse pericleo en sentido propio y es un ejemplo en verdad estupendo de la Hacienda propia del Estado en el cual la conciencia política ha alcanzado su máximo florecimiento. En la tabla "política" de los fines públicos deseados por los individuos pericleos destacan por su importancia: la seguridad, la justicia, la defensa nacional, la asistencia a los ancianos, a los pobres menesterosos y a los ex-combatientes, las grandes obras públicas encaminadas a la gloria eterna de la ciudad, las remuneraciones a los hombres que dedican tiempo y dinero a la cosa pública. En el cuadro de los ingresos tienen un peso notable: los impuestos sobre el consumo, en los que es innato un cierto elemento de voluntariedad, las contribuciones de las ciudades aliadas, decididas por ellas en sus asambleas en favor de la cosa común, los impuestos sobre los no ciudadanos y las liturgias ordinarias y extraordinarias. En estas alcanzó una expresión elevadísima el sentido cívico del ciudadano ateniense; los ricos compiten entre sí en cargar con gastos determinados, de los que esperan honor para sí mismos y gloria y poderío para la ciudad. No todo es voluntario en la liturgia, porque la oferta voluntaria es estimulada por la emulación para los generosos y por el desprecio del pueblo para los avaros.

La ciudad llega a su cumbre más elevada no a causa del sistema fiscal que llevó a efecto, pero la Hacienda periclea es, a un tiempo, condición, efecto e índice de la ciudad que ha alcanzado la perfección política.

250. Pero el equilibrio instituido de este modo entre poder político, gloria artística, filosófica y literaria y actividad financiera claramente consentida por todos, pobres y ricos, es un equilibrio delicadísimo. Mientras Cimon, rico y espléndido, había abatido los setos de sus campos a fin de que los ciudadanos pudiesen recoger libremente los frutos y todos los días invitaba a los menesterosos a una comida frugal, pero suficiente, Pericles, al no poder competir con el rival, recurrió al dinero público para conseguir el favor popular. Puesto que los fines perseguidos eran ventajosos para la cosa pública y Pericles mantenía el gasto dentro de límites razonables, la ciudad siguió prosperando. Pero ya en la época periclea se advierten los gérmenes de degeneración y estos se acentúan a medida que la democracia guiada por

los mejores hombres se transforma en demagogia capitaneada por simples ambiciosos y echada a perder por sicofantes. En lugar de la ambición y de la emulación es el temor propio y la envidia ajena lo que empujó a dar sus riquezas a los ricos.

En la Hacienda postpericlea, las obras públicas espléndidas, el atesoramiento encaminado a tutelar el porvenir de la ciudad y el cuidado vigilante de la defensa son sustituidos poco a poco, en los primeros lugares de la escala gradual de los fines públicos, por las distribuciones de trigo a todos los ciudadanos, el estipendio pagado a todos los que intervienen en las asambleas y la distribución gratuita de los remanentes del presupuesto. El pobre se hace cada vez más exigente y coloca su propio ocio a expensas de otros por encima de los intereses ciudadanos. En los ingresos, las liturgias pierden cada vez más su carácter voluntario y en lugar de la emulación y del temor de la falta de estima pública aparece el temor de la acusación calumniosa por parte de sicofantes armados con el derecho a proponer muerte y confiscación ante unos tribunales nutridos de gente mediocre y envidiosa. Los impuestos extraordinarios adquieren gran importancia y se hace responsable de ellos a los más ricos, temerosos de resarcirse de los menos ricos, que prevalecen en las asambleas. Se impone a los aliados, en lugar de contribuciones discutidas libremente, tributos semejantes a las argirologías impuestas a los pueblos vencidos. Atenas se encamina hacia la decadencia cuando las multitudes vociferantes del foro presumen poder vivir ociosamente a cargo de los ricos y de los sometidos. Cuando la Hacienda, en lugar de estar constituida de modo que los ricos se hagan cada vez más ricos y los pobres cada vez menos pobres y de forma que la importancia de los ricos disminuya proporcionalmente con respecto a la de los miembros de las clases medias y humildes, está encaminada a empobrecer a los ricos, los pobres se empobrecen mucho más y, sobre todo, pierden el amor al trabajo y a la ciudad.

Cuando el rico del *Simposio* de Jenofonte puede afirmar a los comensales que ha llegado a estimar por encima de todo bien la pobreza a que se vio reducido porque, de rico, pagaba impuestos a la ciudad, y hoy, pobre, la ciudad, manteniéndole, se los paga a él; cuando discursos de este tipo traducen, aunque solo sea en parte, el estado de ánimo de las capas medias, la ciudad decae.

Sobreviven en el tiempo los monumentos de la edad periclea, pero la ciudad de Pericles ha muerto para siempre.

251. La ejemplificación podría prolongarse. Es célebre la comparación entre los esquemas opuestos de la Hacienda *borbónica napolitana* y de la *cavouriana,* comparación establecida en 1857, con ardiente pasión política, por Antonio Scialoia, exiliado en Piamonte, y negada, por deber de oficio, por Agostino

Magliano, secretario en el ministerio de Hacienda napolitano[2]. Desprovista de esa pasión, la comparación se puede resumir así:

- La Hacienda borbónica excluía y la cavouriana invocaba la publicidad. No basta la gestión buena y honrada del dinero público de que se jactaban los Borbones; interesa que la honradez y la bondad se sometan a la prueba de la crítica pública;
- La Hacienda borbónica prefería los impuestos sobre el consumo, que pasaban inadvertidos, y era contraria a los impuestos sobre las rentas, los cuales corrían el riesgo de descontentar a las clases medias comerciales y profesionales, propensas por costumbre a la crítica; la Hacienda cavouriana no temía establecer contribución manifiesta sobre aquellas clases, que tenían sitio en el gobierno y participaban en las deliberaciones acerca de los gastos y los ingresos;
- La Hacienda borbónica proveía a las obras públicas aptas para incrementar la economía del país dentro de los límites del aumento espontáneo de los ingresos por encima de las exigencias de los gastos ordinarios, de tal modo que hacía creer que la obra se debía a la generosidad del soberano; la Hacienda cavouriana no temía anticipar por medio de empréstitos el incremento del producto tributario y lo provocaba con obras en ferrocarriles, canales y navegación, adecuadas para aumentar la productividad del trabajo nacional;
- La Hacienda borbónica se jactaba de asegurar a sus pueblos un mínimo de carga impositiva; la Hacienda cavouriana no temía aumentar el importe absoluto de la carga tributaria cuando, debido al crecimiento de la prosperidad nacional, también aumentaba el margen absoluto de renta a disposición de los ciudadanos.

252. El mismo esquema por oposición de principios opuestos se lee, como consecuencia de la misma experiencia, en las páginas que Francesco Ferrara había consagrado a la Hacienda pública y que han salido a la luz en nuestros días. También él, exilado de las cárceles borbónicas y sucesor de Antonio Scialoia en la cátedra económica de Turín, fue llevado a comparar el peso de los impuestos piamonteses y la levedad de los napolitanos[3].

---

2 Un resumen de la polémica se puede leer en una nota: *Di una controversia tra Scialoia e Magliani intorno ai bilanci napoletano e sardo,* en el cuaderno de marzo 1939 de la «Rivista di storia economica», pp. 78 ss., donde también se recuerda la bibliografía. El secretario Magliano es mejor conocido, con el nombre de Magliani, como ministro de Hacienda en diversos ministerios Depretis desde 1877 a 1887.

3 Francesco Ferrara, *Lezioni di economia politica.* Obra publicada por iniciativa del Instituto de política económica y financiera de la R. Universidad de Roma y, por tanto, por mérito de Alberto De Stefani (Bolonia. 1934-35). El tratado de Hacienda se halla contenido en el vol. I, pp. 551-765. El esquema que nos interesa se describe en las pp. 747-49, 551-54, y fue resumido con amplios extractos en mi *Francesco Ferrara ritorna,* en *Nuovi Saggi,* Einaudi, Turín, 1937, pp. 398 ss., y, de nuevo, en *Saggi bibliotrafici e storici intorno alle dottrine economiche.* Edizioni di storia e letteratura, Roma 1953, pp. 27 ss.

Veo al Piamonte aplastado por la enormidad de los gravámenes que va a sufrir como consecuencia de una gran empresa fallida [la guerra de independencia de 1848-49]; lo veo resignado y tranquilo, convencido de que se trata de una necesidad inevitable. No sé, repito, si en tiempos del absolutismo, este mismo pueblo habría mostrado una impasibilidad igual; pero sé que sería imposible hacer pagar la mitad de esas cargas al pueblo de Nápoles y Sicilia, donde un solo hombre es juez, árbitro y ejecutor de los sacrificios a que puede ser llamada la nación (p. 748).

¿Qué están dispuestos a pagar los hombres a título de impuesto?

El impuesto, en su significado puro, no sería ni un sacrificio propiamente dicho, ni una violencia ejercida por un poder superior sobre quien lo paga; sería más bien el precio, y un precio modestísimo, de todas las grandes ventajas que presenta para cada uno de nosotros el Estado social, el Estado organizado. Divididos entre nosotros, o apenas materialmente amontonados, como fueron y son los salvajes, seríamos, en relación con la sociedad organizada, lo que es el animal con relación al hombre. El Estado social nos defiende de las agresiones individuales y generales, internas y externas, nos asegura la posesión de los bienes, nos desarrolla la inteligencia, nos refina el corazón, dirige nuestras acciones; y, tras haber velado por cada uno de nosotros desde el primer vagido hasta el último suspiro, nos proporciona el último y acaso el más querido de todos los consuelos: nos concilia con la idea de la muerte, asegurándonos que custodiará con la misma solicitud los bienes que hemos acumulado para nuestros hijos y que hará respetar sus derechos como ha hecho con los nuestros. Esta utilidad inmensa, cuya elevada importancia olvidamos por su rutina, es fruto de una serie de combinaciones, las cuales también constituyen un trabajo humano, un trabajo que tiene un valor, un trabajo que tiene que ser retribuido. Es fruto de las leyes y de su ejecución; exige hombres que las creen, que las sancionen y que las hagan respetar y acatar; exige medios de coacción y de facilitación; armas, tropas, prisiones, tribunales, por una parte; carreteras, edificios, instituciones, escuelas, socorros, por otra; y cada uno de estos medios no es creación espontánea de la naturaleza, es obra del ingenio y de la mano del hombre, es un trabajo que nadie haría si no se le ofreciese una compensación, si no fuese para él, lo que es para cualquier otro, medio de subsistencia e industria. ¿Quién puede ofrecer esta compensación? Quienquiera que disfrute de ello, es decir, toda la sociedad, es decir, cada uno de nosotros. Nosotros, que del conjunto de la combinación social obtenemos seguridad personal y real, medios de saber y de industria, consideraciones y ayudas; nosotros, que en lugar de velar por la custodia de nuestro ámbito y de nuestras familias descansamos tranquilamente de noche, trabajamos de día y producimos nuestros medios de vida; nosotros tenemos, no ya el deber, sino la ventaja de retirar una fracción de nuestros bienes y cederla en compensación a quien trabaja por nosotros, a quien promulga y hace cumplir las leyes; a quien vela detrás de nuestras puertas, a quien ofrece escuela a nuestros hijos, carretera a quien viaja, iglesia a quien reza, asilo a quien es pobre, hospital a quien está enfermo. He aquí la idea del impuesto en su puridad. Nada más legítimo, aun mejor, más voluntario. Es un contrato entre la mayoría de la sociedad y aquella parte de los hombres que, o por su especial habilidad, o por motivos que aquí no interesa discutir, representan a la autoridad constituida, el gobierno. Es una fracción de nuestros valores lo que damos a cambio de las utilidades inherentes al Estado organizado; y si pensamos que, para cada uno de nosotros, el valor es mínimo y la utilidad inmensa, la idea de sacrificio casi se desvanece, el impuesto ya no es más que uno de nuestros gastos necesarios y mejor calculados. El mismo vocablo *impuesto,* con la noción que lleva implicada de coacción, de obligación, de violencia, nos parece mal empleado y preferiríamos llamarlo simplemente *contribución* (I, 551-53).

El esquema ideal, en el que los hombres aceptan casi voluntariamente el impuesto coactivo como premisa necesaria para el logro del fin común, no siempre se cumple. El impuesto no es siempre "contribución"; a veces se convierte en "tala" pagada a los perjuros Fernandos:

Al campesino siciliano se le da a entender que paga [el impuesto] únicamente para tener a cambio justicia, medios de trabajo, protección; y en cambio lo que obtiene son palos, exilios, asesinatos y miseria.

No solo bajo los Borbones, sino también en los Estados constitucionales el impuesto puede estar dirigido a un mal uso.

¿Cómo [puede], en un gobierno moderado, un mal ministerio hacer dóciles a su voluntad a las cámaras, encontrar diputados y periódicos que encubran sus culpas y su incapacidad? El impuesto incluye y explica todo el enigma. El impuesto es el gran manantial de todo lo que un gobierno corrompido puede especular en perjuicio de los pueblos; el impuesto mantiene al espía, alienta al partido y dicta los artículos de periódico (I, 553).

253. En el fondo de los esquemas analizados hasta aquí existe un pensamiento común: al igual que la tabla mengeriana es premisa aceptada de la teoría del precio de los bienes privados porque "registra" los gustos de los hombres y su importancia relativa, del mismo modo la tabla "política" que, entre tantas otras, tiene mejores títulos para la aceptación como premisa de la teoría del impuesto, es la que mejor que ninguna otra es fruto de la voluntad de los ciudadanos.

Se entiende que puede existir una voluntad, como la de la ciudad postpericlea o la del gobierno de los Borbones que, por medio de impuestos del tipo "tala", lleve al Estado a la ruina; y puede existir una voluntad, como la de la ciudad periclea y la del Estado de Cavour que, gracias a impuestos-contribuciones, procure gloria eterna al tiempo y lugar en que se manifestó.

El teórico del impuesto registra esas dos voluntades y construye las teorías del impuesto-tala y del impuesto-contribución. El historiador inserta los dos esquemas opuestos en el cuadro de las causas que condujeron al Estado a la ruina o a la grandeza.

El modo de manifestarse esa voluntad es muy incierto. El estudio, que debería ser histórico y por lo tanto aplicado concretamente a determinados momentos y lugares, apenas se ha iniciado. Acaso el único ensayo notable al mismo tiempo por la potencia teórica y por la concreción histórica es el ya citado de Maffeo Pantaleoni, que teoriza sobre la formación de la voluntad fiscal en la Italia de 1883. Aquel esquema, conforme con la realidad de entonces, no habría tenido valor cincuenta años antes ni sería válido ahora. Pero queda un modelo para los investigadores de todos los tiempos.

254. Junto a estos, que se refieren a experiencias históricas pasadas, merece recordarse el esquema *wickselliano* de registro de la voluntad de los ciudadanos con respecto a los gastos e ingresos públicos[4], tanto porque fue compuesto por un economista de primer orden como porque declara con sugestiva ingenuidad qué condiciones deberían satisfacerse en los modernos regímenes representativos con el fin de que la demanda de los servicios públicos pudiese asimilarse a la de los bienes y servicios privados.

Wicksell hace constar:

- Que las decisiones de mayoría simple de los parlamentos contemporáneos no inspiran ninguna confianza en cuanto al reflejo de la voluntad común o general de los ciudadanos. La tiranía de una mayoría parlamentaria excepcional no es menos "odiosa" que la de las antiguas oligarquías. Escribía en un tiempo (1896) en que la mayoría correspondía todavía, en gran parte, a las clases elevadas y ricas, que elegían tipos y magnitud de gastos y tipos de impuestos conformes con sus propios intereses y, por tanto, pretendía proponer un método que impidiese sobre todo las manifestaciones de egoísmo de aquellas clases. Pero afirmaba que la aplicación de ese método iba también en pro del interés de las mismas clases elevadas y ricas. Su predominio no podía durar eternamente; y era oportuno que incluso las clases trabajadoras, al llegar al poder, se hubiesen encontrado ya con un método operante que, al igual que antes habría tutelado a los humildes contra los atropellos de los grandes, más tarde defendiese a los grandes contra los humildes;
- Que ningún gasto público puede ser considerado verdaderamente útil para la colectividad si no "se reconoce como tal por todas las clases sociales sin excepción". A Wicksell le parece patentemente injusto obligar a participar en el coste de determinadas medidas a quien no solo no obtiene de ellas ventaja alguna, sino que además recibe un perjuicio inmediato;
- Que la voluntad de realizar un gasto no puede ser considerada seria si, al mismo tiempo en que se decide, no se decide igualmente el método a

4 Knut Wicksell, *Finanztheoretische Untersuchungen*, Jena, 1896 El segundo ensayo: *Ueber ein neues Prinzip der gerechten Besteuerung, y* principalmente los §§ IV, V, VI y VIII, interesan para el tema tratado en el texto. El ensayo está traducido por entero en la «Nuova collana di economisti stranieri e italiani», vol. IX, páginas 68-129.

seguir para la distribución entre los ciudadanos del coste correspondiente. La decisión del gasto no puede ser escindida, así pues, de la decisión simultánea del correspondiente ingreso, lo que, según Wicksell, hace además posible la "unanimidad y espontaneidad" de las decisiones, que son las únicas garantías de que el gasto es querido universalmente;

– Que, del mismo modo que la decisión del gasto solo por sí, abstracción hecho del ingreso, no es nada serio, la decisión del gasto a condición de que sea cubierto por "un" ingreso y no por otros, es prácticamente imposible. En torno a un gasto, por muy bien aceptado que sea, no se forma una mayoría, ni siquiera simple, cuando la mayoría se ve obligada a relacionar el gasto con un impuesto dado, que puede ser impopular para los más. Pero son tan numerosas y diversas las combinaciones que se pueden hacer de tal y tal gasto con tal y tal ingreso que, si un gasto responde en verdad a un interés colectivo, se puede estar seguro de su aceptación.

Existen centenares de modos de distribuir entre las diversas clases sociales los costes de un proyectado gasto público: desde la capitación simple hasta los impuestos bastante parecidos sobre la harina, sobre la sal, sobre las bebidas alcohólicas, etc., y hasta el impuesto progresivo sobre las rentas, sobre el patrimonio o las sucesiones y hasta los impuestos indirectos sobre el lujo. Por tanto, siempre será posible teóricamente, y de un modo aproximado también lo será en la práctica, lograr una distribución de los costes tal que el gasto correspondiente apenas le corresponda una utilidad superior a los costes, sea reconocido como conveniente por todos los partidos y sea aprobado, por lo tanto, por unanimidad. Si esto no fuese posible en caso alguno, tendríamos de este modo una prueba a posteriori, la única posible, de que la actividad pública en cuestión originaría a la colectividad una utilidad no correspondiente al sacrificio necesario y que, por lo tanto, racionalmente, la actividad pública debería ser rechazada (p. 95).

255. La unanimidad de la decisión, simultánea para cada gasto dado y para cada ingreso correspondiente, es el único criterio que puede aproximar la tabla "política" a la mengeriana. Si todos están "concordes" en considerar que el gasto de 1000 millones de liras para el logro de un fin público determinado es el mejor destino entre los muchos posibles, privados y públicos, de esos 1000 millones, y si "todos" están igualmente concordes en considerar que un impuesto determinado, que les originará un perjuicio dado bien conocido y concreto, es el mejor modo de distribuir ese coste, es preciso reconocer que la tabla "política" no difiere verdaderamente en nada de la tabla mengeriana. Cualquiera que sea el impuesto elegido, aunque sea de capitación o, por el contrario, progresivo hasta el punto de entregar al Estado el 100% de las rentas que se hallen por encima de un nivel determinado, si es querido por "todos", es seguro que es aceptado incluso por aquellos a quienes aparentemente resulta perjudicial; y es seguro, por lo tanto, que incluso estos últimos consideran que el sacrificio soportado es menor que la ventaja obtenida del gasto público. Esto

es precisamente lo que ocurre para los bienes privados. Si un bibliófilo gasta las últimas mil liras que le quedan en adquirir el libro raro deseado, ¿quién habla de "avocación" al libro de toda la fortuna del bibliófilo? Contento él y contentos todos. Del mismo modo, si el ciudadano sacrifica voluntariamente su último céntimo ante el altar de la patria, ¿quién habla de confiscación? El sacrificio fue querido por él y esto basta.

256. Característica de la unanimidad y de la simultaneidad (entre gastos e ingresos en particular contrapuestos) es la ausencia para los bienes públicos, al igual que ocurre sin discusión para los bienes privados, de toda comparación entre ciudadano y ciudadano. No es necesario hacer la comparación entre las ventajas diferenciales (ventaja del gasto público *menos* coste del impuesto) obtenidas por los individuos; no es necesaria ninguna condición de igualdad o proporcionalidad entre ellos. Ningún hombre, al hacer una adquisición, decide no comprar únicamente porque, comprando, se vería menos mejorado que un amigo o un vecino. Cada uno mira por sí y compra si le conviene. Si al amigo o al vecino aún le conviene más que a él, tanto mejor para el amigo o para el vecino. Son excepción de esta regla los pequeños propietarios agrícolas que de buena gana renuncian a la ganancia propia de 1000, con tal de que el vecino no se lucre con 100; pero todos están de acuerdo en decir que un modo rivalizante de razonar como este es propio de gentes especiales y tiende a borrarse incluso entre los campesinos a medida que se afirma su capacidad raciocinante en materias económicas.

257. El sistema wickselliano tropieza sin duda, en el mismo pensamiento del autor, con ciertas dificultades importantes para su aplicación.

La primera es la imposibilidad en que se encuentran los ciudadanos, excepto en los cantones más pequeños de Suiza, de deliberar directamente sobre la cosa pública. La deliberación se realiza siempre por medio de delegados, elegidos de los modos más diversos. ¿Quién garantiza que la voluntad de los ciudadanos queda reflejada fielmente por la decisión de los delegados? Sin embargo, la dificultad pierde casi todo su vigor si se piensa que las decisiones deben ser unánimes. Entre los delegados existe ciertamente alguno que representa los deseos y la voluntad de las minorías más exiguas. Por legítima ambición de poder, por interés electoral o propio, siempre hay alguien dispuesto a adelantarse a tutelar el interés o las aspiraciones de grupos mínimos de ciudadanos; de modo que en el *do ut des* de las decisiones colectivas, todos los intereses encuentran el modo de dejarse oír.

258. La segunda es la imposibilidad de las decisiones unánimes. Sería, y la objeción surge espontáneamente, resucitar el *liberum veto* del noble polaco que llevó a Polonia a la ruina.

Wicksell admite por ello que la unanimidad debe entenderse en sentido relativo, como mayoría cualificada de los dos tercios, de los cuatro quintos, o si se quiere, de los nueve décimos de los delegados. Una votación realizada con mayoría tan elevada es en sustancia igual a la unanimidad. Es sugestivo seguir a Wicksell en la exposición del sistema:

Toda propuesta de nueva actividad del Estado, o de ampliación de actividades existentes, procedente del gobierno o de una fracción parlamentaria, debería ir acompañada constitucionalmente por una o más propuestas alternativas en cuanto a la distribución de los costes correspondientes. Las demás fracciones parlamentarias deberían presentar sus eventuales enmiendas tanto en lo que respecta al gasto a aprobar como en lo que concierne a los medios destinados a cubrirlo.

Luego, debería procederse a la votación sobre cada una de las enmiendas, en parte comunes y en parte no, más o menos del modo siguiente:

Propuesta de nueva actividad estatal	*Clase de impuesto correlativo*	*Votación*
Propuesta principal A	*a*	—
	b	—
	c + d	—
	e	—
	f	—
Enmiendas A'	*a*	—
	e	—
	g	—
Enmiendas A"	*b*	—
	h	—
	i + k	—
	etc.	—

Cuando con una de estas votaciones se haya alcanzado la mayoría necesaria de los tres cuartos, cinco sextos o incluso nueve décimos de los votantes, la victoria sería para la combinación correspondiente (por ejemplo, propuesta principal A con impuesto *e,* o bien enmienda A" con impuesto i + *k);* si en varias de esas votaciones se obtuviese la mayoría necesaria, se podría decidir entre ellas simplemente, por ejemplo, teniendo en cuenta la mayoría relativa de votos; si, en fin, ninguna de las votaciones alcanzase la mayoría necesaria, se debería considerar como rechazada por esta vez la propuesta en cuestión (p. 68).

La reducción o abolición de ciertos gastos e ingresos correspondientes se haría del mismo modo. Una pequeña minoría de delegados, supongamos la décima parte, tendría derecho a solicitar la abolición del ingreso y, por tanto, del gasto correspondiente, y tocaría a la mayoría cualificada, si quisiese conservar el gasto, ponerse de acuerdo para aprobar otro ingreso correspondiente.

259. El método de la simultaneidad de las decisiones —gasto y cobertura correspondiente— facilita la distribución de la carga de gastos especiales a cargo de las regiones o clases que obtienen un beneficio especial del gasto. Si una minoría de un décimo tiene derecho a anular gasto e impuesto, ninguna región ni clase tiene razones para sentirse lesionada por ellos cuando sean aprobados. Si se sintiese tal no tendría más que rechazar las propuestas. ¿Y por qué la mayoría debería negar el consenso a un impuesto que está dispuesto a pagar el grupo interesado?

260. Podría dudarse de que la obligación de la simultaneidad de las decisiones relativas al ingreso y al gasto haga revivir el sistema de presupuestos especiales, contra el principio fundamental de presupuesto único predominante en las legislaciones modernas. En verdad, no se debe discutir que todos los gastos estatales deban ser satisfechos por la caja general y única del Tesoro y que todos los ingresos deban afluir a la misma caja. La creación de presupuestos especiales, gracias a la cual determinados ingresos afluyen a un presupuesto especial destinado a subvenir a gastos especiales, da lugar a un dilema perjudicial. Si los ingresos son inferiores al gasto, el servicio es alimentado insuficientemente y sufre, con perjuicio de la cosa pública. Si los ingresos superan a los gastos, los administradores del presupuesto especial creen tener derecho e interés en gastar todo lo que entra en su caja. El dinero público se despilfarra, en el mismo momento en que otros servicios están dotados insuficientemente. El control sobre los ingresos y gastos queda debilitado a causa de la existencia de escondrijos especiales, en los que se acumulan pequeños tesoros que los gestores tienen interés en sustraer a la atención pública. Por ello, deben hacerse poquísimas excepciones, justificadas por razones especiales fortísimas, a la regla áurea de que todo llega y todo parte de la caja única del Tesoro.

El esquema wickselliano no impide, sin embargo, la actuación del principio del presupuesto único. La votación simultánea de los ingresos y de los gastos tiene un valor puramente constitucional. De hecho, el grueso de los ingresos y de los gastos de todo Estado es herencia del pasado y no es tema de discusión. No hay dudas, por ejemplo, sobre la necesidad de hacer frente al servicio de los intereses y de las amortizaciones pactados de la Deuda pública. Ningún partido, ningún grupo acepta la responsabilidad de hacerle perder crédito al Estado. Lo mismo puede decirse para el grueso de los gastos de defensa, de justicia, de seguridad, de instrucción, de carreteras, etc. Las discusiones y las dudas surgen en realidad al margen: para los nuevos gastos que quieren introducir algunos, para los viejos gastos que el tiempo ha ido borrando poco a poco y de cuya necesidad son ya pocos los que tienen conciencia.

Solo en este momento tiene valor el principio de la simultaneidad. El grupo que propone el nuevo gasto tiene la obligación de proponer al mismo tiempo el recrudecimiento de algún tributo antiguo o la institución de uno nuevo. El grupo que soporta mal un impuesto antiguo tiene la obligación de proponer igualmente la abolición del servicio que, originariamente o por decisión constitucional ulterior, estaba ligado con ese impuesto. Solo de este modo las decisiones tienen carácter de seriedad.

Sin embargo, cuando gasto e impuesto han sido aprobados, el ligamen entre ellos permanece en suspenso hasta el momento de una posible propuesta de cesación del servicio o de abolición del impuesto. El producto del impuesto no es asignado al servicio determinado, sino que afluye a la caja general; y esta provee a los gastos del servicio, tanto si basta como si no el producto del impuesto. Esto no puede hacer surgir el peligro de que se vote ligeramente un gasto contraponiéndole un impuesto nominal de poca monta; porque la carga del impuesto deberá ser cubierta en todo caso con otros impuestos o con la utilización del rendimiento mayor de los impuestos existentes, y siempre será facultad de una pequeña minoría pretender la abolición de otros impuestos o la atenuación de las alícuotas del impuesto cuyo rendimiento ha aumentado. Si la mayoría de cuatro quintos o de nueve décimos decide conservar el *statu quo,* querrá decir que este es considerado menos perjudicial que la cesación del servicio, que en caso contrario debería desaparecer necesariamente.

Fuera de los dos momentos, inicial y final, la conexión entre ingresos y gastos desaparece, y la regla del presupuesto único sigue imperando soberanamente.

261. El verdadero peligro ínsito en el sistema de la cuasi unanimidad es el obstruccionismo. Una pequeña minoría de un quinto, o de un décimo, de los delegados podría impedir el funcionamiento del Estado, en caso de que no se le hiciesen concesiones exorbitantes. El derecho de veto de la minoría puede ser un arma de cohecho perniciosa en manos de minorías desprovistas de escrúpulos. Pero Wicksell no se turba en demasía por ello:

Los obstruccionismos son el arma de la desesperación, las venganzas mezquinas de minorías cuyos derechos se ven pisoteados (p. 128).

Aquí llegamos a la raíz del juicio en torno al esquema wickselliano. No puede pretender representar la realidad de un momento histórico. Aunque en el pensamiento de su autor fuese una propuesta de perfeccionamiento de las constituciones democrático-representativas existentes en su tiempo, parece sin embargo contrario a la experiencia histórica suponer que un sistema de gobierno representativo, tanto de sufragio restringido como de sufragio universal, pueda actuar con la condición impuesta por Wicksell: no poder aprobar ningún gasto ni ningún ingreso a no ser con una elevada mayoría cualificada. Para poder afirmar semejante posibilidad sería necesario haber observado algún lugar o tiempo en que el esquema se hubiese aplicado con resultados favorables. Puesto que semejante experiencia no es conocida, debemos clasificar el esquema entre los utópicos. Merece estudio, como cualquier otra "utopía", solo en la medida en que recoge, en forma esquemática, algún aspecto de la experiencia histórica.

262. El esquema wickselliano puede ser considerado, en primer lugar, como la abstracción teórica de un hecho históricamente real: la delegación consciente de la potestad tributaria a un jefe elegido por hombres que han alcanzado un alto grado de perfeccionamiento intelectual y moral.

Permaneciendo siempre en el campo de la experiencia histórica pasada, hubo en la historia del mundo épocas o momentos felices: la Atenas de Pericles, la ciudad florentina en algunos momentos de los siglos XIII y XIV, la Francia de Enrique IV y del primer cónsul Bonaparte, la Inglaterra de Beaconsfield y de Gladstone, el Piamonte de la década de Cavour. En esas épocas el consejo decisivo correspondió a la *valentior pars* de la sociedad; a las que Frédéric Le Play llamó "autoridades sociales" y Platón definió en las *Leyes:*

Siempre existen entre las multitudes hombres divinos, no muchos en verdad, cuya conducta es de un valor inestimable; no nacen más en los Estados bien ordenados que en los demás y quien vive en los Estados bien ordenados debe ponerse a buscar a estos hombres incorruptos, por tierra y por mar, en parte para reafirmar cuanto de bueno hay en las instituciones de su propio país y en parte para corregirlas, si es que existe algún defecto. Ya que sin estas observaciones y sin estas búsquedas... la perfección del Estado no es duradera nunca. (Trad. de A. CASSARÀ, libro XII, V, pp. 398-99; en la colección de «Filosofi antichi e medioevali» de LATERZA.)

En esas épocas, por consejo de los prudentes, el mando correspondió al hombre o a los pocos hombres que, con la conducta privada, con la elevación de ingenio, con las obras de pensamiento o de acción realizadas, sirvieron de ejemplo y de guía a la muchedumbre. En esos momentos, la ciudad no atropelló al individuo ni le consideró instrumento en sus manos para fines planteados fuera de la humanidad, y el individuo no imaginó ser extraño al consorcio de sus conciudadanos, sino que viviendo en la ciudad se exaltó a sí mismo y a los demás.

En esos momentos, los próceres dirigentes no fueron los plutócratas ni los demagogos, ni los politicastros parlamentarios ni los cortesanos serviles. Ocurrió, milagrosamente, o sea por el entremezclarse de circunstancias variadísimas que solo puede apreciar el ojo experimentado del historiador, que en esos momentos los próceres fueron los mejores, tanto cuando fueron elegidos, como Sully, por un rey absoluto, como cuando fueron designados, como el primer cónsul Bonaparte, por la victoria militar, o como Cavour, por las urnas electorales; los mejores, es decir, los que por conocimiento de los hombres, por experiencia de la vida, por nobleza de ingenio, por aptitud para el mando y para la acción, podían guiar a la nación.

Esos próceres no estaban casi nunca de acuerdo en los detalles de la acción, en la elección de los medios para alcanzar el fin. Estaban de acuerdo únicamente en el fin, que era la grandeza de su patria, alcanzada por medio de la elevación de los individuos que componen la sociedad. No concebían que el Estado pudiese ser más glorioso y grande, si al mismo tiempo los ciudadanos no eran mejores. Habían sido elegidos y habían llegado al sumo poder porque los ciudadanos, aunque no hubiesen mejorado todavía, sentían la aspiración de lo mejor e instintivamente, o enseñados por durísima experiencia, descartaban a los malos consejeros y depositaban su confianza en los buenos.

Depositaban su confianza —lo que quiere decir que ponían sus haberes y sus vidas en manos de los jefes que habían elegido— seguros de que de la prontitud de su voluntad de sacrificio resultarían más tarde, quizá para ellos y ciertamente para sus hijos, algunos beneficios.

263. En aquellos momentos, existía unanimidad en la decisión de los gastos y de los ingresos públicos. Si el mecanismo wickselliano hubiese sido ley constitucional durante esos tiempos, no habría habido huellas de obstruccionismo. Cada vez, para cada capítulo de gastos y para cada clase de impuestos, se habría encontrado la combinación apta para alcanzar la unanimidad del sufragio. Sin embargo, esto no habría ocurrido porque estuviese escrito en las tablas constitucionales, sino porque tal era la voluntad meditada de la *valentior pars* y esta era seguida por el consenso unánime de los ciudadanos.

264. El esquema utópico wickselliano es, en segundo lugar, la abstracción teórica de otro hecho histórico, rarísimo, pero no del todo desconocido. Si, durante algunas generaciones, los hombres se elevan intelectual y moralmente, si no se forman grupos plutocráticos o demagógicos corrompidos y corruptores, si alguna experiencia dura ha demostrado la inutilidad del arrollamiento de grupos y de clases, si las fuerzas de las diversas capas sociales están equilibradas entre sí y las capas medias permiten la ascensión del pueblo y sirven de represa al predominio de los plutócratas, ocurre —ha ocurrido— que se extiende por el país la atmósfera del "compromiso".

265. Habla el representante octogenario de la tercera generación de una dinastía de economistas y filósofos que ha ilustrado a la capital del calvinismo, es decir, a la sede de una religión intolerantísima en otros tiempos entre las religiones protestantes:

De joven, también yo asistí a los fusilamientos en el patio y en las escaleras del palacio municipal. Más tarde, nos resignamos a no vencer y a toleramos mutuamente. El resultado de nuestra vida de compromiso es que nosotros, los ginebrinos, pagamos impuestos quizás ignorados, por su elevación, en otras partes del mundo. Soy contribuyente en Ginebra y, a dos pasos de aquí, en la Saboya francesa; y pago, en proporción a las rentas correspondientes, tres veces más de impuestos en Ginebra que en Saboya. Y pese a pagar tanto estoy contento. Sé por qué pago. Veo los servicios que se me prestan. He discutido, directamente o por medio de mis representantes, céntimo por céntimo, todos los aumentos de gastos y todos los aumentos de impuestos. Y lo mismo ocurre, por todas partes, en nuestros cantones. Un alumno mío, del cantón ticinés, me contaba que en su pueblo discutieron durante años sobre la construcción de una humilde fuente pública. Al final todos estaban persuadidos. Incluso los que no están persuadidos acceden, después de la deliberación de la mayoría, a la opinión ajena y la hacen propia. La «accesión» de la minoría a la opinión de la mayoría es la verdadera sanción del gasto público. Estoy convencido de que solo de este modo los gastos públicos son oportunos y útiles para la colectividad.

266. Así hablaba el sabio. De sus palabras retendré la de "accesión". El esquema wickselliano parece pasar del terreno de la utopía al de la realidad operante cuando una combinación excepcional de circunstancias históricas ha creado la atmósfera de compromiso y de accesión. Compromiso, que quiere decir persuasión que se ha hecho general poco a poco de que ninguna de las capas sociales, de los grupos económicos o de las corrientes de pensamiento, tiene tanta fuerza como para vencer totalmente a los demás; de modo que, en la discusión de los puntos de vista opuestos, de la elección a efectuar entre medios y fines, todos los grupos se ven inducidos a abandonar la parte más perecedera de su propia tesis y a refugiarse en la última trinchera del núcleo esencial de la misma, que no puede abandonarse sin renunciar a la propia razón de ser. Por último, prevalece la mayoría. Pero la mayoría sabe que su victoria no sería duradera si no fuese seguida por la accesión de la minoría. Sobrevenga con o sin votación formal, la decisión es de compromiso únicamente cuando va seguida de la accesión; es decir, cuando la minoría, alcanzado el compromiso, hace propia la tesis de la mayoría, en el sentido de dar paso a su ejecución con la misma lealtad y la misma fe que en el caso de que la tesis hubiese sido siempre suya.

Para que haya accesión es necesario que la mayoría no despliegue toda la fuerza de que es capaz; es necesario que se detenga en el punto en que la victoria de su propio ideal y la consecución de su propio fin significarían destrucción y ruina o, incluso, solo gravísimo perjuicio para el vencido. Si la mayoría es capaz de refrenarse de este modo en la vía del triunfo sobre sus conciudadanos, su triunfo es perfecto, porque se transforma en el querer concorde de todos, vencedores y vencidos.

267. En este cuadro histórico muere el impuesto y nace la "contribución" que habían anhelado los fisiócratas[5] y Francesco Ferrara. ¿Es necesario decir

5 Cfr. para una exposición de la que considero que es la sustancia de la teoría fisiocrática del impuesto —bien distinta de su caricatura que los mismos fisiócratas divulgaron con el nombre de impuesto único sobre la tierra— mi ensayo *Contributi fisiocratici alla teoria dell'ottima imposta, en* «Atti della reale accademia delle scienze di Torino», vol. LXVII, reelaborado en *The Physiocratic Theory of Taxation,* en «Economic Essays in Honour of Gustav Cassell» (Londres, 1933), pp. 129-42. Reimpreso en la edición de 1940 de los *Scritti di economia e finanza,* Einaudi, Turín, 1941, ensayo octavo, pp. 332-61.

que el orgullo con que me hablaba el sabio de Ginebra de las elevadísimas contribuciones pagadas por él y el de Antonio Scialoja al indicar a los napolitanos los impuestos, también elevados, pagados a conciencia por los piamonteses del tiempo de Cavour, son hechos raros en la historia?

268. Wicksell ponía un mecanismo constitucional en el lugar en que debe colocarse la experiencia histórica. Por sí mismo, el mecanismo constitucional no es nada. Lo he recordado únicamente para aclarar de qué modo es eterna en los teóricos la aspiración a extender el dominio de la tabla mengeriana del campo de la vida privada al de la vida pública. La paradoja suprema del impuesto, es decir, la inaplicabilidad de la tabla mengeriana a la Hacienda y la necesidad de encontrarle un sustitutivo se hallan en la raíz de los esquemas "políticos" del impuesto. La mayor parte de los esquemas que pueden abstraerse de la experiencia histórica parecen dar razón a los que, como Marx, los proclaman fruto exclusivo de los intereses de la clase dominante económicamente o, como Pareto, derivaciones ideológicas lanzadas por los grupos políticos gobernantes. Sin embargo, también tuvieron existencia histórica los esquemas de la ciudad periclea, de la década cavouriana, de la Hacienda de compromiso con accesión. Bastan estas experiencias para conceder, en materia tributaria, derecho de ciudadanía a esquemas propios, en apariencia, de la ciudad ideal.

Pero, ¿son meros esquemas de "utopías", sueños quiméricos de lo que "debería ser", o leyes históricas de la realidad que "es" y vive y actúa? También aquí, en el humilde campo de los tributos, se renueve la eterna contienda entre el ser y el deber ser, entre lo real y lo ideal, entre lo que se ve, se toca y pesa sobre nosotros y la meta invisible, acaso vanamente perseguida día tras día, a la que aspira nuestro espíritu. Hay algunos que solo ven en el mundo oprimidos y opresores, clases sometidas y clases dominantes, y que mueven significativamente la cabeza al oír hablar de la razón como reguladora de las cosas humanas. A veces, todos y cada uno de nosotros nos vemos obligados por la experiencia vivida y contemplada a hacer propia la triste y desesperada conclusión. En las teorías emitidas para explicar el porqué de los acontecimientos humanos y, en el campo tributario, el porqué de los impuestos existentes, nos vemos forzados a menudo a ver únicamente instrumentos pseudológicos, útiles para cohonestar el hecho brutal del impuesto cobrado a cargo de los dominados y en beneficio de los dominadores. Puesto que los impuestos son, en todo tiempo y lugar, los que son, se piensa que únicamente estos son los que hay que estudiar, que solo de estos hay que analizar los mecanismos, conocer las razones de ser y los objetivos a que sirven. Interesa conocer los sentimientos y razonamientos que estuvieron en la raíz de los impuestos que fueron y son, no de los que pueden establecerse sobre la base de la pura lógica. Puede ocurrir que los razonamientos adoptados por los legisladores para explicar este o el otro impuesto existente no sean más que pseudo-razonamientos, puede ocurrir que en el fondo de la "fórmula política" (Mosca) o de la "derivación" (Pareto) adoptada en los documentos legislativos para explicar ese impuesto no se encuentre más que la nada lógica, puede ocurrir que las fórmulas y las derivaciones no sean más que meras "ilusiones" (Puviani). ¿Qué importa? La "ciencia" se ocupa de los impuestos "que son", no de los "que nunca fueron", observa las leyes de los "hechos", no las de las "utopías", quiere llegar al conocimiento de los orígenes y de las variaciones de las instituciones que existieron en el pasado y que existen hoy, no de las que están escritas en los papeles de los razonadores. Puesto que la Hacienda periclea tuvo realmente vida, debe estudiarse como uno entre los mil hechos empíricos de los que conservan recuerdo los anales humanos, pero puesto que las Haciendas de Dionisio el Grande y de Cleón el Demagogo ocupan en los mismos anales un transcurso de tiempo más largo y repetido, las leyes de las Haciendas de Dionisio y de Cleón, de la Hacienda monopolista (De Viti) y de la demagógica, deben estudiarse con mucha mayor atención que las de la Hacienda de Pericles, del jefe elegido por la voluntad unánime y espontánea del pueblo. Aquélla es la realidad cotidiana de todos los tiempos y de todos los lugares, esta es la realidad del momento pasajero. La "ciencia" debe pesar los hechos según su importancia efectiva y conceder a cada uno de ellos el lugar que en verdad han ocupado y ocupan en la historia de los hombres: una página a Pericles y un volumen a Dionisio y a Cleón.

269. Pues bien, no. Esto es historia falsa y teoría falsa. Los hechos ocurridos no se miden en razón del tiempo que ocupan, del espacio en que se extendieron, de los pueblos que fueron sus actores o espectadores. Hay algunos hechos que equivalen a millones de otros hechos de igual o mayor dimensión en el tiempo y en el espacio. Entre la breve predicación de Cristo y los prolongados y, a los ojos de sus contemporáneos, afortunados y gloriosos gobiernos de Felipe II o Luis XIV hay un abismo. Aquella predicación alteró verdaderamente el destino del mundo, hizo a los hombres distintos de lo que eran; aquellos gobiernos gloriosos apenas consiguieron encrespar leves olas de la historia de una parte de Europa. Los poderosos y los humildes, los sabios y los simples, los refinados y los primitivos, los buenos y los malvados, todos recuerdan y recordarán en los siglos la palabra de Cristo, mientras que de Felipe II y Luis XIV leen los estudiantes en los libros de texto y discuten doctamente los historiadores, pero quizá con el tiempo ni siquiera discutan. Los asesinatos de septiembre, los últimos días de María Antonieta, la fuga de Varennes, los ahogados de Nantes, el misterio de Luis XVII y de Naundorff, han suministrado y suministrarán materia inagotable a los libros eruditos, conmovedores, apasionantes, a lo Lenotre; pero el historiador investigará por los siglos de los siglos el movimiento de ideas y las transformaciones sociales que llevaron a la declaración de los derechos del hombre. Leemos con vivo interés en Le Pesant de Boisguillebert, en Vauban, en Pompeo Neri, las noticias detalladas de las desigualdades en la distribución de los impuestos en pro de los poderosos, de los nobles, del clero y de las ciudades contra los débiles, los plebeyos y los campesinos; pero ¿por qué esas noticias no son mera crónica, delicia de eruditos y alegría de los amantes de los tiempos

perdidos? Porque Boisguillebert y Vauban y Neri las elevaron a razón de crítica contra los efímeros ordenamientos de la decadente monarquía francesa y de la Lombardía española, porque bajo los golpes de su razonamiento esos ordenamientos, que también eran un hecho, desaparecieron y en su lugar terminó la idea de la igualdad de todos los hombres ante el impuesto.

270. Existe, pues, una jerarquía en los hechos ocurridos; y no es ni historiador ni teórico quien no sabe verla. Existe una jerarquía incluso en esa humildísima categoría de hechos ocurridos que se llaman impuestos y Hacienda. Incluso estos, aunque concernientes al "vil metal", tienen una dignidad propia y distinta. El historiador y el teórico no son libres de conceder el mismo peso a todos los impuestos, a todos los sistemas fiscales y a todos los esquemas de provisión de medios para la cosa pública. Es menester buscar, más allá de la ruda corteza del hecho bruto del impuesto existente empíricamente en todo tiempo y en todo país, el núcleo esencial, la idea informadora, la meta última. Si, por un momento, llamamos "periclea" a la Hacienda ideal y "cotidiana" a la corriente, de hecho, en los diversos tiempos y lugares, digo que el historiador y el teórico deben volver su mirada a la Hacienda periclea.

La Hacienda "cotidiana" es la Hacienda a la que tienen que obedecer los hombres de modo diverso en los diversos tiempos y lugares. Deben obedecer porque el orden político y la convivencia social quedarían destruidos si los hombres no obedeciesen con plenitud de respeto las leyes vigentes. Es un hecho digno de estudio y de meditación. Justamente los tratadistas investigan sus leyes empíricas, relacionándolas con los mitos, las fórmulas o las derivaciones predominantes en la opinión común del momento e interpretándolas sobre la base del ordenamiento general del derecho público y privado. Pero la Hacienda cotidiana es también un hecho aparente, precario, transitorio. Es materia bruta a la que no puede darse vida perenne por meros mitos, fórmulas, derivaciones, opiniones predominantes y construcciones jurídicas.

Junto a ella, la Hacienda periclea parece desprovista de sustancia, un sueño utópico; y es verdad, realidad auténtica. En el corazón de los hombres, es la única viva. Frente a la otra, es juez y ejecutora de las altas obras de justicia. El impuesto "cotidiano" debe presentarse al estrado del tribunal de la "contribución" fisiocrática y ferrariana (cfr. supra §§ 252 y 267) y allí tiene que resignarse y verse juzgado. Los hombres tienen ante los ojos de su mente el ideal pericleo cuando razonan sobre el impuesto "cotidiano" y discuten sobre si deben conservarlo, reformarlo o cambiarlo. Aunque en apariencia se vean movidos a reformar o destruir por otro mito tributario, actúan así en realidad porque se sienten corroídos por la duda lógica. El demonio de la razón turba su sentido de obediencia a las órdenes corrientes y les persuade para que comparen el hecho sufrido cotidianamente y el ideal entrevisto; y, reconociendo que el hecho carece de peso ante el ideal, quieren cambiarlo y, a la larga, lo cambian.

El cambio tiene lugar por medio de laboriosas tentativas de acercamiento al ideal de la Hacienda "periclea", que ya había proporcionado las armas lógicas para negar el hecho bruto existente. La nueva realidad que resultará de la oposición entre Hacienda "cotidiana" y "periclea" no será esta última en todo, y quizá sea distinta y alejada de esta. A veces ocurre que, al final del conflicto, la nueva realidad es inferior a la abolida, inferior porque está alejada del ideal pericleo. Pero este sigue siendo la meta a que tienden los hombres por medio de esfuerzos repetidos y, más de una vez, vanos. La Hacienda "periclea" es, pues, al mismo tiempo, instrumento de crítica perenne contra la Hacienda "cotidiana" y meta hacia la que caminan los hombres.

271. El esfuerzo para llevar a efecto la Hacienda "periclea", el impuesto óptimo, se aplica, además de a las instituciones fundamentales, a las peculiares del ordenamiento fiscal. El historiador de gran talla estudia las causas fiscales de la decadencia del imperio romano, de la rebelión de las trece colonias americanas contra Inglaterra o de la revolución francesa. El historiador modesto de la Hacienda se detiene con predilección en indagar por qué el impuesto sobre la superficie se ha transformado poco a poco en diezmo y este impuesto en otro sobre la renta neta; se detiene porque ve en dichas mutaciones que la idea corroe invenciblemente al hecho antiguo y lo transforma en el hecho nuevo. El impuesto primitivo, pongamos, de diez liras por cada yugada o jornada de trabajo o campo fue aceptado por los hombres mientras pastaron o cultivaron yugadas semejantes entre sí, en los mejores campos o prados existentes. El intelecto humano veía el hecho racional en el hecho bruto y se inclinaba ante él. Cuando, al multiplicarse los hombres sobre la tierra, se debieron pastar y cultivar terrenos inferiores, la razón consideró inicuo que los malos terrenos tuviesen que pagar 10 liras por cada yugada al igual que los buenos, y consideró aún más inicuo que, como consecuencia de tal modo de pagar el tributo, algún individuo privado se lucrase sin ventaja para la cosa pública. En efecto, si todas las yugadas pagan 10 liras, pero la peor yugada que hay que cultivar de todos modos para satisfacer las necesidades de alimento de la población rinde 5 sacos, vemos que el coste del trigo producido en esa yugada peor aumenta, por causa del impuesto, en 2 liras por saco; y puesto que ningún saco de trigo puede venderse en el mercado a un precio distinto del de cualquier otro saco, vemos que el precio de todo el trigo, obtenido en los terrenos buenos, en los medianos y en los malos aumenta en 2 liras por saco. Por ello, el propietario del terreno bueno obtiene de sus 20 sacos 40 liras más y el del terreno mediano 20 liras más de sus 10 sacos; pero, puesto que todos, buenos, medianos y malos, pagan al Estado las mismas 10 liras, el propietario del terreno bueno se queda con una ganancia de 30 liras y el del terreno mediano con una de 10 liras, mientras que el propietario del terreno malo paga cuánto cobra y no gana nada. ¿Por qué?, se pregunta el hombre razonador. ¿Por qué tiene que recibir el Estado 10 y 10 y 10 liras, y los consumidores del trigo producido en los tres campos tienen que pagar, por causa del impuesto, 40 y 20 y 10 liras más que antes? ¿Por qué las diferencias de 30 y 10 liras deben mantenerse para los propietarios de los

terrenos mejores y medianos? ¿Qué beneficio público han proporcionado a la comunidad para merecer tamaño galardón?

Puesto que ante el tribunal de la razón no aparece la respuesta o se la considera insuficiente, el hecho "impuesto sobre la superficie" deja de ser un hecho. En su lugar aparece un hecho nuevo: el diezmo. Cada yugada paga debido a su propio producto: el terreno bueno que produce 20 sacos suministra 2 al Estado; el mediano, al producir 10, da 1 saco y el malo que produce 5, solo da medio saco.

El sistema duró mientras la razón estuvo satisfecha. Pero llegó el día en que un cultivador meditabundo pensó arar más profundamente su campo, o mejorarlo con margas, o enriquecerlo con abonos ajenos, o, después de explanarlo, regarlo. El terreno que producía 10 rindió 30 sacos. Pero los trabajos a jornal y los demás gastos necesarios para el cultivo, en lugar de absorber 2 sacos de 10, absorbieron 15 de 30. Sin embargo, al cultivador le convino mejorar porque, en lugar de 8, le quedaron 15 sacos de producto neto. En este punto, sin embargo, el método seguido por el Estado para recaudar los impuestos volvió a parecer inicuo. Antes, cuando todos trabajaban con el arado de reja y se contentaban, para mejorarla, con dejar descansar la tierra durante un año o dos, el coste proporcional de la producción, tanto de 20, como de 10, como de 5 sacos, en las tres calidades de terreno era moderado y uniforme. Aún más, en una sociedad agrícola patriarcal casi ni siquiera existía coste. El producto era para la familia trabajadora, bruto y neto al mismo tiempo, siendo todo remuneración del trabajo realizado por la familia. Cuando, con la intensificación de los cultivos, fue necesario recurrir a trabajos ajenos a la familia, el productor retrógrado solo obtuvo 10, pero, según se dijo, solo gastaba 2; y el emprendedor gastó 15 para obtener 30. El primero sigue dando al Estado un saco de 10, mientras que el segundo debe dar 3 de 30. Pero el primero, en realidad, da, de tal modo, 1 saco de los 8 que le quedan libres de gastos, o sea el 12,50%, y el segundo da 3 de 15 que le quedan, el 20%. Se premia así al holgazán y se castiga al diligente y emprendedor.

Una vez más, la desigualdad y el perjuicio no saben justificarse cuando se les lleva ante el tribunal de la razón y, por ello, una vez más el hecho "impuesto de diezmo" al dejar de ser un hecho racional, se convierte en una sombra del mundo que fue, y en su lugar aparece el hecho nuevo, el "impuesto sobre el producto neto".

Las variaciones no se terminan en este momento; al contrario, prosiguen continuadas, variadas y ricas. Las clases más diversas de impuestos: personales y reales, de alícuota constante o progresiva, sobre la renta o sobre el capital, periódicos o irregulares, sobre los vivos o sobre los muertos, sobre consumos o sobre ganancias, sobre la generación presente o sobre las venideras, sobre rentas normales o de excepción, se combaten y se alternan. Sin embargo, toda institución y todo sistema tributario tienen una vida precaria; aún más, no están propiamente vivos, deduciendo su esperanza de continuidad únicamente de la conformidad propia con la razón. Ninguno de ellos está seguro de sí si no sabe rendir cuentas al único juez que aprieta y manda en dicha materia y que tiene por nombre "razón".

272. Por ello digo que el verdadero objeto de la "ciencia" de la Hacienda no es el hecho precario del ayer, del hoy o del mañana, sino que es el ideal que contempla la razón humana cuando apunta a los hechos corrientes. El hecho cotidiano es la sombra que pasa, el ideal es la única realidad eterna. Por ello digo una vez más que la verdadera realidad no es la Hacienda cotidiana, sino la Hacienda ideal periclea. La Hacienda cotidiana es la baratija del anecdotario de crónica, es la delicia del erudito, la materia maleable de las comparaciones entre Estados y tiempos diversos es el mantillo fecundo en el que germinan las "nuevas" generalizaciones útiles para la conquista de las cátedras universitarias. ¿La llamaremos, pues, realidad única y verdadera, "hecho" único y verdadero digno de estudio? Cal ¡Hecho verdadero lo que hoy es y mañana muere, lo que al primer choque de la fantasía del político de genio o del razonamiento implacable del hombre de estudio cae por tierra hecho añicos! Si se quiere, admitamos la existencia de ambos hechos: tanto la Hacienda cotidiana como la periclea, pero a gran distancia uno del otro. El primero es sombra de realidad que parece viva; el segundo es la única realidad viva. El primero es materia bruta, caduca; el segundo es espíritu perenne. La Hacienda cotidiana es un compuesto de "impuestos" que "deben" pagar los hombres; la Hacienda periclea es la "contribución" de la que los hombres dicen: "quiero" pagarla.

Para hacer pagar impuestos coactivamente sirven unos gobernantes cualesquiera. Mientras que el jefe elegido por la *valentior pars* de los ciudadanos, el hombre divino de Platón pretende elevar a los mortales de la ciudad terrena a la ciudad divina, en donde se desconoce la palabra "impuesto", porque todos saben la razón y el valor del sacrificio ofrecido en el altar de la cosa común.

NOTA BIBLIOGRÁFICA DE LA 3.ª EDICIÓN ITALIANA

El presente libro se publicó con el mismo título y por el mismo editor en 1938, como volumen XV de la colección «Problemi contemporanei». El volumen, en 8.º, de 278 páginas, comprendía la Introducción y los diez primeros capítulos. La segunda edición se publicó en 1940 como volumen IV de una colección de mis «Obras». En la segunda edición el texto apareció revisado y, en diversos puntos, renovado, para tomar en consideración algunas críticas ajenas que al autor le parecieron relevantes y las más numerosas, principalmente formales, que se hizo él mismo. A los diez capítulos de la primera edición se añadieron los dos últimos, completamente nuevos.

Puesto que los tres volúmenes (I, II y IV) de la primera colección de mis «Obras» están agotados, se inició una nueva selección de ellas, en la que tiene lugar esta tercera edición. En ella, aparte de algunas variantes menores de las que se habla en la p. 45, se ha antepuesto a la anterior "introducción" un nuevo «Prefacio».

Mitos y paradojas de la justicia tributaria
de Luigi Einaudi
se imprimió en la República Argentina en noviembre de 2021.

Made in United States
Orlando, FL
04 November 2026

90209475R00162